Refactoring

Professionelle Softwareentwicklung

Martin Fowler

Mit Beiträgen von
Kent Beck, John Brant,
William Opdyke und Don Roberts

Refactoring

Wie Sie das Design
vorhandener Software verbessern

Deutsche Übersetzung
von Prof. Dr. Bernd Kahlbrandt

ADDISON-WESLEY

An imprint of Pearson Education

München • Boston • San Francisco • Harlow, England
Don Mills, Ontario • Sydney • Mexico City
Madrid • Amsterdam

Die Deutsche Bibliothek – CIP-Einheitsaufnahme

Ein Titeldatensatz für diese Publikation ist bei
der Deutschen Bibliothek erhältlich.

Umwelthinweis:
Dieses Produkt wurde auf chlorfrei gebleichtem Papier gedruckt.
Die Einschrumpffolie – zum Schutz vor Verschmutzung – ist aus
umweltverträglichem und recyclingfähigem PE-Material.

Die amerikanische Originalausgabe trägt den Titel:
»Refactoring. Improving The Design Of Existing Code. Martin Fowler. With contributions by Kent Beck, John Brant, William Opdyke and Don Roberts. Foreword by Erich Gamma«. ISBN 0-201-48567-2.

10 9 8 7 6 5 4 3 2 1
04 03 02 01 00

ISBN 3-8273-1630-8

ein Imprint der Pearson Education Deutschland GmbH,
Martin-Kollar-Straße 10–12, D-81829 München/Germany

Einbandgestaltung: vierviertel Gestaltung, Köln,
unter Verwendung einer Architekturzeichnung von Anna und Angela Krug, Bonn
Übersetzung: Prof. Dr. Bernd Kahlbrandt
Lektorat: Susanne Spitzer, sspitzer@pearson.de
Korrektorat: Friederike Daenecke, Zülpich
Herstellung: Anna Plenk, aplenk@pearson.de
Satz: reemers publishing services gmbh, Krefeld
Druck und Verarbeitung: Schoder, Gersthofen
Printed in Germany

Für Cindy

Inhaltsverzeichnis

Vorwort des Übersetzers

Für diese Übersetzung konnte ich die Korrekturen bis zum dritten Nachdruck des Originals berücksichtigen. Codeteile habe ich nicht übersetzt. Zur besseren Lesbarkeit habe ich aber Klassennamen im Text häufig übersetzt und den Klassennamen im Programm bei der ersten Erwähnung in Klammern angegeben. »Refactoring« habe ich durch »Refaktorisieren« übersetzt, da dies den Text flüssiger gestaltete als der Anglizismus. Meine Frau Katja und Friederike Daenecke haben hervorragend Korrektur gelesen.

Fragen, Anmerkungen und Kritik zur vorliegenden Übersetzung sind willkommen. Sie können diese an mich oder an den Verlag richten.

Bernd Kahlbrandt
khb@informatik.fh-hamburg.de
www.kahlbrandt.de

Hamburg im Februar 2000

Geleitwort

Der Ausdruck »Refaktorisieren« (refactoring) entstand in Smalltalk-Kreisen, fand aber schnell Eingang in die Lager anderer Programmiersprachen. Da Refaktorisieren ein integraler Bestandteil der Framework-Entwicklung ist, kam das Gespräch sehr schnell darauf, wenn »Frameworker« sich über ihre Arbeit unterhielten. Er wird benutzt, wenn sie ihre Klassenhierarchien verfeinern und wenn sie damit prahlen, wie viel Code sie löschen konnten. Frameworker wissen, dass ein Framework nicht beim ersten Mal richtig ist – es muss sich entwickeln, während sie Erfahrungen damit sammeln. Sie wissen auch, dass Code häufiger gelesen und geändert wird, als er geschrieben wird. Der Schlüssel zu dauerhaft lesbarem und modifizierbarem Code ist Refaktorisieren – besonders für Frameworks, aber auch für Software im Allgemeinen.

Worin besteht also das Problem? Ganz einfach: Refaktorisieren ist riskant. Es erfordert Änderungen an laufendem Code, die zu subtilen Fehlern führen können. Das Refaktorisieren kann Sie um Tage oder gar Wochen zurückwerfen, wenn es nicht korrekt durchgeführt wird. Und das Refaktorisieren wird noch riskanter, wenn es informell oder ad hoc betrieben wird. Sie beginnen, sich in den Code einzuarbeiten. Bald erkennen Sie neue Chancen für Änderungen, und Sie untersuchen ihn weiter. Je weiter Sie in den Code eindringen, umso mehr fällt Ihnen auf ... und umso mehr Änderungen machen Sie. Am Ende graben Sie sich selbst eine Grube, aus der Sie nicht mehr entkommen können. Um zu verhindern, dass Sie sich Ihr eigenes Grab schaufeln, müssen Sie systematisch refaktorisieren. Als meine Koautoren und ich *Entwurfsmuster* schrieben, erwähnten wir, dass Entwurfsmuster ein Ziel für Refaktorisierungen darstellen. Aber das Ziel festzulegen ist nur ein Teil des Problems; Ihren Code so zu verändern, dass Sie dieses Ziel erreichen, ist eine weitere Herausforderung.

Martin Fowler und die anderen Autoren leisten einen unschätzbaren Beitrag zur objektorientierten Softwareentwicklung, indem sie den Refaktorisierungsprozess in das rechte Licht rücken. Dieses Buch erklärt die Prinzipien und den Stand der Technik des Refaktorisierens, und es zeigt, wann und wo Sie Ihren Code unter die Lupe nehmen sollten, um ihn zu verbessern. Im Zentrum des Buches steht ein umfassender Katalog von Refaktorisierungen. Jede Refaktorisierung beschreibt die Motivation und den Mechanismus einer bewährten Codetransformation. Einige dieser Refaktorisierungen, wie »Methode extrahieren« oder »Feld verschieben« mögen offensichtlich erscheinen. Aber lassen Sie sich nicht täuschen. Das Verstehen, wie bei solchen Refaktorisierungen vorgegangen wird, ist der Schlüssel zu diszipliniertem Refaktorisieren. Die Refaktorisierungen in diesem Buch werden

Ihnen helfen, Ihren eigenen Code in kleinen Schritten zu ändern und so die Risiken beim Weiterentwickeln Ihres Entwurfs zu reduzieren. Sie werden diese Refaktorisierungen und ihre Namen schnell in Ihr Entwicklungsvokabular aufnehmen.

Meine erste Erfahrung mit diszipliniertem »Schritt für Schritt«-Refaktorisieren machte ich, als ich mit Kent Beck über den Wolken gemeinsam programmierte. Er sorgte dafür, dass wir jeweils nur eine der Refaktorisierungen aus dem Katalog dieses Buches zur Zeit einsetzten. Ich war begeistert, wie gut dies funktionierte. Nicht nur wuchs mein Vertrauen in den so erstellten Code, ich fühlte mich auch weniger gestresst. Ich empfehle Ihnen, diese Refaktorisierungen unbedingt zu erproben. Sie und Ihr Code werden sich anschließend viel besser fühlen.

Erich Gamma
Object Technology International, Inc.

Vorwort

Es war einmal ein Berater, der ein Entwicklungsprojekt besuchte. Der Berater warf einen Blick auf einen Teil des bisher geschriebenen Codes; im Zentrum des Systems stand eine Klassenhierarchie. Während er die Klassenhierarchie durchging, sah er, dass das System wirklich missraten war. Die Klassen höherer Ebenen machten bestimmte Annahmen darüber, wie die spezialisierten Klassen arbeiteten; Annahmen, die in dem vererbten Code festgeschrieben wurden. Dieser Code passte aber nicht für alle Unterklassen und wurde deshalb in großem Stil überschrieben. Wäre die Oberklasse geringfügig geändert worden, so wäre viel weniger Überschreiben notwendig gewesen. In anderen Fällen wurde die Absicht der Oberklasse nicht richtig verstanden und in der Oberklasse bereits vorhandenes Verhalten dupliziert. In weiteren Fällen erledigten die Unterklassen das Gleiche mit Code, den man besser weiter oben in der Hierarchie angeordnet hätte.

Der Berater empfahl dem Management des Projekts, dass der Code durchgesehen und verbessert werden solle, aber das Management war davon alles andere als begeistert. Die Programme schienen zu funktionieren, und es gab erheblichen Zeitdruck. Die Manager meinten, sie würden diese Anregungen natürlich zu einem späteren Zeitpunkt aufgreifen.

Der Berater hatte auch den Programmierern, die an diesem Projekt arbeiteten, gezeigt, was hier passierte. Die Programmierer waren pfiffig und erkannten das Problem. Sie wussten, dass sie nicht wirklich Schuld hatten; manchmal braucht man einfach ein weiteres Augenpaar, um ein Problem zu erkennen. Deshalb verbrachten die Programmierer ein oder zwei Tage damit, die Vererbungshierarchie zu bereinigen. Am Ende hatten die Programmierer ungefähr die Hälfte des Codes aus der Hierarchie entfernt, ohne die Funktionalität zu reduzieren. Mit diesem Ergebnis waren sie sehr zufrieden und fanden, dass es schneller und einfacher geworden war, sowohl neue Klassen zur Hierarchie hinzuzufügen als auch die Klassen in anderen Teilen des Systems zu verwenden.

Das Management dieses Projekts war darüber nicht erfreut. Der Zeitplan war eng, und es gab viel zu tun. Diese beiden Programmierer hatten zwei Tage mit Arbeit verbracht, die nichts damit zu tun hatte, die vielen Eigenschaften hinzuzufügen, die das System in wenigen Monaten haben sollte. Der alte Code hatte gut funktioniert. Nun war das Design ein bisschen »reiner«, ein bisschen klarer. Das Projekt hatte Code auszuliefern, der funktionierte, keinen Code, der Akademikern besondere Freude machte. Der Berater schlug vor, in anderen zentralen Teilen des Systems ebenso aufzuräumen. Eine solche Aufgabe könnte das Projekt ein oder zwei Wochen aufhalten. Und all dieser Aufwand würde dazu dienen, den Code schöner zu machen, nicht etwas Neues zu schaffen, was das System noch nicht konnte.

Was halten Sie von dieser Geschichte? Meinen Sie, der Berater hatte recht, ein weitergehendes Aufräumen zu empfehlen? Oder würden Sie dem alten Ingenieursmotto folgen: »Wenn es funktioniert, reparier' es nicht"?

Ich muss zugeben, dass ich hier nicht neutral bin. Ich war der Berater. Sechs Monate später schlug das Projekt fehl, zu einem großen Teil, weil der Code zu komplex war, um Fehler zu finden oder ihn auf eine akzeptable Performance zu tunen.

Kent Beck wurde nun als Berater herangezogen, um das Projekt von neuem zu beginnen, eine Aufgabe, zu der es gehörte, fast das ganze System von Anfang an neu zu schreiben. Er machte verschiedene Dinge anders, aber eine seiner wichtigsten Maßnahmen bestand darin, auf einer ständigen Verbesserung des Codes durch Refaktorisieren zu bestehen. Der Erfolg dieses Projekts und die Rolle, die das Refaktorisieren bei diesem Erfolg spielte, motivierten mich, dieses Buch zu schreiben, um das Wissen weiterzugeben, das Kent Beck und andere beim Einsatz von Refaktorisierungen zur Verbesserung der Qualität von Software erworben hatten.

Was ist Refaktorisieren?

Refaktorisieren ist der Prozess, ein Softwaresystem so zu verändern, dass das externe Verhalten nicht geändert wird, der Code aber eine bessere interne Struktur erhält. Es ist ein diszipliniertes Vorgehen, um Code zu bereinigen, das die Wahrscheinlichkeit, dabei Fehler einzuführen, minimiert. Im Kern verbessern Sie das Design von Code, nachdem er geschrieben wurde.

Der Satz »Verbessern des Designs, nachdem der Code geschrieben wurde« enthält eine seltsame Verdrehung. Mit unserem heutigen Verständnis von Softwareentwicklung glauben wir, dass wir erst entwerfen und dann programmieren. Erst kommt ein gutes Design und dann die Programmierung. Im Laufe der Zeit wird der Code verändert, und die Integritat des Systems, seine entwurfsgemaße Struktur, schwindet. Langsam sinkt die Qualität des Codes von dem ursprünglichen Ingenieursniveau auf »Hackerniveau«.

Refaktorisieren ist das Gegenteil dieser Gepflogenheit. Mittels Refaktorisieren können Sie mit einem schlechten Design sogar mit Chaos beginnen, und es zu gut strukturiertem Code umarbeiten. Jeder Schritt ist einfach, sogar primitiv. Sie verschieben ein Feld von einer Klasse in eine andere, entfernen Code aus einer Methode und bilden daraus eine eigene Methode, und Sie verschieben Code auf- oder abwärts entlang der Vererbungshierarchie. Aber das kumulierte Ergebnis dieser kleinen Änderungen kann das Design radikal verbessern.

Sie werden feststellen, dass Refaktorisieren die Arbeitsschwerpunkte verschiebt. Sie werden feststellen, dass das Design, anstatt vollständig vorher zu erfolgen, kontinuierlich während der Entwicklung stattfindet. Sie lernen aus der Entwicklung des Systems, wie Sie Ihr Design verbessern können. Die sich so entwickelnde Interaktion führt zu einem Design, das auch während der fortschreitenden Entwicklung gut bleibt.

Was finden Sie in diesem Buch?

Dieses Buch ist eine Anleitung zum Refaktorisieren; sie wurde für professionelle Entwickler geschrieben. Mein Ziel ist es, Ihnen zu zeigen, wie Sie gezielt und effizient refaktorisieren können. Sie werden lernen, so zu refaktorisieren, dass Sie keine Fehler in den Code einführen, sondern statt dessen methodisch die Struktur verbessern.

Es hat Tradition, Bücher mit einer Einführung zu beginnen. Obwohl ich dem im Grundsatz zustimme, fällt es mir doch schwer, in das Refaktorisieren mit einer verallgemeinernden Diskussion oder Definitionen einzuführen. Deshalb beginne ich mit einem Beispiel. In Kapitel 1 nehme ich mir ein kleines Programm mit einigen häufigen Designfehlern vor und refaktorisiere es zu einem eher akzeptablen objektorientierten Programm. Auf dem Weg dahin sehen wir sowohl den Refaktorisierungsprozess als auch den Einsatz einiger nützlicher Refaktorisierungen. Dies ist genau das Kapitel, das Sie lesen sollten, wenn Sie wissen wollen, worum es beim Refaktorisieren wirklich geht.

In Kapitel 2 behandele ich die allgemeineren Prinzipien des Refaktorisierens, einige Definitionen und die Gründe, warum Sie refaktorisieren sollten. Ich beschreibe einige Probleme, die beim Refaktorisieren auftreten können. In Kapitel 3 hilft Kent Beck mir zu beschreiben, wie man übel riechenden Code findet und ihn mittels Refaktorisieren beseitigt. Testen spielt eine sehr wichtige Rolle beim Refaktorisieren. In Kapitel 4 beschreibe ich, wie man mit Hilfe eines einfachen Open-Source-Testframeworks für Java Tests in den Code einbaut.

Das Herz des Buches, der Katalog der Refaktorisierungen, reicht von Kapitel 6 bis Kapitel 12. Es ist keinesfalls ein umfassender Katalog. Es ist der Anfang eines solchen Katalogs. Er enthält die Refaktorisierungen, die ich selbst bis jetzt bei meiner Arbeit in diesem Bereich notiert habe. Wenn ich etwas machen möchte, wie z.B. *Bedingung durch Polymorphismus ersetzen* (259), so erinnert mich der Katalog daran, wie dies sicher und schrittweise zu tun ist. Ich hoffe, dies ist ein Teil des Buches, auf den Sie oft zurückgreifen werden.

Ich beschreibe in diesem Buch die Ergebnisse vieler Forschungen von anderen. Die letzten Kapitel sind Gastbeiträge einiger dieser Fachleute. Kapitel 13 stammt von Bill Opdyke, der die Dinge beschreibt, die er beim Einführen des Refaktorisierens in einer kommerziellen Umgebung erlebte. Kapitel 14 stammt von Don Roberts und John Brant, die die wahre Zukunft des Refaktorisierens beschreiben, nämlich den Einsatz automatisierter Werkzeuge. Das Schlusswort, Kapitel 15, habe ich dem Meister der Zunft, Kent Beck, überlassen.

Refaktorisieren in Java

In diesem Buch verwende ich durchgehend Beispiele in Java. Refaktorisieren können Sie natürlich auch mit anderen Sprachen, und ich hoffe, dass dieses Buch auch für diejenigen von Nutzen sein wird, die mit anderen Sprachen arbeiten. Ich meinte aber, es sei am besten, dieses Buch auf Java zu konzentrieren, da es die Sprache ist, die ich am besten beherrsche. Gelegentlich habe ich Anmerkungen zu Refaktorisierungen in anderen Sprachen gemacht, aber ich hoffe, andere werden auf diesen Grundlagen aufbauend Bücher für andere Sprachen schreiben.

Um die Ideen am besten zu vermitteln, habe ich nicht besonders komplexe Bereiche der Sprache Java gewählt. Ich habe davon abgesehen, innere Klassen, Reflektion, Threads und viele andere mächtigere Eigenschaften von Java zu verwenden. Dies geschah, weil ich mich so klar wie möglich auf die Kernrefaktorisierungen konzentrieren wollte.

Ich weise extra darauf hin, dass diese Refaktorisierungen nicht für nebenläufige oder verteilte Programme entstanden sind. Diese Themen erforden weitergehende Überlegungen, die den Rahmen dieses Buches sprengen würden.

Warum sollten Sie dieses Buch lesen?

Dieses Buch richtet sich an professionelle Programmierer, die ihren Lebensunterhalt mit dem Schreiben von Software verdienen. Die Beispiele enthalten viel Code, den Sie lesen und verstehen müssen. Alle Beispiele sind in Java geschrieben. Ich habe Java gewählt, weil es eine zunehmend bekannte Sprache ist, die jeder mit Kenntnissen in C leicht verstehen kann. Außerdem ist es eine objektorientierte Sprache, und objektorientierte Mechanismen sind eine große Hilfe beim Refaktorisieren.

Das Refaktorisieren konzentriert sich auf den Code, es hat aber einen starken Einfluss auf das Design eines Systems. Es für leitende Designer und Software-Architekten ist lebenswichtig die Prinzipien des Refaktorisierens zu verstehen und in ihren Projekten einzusetzen. Am besten wird das Refaktorisieren von respektierten und erfahrenen Entwicklern eingeführt. Ein solcher Entwickler kann die Prinzipien, die hinter dem Refaktorisieren stehen, am besten verstehen und sie an die jeweilige Arbeitsumgebung anpassen. Dies gilt insbesondere, wenn Sie eine andere Sprache als Java verwenden, da Sie dann die Beispiele, die ich gebe, an andere Sprachen anpassen müssen.

So ziehen Sie den größten Nutzen aus dem Buch, ohne alles zu lesen:

- **Wollen Sie verstehen, was Refaktorisieren ist**, so lesen Sie Kapitel 1; das Beispiel sollte den Prozess klar illustrieren.
- **Wollen Sie verstehen, warum Sie refaktorisieren sollten**, lesen Sie die ersten beiden Kapitel. Sie zeigen Ihnen, was Refaktorisieren ist und warum Sie es tun sollten.
- **Wollen Sie wissen, wo Sie refaktorisieren sollten**, lesen Sie Kapitel 3. Es zeigt Ihnen Symptome, die darauf hinweisen, dass Refaktorisieren notwendig ist.
- **Wollen Sie konkret refaktorisieren**, lesen Sie die ersten vier Kapitel ganz. Überfliegen Sie den Katalog. Lesen Sie genug davon, um ungefähr zu wissen, was Sie dort finden können. Sie brauchen nicht alle Details zu verstehen. Haben Sie eine Refaktorisierung durchzuführen, lesen Sie die Beschreibung im Detail, und verwenden Sie sie als Hilfe für Ihre Arbeit. Der Katalog ist ein Nachschlagewerk, so dass Sie ihn wohl nicht in einem Stück lesen werden. Sie sollten auch die Gastbeiträge lesen, vor allem Kapitel 15.

Von anderen erarbeitete Grundlagen

Ich muss jetzt gleich am Anfang darauf hinweisen, dass ich mit diesem Buch in großer Schuld stehe, in Schuld bei denen, deren Arbeit im letzten Jahrzehnt den Bereich des Refaktorisierens entwickelt hat. Im Idealfall hätte einer von ihnen dies Buch schreiben sollen, aber es ergab sich, dass ich derjenige war, der Zeit und Energie dafür hatte.

Zwei der herausragenden Befürworter des Refaktorisierens sind **Ward Cunningham** und **Kent Beck**. Sie benutzten es frühzeitig als zentralen Teil ihres Entwicklungsprozesses und haben ihren Entwicklungsprozess so angepasst, dass die Vorteile des Refaktorisierens genutzt werden. Insbesondere die Zusammenarbeit mit Kent Beck war es, die mir die Bedeutung des Refaktorisierens vor Augen führte, eine Inspiration, die direkt zu diesem Buch führte.

Ralph Johnson leitet eine Gruppe an der Universität Illinois in Urbana-Champaign, die für ihre praktischen Beiträge zur Objektorientierung bekannt ist. Ralph Johnson war schon lange ein Meister des Refaktorisierens, und viele seiner Studenten haben auf diesem Gebiet gearbeitet. **Bill Opdykes** Doktorarbeit war das erste detaillierte schriftliche Werk über Refaktorisieren. **John Brant** und **Don Roberts** blieben nicht bei Worten stehen, sondern schrieben ein Werkzeug, den Refactoring Browser, für das Refaktorisieren von Smalltalk-Programmen.

Danksagungen

Trotz all dieser Forschungen, auf die ich aufbauen konnte, benötigte ich immer noch viel Hilfe beim Schreiben dieses Buches. Zuerst und vor allen anderen ist hier Kent Beck zu nennen. Der Grundstein wurde in einer Bar in Detroit gelegt, als er mir von einem Artikel erzählte, den er für den *Smalltalk Report* [Beck, hanoi] schrieb. Er enthielt nicht nur viele Ideen, die ich mir für Kapitel 1 ausborgte, sondern führte dazu, dass ich Refaktorisierungen niederschrieb. Kent Beck half auch an anderen Stellen. Von ihm stammt die Idee des »übel riechenden« Codes, er ermutigte mich an verschiedenen schwierigen Stellen und arbeitete überhaupt mit mir daran, dieses Buch zu ermöglichen. Ich kann nicht umhin zu denken, er kätte das Buch viel besser geschrieben, aber ich hatte die Zeit und kann nur hoffen, dass ich dem Thema gerecht geworden bin.

Nachdem dies gesagt ist, möchte ich Ihnen möglichst viel dieses Wissens direkt vermitteln. Ich bin deshalb sehr dankbar, dass viele der Genannten einige Zeit darauf verwandt haben, für dieses Buch zusätzliches Material zu liefern. Kent Beck, John Brant, William Opdyke und Don Roberts haben Kapitel geschrieben oder mitgeschrieben. Darüber hinaus haben Rich Garzaniti und Don Jeffries nützliche Exkurse hinzugefügt.

Jeder Autor wird Ihnen erzählen, dass technische Korrekturleser bei einem Buch wie diesem sehr hilfreich sind. Wie immer stellten J. Carter Shanklin und sein Team bei Addison-Wesley eine großartige Mannschaft hartgesottener Korrektoren zusammen. Es waren:

- Ken Auer, Rolemodel Software, Inc.
- Joshua Bloch, Sun Microsystems, Java Software
- John Brant, Universität Illinois in Urbana-Champaign
- Scott Corley, High Voltage Software, Inc.
- Ward Cunningham, Cunningham & Cunningham, Inc.

- Stéphane Ducasse
- Erich Gamma, Object Technology International, Inc.
- Ron Jeffries
- Ralph Johnson, Universität Illinois in Urbana-Champaign
- Joshua Kerievsky, Industrial Logic, Inc.
- Doug Lea, SUNY Oswego
- Sander Tichelaar

Sie alle verbesserten die Lesbarkeit und Richtigkeit dieses Buches und entfernten zumindest einige der Fehler, die in jedem Manuskript lauern. Auf einige besonders sichtbare Verbesserungsvorschläge, die das Erscheinungsbild des Buches prägen, möchte ich aber extra hinweisen. Ward Cunningham und Ron Jeffries brachten mich dazu, in Kapitel 1 den linke-Seite/rechte-Seite-Stil zu verwenden. Joshua Kerievsky schlug die Code-Skizzen im Katalog vor.

Zusätzlich zu den offiziellen Korrektoren gab es viele inoffizielle. Diese Fachleute sahen das Manuskript im Entstehen oder die laufenden Arbeiten auf meinen Webseiten und machten nützliche Verbesserungsvorschläge. Zu ihnen gehören Leif Bennet, Michael Feathers, Michael Finney, Neil Galarneau, Hisham Ghazouli, Tony Gould, John Isner, Brian Marick, Ralf Reissing, John Salt, Mark Swanson, Dave Thomas und Don Wells. Ich bin sicher, dass ich weitere vergessen habe; ich entschuldige mich hierfür und bedanke mich auch bei ihnen.

Eine besonders unterhaltsame Review-Gruppe war die berüchtigte Lesegruppe an der Universität Illinois in Urbana-Champaign. Da das Buch so viel von ihrer Arbeit widerspiegelt, bin ich für ihre auf Video festgehaltenen Leistungen besonders dankbar. Zu dieser Gruppe gehören Fredrico »Fred« Balaguer, John Brant, Ian Chai, Brian Foote, Alejandra Garrido, Zhijian »John« Han, Peter Hatch, Ralph Johnson, Songyu »Raymond« Lu, Dragos-Anton Manolescu, Hiroaki Nakamura, James Overturf, Don Roberts, Chieko Shirai, Les Tyrell und Joe Yoder.

Jede gute Idee muss in einem ernsthaften Produktionssystem überprüft werden. Ich sah große Auswirkungen von Refaktorisierungen am Gehaltssystem von Chrysler, dem Chrysler Comprehensive Compensation System (3C). Ich möchte mich bei allen Mitgliedern dieses Teams bedanken: Ann Anderson, Ed Anderi, Ralph Beattie, Kent Beck, David Bryant, Bob Coe, Marie DeArment, Margaret Fronczak, Rich Garzaniti, Dennis Gore, Brian Hacker, Chet Hendrickson, Ron Jeffries, Doug Joppie, David Kim, Paul Kowalski, Debbie Mueller, Tom Muraski, Richard Nutter, Adrian Pantea, Matt Saigeon, Don Thomas und Don Wells. Die

Arbeit mit ihnen zementierte durch Erfahrung aus erster Hand die Prinzipien und den Nutzen des Refaktorisierens in meinem Bewusstsein. Ihren Fortschritt zu beobachten, als sie in großem Stil refaktorisierten, half mir zu erkennen, was Refaktorisieren leisten kann, wenn es in einem großen Projekt über viele Jahre eingesetzt wird.

Wieder hatte ich die Hilfe von J. Carter Shanklin bei Addison-Wesley und seinem Team: Krysia Bebick, Susan Cestone, Chuck Dutton, Kristin Erickson, John Fuller, Christopher Guzikoswki, Simone Payment und Genevieve Rajewski. Mit einem guten Verlag zusammenzuarbeiten ist eine Freude; alle halfen, wo sie konnten.

Zum Thema Unterstützung muss man auch sagen, dass unter einem Buch immer die engsten Angehörigen des Autors am meisten leiden, in diesem Fall meine Frau Cindy. So viel Zeit ich auch auf das Buch verwendete, war ich doch in Gedanken stets bei ihr.

Martin Fowler
Melrose, Massachussetts
Fowler@acm.org
http://www.MartinFowler.com

1 Refaktorisieren, ein erstes Beispiel

Wie kann ich anfangen, über Refaktorisieren zu schreiben? Die traditionelle Art beginnt mit einem Abriss der historischen Entwicklung, allgemeinen Prinzipien und Ähnlichem. Trägt jemand auf einer Konferenz so vor, werde ich müde. Meine Gedanken schweifen ab und ein Hintergrundprozess niedriger Priorität achtet darauf, ob der Referent oder die Referentin ein Beispiel gibt. Die Beispiele wecken mich, weil ich an Beispielen erkennen kann, was tatsächlich passiert. Mit allgemeinen Prinzipien ist es leicht zu verallgemeinern, aber zu schwierig herauszufinden, wie man die Dinge anwendet. Ein Beispiel hilft dabei, die Lage zu klären.

Deshalb beginne ich dieses Buch mit einem Beispiel. Während dieses Prozesses werde ich Ihnen eine Menge darüber erzählen, wie Refaktorisieren funktioniert, und Ihnen ein Gefühl für den Prozess des Refaktorisierens vermitteln. Danach kann ich dann mit einer Einführung im üblichen Prinzipienstil fortfahren.

Mit einem einführenden Beispiel habe ich aber ein großes Problem. Wähle ich ein großes Programm, so ist es viel zu kompliziert, es zu beschreiben und zu zeigen, wie es refaktorisiert wird, als dass irgendein Leser es durcharbeiten würde. (Ich habe es versucht, und schon ein etwas komplizierteres Beispiel erfordert mehr als hundert Seiten.) Wähle ich aber ein Programm, das klein genug ist, um noch verständlich zu sein, erscheint das Refaktorisieren nicht nützlich zu sein.

Ich befinde mich also in der klassischen Zwickmühle von jedem, der Techniken beschreiben will, die für realistische Programme nützlich sind. Offen gesagt ist es die Anstrengungen nicht wert, die Refaktorisierungen durchzuführen, die ich Ihnen an dem kleinen Programm zeige, das ich hier verwende. Ich muss Sie also bitten, sich dieses Beispiel anzusehen und es sich als Teil eines viel größeren Systems vorzustellen.

1.1 Der Ausgangspunkt

Das Beispielprogramm ist sehr einfach. Es ist ein Programm, um Rechnungen für Kunden (`Customer`) einer Videothek zu erstellen und auszudrucken. Das Programm erfährt, welche Filme (`Movie`) der Kunde wie lange ausgeliehen hat. Es berechnet dann die Miete, abhängig davon, wie lange der Film ausgeliehen wird, und bestimmt die Art des Films. Es gibt drei Arten von Filmen: Reguläre (`REGULAR`), Kinderfilme (`CHILDREN`) und Neuerscheinungen (`NEW_RELEASE`). Zusätzlich zur Leihgebühr berechnet das Programm für häufige Kunden Bonuspunkte (`FrequentRenterPoints`), die davon abhängen, ob es sich bei dem Film um eine Neuerscheinung handelt.

Die Elemente der Videothek werden durch verschiedene Klassen repräsentiert. Abbildung 1-1 zeigt sie in einem Klassendiagramm.

Hier folgt nun der Code dieser Klassen.

1.1.1 Movie

`Movie` ist nur eine einfache Datenklasse.

```
public class Movie {
  public static final int  CHILDRENS = 2;
  public static final int  REGULAR = 0;
  public static final int  NEW_RELEASE = 1;

  private String _title;
  private int _priceCode;

  public Movie(String title, int priceCode) {
      _title = title;
      _priceCode = priceCode;
  }

  public int getPriceCode() {
      return _priceCode;
  }

  public void setPriceCode(int arg) {
      _priceCode = arg;
  }


  public String getTitle (){
      return _title;
  };
}
```

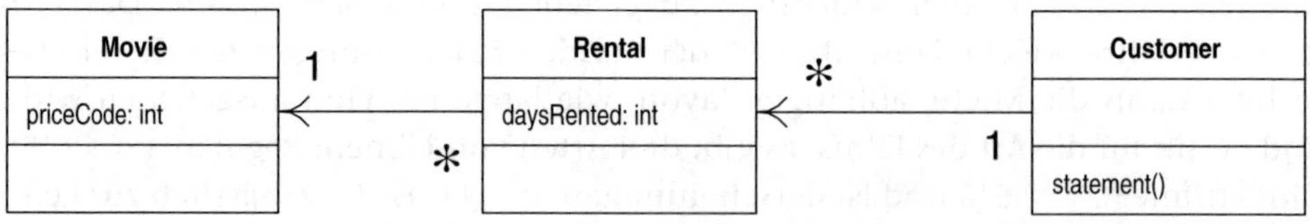

Abbildung 1-1 Das Klassendiagramm der Ausgangsklassen. Nur die allerwichtigsten Merkmale werden dargestellt. Die Notation ist die Unified Modeling Language UML [Fowler, UML].

1.1.2 Rental

Die Klasse `Rental` repräsentiert eine Ausleihe eines Films durch einen Kunden.

```
class Rental {
  private Movie _movie;
  private int _daysRented;

  public Rental(Movie movie, int daysRented) {
      _movie = movie;
      _daysRented = daysRented;
  }
  public int getDaysRented() {
      return _daysRented;
  }
  public Movie getMovie() {
      return _movie;
  }
}
```

1.1.3 Customer

Die Klasse `Customer` repräsentiert einen Kunden der Videothek. Wie die anderen Klassen hat sie Daten und Zugriffsmethoden.

```
class Customer {
  private String _name;
  private Vector _rentals = new Vector();

  public Customer (String name){
      _name = name;
  };

  public void addRental(Rental arg) {
      _rentals.addElement(arg);
  }
  public String getName (){
      return _name;
  };
```

`Customer` hat auch eine Methode `statement()` zum Erstellen der Rechnung. Abbildung 1-2 zeigt die Interaktionen für diese Methode. Der Rumpf der Methode folgt nach der Abbildung.

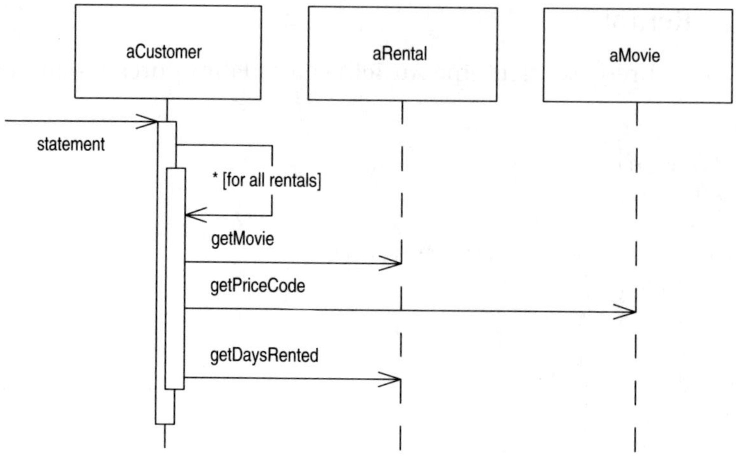

Abbildung 1-2 Interaktionen für die Methode statement()

```
public String statement() {
    double totalAmount = 0;
    int frequentRenterPoints = 0;
    Enumeration rentals = _rentals.elements();
    String result = "Rental Record for " + getName() + "\n";
    while (rentals.hasMoreElements()) {
        double thisAmount = 0;
        Rental each = (Rental) rentals.nextElement();

        //Beträge pro Zeile ermitteln
        switch (each.getMovie().getPriceCode()) {
            case Movie.REGULAR:
                thisAmount += 2;
                if (each.getDaysRented() > 2)
                    thisAmount += (each.getDaysRented() - 2) * 1.5;
                break;
            case Movie.NEW_RELEASE:
                thisAmount += each.getDaysRented() * 3;
                break;
            case Movie.CHILDRENS:
                thisAmount += 1.5;
                if (each.getDaysRented() > 3)
                    thisAmount += (each.getDaysRented() - 3) * 1.5;
                break;

        }
```

```
            // Bonuspunkte aufaddieren
            frequentRenterPoints ++;
            // Bonuspunkte für zweitägige Ausleihe einer Neuerscheinung
            if ((each.getMovie().getPriceCode() == Movie.NEW_RELEASE) &&
                each.getDaysRented() > 1) frequentRenterPoints ++;

            // Zahlen für diese Ausleihe ausgeben
            result += "\t" + each.getMovie().getTitle()+ "\t" +
                  String.valueOf(thisAmount) + "\n";
            totalAmount += thisAmount;

        }
        // Fußzeilen einfügen
        result +=  "Amount owed is " + String.valueOf(totalAmount) + "\n";
        result += "You earned " + String.valueOf(frequentRenterPoints) +
             " frequent renter points";
        return result;

    }
```

1.1.4 Kommentare zum Ausgangsprogramm

Was halten Sie vom Design dieses Programms? Ich würde es als nicht gut gestaltet und bestimmt nicht objektorientiert beschreiben. Für ein einfaches Programm wie dieses macht das nichts. Es ist nichts gegen ein »quick and dirty«-Programm einzuwenden, wenn es einfach ist. Ist dies aber ein repräsentatives Stück aus einem komplexeren System, so habe ich ein echtes Problem mit diesem Programm. Die lange `statement`-Routine in der Klasse `Customer` tut entschieden zu viel. Vieles, was sie tut, sollte wirklich von anderen Klassen erledigt werden.

Aber trotzdem funktioniert das Programm. Ist dies also etwa nur ein ästhetisches Urteil, ein Unbehagen gegenüber hässlichem Code? Es ist es, bis wir das System ändern wollen. Den Compiler kümmert es nicht, ob der Code hässlich oder sauber ist. Aber wenn wir das System ändern, sind Menschen beteiligt, und Menschen interessiert dies sehr wohl. Ein schlecht gestaltetes System ist schwer zu ändern, weil es schwierig ist herauszufinden, wo Änderungen notwendig sind. Wenn es schwierig herauszufinden ist, was zu ändern ist, so ist die Wahrscheinlichkeit hoch, dass der Programmierer sich irren und neue Fehler einfügen wird.

In diesem Fall wünschen die Anwender eine Änderung. Zunächst möchten sie die Rechnung in HTML ausgegeben haben, so dass die Rechnung internetfähig und vollständig modewort-kompatibel gemacht werden kann. Überlegen Sie sich die Auswirkungen, die diese Änderung haben würde. Wenn Sie sich den Code ansehen, so erkennen Sie, dass keiner der Befehle aus der aktuellen Methode `statement` für eine HTML-Ausgabe wiederverwandt werden kann. Das Einzige, was Sie tun können, ist, eine völlig neue Methode zu schreiben, die viel von dem Verhalten von `statement` dupliziert. Nun ist dies nicht weiter ehrenrührig. Sie können einfach den Code der Methode `statement` kopieren und alles ändern, was Sie wollen.

Aber was passiert, wenn sich die Abrechnungsregeln ändern? Dann müssen Sie sowohl `statement` als auch `htmlStatement` korrigieren und sicherstellen, dass die Korrekturen konsistent sind. Die Probleme mit dem Kopieren und Einfügen von Code kommen, wenn Sie diesen später ändern müssen. Wenn Sie ein Programm schreiben, bei dem Sie keine Änderungen erwarten, so ist Kopieren und Einfügen in Ordnung. Ist das Programm langlebig und voraussichtlich zu ändern, so ist Kopieren und Einfügen ein Fluch.

Dies bringt mich zu einer zweiten Änderung. Die Anwender möchten die Art und Weise ändern, wie Filme klassifiziert werden, haben sich aber noch nicht entschieden, welche Änderungen sie vornehmen werden. Sie denken an eine Reihe von Änderungen. Diese Änderungen betreffen sowohl die Art, wie Ausleihen abgerechnet werden, als auch die Berechnung der Bonuspunkte. Als erfahrener Entwickler sind Sie sicher, dass die einzige Garantie, die Sie haben – mit welchem Schema die Anwender nun auch immer kommen – die ist, dass sie es innerhalb der nächsten sechs Monate wieder ändern werden.

Die Methode `statement` ist die Stelle, an der die Änderungen für die geänderten Klassifizierungs- und Abrechnungsregeln behandelt werden müssen. Kopieren wir `statement` aber auf eine Methode `htmlStatement`, so müssen wir sicherstellen, dass alle Änderungen vollständig konsistent sind. Werden die Regeln komplexer, so wird es darüber hinaus schwieriger herauszufinden, wo die Änderungen vorzunehmen sind, und noch schwieriger, sie fehlerfrei durchzuführen.

Sie mögen versucht sein, so wenig wie möglich an dem Programm zu ändern, schließlich läuft es ja. Erinnern Sie sich an die alte Ingenieursregel: »Wenn es nicht kaputt ist, reparier' es nicht.« Das Programm mag nicht kaputt sein, aber es verursacht Ihnen Kopfschmerzen. Es macht Ihnen das Leben schwerer, weil es schwierig für Sie ist, die Änderungen auszuführen, die die Anwender wünschen. Hier setzt nun das Refaktorisieren an.

> Wenn Sie zu einem Programm etwas hinzufügen müssen und die Struktur des Programms erlaubt dies nicht auf einfache Art und Weise, so refaktorisieren Sie zunächst das Programm so, dass Sie die Erweiterung leicht hinzufügen können, und fügen sie anschließend hinzu.

1.2 Der erste Faktorisierungsschritt

Wenn ich faktorisiere, ist der erste Schritt immer der gleiche. Ich muss eine solide Menge von Testfällen für diesen Codeabschnitt aufbauen. Die Tests sind wesentlich, obwohl ich Refaktorisierungen folge, die so strukturiert sind, dass die meisten Gelegenheiten, Fehler einzuführen, vermieden werden. Da ich jedoch ein Mensch bin, mache ich Fehler. Daher brauche ich solide Tests.

Da `statement` als Ergebnis einen String erzeugt, erstelle ich einige Kunden, gebe jedem Kunden eine paar Ausleihen verschiedener Arten von Filmen und erzeuge die `statement`-Strings. Anschließend vergleiche ich den neuen String mit den Vergleichsstrings, die ich manuell überprüft habe. Ich baue diese Tests so auf, dass ich sie mit einem Java-Kommando in der Kommandozeile ausführen kann. Die Tests benötigen nur wenige Sekunden, und Sie werden sehen, dass ich sie oft durchführe.

Ein wichtiger Bestandteil der Tests ist die Art und Weise, wie sie ihr Ergebnis liefern. Sie liefern entweder »OK«, das heißt alle Strings sind mit dem Vergleichsstring identisch, oder sie drucken eine Liste der Abweichungen: Zeilen, die Unterschiede aufweisen. Die Tests überprüfen sich also selbst. Es ist unbedingt notwendig, Tests selbst überprüfend zu machen. Andernfalls verschwenden Sie Zeit damit, manuell Zahlen von einem Test auf einem Taschenrechner nachzurechnen, und das hält Sie auf.

Während wir refaktorisieren, stützen wir uns auf die Tests. Ich werde mich darauf verlassen, dass die Tests mir zeigen, ob ich einen Fehler eingebaut habe oder nicht. Es ist wesentlich für das Refaktorisieren, dass Sie gute Tests haben. Es lohnt sich, die Zeit zur Entwicklung der Tests aufzuwenden, da Ihnen die Tests die Sicherheit geben, die Sie brauchen, um das Programm später zu ändern. Dies ist ein so wichtiger Teil des Refaktorisierens, dass ich Testen in Kapitel 4 detaillierter behandele.

> Bevor Sie zu refaktorisieren beginnen, prüfen Sie, ob Sie eine solide Menge von Testfällen haben. Diese Tests müssen selbstüberprüfend sein.

1.3 Zerlegen und Umverteilen der Methode statement

Das offensichtliche erste Ziel meiner Aufmerksamkeit ist die überlange Methode `statement`. Wenn ich eine so lange Methode sehe, versuche ich sie in kleinere Teile zu zerlegen. Kleinere Stücke Code machen die Dinge in der Regel leichter zu handhaben. Man kann leichter mit ihnen arbeiten und sie leichter herumschieben.

Die erste Phase der Refaktorisierungen in diesem Kapitel zeigt, wie ich die lange Methode aufspalte und die Teile in bessere geeignete Klassen verschiebe. Dadurch will ich es einfacher machen, eine Methode `htmlStatement` mit viel weniger redundantem Code zu schreiben.

Mein erster Schritt besteht darin, ein logisch zusammenhängendes Stück Code zu finden und *Methode extrahieren (106)* zu verwenden. Ein offensichtliches Stück ist hier der `switch`-Befehl. Er sieht aus wie ein guter Kandidat, um ihn in eine eigene Methode auszulagern.

Wenn ich eine Methode extrahiere, so muss ich wie bei jeder Refaktorisierung wissen, was schief gehen kann. Extrahiere ich schlecht, so kann dies zu einem Fehler im Programm führen. Bevor ich refaktorisiere, muss ich also herausfinden, wie ich dies sicher tun kann. Ich habe diese Refaktorisierung schon mehrmals durchgeführt, so dass ich die sicheren Schritte im Katalog aufgeschrieben habe.

Zuerst muss ich in dem Fragment nach allen Variablen suchen, die lokal in der betrachteten Methode definiert sind, also nach den lokalen Variablen und den Parametern. Dieses Codesegment verwendet zwei: `each` und `thisAmount`. Von diesen wird `each` in diesem Teil nicht verändert, aber `eachAmount` wird geändert. Jede nicht veränderte Variable kann ich als Parameter übergeben. Veränderte Variablen erfordern mehr Sorgfalt. Gibt es nur eine, so kann ich sie zurückgeben. Die lokale Variable `thisAmount` wird jedesmal am Beginn der Schleife mit 0 initialisiert und wird nicht verändert, bevor der `switch`-Befehl erreicht wird. Ich kann das Ergebnis also einfach zuweisen.

Die nächsten beiden Programme zeigen den Code vor und nach der Faktorisierung. Der Code, den ich extrahiert habe und alle Änderungen im Code, die meines Erachtens nicht offensichtlich sind, erscheinen in Fettdruck.

```
public String statement() {
    double totalAmount = 0;
    int frequentRenterPoints = 0;
    Enumeration rentals = _rentals.elements();
    String result = "Rental Record for " + getName() + "\n";
```

```
    while (rentals.hasMoreElements()) {
        double thisAmount = 0;
        Rental each = (Rental) rentals.nextElement();



        // Beträge pro Zeile ermitteln
        switch (each.getMovie().getPriceCode()) {
            case Movie.REGULAR:
                thisAmount += 2;
                if (each.getDaysRented() > 2)
                    thisAmount += (each.getDaysRented() - 2) * 1.5;
                break;
            case Movie.NEW_RELEASE:
                thisAmount += each.getDaysRented() * 3;
                break;
            case Movie.CHILDRENS:
                thisAmount += 1.5;
                if (each.getDaysRented() > 3)
                    thisAmount += (each.getDaysRented() - 3) * 1.5;
                break;
        }

        // Bonuspunkte aufaddieren
        frequentRenterPoints ++;
        // Bonuspunkte für zweitägige Ausleihe einer Neuerscheinung
        if ((each.getMovie().getPriceCode() == Movie.NEW_RELEASE) &&
each.getDaysRented() > 1) frequentRenterPoints ++;

        // Zahlen für diese Ausleihe ausgeben
        result += "\t" + each.getMovie().getTitle()+ "\t" +
String.valueOf(thisAmount) + "\n";
        totalAmount += thisAmount;

    }
    // Fußzeilen einfügen
    result +=  "Amount owed is " + String.valueOf(totalAmount) + "\n";
    result += "You earned " + String.valueOf(frequentRenterPoints) + "
frequent renter points";
    return result;

  }
```

```
public String statement() {
    double totalAmount = 0;
    int frequentRenterPoints = 0;
    Enumeration rentals = _rentals.elements();
    String result = "Rental Record for " + getName() + "\n";
    while (rentals.hasMoreElements()) {
        double thisAmount = 0;
        Rental each = (Rental) rentals.nextElement();

        thisAmount = amountFor(each);

        // add frequent renter points
        frequentRenterPoints ++;
        // add bonus for a two day new release rental
        if ((each.getMovie().getPriceCode() == Movie.NEW_RELEASE) &&
            each.getDaysRented() > 1) frequentRenterPoints ++;

        //show figures for this rental
        result += "\t" + each.getMovie().getTitle()+ "\t" +
            String.valueOf(thisAmount) + "\n";
        totalAmount += thisAmount;

    }
    //add footer lines
    result +=  "Amount owed is " + String.valueOf(totalAmount) + "\n";
    result += "You earned " + String.valueOf(frequentRenterPoints) +
        " frequent renter points";
    return result;

  }
}
private int amountFor(Rental each) {
    int thisAmount = 0;
    switch (each.getMovie().getPriceCode()) {
        case Movie.REGULAR:
            thisAmount += 2;
            if (each.getDaysRented() > 2)
                thisAmount += (each.getDaysRented() - 2) * 1.5;
            break;
        case Movie.NEW_RELEASE:
            thisAmount += each.getDaysRented() * 3;
            break;
        case Movie.CHILDRENS:
            thisAmount += 1.5;
            if (each.getDaysRented() > 3)
```

```
                thisAmount += (each.getDaysRented() - 3) * 1.5;
            break;
    }
    return thisAmount;
}
```

Wann immer ich Änderungen wie diese mache, wandle ich den Code um und teste ihn. Hier hatte ich keinen besonders guten Start, der Test platzte; ein Teil der Testfälle gab mir die falsche Antwort. Ich grübelte einige Sekunden, dann sah ich, was ich falsch gemacht hatte: Ich hatte den Rückgabewert für `amountFor` fälschlicherweise als `int` und nicht als `double` deklariert.

```
private double amountFor(Rental each) {
    double thisAmount = 0;
    switch (each.getMovie().getPriceCode()) {
        case Movie.REGULAR:
            thisAmount += 2;
            if (each.getDaysRented() > 2)
                thisAmount += (each.getDaysRented() - 2) * 1.5;
            break;
        case Movie.NEW_RELEASE:
            thisAmount += each.getDaysRented() * 3;
            break;
        case Movie.CHILDRENS:
            thisAmount += 1.5;
            if (each.getDaysRented() > 3)
                thisAmount += (each.getDaysRented() - 3) * 1.5;
            break;
    }
    return thisAmount;
}
```

Dies ist so ein dummer Fehler, wie ich ihn häufig mache, und es kann Mühe machen, die Ursache finden. In diesem Fall konvertiert Java `double` in `int`, ohne zu klagen, rundet aber gnadenlos [Java Spec]. Glücklicherweise war der Fehler hier leicht zu finden, da die Änderung so klein war und ich gute Testfälle hatte. Da jede Änderung so klein ist, sind Fehler leicht zu finden. Sie verwenden nicht viel Zeit auf die Fehlersuche, selbst wenn Sie so sorglos vorgehen wie ich.

> Beim Refaktorisieren ändern Sie Programme in kleinen Schritten. Machen Sie einen Fehler, so ist er leicht zu finden.

Da ich mit Java arbeite, muss ich den Code analysieren, um herauszufinden, was mit den lokalen Variablen zu tun ist. Mit einem guten Werkzeug kann dies aber wirklich einfach sein. Ein solches Werkzeug gibt es für Smalltalk: den Refactoring Browser. Mit diesem Werkzeug ist das Refaktorisieren sehr einfach. Ich markiere nur den Code, wähle »Extract Method« aus den Menüs, tippe einen Methodennamen und bin fertig. Darüber hinaus macht das Werkzeug keine so dummen Fehler wie ich. Ich warte auf eine Java-Version!

Nachdem ich nun die ursprüngliche Methode in Stücke zerlegt habe, kann ich mit diesen separat weiterarbeiten. Ich mag einige der Variablennamen in `amountFor` nicht, und dies ist eine gute Gelegenheit, sie zu ändern. Hier ist der ursprüngliche Code:

```
private double amountFor(Rental each) {
    double thisAmount = 0;
    switch (each.getMovie().getPriceCode()) {
        case Movie.REGULAR:
            thisAmount += 2;
            if (each.getDaysRented() > 2)
                thisAmount += (each.getDaysRented() - 2) * 1.5;
            break;
        case Movie.NEW_RELEASE:
            thisAmount += each.getDaysRented() * 3;
            break;
        case Movie.CHILDRENS:
            thisAmount += 1.5;
            if (each.getDaysRented() > 3)
                thisAmount += (each.getDaysRented() - 3) * 1.5;
            break;
    }
    return thisAmount;
}
```

und hier der umbenannte:

```
private double amountFor(Rental aRental) {
    double result = 0;
    switch (aRental.getMovie().getPriceCode()) {
        case Movie.REGULAR:
            result += 2;
            if (aRental.getDaysRented() > 2)
                result += (aRental.getDaysRented() - 2) * 1.5;
            break;
        case Movie.NEW_RELEASE:
```

```
            result += aRental.getDaysRented() * 3;
            break;
        case Movie.CHILDRENS:
            result += 1.5;
            if (aRental.getDaysRented() > 3)
                result += (aRental.getDaysRented() - 3) * 1.5;
            break;
    }
    return result;
}
```

Nachdem ich die Variablen umbenannt habe, wandle ich den Code um und teste ihn um sicherzustellen, dass ich nichts kaputtgemacht habe.

Lohnt sich das Umbenennen? Unbedingt. Guter Code sollte klar ausdrücken, was er tut, und Variablennamen sind ein Schlüssel zu klarem Code. Scheuen Sie sich nie, die Namen von Dingen zu ändern, wenn dies die Verständlichkeit verbessert. Eine strenge Typisierung und kosequentes Testen werden alles ans Tageslicht bringen, was Sie übersehen. Denken Sie an die folgende Regel:

> Jeder Dummkopf kann Code schreiben, den ein Computer versteht. Gute Programmierer schreiben Code, den Menschen verstehen.

Es ist sehr wichtig, dass Programmcode seine Aufgabe erkennen lässt. Ich refaktorisiere häufig, wenn ich Code lese. So lerne ich mehr über das Programm und ich bette dieses Verständnis für später in den Code ein, so dass ich nicht vergesse, was ich gerade gelernt habe.

1.3.1 Verschieben der Betragsberechnung

Betrachte ich `amountFor`, so erkenne ich, dass die Methode Informationen der Klasse `Rental` verwendet, nicht aber von `Customer`.

```
Class Customer...
  private double amountFor(Rental aRental) {
      double result = 0;
      switch (aRental.getMovie().getPriceCode()) {
          case Movie.REGULAR:
              result += 2;
              if (aRental.getDaysRented() > 2)
                  result += (aRental.getDaysRented() - 2) * 1.5;
              break;
          case Movie.NEW_RELEASE:
```

```
                result += aRental.getDaysRented() * 3;
                break;
            case Movie.CHILDRENS:
                result += 1.5;
                if (aRental.getDaysRented() > 3)
                    result += (aRental.getDaysRented() - 3) * 1.5;
                break;
        }
        return result;
    }
```

Dies weckt sofort meinen Verdacht, dass diese Methode sich beim falschen Objekt befindet. In den meisten Fällen sollte eine Methode bei dem Objekt sein, dessen Daten sie verwendet, also sollte die Methode zu `Rental` verschoben werden. Um dies zu tun, verwende ich *Methode verschieben (139).*

So kopiere ich zunächst den Code nach `Rental`, passe ihn so an, dass er in die neue Heimat passt und wandle ihn um.

```
class Rental...
  double getCharge() {
      double result = 0;
      switch (getMovie().getPriceCode()) {
          case Movie.REGULAR:
              result += 2;
              if (getDaysRented() > 2)
                  result += (getDaysRented() - 2) * 1.5;
              break;
          case Movie.NEW_RELEASE:
              result += getDaysRented() * 3;
              break;
          case Movie.CHILDRENS:
              result += 1.5;
              if (getDaysRented() > 3)
                  result += (getDaysRented() - 3) * 1.5;
              break;
      }
      return result;
  }
```

In diesem Fall bedeutet »an die neue Heimat anpassen« das Entfernen des Parameters. Bei diesem Verschieben habe ich die Methode auch gleich umbenannt.

Ich kann nun testen, ob diese Methode funktioniert. Hierzu ersetzte ich den Code von `Customer.amountFor` durch eine Delegation an die neue Methode.

```
class Customer...
  private double amountFor(Rental aRental) {
      return aRental.getCharge();
  }
```

Nun kann ich den Code umwandeln und ihn testen, um zu sehen, ob ich irgendetwas kaputtgemacht habe.

Der nächste Schritt besteht darin, alle Verwendungen der alten Methode zu finden und jeweils die neue Methode zu benutzen, wie hier:

```
class Customer...
    public String statement() {
        double totalAmount = 0;
        int frequentRenterPoints = 0;
        Enumeration rentals = _rentals.elements();
        String result = "Rental Record for " + getName() + "\n";
        while (rentals.hasMoreElements()) {
            double thisAmount = 0;
            Rental each = (Rental) rentals.nextElement();

            thisAmount = amountFor(each);

            // Bonuspunkte aufaddieren
            frequentRenterPoints ++;
            // Bonuspunkte für zweitägige Ausleihe einer Neuerscheinung
            if ((each.getMovie().getPriceCode() == Movie.NEW_RELEASE) &&
               each.getDaysRented() > 1) frequentRenterPoints ++;

            // Zahlen für diese Ausleihe ausgeben
            result += "\t" + each.getMovie().getTitle()+ "\t" +
                String.valueOf(thisAmount) + "\n";
            totalAmount += thisAmount;

        }
        //Fußzeilen ausgeben
        result +=  "Amount owed is " + String.valueOf(totalAmount) + "\n";
        result += "You earned " + String.valueOf(frequentRenterPoints) +
             " frequent renter points";
        return result;

    }
```

Hier ist dieser Schritt einfach, da wir die Methode gerade erst geschrieben haben und sie sich an genau einer Stelle befindet. Im Allgemeinen muss man aber ein »Suchen« über alle Klassen durchführen, die diese Methode benutzen könnten:

```
class Customer
  public String statement() {
      double totalAmount = 0;
      int frequentRenterPoints = 0;
      Enumeration rentals = _rentals.elements();
      String result = "Rental Record for " + getName() + "\n";
      while (rentals.hasMoreElements()) {
          double thisAmount = 0;
          Rental each = (Rental) rentals.nextElement();

          thisAmount = each.getCharge();

          // Bonuspunkte aufaddieren
          frequentRenterPoints ++;
          // Bonuspunkte für zweitägige Ausleihe einer Neuerscheinung
          if ((each.getMovie().getPriceCode() == Movie.NEW_RELEASE) &&
               each.getDaysRented() > 1) frequentRenterPoints ++;

          // Zahlen für diese Ausleihe ausgeben
          result += "\t" + each.getMovie().getTitle()+ "\t" +
               String.valueOf(thisAmount) + "\n";
          totalAmount += thisAmount;

      }
      //Fußzeilen ausgeben
      result +=  "Amount owed is " + String.valueOf(totalAmount) + "\n";
      result += "You earned " + String.valueOf(frequentRenterPoints) +
          " frequent renter points";
      return result;

  }
```

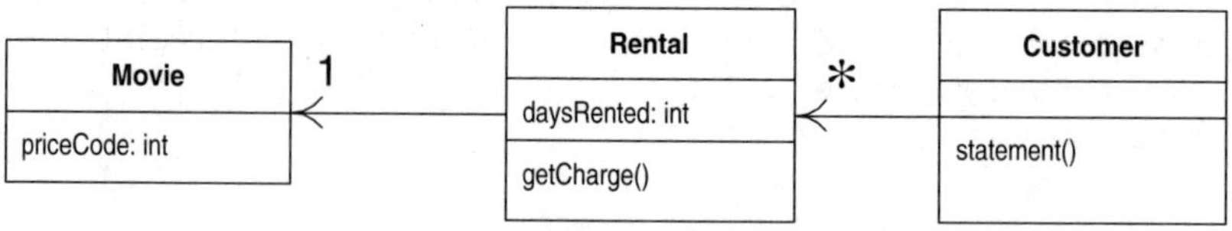

Abbildung 1-3 Die Klassen nach dem Verschieben der `getCharge`-Methode

Nach dieser Änderung (siehe Abbildung 1-3) besteht der nächste Schritt darin, die alte Methode zu entfernen. Der Compiler sollte feststellen können, ob ich dabei etwas übersehen habe. Dann teste ich, um festzustellen, ob ich irgendetwas kaputtgemacht habe.

Manchmal lasse ich die alte Methode weiter an die neue delegieren. Dies ist nützlich, wenn es sich um eine öffentliche Methode handelt und ich die Schnittstelle der anderen Klasse nicht ändern möchte.

Es gibt sicher noch mehr, was ich mit der Methode `Rental.getCharge` gern tun würde, ich lasse sie aber für den Augenblick so und wende mich wieder `Customer.statement` zu.

```
public String statement() {
    double totalAmount = 0;
    int frequentRenterPoints = 0;
    Enumeration rentals = _rentals.elements();
    String result = "Rental Record for " + getName() + "\n";
    while (rentals.hasMoreElements()) {
        double thisAmount = 0;
        Rental each = (Rental) rentals.nextElement();

        thisAmount = each.getCharge();

        // Bonuspunkte aufaddieren
        frequentRenterPoints ++;
        // Bonuspunkte für zweitägige Ausleihe einer Neuerscheinung
        if ((each.getMovie().getPriceCode() == Movie.NEW_RELEASE) &&
            each.getDaysRented() > 1) frequentRenterPoints ++;

        // Zahlen für diese Ausleihe ausgeben
        result += "\t" + each.getMovie().getTitle()+ "\t" +
            String.valueOf(thisAmount) + "\n";
        totalAmount += thisAmount;


    }
    //Fußzeilen ausgeben
    result +=  "Amount owed is " + String.valueOf(totalAmount) + "\n";
    result += "You earned " + String.valueOf(frequentRenterPoints) +
         " frequent renter points";
    return result;

}
```

Als Nächstes fällt mir auf, dass `thisAmount` nun überflüssig ist. Es wird auf das Ergebnis von `each.getCharge` gesetzt und nicht mehr geändert. Ich kann `thisAmount` daher eliminieren, indem ich *Temporäre Variable durch Abfrage ersetzten (117)* verwende:

```
public String statement() {
    double totalAmount = 0;
    int frequentRenterPoints = 0;
    Enumeration rentals = _rentals.elements();
    String result = "Rental Record for " + getName() + "\n";
    while (rentals.hasMoreElements()) {
        Rental each = (Rental) rentals.nextElement();
        // Bonuspunkte aufaddieren
        frequentRenterPoints ++;
        // Bonuspunkte für zweitägige Ausleihe einer Neuerscheingung
        if ((each.getMovie().getPriceCode() == Movie.NEW_RELEASE) &&
            each.getDaysRented() > 1) frequentRenterPoints ++;

        // Zahlen für diese Ausleihe ausgeben
        result += "\t" + each.getMovie().getTitle()+ "\t" + String.valueOf
        (each.getCharge()) + "\n";
        totalAmount += each.getCharge();

    }
    // Fußzeilen ausgeben
    result += "Amount owed is " + String.valueOf(totalAmount) + "\n";
    result += "You earned " + String.valueOf(frequentRenterPoints)
        + " frequent renter points";
    return result;

    }
}
```

Nachdem ich diese Änderung vorgenommen habe, wandle ich den Code wieder um und teste ihn, um sicherzustellen, dass ich nichts kaputtgemacht habe.

Ich bevorzuge es, temporäre Variablen so weit wie möglich zu eliminieren. Sie verursachen häufig dadurch ein Problem, dass sie dazu führen, viele Parameter herumzureichen, wo dies nicht notwendig wäre. Man kann leicht aus den Augen verlieren, wofür sie eigentlich da sind. Dies ist besonders bei langen Methoden heimtückisch. Natürlich hat man hierfür einen Performance-Preis zu zahlen; hier wird der Betrag zweimal berechnet. Aber dies kann leicht in der Klasse `Rental` optimiert werden, und man kann effizienter optimieren, wenn der Code geeignet faktorisiert ist. Ich sage später in *Refaktorisieren und Performance* auf Seite 60 mehr zu diesem Thema.

1.3.2 Extrahieren der Bonuspunkte

Der nächste Schritt besteht darin, ähnlich mit der Berechnung der Bonuspunkte zu verfahren. Die Regeln hängen vom Film ab, aber es gibt weniger Verschiedenheiten als bei der Abrechnung (`getCharge`). Es erscheint daher sinnvoll, die Verantwortung hierfür der Klasse `Rental` zuzuweisen. Zuerst müssen wir *Methode extrahieren* (110) auf den entsprechenden Teil des Codes anwenden (durch Fettdruck hervorgehoben):

```
public String statement() {
    double totalAmount = 0;
    int frequentRenterPoints = 0;
    Enumeration rentals = _rentals.elements();
    String result = "Rental Record for " + getName() + "\n";
    while (rentals.hasMoreElements()) {
        Rental each = (Rental) rentals.nextElement();

        // Bonuspunkte aufaddieren
        frequentRenterPoints ++;
        // Bonuspunkte für zweitägige Ausleihe einer Neuerscheingung
        if ((each.getMovie().getPriceCode() == Movie.NEW_RELEASE)
            && each.getDaysRented() > 1) frequentRenterPoints ++;

        // Zahlen für diese Ausleihe ausgeben
        result += "\t" + each.getMovie().getTitle()+ "\t" +
                                    String.valueOf(each.getCharge()) + "\n";
        totalAmount += each.getCharge();

    }
    // Fußzeilen ausgeben
    result +=  "Amount owed is " + String.valueOf(totalAmount) + "\n";
    result += "You earned " + String.valueOf(frequentRenterPoints)
        + " frequent renter points";
    return result;

    }
}
```

Wieder suchen wir nach der Verwendung lokaler Variablen. Wieder wird `each` benutzt und kann als Parameter übergeben werden. Die andere benutzte temporäre Variable ist `frequentRenterPoints`. In diesem Fall hat `frequentRenterPoints` bereits einen Wert. Die extrahierte Methode liest diesen Wert aber nicht, so dass wir ihn nicht als Parameter übergeben müssen, solange wir zu diesem Wert nur hinzuaddieren.

Ich führte die Ausgliederung durch, wandelte den Code um und testete ihn und verschob dann die Methode in die Klasse `Rental`, wandelte ihn wieder um und testete ihn wieder. Beim Refaktorisieren sind kleine Schritte die besten; so geht wahrscheinlich weniger schief.

```
class Customer...
  public String statement() {
      double totalAmount = 0;
      int frequentRenterPoints = 0;
      Enumeration rentals = _rentals.elements();
      String result = "Rental Record for " + getName() + "\n";
      while (rentals.hasMoreElements()) {
          Rental each = (Rental) rentals.nextElement();
          frequentRenterPoints += each.getFrequentRenterPoints();

          // Zahlen für diese Ausleihe ausgeben
          result += "\t" + each.getMovie().getTitle()+ "\t" +
              String.valueOf(each.getCharge()) + "\n";
          totalAmount += each.getCharge();
      }

      // Fußzeilen ausgeben
      result += "Amount owed is " + String.valueOf(totalAmount) + "\n";
      result += "You earned " + String.valueOf(frequentRenterPoints) +
           " frequent renter points";
      return result;
  }

class Rental...
  int getFrequentRenterPoints() {
      if ((getMovie().getPriceCode() == Movie.NEW_RELEASE)
      && getDaysRented() > 1)
          return 2;
      else
          return 1;
  }
```

Ich fasse die Änderungen, die ich gerade gemacht habe, in einigen Vorher-nachher-Diagrammen in der Unified Modeling Language (UML) zusammen (siehe Abbildung 1-4 bis Abbildung 1-7).

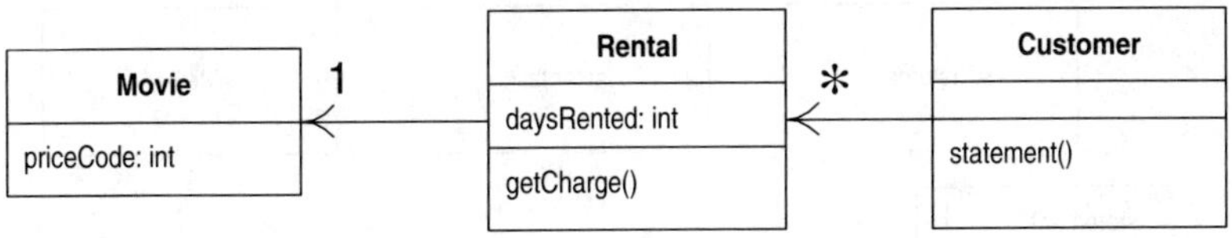

Abbildung 1-4 Klassendiagramm vor dem Extrahieren und Verschieben der Bonuspunktberechnung

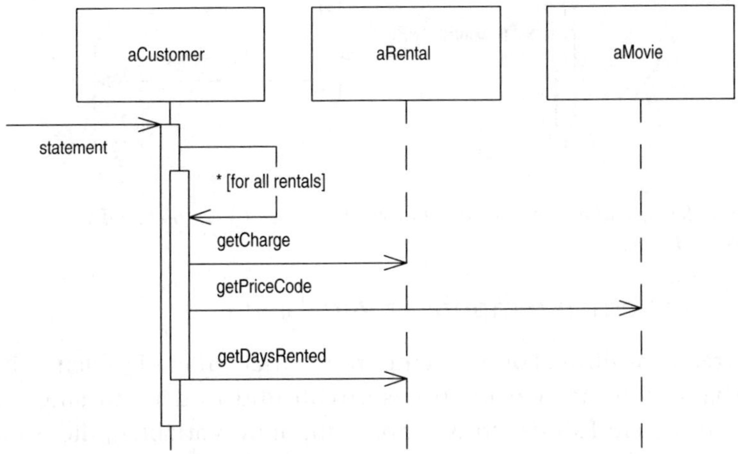

Abbildung 1-5 Sequenzdiagramm vor dem Extrahieren und Verschieben der Bonuspunktberechnung

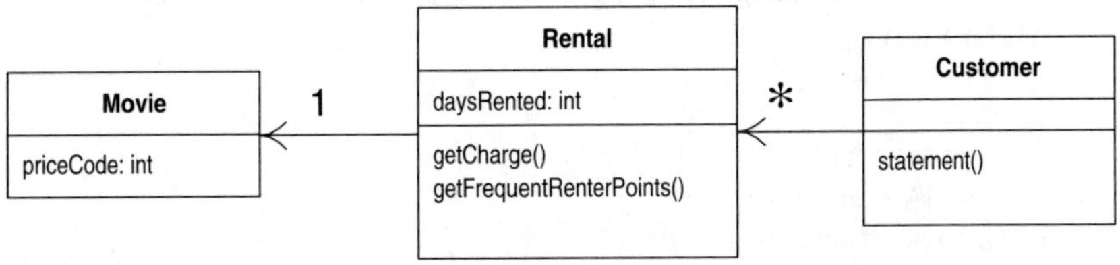

Abbildung 1-6 Klassendiagramm nach dem Extrahieren und Verschieben der Bonuspunktberechnung

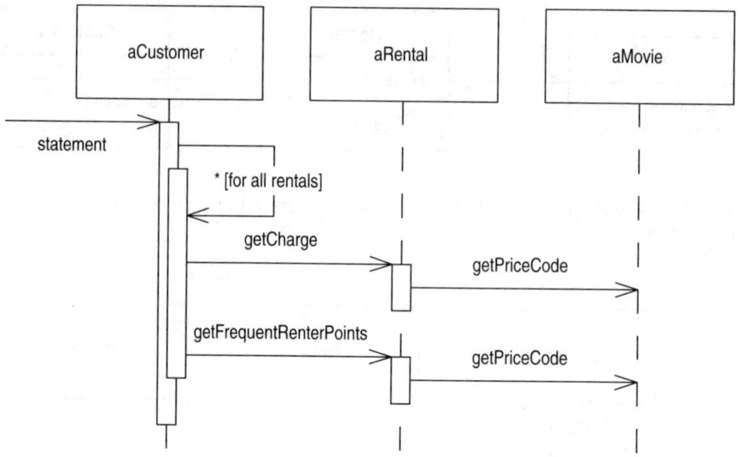

Abbildung 1-7 Sequenzdiagramm nach dem Extrahieren und Verschieben der Bonuspunktberechnung

1.3.3 Entfernen temporärer Variablen

Wie ich bereits erwähnte, können temporäre Variablen ein Problem sein. Sie sind nur innerhalb ihrer eigenen Routine sinnvoll und fördern so lange, komplexe Routinen. In diesem Fall haben wir zwei temporäre Variablen, die beide benutzt werden, um eine Summe aus den Ausleihen eines Kunden zu berechnen. Sowohl die Text- als auch die HTML-Version benötigen diese Summen. Ich möchte *Temporäre Variable durch Abfrage ersetzten (117)* verwenden, um `totalAmount` und `frequentRentalPoints` durch Abfragemethoden zu ersetzen. Abfragen sind für jede Methode einer Klasse zugänglich und fördern ein klareres Design ohne lange, komplexe Methoden:

```
class Customer...
  public String statement() {
      double totalAmount = 0;
      int frequentRenterPoints = 0;
      Enumeration rentals = _rentals.elements();
      String result = "Rental Record for " + getName() + "\n";
      while (rentals.hasMoreElements()) {
           Rental each = (Rental) rentals.nextElement();
           frequentRenterPoints += each.getFrequentRenterPoints();

           // Zahlen für diese Ausleihe ausgeben
           result += "\t" + each.getMovie().getTitle()+ "\t" +
           String.valueOf(each.getCharge()) + "\n";
```

```
            totalAmount += each.getCharge();
        }

        // Fußzeilen ausgeben
        result +=  "Amount owed is " + String.valueOf(totalAmount) + "\n";
        result += "You earned " + String.valueOf(frequentRenterPoints) +
             " frequent renter points";
        return result;
    }
```

Ich begann damit, `totalAmount` **durch eine** `getTotalCharge`**-Methode von** `Customer` **zu ersetzen:**

```
class Customer...

    public String statement() {
        int frequentRenterPoints = 0;
        Enumeration rentals = _rentals.elements();
        String result = "Rental Record for " + getName() + "\n";
        while (rentals.hasMoreElements()) {
            Rental each = (Rental) rentals.nextElement();
            frequentRenterPoints += each.getFrequentRenterPoints();

            // Zahlen für diese Ausleihe ausgeben
            result += "\t" + each.getMovie().getTitle()+ "\t" +
                String.valueOf(each.getCharge()) + "\n";
        }

        // Fußzeilen ausgeben
        result +=  "Amount owed is " + String.valueOf(getTotalCharge()) + "\n";
        result += "You earned " + String.valueOf(frequentRenterPoints) +
          " frequent renter points";
        return result;
    }

    private double getTotalCharge() {
        double result = 0;
        Enumeration rentals = _rentals.elements();
        while (rentals.hasMoreElements()) {
            Rental each = (Rental) rentals.nextElement();
            result += each.getCharge();
        }
        return result;
    }
```

Dies ist nicht der einfachste Fall von *Temporäre Variable durch Abfrage ersetzen (117)*, da totalAmount in einer Schleife zugewiesen wird, so dass ich die Schleife in die Abfrage kopieren musste. Nach Umwandlung und Test der Refaktorisierung machte ich das Gleiche für frequentRentalPoints:

```
class Customer...
  public String statement() {
      int frequentRenterPoints = 0;
      Enumeration rentals = _rentals.elements();
      String result = "Rental Record for " + getName() + "\n";
      while (rentals.hasMoreElements()) {
          Rental each = (Rental) rentals.nextElement();
          frequentRenterPoints += each.getFrequentRenterPoints();

          // Zahlen für diese Ausleihe ausgeben
          result += "\t" + each.getMovie().getTitle()+ "\t" +
              String.valueOf(each.getCharge()) + "\n";
      }

      // Fußzeilen ausgeben
      result +=  "Amount owed is " + String.valueOf(getTotalCharge()) + "\n";
      result += "You earned " + String.valueOf(frequentRenterPoints) +
        " frequent renter points";
        return result;
    }

  public String statement() {
      Enumeration rentals = _rentals.elements();
      String result = "Rental Record for " + getName() + "\n";
      while (rentals.hasMoreElements()) {
          Rental each = (Rental) rentals.nextElement();

          // Zahlen für diese Ausleihe ausgeben
          result += "\t" + each.getMovie().getTitle()+ "\t" +
              String.valueOf(each.getCharge()) + "\n";
      }

      // Fußzeilen ausgeben
      result +=  "Amount owed is " + String.valueOf(getTotalCharge()) + "\n";
      result += "You earned " + String.valueOf(getTotalFrequentRenterPoints())
+
              " frequent renter points";
      return result;
  }
```

```
private int getTotalFrequentRenterPoints(){
    int result = 0;
    Enumeration rentals = _rentals.elements();
    while (rentals.hasMoreElements()) {
        Rental each = (Rental) rentals.nextElement();
        result += each.getFrequentRenterPoints();
    }
    return result;
}
```

Abbildung 1-8 bis Abbildung 1-11 zeigen die Änderungen für diese Refaktorisierungen in den Klassendiagrammen und den Sequenzdiagrammen für die Methode `statement`.

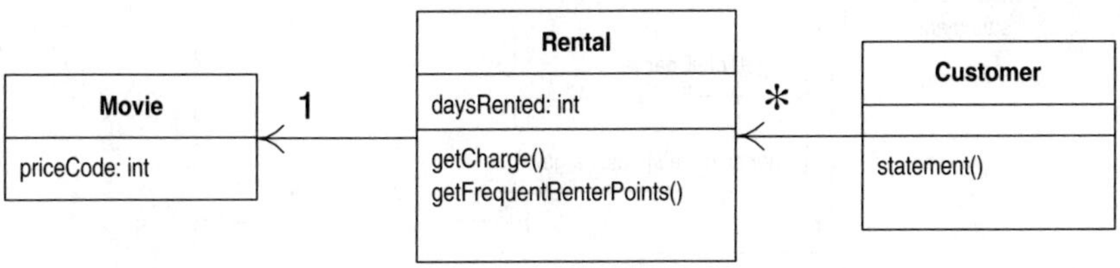

Abbildung 1-8 Klassendiagramm vor dem Entfernen der Summenfelder

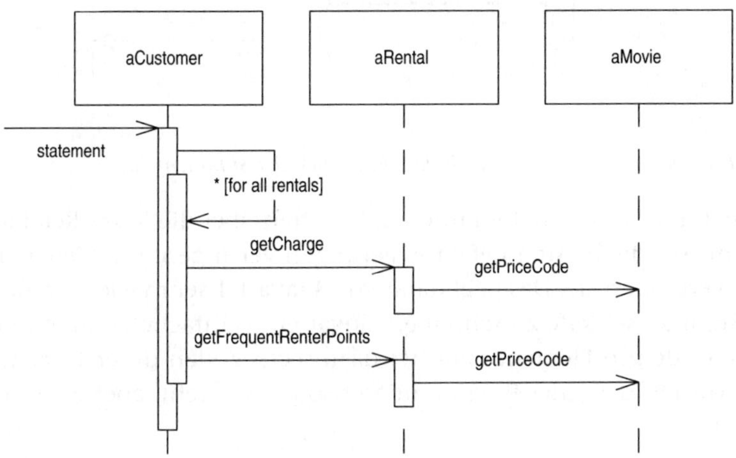

Abbildung 1-9 Sequenzdiagramm vor dem Entfernen der Summenfelder

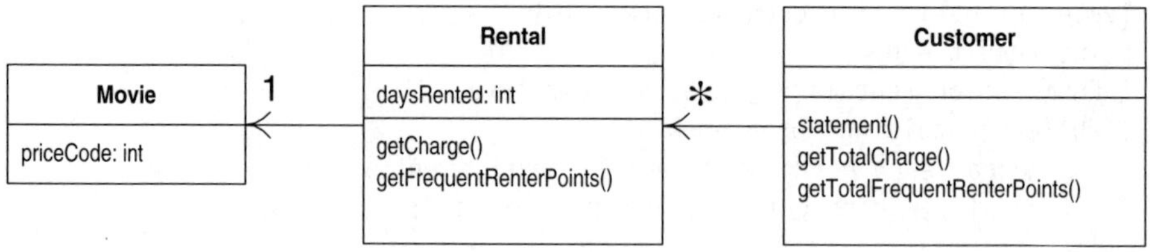

Abbildung 1-10 Klassendiagramm nach dem Entfernen der Summenfelder

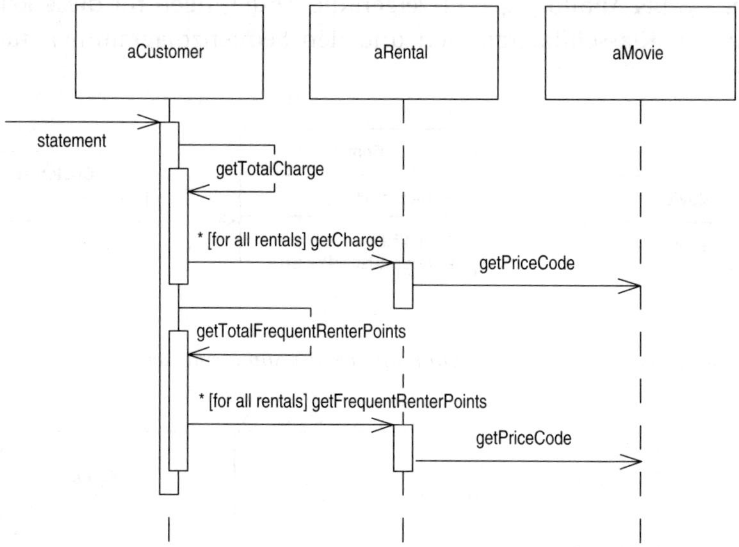

Abbildung 1-11 Sequenzdiagramm nach dem Entfernen der Summenfelder

Es lohnt sich nun innezuhalten und ein bisschen über die letzte Refaktorisierung nachzudenken. Die meisten Refaktorisierungen verringern die Menge des Codes, diese aber vergrößert sie. Das liegt daran, dass Java 1.1 sehr viele Befehle erfordert, um eine Summenschleife zu schreiben. Sogar eine einfache Summenschleife mit einer Zeile Code pro Element benötigt dazu sechs Zeilen unterstützenden Code. Es ist ein Muster, das jeder Programmierer sofort versteht, aber es sind trotzdem viele Zeilen.

Die anderen Bedenken bezüglich dieser Refaktorisierung haben mit der Performance zu tun. Der alte Code führte die `while`-Schleife einmal aus, der neue dreimal. Wenn eine `while`-Schleife lange läuft, kann sie die Performance beeinträchtigen. Viele Programmierer würden aus diesem Grund diese Refaktorisierung nicht vornehmen. Beachten Sie aber die Wörter *wenn* und *kann*. Solange ich kein Profil der Anwendung habe, kann ich nicht sagen, wie lange die Schleife für die Berechnung benötigt oder ob die Schleife oft genug durchlaufen wird, um die Gesamtperformance zu beeinflussen. Machen Sie sich beim Refaktorisieren hierüber keine Gedanken. Wenn Sie optimieren, werden Sie sich darum kümmern, aber dann haben Sie eine viel bessere Ausgangssituation, etwas hierfür zu tun, und Sie werden mehr Optionen haben, effizient zu optimieren (siehe die Diskussion auf S. 59).

Diese Abfragemethoden stehen nun jedem Code in der Klasse `Customer` zur Verfügung. Sie können leicht der Schnittstelle der Klasse hinzugefügt werden, sollten andere Teile des Systems diese Information benötigen. Ohne solche Abfragen müssten andere Methoden über Ausleihen (die Klasse `Rental`) und die Arbeitsweise der Schleife Bescheid wissen. In einem komplexen System führt dies zu viel zusätzlichem Code, der geschrieben und gewartet werden muss.

Sie sehen den Unterschied sofort an der Methode `htmlStatement`. Ich bin nun an der Stelle, wo ich meinen Refaktorisierer-Hut absetze und den Funktionalität-hinzufügen-Hut aufsetze. Ich kann `htmlStatement` nun wie folgt schreiben und geeignete Tests ergänzen:

```
public String htmlStatement() {
    Enumeration rentals = _rentals.elements();
    String result = "<H1>Rentals for <EM>" + getName() + "</EM></H1><P>\n";
    while (rentals.hasMoreElements()) {
        Rental each = (Rental) rentals.nextElement();
        // Zahlen für diese Ausleihe ausgeben
        result += each.getMovie().getTitle()+ ": " +
            String.valueOf(each.getCharge()) + "<BR>\n";
    }
    //add footer lines
    result +=  "<P>You owe <EM>" +
        String.valueOf(getTotalCharge()) +
        "</EM><P>\n";
    result += "On this rental you earned <EM>" +
        String.valueOf(getTotalFrequentRenterPoints()) +
        "</EM> frequent renter points<P>";
    return result;
}
```

Durch Herausziehen der Berechnungen kann ich eine Methode `htmlStatement` schreiben und den ganzen Berechnungscode wiederverwenden, der sich ursprünglich in der Methode `statement` befand. Ich benutze dazu kein Kopieren und Einfügen, so dass Änderungen der Berechnung nur eine Stelle des Codes betreffen. Jede andere Art von Ausgabe kann nun schnell und einfach erstellt werden. Die Refaktorisierung dauerte nicht lange. Ich verbrachte die meiste Zeit damit herauszufinden, was der Code tut, und das hätte ich sowieso tun müssen.

Ein Teil des Codes wird aus der Textversion kopiert, hauptsächlich für den Aufbau der Schleife. Weiteres Refaktorisieren könnte dies beheben. Methoden für Kopf-, Fuß- und Detailzeilen zu extrahieren gehört zu den Dingen, die ich planen würde. Wie man dies macht, können Sie in dem Beispiel für *Template-Methode bilden (345)* sehen. Aber nun fordern die Anwender schon wieder etwas Neues. Sie sind nun so weit, die Klassifikation der Filme zu ändern. Es ist nicht klar, welche Änderungen sie eigentlich vornehmen wollen, aber es hört sich so an, als ob neue Klassen eingeführt werden sollen und bestehende sich sehr wohl ändern könnten. Es muss entschieden werden, wie sich diese Änderungen bei der Berechnung der Zahlungen und der Bonuspunkte auswirken. Zu diesem Zeitpunkt ist es schwierig, diese Änderungen vorzunehmen. Ich muss in der `getCharge`-Methode und in der `getFrequentRenterPoints`-Methode die Bedingungen ändern. Refaktorisieren wir also weiter.

1.4 Ersetzen der Bedingung durch Polymorphismus

Der erste Teil dieses Problems ist der `switch`-Befehl. Es ist eine schlechte Idee, aufgrund der Werte eines anderen Objekts zu verzweigen. Wenn Sie verzweigen müssen, dann sollten Sie dies nur auf Basis eigener Daten tun, nicht auf Basis fremder.

```
class Rental...
  double getCharge() {
      double result = 0;
      switch (getMovie().getPriceCode()) {
          case Movie.REGULAR:
              result += 2;
              if (getDaysRented() > 2)
                  result += (getDaysRented() - 2) * 1.5;
              break;
          case Movie.NEW_RELEASE:
              result += getDaysRented() * 3;
              break;
          case Movie.CHILDRENS:
              result += 1.5;
              if (getDaysRented() > 3)
                  result += (getDaysRented() - 3) * 1.5;
              break;
```

```
        }
        return result;
    }
```

Hieraus folgt, dass `getCharge` in die Klasse `Movie` gehört:

```
class Movie...
  double getCharge(int daysRented) {
      double result = 0;
      switch (getPriceCode()) {
          case Movie.REGULAR:
              result += 2;
              if (daysRented > 2)
                  result += (daysRented - 2) * 1.5;
              break;
          case Movie.NEW_RELEASE:
              result += daysRented * 3;
              break;
          case Movie.CHILDRENS:
              result += 1.5;
              if (daysRented > 3)
                  result += (daysRented - 3) * 1.5;
              break;
      }
      return result;
  }
```

Damit dies funktioniert, muss ich die Dauer der Ausleihe (`daysRented`), die natürlich ein Attribut der Klasse `Rental` ist, als Parameter übergeben. Tatsächlich benutzt die Methode zwei Datenelemente: die Dauer der Ausleihe und die Art des Films. Warum ziehe ich es vor, die Dauer der Ausleihe an `Rental` zu übergeben und nicht die Art des Films? Das liegt daran, dass die vorgeschlagenen Änderungen alle mit der Einführung neuer Arten von Filmen zu tun haben. Informationen über Arten von etwas sind anfälliger für Änderungen. Ändert sich die Art eines Films, so möchte ich den Dominoeffekt minimieren. Deshalb ziehe ich es vor, den Betrag in der Klasse `Movie` zu berechnen.

Ich habe `Movie` mit der neuen Methode umgewandelt und `getCharge` in der Klasse `Rental` geändert, so dass sie die neue Methode verwendet (siehe auch Abbildung 1-12 und Abbildung 1-13):

```
class Rental...
  double getCharge() {
      return _movie.getCharge(_daysRented);
  }
```

Nachdem ich die getCharge Methode verschoben habe, mache ich das Gleiche mit der Berechnung der Bonuspunkte (getFrequentRenterPoints). So bleiben beide Berechnungen, die von der Art des Films abhängen, zusammen in der Klasse, die die Art als Attribut enthält.

```
class Rental...
  int getFrequentRenterPoints() {
      if ((getMovie().getPriceCode() == Movie.NEW_RELEASE) && getDaysRented() >
1)
          return 2;
      else
          return 1;
  }
```

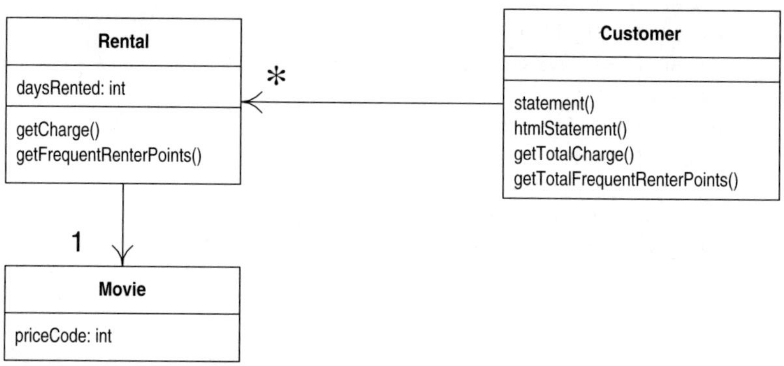

Abbildung 1-12 Klassendiagramm vor dem Verschieben der Methoden nach Movie

```
Class Rental...
  int getFrequentRenterPoints () {
      return _movie.getFrequentRenterPoints(_daysRented);
  }
class movie...
  int getFrequentRenterPoints(int daysRented) {
      if ((getPriceCode() == Movie.NEW_RELEASE) && daysRented > 1)
          return 2;
      else
          return 1;
  }
```

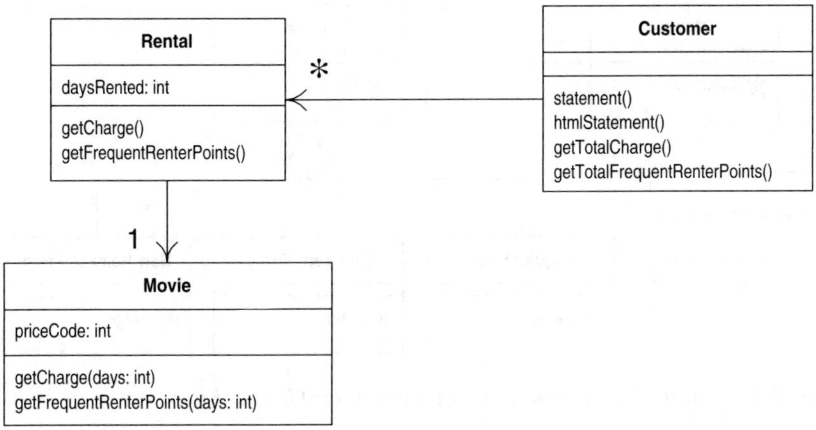

Abbildung 1-13 Klassendiagramm nach dem Verschieben der Methoden nach `Movie`

1.4.1 Zu guter Letzt ... Vererbung

Wir haben hier verschiedene Arten von Filmen, die die gleiche Frage verschieden beantworten. Das hört sich nach einer Aufgabe für Unterklassen an. Wir können drei Unterklassen von `Movie` bilden, von denen jede ihre eigene Version von `getCharge` haben kann (siehe Abbildung 1-14).

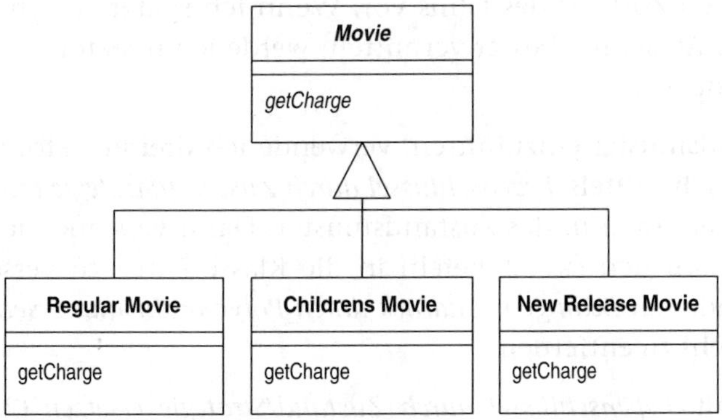

Abbildung 1-14 Einsatz von Vererbung bei der Klasse `Movie`

Dies ermöglicht es mir, den `switch`-Befehl durch Polymorphismus zu ersetzen. Leider hat dies einen kleinen Fehler: Es funktioniert nicht. Ein Film (ein Objekt der Klasse `Movie`) kann seine Klassifizierung während seines Lebens ändern. Ein Objekt kann seine Klasse aber während seines Lebens nicht ändern. Hierfür gibt es aber eine Lösung, nämlich das Zustandsmuster (state pattern) [Gang of Four]. Mit diesem Zustandsmuster sehen die Klassen aus wie in Abbildung 1-15.

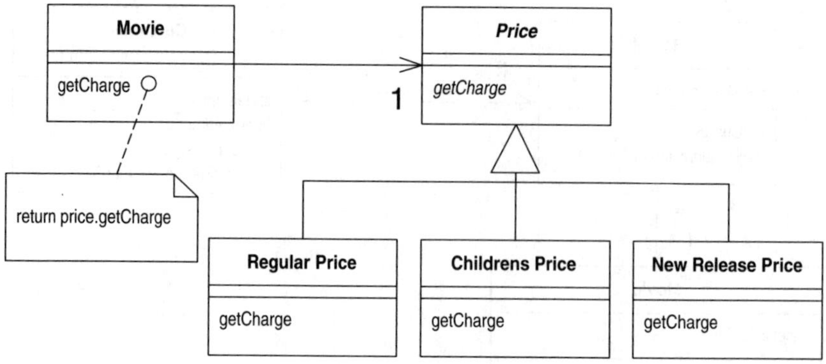

Abbildung 1-15 Einsatz des Zustandsmuster (State pattern) bei der Klasse `Movie`

Durch die zusätzliche Indirektionsebene kann ich nun die Klasse `Price` spezialisieren und den Preis ändern, wann immer dies notwendig ist.

Wenn Sie mit den Entwurfsmustern der Viererbande vertraut sind, so werden Sie sich fragen: »Ist dies ein Zustand oder eine Strategie?« Repräsentiert die Klasse `Price` einen Algorithmus für die Preisberechnung (dann würde ich sie `Pricer` oder `PricingStrategy` nennen) oder repräsentiert sie einen Zustand des Films (*Star Trek X* ist eine Neuerscheinung). Zu diesem Zeitpunkt spiegelt die Wahl des Musters (und des Namens) wider, wie Sie sich die Struktur vorstellen. Zur Zeit stelle ich mir dies als einen Zustand des Films vor. Wenn ich später entscheide, dass eine Strategie meine Absichten besser vermittelt, werde ich refaktorisieren, indem ich den Namen ändere.

Um das Zustandsmuster einzuführen, verwende ich drei Refaktorisierungen. Zuerst verschiebe ich mittels *Typenschlüssel durch Zustand/Strategie ersetzen* (231) das artabhängige Verhalten in das Zustandsmuster. Dann verwende ich *Methode verschieben (139)*, um den `switch`-Befehl in die Klasse `Price` zu verschieben. Zum Schluss verwende ich *Bedingten Audruck durch Polymorphismus ersetzen, (259)*, um den `switch`-Befehl zu entfernen.

Ich beginne mit *Typenschlüssel durch Zustand/Strategie ersetzen* (231). Der erste Schritt besteht darin *Eigenes Feld kapseln* (171) zu verwenden, um sicherzustellen, dass alle Verwendungen durch get- und set-Methoden erfolgen. Da der größte Teil des Codes aus anderen Klassen stammt, verwenden die meisten Methoden bereits get-Methoden. Allerdings müssen die Konstruktoren auf den Preisschlüssel (`priceCode`) zugreifen.

```
class Movie...
  public Movie(String name, int priceCode) {
      _name = name;
      _priceCode = priceCode;
  }
```

Hier kann ich die set-Methode verwenden.

```
class Movie
  public Movie(String name, int priceCode) {
      _name = name;
      setPriceCode(priceCode);
  }
```

Ich wandle den Code wieder um und stelle sicher, dass ich nichts kaputtgemacht habe. Nun füge ich die neuen Klassen hinzu. Ich platziere die Art des Films im `Price`-Objekt. Ich mache dies mittels einer abstrakten Methode und konkreten Methoden in den Unterklassen:

```
abstract class Price {
  abstract int getPriceCode();
}
class ChildrensPrice extends Price {
  int getPriceCode() {
      return Movie.CHILDRENS;
  }
}
class NewReleasePrice extends Price {
  int getPriceCode() {
      return Movie.NEW_RELEASE;
  }
}
class RegularPrice extends Price {
  int getPriceCode() {
      return Movie.REGULAR;
  }
}
```

Nun kann ich die neuen Klassen umwandeln.

Als Nächstes muss ich die Zugriffsmethode der Klasse `Movie` so ändern, dass sie den Preisschlüssel aus der neuen Klasse nutzt:

```
  public int getPriceCode() {
      return _priceCode;
  }
```

```
  public setPriceCode (int arg) {
      _priceCode = arg;
  }
  private int _priceCode;
```

Dazu müssen der Preisschlüssel durch ein Preisfeld ersetzt und die Zugriffsmethoden angepasst werden:

```
class Movie...
  public int getPriceCode() {
      return _price.getPriceCode();
  }
  public void setPriceCode(int arg) {
      switch (arg) {
          case REGULAR:
              _price = new RegularPrice();
              break;
          case CHILDRENS:
              _price = new ChildrensPrice();
              break;
          case NEW_RELEASE:
              _price = new NewReleasePrice();
              break;
          default:
              throw new IllegalArgumentException("Incorrect Price Code");
      }
  }
  private Price _price;
```

Ich kann den Code nun wieder umwandeln und ihn testen und stelle fest, dass die komplexeren Methoden nicht bemerkt haben, dass die Welt sich verändert hat.

Nun wende ich *Methode verschieben* (139) auf `getCharge` an:

```
class Movie...
  double getCharge(int daysRented) {
      double result = 0;
      switch (getPriceCode()) {
          case Movie.REGULAR:
              result += 2;
              if (daysRented > 2)
                  result += (daysRented - 2) * 1.5;
              break;
          case Movie.NEW_RELEASE:
```

```
                result += daysRented * 3;
                break;
            case Movie.CHILDRENS:
                result += 1.5;
                if (daysRented > 3)
                    result += (daysRented - 3) * 1.5;
                break;
        }
        return result;
    }
```

Das Verschieben geht ganz einfach:

```
class Movie...
  double getCharge(int daysRented) {
      return _price.getCharge(daysRented);
  }

class Price...
  double getCharge(int daysRented) {
      double result = 0;
      switch (getPriceCode()) {
          case Movie.REGULAR:
              result += 2;
              if (daysRented > 2)
                  result += (daysRented - 2) * 1.5;
              break;
          case Movie.NEW_RELEASE:
              result += daysRented * 3;
              break;
          case Movie.CHILDRENS:
              result += 1.5;
              if (daysRented > 3)
                  result += (daysRented - 3) * 1.5;
              break;
      }
      return result;
  }
```

Nach dem Verschieben kann ich damit beginnen, *Bedingten Ausdruck durch Polymorphismus ersetzen (259)* anzuwenden:

```
class Price...
  double getCharge(int daysRented) {
      double result = 0;
      switch (getPriceCode()) {
```

```
            case Movie.REGULAR:
                result += 2;
                if (daysRented > 2)
                    result += (daysRented - 2) * 1.5;
                break;
            case Movie.NEW_RELEASE:
                result += daysRented * 3;
                break;
            case Movie.CHILDRENS:
                result += 1.5;
                if (daysRented > 3)
                    result += (daysRented - 3) * 1.5;
                break;
        }
        return result;
    }
```

Ich mache dies, indem ich für jeweils einen Zweig des `switch`-Befehls eine überschreibende Methode erstelle. Ich beginne mit `RegularPrice`:

```
class RegularPrice...
  double getCharge(int daysRented){
      double result = 2;
      if (daysRented > 2)
          result += (daysRented - 2) * 1.5;
      return result;
  }
```

Dies überschreibt den `switch`-Befehl der Oberklasse, den ich lasse, wie er ist. Ich wandle den Code um und teste ihn für diesen Fall, dann nehme ich den nächsten Zweig, wandle um und teste. (Um sicherzustellen, dass ich den Code der Unterklasse verwende, baue ich gern extra einen Fehler ein und sehe zu, dass der Test schief geht. Ich bin übrigens nicht paranoid oder anderweitig verrückt.)

```
class ChildrensPrice
  double getCharge(int daysRented){
      double result = 1.5;
      if (daysRented > 3)
          result += (daysRented - 3) * 1.5;
      return result;
  }

class NewReleasePrice...
  double getCharge(int daysRented){
      return daysRented * 3;
  }
```

Nachdem ich mit allen Zweigen fertig bin, deklariere ich die Methode `Price.getCharge` als abstrakt:

```
class Price...
   abstract double getCharge(int daysRented);
```

Nun kann ich das ganze Verfahren auf `getFrequentRenterPoints` anwenden:

```
class Movie...
  int getFrequentRenterPoints(int daysRented) {
      if ((getPriceCode() == Movie.NEW_RELEASE) && daysRented > 1)
          return 2;
      else
          return 1;
  }
```

Zunächst verschiebe ich die Methode in die Klasse `Price`:

```
Class Movie...
  int getFrequentRenterPoints(int daysRented) {
      return _price.getFrequentRenterPoints(daysRented);
  }
Class Price...
  int getFrequentRenterPoints(int daysRented) {
      if ((getPriceCode() == Movie.NEW_RELEASE) && daysRented > 1)
          return 2;
      else
          return 1;
  }
```

In diesem Fall mache ich die Methode der Oberklasse aber nicht abstrakt. Stattdessen erstelle ich eine überschreibende Methode für Neuerscheinungen und lasse die definierte Methode (als Default) in der Oberklasse:

```
Class NewReleasePrice
  int getFrequentRenterPoints(int daysRented) {
      return (daysRented > 1) ? 2: 1;
  }

Class Price...
  int getFrequentRenterPoints(int daysRented){
      return 1;
  }
```

Die Einführung des Zustandsmusters war aufwendig. Hat sie sich gelohnt? Der Gewinn besteht darin, dass ich, wenn sich irgendein Verhalten von `Price` ändert – neue Preise oder preisabhängiges Verhalten hinzukommen – die Änderungen viel einfacher vornehmen kann. Der Rest der Anwendung weiß nichts vom Einsatz des Zustandsmusters. Für das bisschen Verhalten, was ich bisher habe, ist das kein großer Aufwand. In komplexeren Systemen mit dutzenden von preisabhängigen Methoden macht es aber viel aus. Jede Änderung war ein kleiner Schritt. Diese Vorgehensweise mag Ihnen langsam erscheinen, aber ich musste nie den Debugger öffnen und von daher ging es tatsächlich flott voran. Es dauerte viel länger, dieses Kapitel des Buchs zu schreiben, als den Code zu ändern.

Ich habe nun die zweite wesentliche Refaktorisierung abgeschlossen. Es ist jetzt viel einfacher, die Klassifikationsstruktur von Filmen und die Regeln für die Abrechnung und die Bonuspunkte zu verändern. Abbildung 1-16 und Abbildung 1-17 zeigen, wie das Zustandsmuster mit der Preisinformation arbeitet.

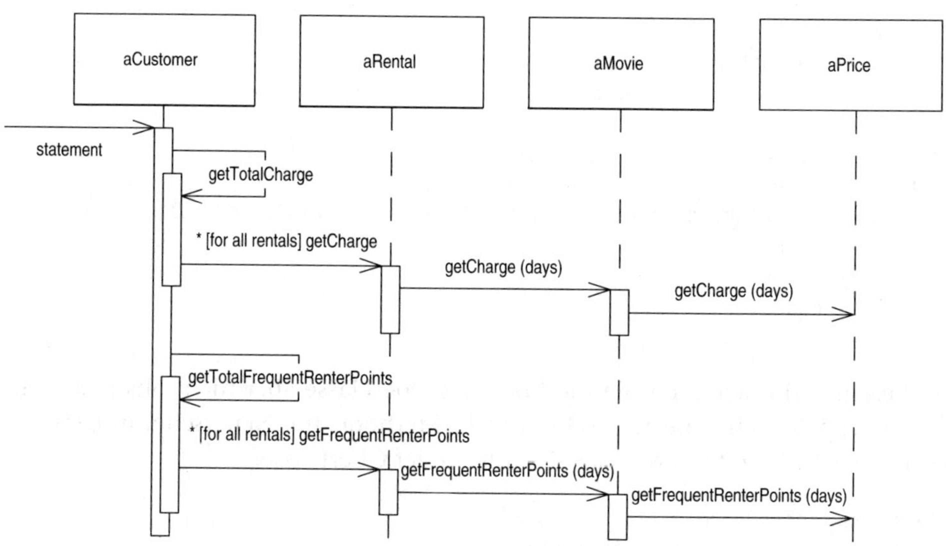

Abbildung 1-16 Interaktionen unter Verwendung des Zustandsmusters

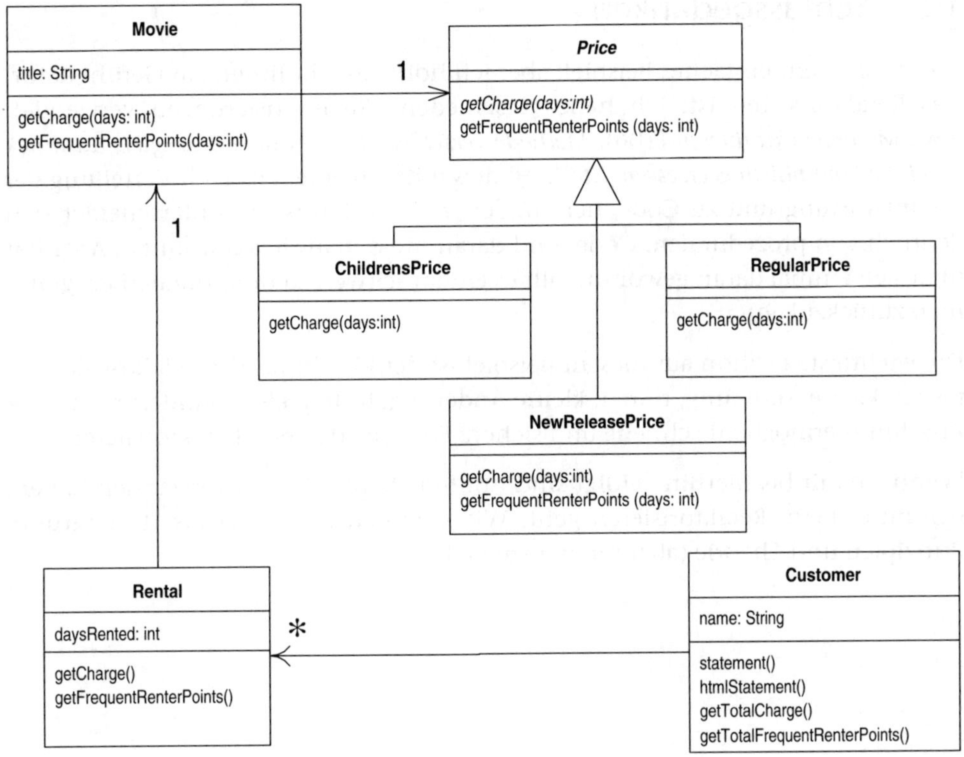

Abbildung 1-17 Klassendiagramm nach Ergänzung des Zustandsmusters

1.5 Schlussgedanken

Dies ist ein sehr einfaches Beispiel, aber ich hoffe, es gibt Ihnen ein Gefühl dafür, was Refaktorisieren ist. Ich habe verschiedene Refaktorisierungen verwendet: etwa *Methode extrahieren* (106), *Methode verschieben* (139) und *Bedingten Ausdruck durch Polymorphismus ersetzen (259)*. All dies führt zu einer besseren Verteilung der Verantwortung und zu Code, der einfacher zu warten ist. Er unterscheidet sich deutlich von prozeduralem Code, und daran muss man sich gewöhnen. Aber hat man sich einmal daran gewöhnt, fällt es einem schwer, zu prozeduralen Programmen zurückzukehren.

Die wichtigste Lektion aus diesem Beispiel ist der Rhythmus des Refaktorisierens: testen, kleine Änderung, testen, kleine Änderung, testen, kleine Änderung. Dieser Rhythmus ermöglicht schnelle und sichere Fortschritte beim Refaktorisieren.

Wenn Sie mir bis hierhin gefolgt sind, sollten Sie inzwischen verstanden haben, worum es beim Refaktorisieren geht. Wir kommen nun zu etwas Hintergrund, Prinzipien und Theorie (aber nicht allzu viel).

2 Prinzipien des Refaktorisierens

Das Beispiel aus Kapitel 1 sollte Ihnen ein gutes Gefühl dafür gegeben haben, worum es beim Refaktorisieren geht. Nun ist es an der Zeit, einen Schritt zurückzutreten und die wichtigsten Prinzipien des Refaktorisierens und einige der Dinge zu betrachten, an die Sie denken müssen, wenn Sie refaktorisieren.

2.1 Definition des Refaktorisierens

Ich bin bei Definitionen immer etwas misstrauisch, weil jeder oder jede seine bzw. ihre eigene hat. Aber wenn Sie ein Buch schreiben, müssen Sie Ihre eigenen Definitionen wählen. Ich baue in diesem Fall meine Definitionen auf den Arbeiten von Ralph Johnsons Arbeitsgruppe und anderer Kollegen auf.

Zunächst ist festzuhalten, dass das Wort *Refaktorisierung* zwei Bedeutungen hat, je nachdem, in welchem Kontext es verwendet wird. Sie mögen das als störend empfinden – ich empfinde dies ganz sicher so –, aber dies ist nur ein weiteres Beispiel für die Realität, wenn man mit einer natürlichen Sprache arbeitet.

Die erste Definition ist die Substantivform.

> Refaktorisierung (Substantiv): Eine Änderung an der internen Struktur einer Software, um sie leichter verständlich zu machen und einfacher zu verändern, ohne ihr beobachtbares Verhalten zu ändern.

Sie finden Beispiele für Refaktorisierungen im Katalog, wie *Extrahiere Methode* (106) und *Feld nach oben verschieben* (330). Als solche sind Refaktorisierungen meistens kleine Änderungen an der Software, obwohl eine Refaktorisierung andere verwenden kann. So erfordert *Klasse extrahieren (148)* meistens *Methode verschieben (139)* und *Feld verschieben* (144).

Die andere Verwendung von Refaktorisierung hat die Form eines Verbs.

> Refaktorisieren (Verb): Eine Software umstrukturieren, ohne ihr beobachtbares Verhalten zu ändern, indem man eine Reihe von Refaktorisierungen anwendet.

Sie können also einige Stunden refaktorisieren, während der Sie einige Dutzend spezielle Refaktorisierungen einsetzen.

Ich bin schon gefragt worden: »Ist Refaktorisieren einfach Bereinigen von Code?« In gewisser Weise ist die Antwort »ja«, aber ich denke, Refaktorisieren geht weiter, da es eine Technik beinhaltet, Code effizienter und gezielt zu bereinigen. Seit ich refaktorisiere verwende, habe ich bemerkt, dass ich Code viel effizienter bereinige als zuvor. Das liegt daran, dass ich weiß, welche Refaktorisierungen ich verwende und wie ich sie so einsetze, dass Fehler minimiert werden, und daran dass ich jede Gelegenheit zum Testen nutze.

Ich sollte einige Punkte meiner Definitionen genauer erläutern. Erstens ist es die Aufgabe des Refaktorisierens, Software verständlicher und leichter veränderbar zu machen. Sie können viele Änderungen an Software vornehmen, die wenig oder keine Änderungen im beobachtbaren Verhalten zur Folge haben. Nur Änderungen, die die Software verständlicher machen, sind Refaktorisierungen. Ein guter Gegensatz ist die Performance-Optimierung. Wie das Refaktorisieren verändert die Performance-Optimierung normalerweise nicht das beobachtbare Verhalten (von der Geschwindigkeit abgesehen); sie verändert nur die interne Struktur. Aber die Aufgabe ist eine andere. Eine Performance-Optimierung macht Code oft schwieriger zu verstehen, aber Sie müssen dies tun, um die Performance zu erreichen, die Sie brauchen.

Als zweiten Punkt möchte ich hervorheben, dass das Refaktorisieren das beobachtbare Verhalten der Software nicht ändert. Die Software führt die gleichen Funktionen aus wie vorher. Jeder Nutzer, sei es ein Endanwender oder ein anderer Programmierer, kann nicht erkennen, dass etwas geändert wurde.

2.1.1 Die zwei Hüte

Dieser zweite Punkt führt uns zu Kent Becks Metapher der zwei Hüte. Wenn Sie refaktorisieren, um Software zu entwickeln, so teilen Sie Ihre Zeit zwischen zwei verschiedenen Aktivitäten auf: Funktionalität hinzufügen und refaktorisieren. Während Sie Funktionen hinzufügen, sollten Sie vorhandenen Code nicht verändern; Sie fügen nur neue Fähigkeiten hinzu. Sie können Ihren Fortschritt messen, indem Sie Tests hinzufügen und diese zum Funktionieren bringen. Wenn Sie refaktorisieren, legen Sie Wert darauf, keine neuen Funktionen hinzuzufügen. Sie fügen keine neuen Tests hinzu (es sei denn, Sie finden einen Fall, den Sie früher übersehen haben); Sie ändern Tests nur, wenn dies unbedingt sein muss, um mit den Änderungen einer Schnittstelle Schritt zu halten.

Wenn Sie Software entwickeln, werden Sie wahrscheinlich feststellen, dass Sie diese beiden Hüte häufig wechseln. Sie versuchen zunächst eine neue Funktion hinzuzufügen. Dann stellen Sie fest, dass dies viel einfacher wird, wenn Sie den Code neu strukturieren. So wechseln Sie den Hut und refaktorisieren eine Weile.

Wenn der Code besser strukturiert ist, setzen Sie den anderen Hut wieder auf und fügen die neue Funktion ein. Nachdem Sie die neue Funktion erfolgreich eingefügt haben, stellen Sie fest, dass Sie sie so geschrieben haben, dass sie kaum zu verstehen ist. So wechseln Sie wieder den Hut und refaktorisieren. Dies alles mag nur zehn Minuten dauern, aber Sie sollten sich immer im Klaren darüber sein, welchen Hut Sie gerade tragen.

2.2 Warum sollten Sie refaktorisieren?

Ich will hier nicht behaupten, Refaktorisieren sei das Allheilmittel für alle Softwarekrankheiten. Es ist keine »Silberkugel«. Es ist aber ein nützliches Werkzeug, wie eine vielseitige Kombizange, die Ihnen hilft, Ihren Code gut im Griff zu behalten. Refaktorisieren ist ein Werkzeug, das für verschiedene Aufgaben eingesetzt werden kann und sollte.

2.2.1 Refaktorisieren verbessert das Design von Software

Ohne Refaktorisieren zerfällt das Design eines Programms mit der Zeit. Wenn jemand den Code ändert – Änderungen, um kurzfristige Ziele zu erreichen, oder Änderungen ohne vollständiges Verständnis des Codedesigns – büßt der Code seine Struktur ein. Es wird schwieriger, das Design zu erkennen, indem man den Code liest. Refaktorisieren ist so ähnlich wie Code aufräumen. Es wird daran gearbeitet, Dinge an die richtige Stelle zu rücken, die sich nicht dort befinden. Der Verlust der Struktur von Code hat eine kumulative Wirkung. Je schwieriger es ist, das Design des Codes zu verstehen, umso schwieriger ist es zu erhalten und umso schneller zerfällt es. Regelmäßiges Refaktorisieren hilft den Code in Form zu halten.

Schlecht gestalteter Code benötigt meist mehr Befehle, um die gleiche Sache zu erreichen, oft weil der Code im wahrsten Sinne des Wortes die gleiche Sache an mehreren Stellen tut. Ein wichtiger Aspekt bei der Verbesserung eines Designs ist es daher, redundanten Code zu eliminieren. Seine Bedeutung liegt in den zukünftigen Veränderungen am Code. Die Verringerung der Codemenge lässt das System nicht schneller laufen, da die Auswirkungen auf das Verhalten des Programms selten groß sind. Die Verringerung der Codemenge macht aber einen großen Unterschied, wenn es darum geht, den Code zu ändern. Je mehr Code es gibt, umso schwieriger ist es, ihn korrekt zu ändern. Es ist mehr Code zu verstehen. Sie ändern dieses Stück Code hier, aber das System tut nicht das, was Sie erwarten, weil Sie das Stück an der anderen Stelle, das das Gleiche nur in einem etwas anderen Kontext tut, nicht geändert haben. Indem Sie Duplikate eliminieren, stellen Sie sicher, dass der Code alles einmal und nur einmal sagt. Das ist der Kern eines guten Designs.

2.2.2 Refaktorisieren macht Software leichter verständlich

Programmieren ist in vieler Weise eine Unterhaltung mit einem Computer. Sie schreiben Code, der dem Computer sagt, was er tun soll, und er antwortet, indem er genau das tut, was Sie ihm gesagt haben. Programmieren in diesem Sinne besteht ausschließlich darin, genau zu sagen, was Sie wollen. Es gibt aber noch andere Nutzer Ihres Sourcecodes. In einigen Monaten wird jemand Ihren Code lesen, um einige Änderungen zu machen. Wir vergessen diesen zusätzlichen Nutzer des Codes, aber dieser ist in der Tat der wichtigste. Wen kümmert es, wenn der Computer einige Takte mehr benötigt, um etwas umzuwandeln? Es ist aber von Bedeutung, wenn ein Programmierer eine Woche für eine Änderung benötigt, die nur eine Stunde gedauert hätte, wenn er Ihren Code verstanden hätte.

Das Problem besteht darin, dass Sie nicht an den zukünftigen Entwickler denken, wenn Sie sich bemühen, das Programm zum Laufen zu bringen. Es erfordert einen Wechsel der Gangart, um Änderungen vorzunehmen, die den Code verständlicher machen. Das Refaktorisieren hilft Ihnen dabei, Ihren Code verständlicher zu machen. Wenn Sie mit Refaktorisieren beginnen, haben Sie Code, der funktioniert, aber nicht optimal strukturiert ist. Eine geringe Zeit, die mit dem Refaktorisieren verbracht wird, kann dazu führen, dass der Code seine Absichten viel besser erkennen lässt. Programmieren in diesem Sinne heißt alles zu tun, um klar zu sagen, was Sie meinen.

Ich bin in diesem Punkt nicht notwendig selbstlos. Oft bin ich nämlich selbst der zukünftige Entwickler. In diesem Fall ist das Refaktorisieren besonders wichtig. Ich bin ein besonders fauler Programmierer. Eine meiner Formen von Faulheit besteht darin, dass ich niemals etwas über den Code behalte, den ich schreibe. Tatsächlich achte ich bewusst darauf, mir nie etwas zu merken, was ich auch nachschlagen kann, weil ich fürchte, dass mein Kopf sonst zu voll wird. Ich lege großen Wert darauf, alles in den Code hineinzuschreiben, was ich mir merken sollte, damit ich es mir nicht merken muss. So mache ich mir weniger Sorgen, dass mir Old Peculier[1] [Jackson] meine Gehirnzellen vernichtet.

Verständlicherweise funktioniert das auch für andere Dinge. Ich verwende das Refaktorisieren, um mir nicht vertrauten Code zu verstehen. Sehe ich Code, der mir nicht vertraut ist, so muss ich versuchen zu verstehen, was er macht. Ich sehe mir einige Zeilen an und sage mir: »Aha, das ist es also, was dieses Stück Code macht«. Mittels Refaktorisieren bleibe ich nicht bei dieser gedanklichen Notiz stehen. Ich verändere statt dessen den Code, um mein Verständnis besser wiederzugeben,

1. Anm. d. Ü.: Ein Starkbier.

und dann überprüfe ich mein Verständnis, indem ich den Code erneut ausführe, um zu sehen, ob er immer noch funktioniert.

Zunächst refaktorisiere ich nur kleine Details. Wenn der Code klarer geworden ist, kann ich vieles über das Design erkennen, was ich vorher nicht sehen konnte. Hätte ich den Code nicht geändert, so hätte ich dies vielleicht nie erkannt, weil ich einfach nicht in der Lage bin, mir dies alles im Kopf zu visualisieren. Ralph Johnson beschreibt diese ersten Schritte als das Putzen einer Fensterscheibe, so dass man klar sehen kann. Wenn ich Code untersuche, stelle ich fest, dass das Refaktorisieren mich auf ein höheres Niveau des Verständnisses bringt, das ich andernfalls nicht erreicht hätte.

2.2.3 Refaktorisieren hilft Fehler zu finden

Was mir beim Verstehen von Code hilft, hilft mir auch Fehler zu erkennen. Ich gebe zu, nicht fürchterlich gut im Finden von Fehlern zu sein. Es gibt Menschen, die können eine Menge Code lesen und Fehler sehen, ich kann das nicht. Wenn ich aber Code refaktorisiere, erwerbe ich ein tiefes Verständnis davon, was der Code macht, und dieses neue Verständnis füge ich sofort in den Code ein. Indem ich die Struktur des Programms kläre, kläre ich auch einige Annahmen, die ich gemacht habe, bis ich an einem Punkt stehe, an dem ich es nicht vermeiden kann, die Fehler zu erkennen.

Dies erinnert mich an eine Bemerkung, die Kent Beck häufig über sich macht: »Ich bin kein großartiger Programmierer; ich bin nur ein guter Programmierer mit großartigen Gewohnheiten.« Refaktorisieren macht mich beim Schreiben robusten Codes sehr viel effizienter.

2.2.4 Refaktorisieren hilft Ihnen schneller zu programmieren

Letztendlich laufen alle genannten Punkte auf eins hinaus: Refaktorisieren hilft Ihnen Code schneller zu entwickeln.

Dies klingt nicht gerade intuitiv. Spreche ich über das Refaktorisieren, so sehen die Menschen leicht ein, dass es die Qualität verbessert. Das Verbessern des Designs, das Verbessern der Lesbarkeit, weniger Fehler, all dies verbessert die Qualität. Aber verringert dies alles nicht das Tempo der Entwicklung?

Ich bin fest davon überzeugt, dass ein gutes Design entscheidend für schnelle Softwareentwicklung ist. In der Tat ist es der Hauptzweck eines guten Designs, eine schnelle Entwicklung zu ermöglichen. Ohne ein gutes Design können Sie kurzfristig schnelle Fortschritte erzielen, bald aber wird das schlechte Design Sie bremsen. Sie verbringen die Zeit damit, Fehler zu finden und zu beheben, anstatt neue Funktionen hinzuzufügen. Änderungen dauern länger, während Sie versuchen, das System zu verstehen und den duplizierten Code zu finden. Neue Eigenschaften erfordern mehr Programmierarbeit, weil Sie Flicken auf Flicken setzen, die Flicken auf dem ursprünglichen Code flicken.

Ein gutes Design ist entscheidend, um das Tempo der Softwareentwicklung aufrechtzuerhalten. Refaktorisieren hilft Ihnen Software schneller zu entwickeln, weil es den Verfall des Designs des Systems stoppt. Es kann das Design sogar verbessern.

2.3 Wann sollten Sie refaktorisieren?

Wenn ich über das Refaktorisieren spreche, werde ich oft gefragt, wie es geplant werden sollte. Sollen wir alle paar Monate zwei Wochen zum Refaktorisieren einplanen?

In fast allen Fällen bin ich dagegen, zusätzliche Zeit zum Refaktorisieren einzuplanen. Refaktorisieren ist etwas, was man die ganze Zeit über in kleinen Portionen macht. Sie entscheiden nicht zu refaktorisieren, sondern Sie refaktorisieren, weil Sie etwas anderes machen wollen und das Refaktorisieren Ihnen dabei hilft.

2.3.1 Die Dreierregel

Dies ist eine Empfehlung, die ich von Don Roberts habe: Wenn Sie etwas das erste Mal machen, tun Sie es einfach. Das zweite Mal, wenn Sie etwas Ähnliches machen, so scheuen Sie zwar die Wiederholung, aber Sie machen es trotzdem noch einmal. Wenn Sie etwas Ähnliches das dritte Mal tun, refaktorisieren Sie.

> Drei Mal und Sie refaktorisieren.

2.3.2 Refaktorisieren Sie beim Hinzufügen von Funktionen

Am häufigsten refaktorisiere ich, wenn ich etwas Neues zu einer Software hinzufügen will. Oft ist der erste Grund zum Refaktorisieren, dass ich eine Software verstehen will, die ich ändern muss. Das kann Code von jemand anderem oder von mir selbst sein. Immer wenn ich darüber grübeln muss, was der Code macht, frage ich mich, ob ich den Code so refaktorisieren kann, dass er unmittelbar verständlich wird. Dann refaktorisiere ich. Zum Teil ist das etwas für das nächste Mal, wenn ich an diese Stelle komme, aber vor allem verstehe ich die Dinge besser, wenn ich den Code jetzt klarer strukturiere.

Der andere Anlass zum Refaktorisieren ist ein Design, das es mir nicht erlaubt, etwas Neues leicht einzufügen. Ich betrachte das Design und sage mir: »Hätte ich das so gemacht, könnte ich dies jetzt leicht einfügen.« In diesem Fall ärgere ich mich nicht lange über meine früheren Missetaten – ich korrigiere sie durch Refaktorisieren. Ich mache das zum Teil, um spätere Verbesserungen einfacher zu machen, vor allem aber, weil ich festgestellt habe, dass es so am schnellsten geht. Hinterher geht das Hinzufügen der neuen Teile viel schneller und glatter vonstatten.

2.3.3 Refaktorisieren Sie, wenn Sie einen Fehler beheben müssen

Bei der Fehlerbehebung zeigt sich der Nutzen des Refaktorisierens darin, dass der Code verständlicher gemacht wird. Während ich versuche den Code zu verstehen, refaktorisiere ich, um mein Verständnis zu verbessern. Ich empfinde dies häufig als eine aktive Auseinandersetzung mit dem Code, die den Fehler zu finden hilft. Eine Schlussfolgerung, die Sie hieraus ziehen können, ist folgende: Bekommen Sie einen Fehlerbericht, so ist dies ein Zeichen, dass Sie refaktorisieren müssen, weil der Code nicht verständlich genug war, um zu erkennen, dass hier ein Fehler war.

2.3.4 Refaktorisieren Sie bei Code-Reviews

Einige Organisationen machen regelmäßig Code-Reviews; die, die es nicht tun, wären besser beraten, wenn sie es auch tun würden. Code-Reviews helfen dabei, das Wissen in einem Entwicklungsteam gleichmäßig zu verteilen. Reviews helfen erfahreneren Entwicklern, ihr Wissen an weniger erfahrene weiterzugeben. Sie helfen mehr Menschen, mehr Aspekte eines großen Softwaresystems verstehen. Sie sind auch sehr wichtig, um klaren Code zu schreiben. Mein Code mag mir klar erscheinen, nicht aber meinem Team. Das ist unausweichlich – es ist sehr schwierig sich in die Position eines anderen zu versetzen, der mit den Dingen, an denen man arbeitet, nicht vertraut ist. Reviews geben auch mehr Menschen die Gelegenheit, nützliche Vorschläge zu äußern. Mir kommen nur so und so viele gute Ideen pro Woche. Beiträge von anderen machen mein Leben einfacher, so dass ich immer viele Reviews anstrebe.

Ich habe festgestellt, dass das Refaktorisieren mir bei Reviews von fremdem Code hilft. Bevor ich begann hierfür Refaktorisieren einzusetzen, konnte ich den Code lesen, ihn zu einem gewissen Grad verstehen und Verbesserungsvorschläge machen. Wenn ich jetzt mit Vorschlägen komme, überlege ich, ob sie auch leicht umgesetzt werden können und ob das Refaktorisieren dafür geeignet ist. Wenn ja, refaktorisiere ich. Habe ich dies einige Male getan, so sehe ich genauer, wie der Code mit den umgesetzten Verbesserungsvorschlägen aussieht. Ich muss mir das nicht vorstellen, ich kann es *sehen*. Als Folge davon komme ich auf Ideen auf einem anderen Niveau, die ich ohne Refaktorisieren nie gehabt hätte.

Das Refaktorisieren führt bei Code-Reviews auch zu konkreteren Ergebnissen. Sie führen nicht nur zu Vorschlägen, sondern viele Vorschläge werden auch auf der Stelle umgesetzt. Sie bekommen dabei das Gefühl, richtig etwas erreicht zu haben.

Damit dies auch so funktioniert, müssen die Review-Teams klein sein. Ich empfehle aus meiner Erfahrung, einen Reviewer und den ursprünglichen Autor gemeinsam an dem Code arbeiten zu lassen. Der Reviewer schlägt die Änderungen vor, und beide gemeinsam entscheiden darüber, ob die Änderungen im Code leicht vorgenommen werden können. Wenn dies so ist, nehmen sie die Änderungen vor.

Bei größeren Design-Reviews ist es oft besser, verschiedene Meinungen aus einer größeren Gruppe einzuholen. Code zu zeigen, ist nicht das beste Mittel hierfür. Ich bevorzuge UML-Diagramme und das Durcharbeiten von Szenarios mit Klassenkarten (CRC cards). Auf diese Weise führe ich sowohl Design-Reviews in Gruppen als auch Code-Reviews mit einzelnen Entwicklern durch.

Die Idee der aktiven Code-Review wird durch die »Extreme Programming«- Technik [Beck, XP] der paarweisen Programmierung auf die Spitze getrieben. In dieser Technik erfolgt jede wichtige Entwicklung mit zwei Programmierern an einem Rechner. Das Ergebnis ist ein ständiger Code-Review im Entwicklungsprozess, und darin geht auch das Refaktorisieren auf.

Warum Refaktorisieren funktioniert

von Kent Beck

Programme haben auf zweierlei Weise Wert: Durch das, was sie heute für Sie tun können, und durch das, was sie morgen für Sie tun können. Wenn wir programmieren, konzentrieren wir uns meistens auf das, was das Programm heute tun soll. Ob wir nun einen Fehler beheben oder eine neue Funktion hinzufügen, wir machen das Programm nützlicher, indem wir es leistungsfähiger machen.

Sie können kaum lange programmieren, ohne zu erkennen, dass das, was das System heute macht, nur der eine Teil der Geschichte ist. Wenn Sie es schaffen, die heutige Arbeit auch heute zu erledigen, aber nur so, dass Sie möglicherweise die morgigen Aufgaben nicht morgen erledigen können, so verlieren Sie. Aber Achtung: obwohl Sie vielleicht wissen, was Sie heute brauchen, können Sie nicht so sicher sein, was Sie morgen brauchen. Vielleicht machen Sie dies, vielleicht das, vielleicht etwas, was Sie sich jetzt noch gar nicht vorstellen können.

Ich weiß genug, um die heutige Arbeit zu schaffen. Ich weiß nicht genug über die morgige. Aber wenn ich nur für heute arbeite, bin ich morgen arbeitslos.

Refaktorisieren ist ein Ausweg aus dieser Zwickmühle. Stellen Sie fest, dass die Entscheidung von gestern heute falsch erscheint, so ändern Sie sie. So können Sie die heutige Arbeit schaffen. Morgen mag manches von heute naiv erscheinen, also ändern Sie es wieder.

Was macht die Arbeit mit Programmen so schwierig? Die vier Dinge, an die ich denke, während ich dieses schreibe, sind die folgenden:

- Schwer zu lesende Programme sind auch schwer zu ändern.
- Programme mit duplizierter Logik sind schwer zu ändern.
- Programme, bei denen neues Verhalten es notwendig macht, funktionierenden Code zu ändern, sind schwer zu ändern.
- Programme mit komplexen Bedingungen sind schwer zu ändern.

Wir wollen also Programme schreiben, die leicht zu lesen sind, die alle Logik an genau einer Stelle zusammenfassen, bei denen Änderungen das vorhandene Verhalten nicht gefährden und die es ermöglichen, Bedingungen so einfach wie möglich zu formulieren.

Refaktorisieren bezeichnet den Vorgang, ein funktionsfähiges Programm zu nehmen und seinen Wert zu erhöhen, indem wir sein Verhalten nicht ändern, aber ihm mehr von diesen Eigenschaften geben, die es uns ermöglichen, es mit hohem Tempo weiterzuentwickeln.

2.4 Wie sag ich's meinem Chef?

»Wie sag ich's meinem Chef?« ist eine der häufigsten Fragen, die mir im Zusammenhang mit dem Refaktorisieren gestellt werden. Ist der Chef technisch interessiert, so wird es nicht schwierig sein, das Thema anzusprechen. Ist der Chef ernsthaft an Qualität interessiert, so muss man die Qualitätsgesichtspunkte hervorheben. In diesem Fall ist der Einsatz des Refaktorisierens bei Reviews eine Erfolg versprechende Vorgehensweise. Tausende von Untersuchungen zeigen, dass technische Reviews ein wichtiger Ansatz sind, um die Fehleranzahl zu verringern und das Entwicklungstempo zu erhöhen. Werfen Sie hierzu einen Blick in irgendein aktuelles Buch über Reviews, Inspektionen oder den Softwareentwicklungsprozess, um die aktuellsten Quellen zu finden. Das sollte die meisten Manager vom Wert von Reviews überzeugen. Von hier ist es nur noch ein kleiner Schritt, um das Refaktorisieren als eine Methode einzuführen, bei der die Kommentare eines Reviews direkt Eingang in den Code finden.

Natürlich gibt es viele, die behaupten, auf Qualität zu achten, die aber tatsächlich mehr auf das Einhalten des Zeitplans Wert legen. In diesem Fall gebe ich meinen eher umstrittenen Rat: Erzählen Sie nichts davon.

Ist dieser Rat subversiv? Ich glaube kaum. Softwareentwickler sind Profis. Unsere Aufgabe ist es, wirkungsvolle Software so schnell wir möglich zu schaffen. Nach meiner Erfahrung ist das Refaktorisieren eine riesige Hilfe, um Software schnell zu entwickeln. Muss ich eine neue Funktion hinzufügen und das Design passt hierfür nicht, so empfinde ich es als schneller, erst zu refaktorisieren und dann die Funktion hinzuzufügen. Muss ich einen Fehler beheben, so muss ich verstehen, wie die Software arbeitet – und für mich ist das Refaktorisieren der schnellste Weg, dies zu erreichen. Ein Chef, der auf einen engen Zeitplan setzt, erwartet, dass ich die Aufgaben so schnell wie möglich erledige; wie, ist meine Sache. Der schnellste Weg ist das Refaktorisieren, also refaktorisiere ich.

Indirektion und Refaktorisieren *von Kent Beck*

Informatik ist die Wissenschaft, die glaubt, dass alle Probleme durch eine weitere Indirektionsebene gelöst werden können – Dennis deBruler

Bei der Vernarrtheit von Informatikern in Schnittstellen mag es nicht verwundern, dass das Refaktorisieren meistens weitere Indirektionsebenen einführt. Das Refaktorisieren führt in der Regel dazu, große Objekte in mehrere kleinere Objekte und große Methoden in mehrere kleinere Methoden zu zerlegen.

Aber Indirektion ist ein zweischneidiges Schwert. Immer wenn man etwas in zwei Teile zerlegt, hat man mehr zu verwalten. Wenn ein Objekt an ein anderes delegiert, das weiter delegiert, kann ein Programm aber auch schwieriger zu lesen sein. Insofern möchten Sie Indirektionen minimieren.

Urteilen Sie aber nicht zu schnell. Indirektionen können sich bezahlt machen. Hier folgen einige Möglichkeiten:

- **Verarbeitungslogik kann gemeinsam genutzt werden**. Beispielsweise kann eine Methode von verschiedenen anderen aufgerufen werden oder eine Methode einer Oberklasse von allen Unterklassen genutzt werden.
- **Absicht und Implementierung können getrennt dargestellt werden**. Die Wahl des Namens jeder Klasse und jeder Methode gibt Ihnen eine Chance auszudrücken, was Sie beabsichtigen. Die Interna der Klasse oder Methode zeigen, wie Ihre Absicht in die Tat umgesetzt wird. Gelingt es Ihnen, die Interna durch Ziele kleinerer Einheiten zu beschreiben, so können Sie Code schreiben, der die wichtigsten Informationen über seine eigene Struktur direkt vermittelt.
- **Änderungen können isoliert werden**. Ich verwende ein Objekt an zwei verschiedenen Stellen. In dem einem Fall möchte ich das Verhalten ändern. Ändere ich das Objekt, so riskiere ich, es in beiden Fällen zu ändern. Deshalb bilde ich zunächst eine Unterklasse und verwende diese an der Stelle, an der die Änderung erfolgen soll. Nun kann ich die Unterklasse ändern, ohne eine unbeabsichtigte Änderung an der anderen Stelle zu riskieren.
- **Bedingungen können verborgen werden**. Mit polymorphen Nachrichten haben Objekte einen fabelhaften Mechanismus, um Bedingungen klar auszudrücken. Sie können oft explizite Bedingungen durch Nachrichten ersetzen und dadurch gleichzeitig Duplikate reduzieren, die Verständlichkeit verbessern und die Flexibilität erhöhen.

Und dies sind die Spielregeln des Refaktorisierens: Wie können Sie unter Beibehaltung des gegenwärtigen Verhaltens das System verbessern, indem Sie seine Qualität erhöhen oder seine Kosten senken?

In der häufigsten Spielart sehen Sie sich Ihr Programm an. Sie identifizieren Stellen, an denen ihm einer oder auch mehrere der Vorteile der Indirektion fehlen. Fügen Sie an diesen Stellen eine Indirektionsebene ein, ohne das Verhalten des Programms zu ändern. Sie verfügen nun über ein wertvolleres Programms, denn es hat zusätzliche Eigenschaften, die Sie in der Zukunft schätzen werden.

Beachten Sie den Unterschied zum traditionellen Design, bevor implementiert wird. Spekulatives Design versucht alle guten Eigenschaften in ein System einzubauen, bevor die erste Zeile Code geschrieben wird. Anschließend kann der Code einfach in dieses Skelett eingehängt werden. Das einzige Problem ist, dass man sich sehr leicht verschätzen kann. Beim Refaktorisieren laufen Sie nie Gefahr, völlig falsch zu liegen. In jedem Fall arbeitet das Programm hinterher nicht anders als vorher. Darüber hinaus haben Sie die Gelegenheit, den Code zu verbessern.

Es gibt aber auch eine andere, seltenere Art des Refaktorisierens. Diese besteht darin, unnötige Indirektionsebenen zu identifizieren und zu entfernen. Diese treten oft in der Gestalt von vermittelnden Methoden auf, die eine Aufgabe hatten, aber diese nicht mehr erfüllen. Es kann sich aber auch um eine Komponente handeln, von der Sie annehmen, dass sie oft verwendet oder spezialisiert wird, die aber tatsächlich nur an einer Stelle benutzt wird. Wieder haben Sie ein besseres Programm, diesmal nicht, weil es mehr von den vier Qualitätseigenschaften hat, sondern weil es weniger Indirektionsebenen erfordert, um die gleiche Qualität zu erreichen.

2.5 Probleme beim Refaktorisieren

Haben Sie erfahren, dass eine neue Technik Ihre Produktivität stark erhöht, so ist es schwer zu erkennen, wann sie nicht einsetzbar ist. Üblicherweise erlernen Sie sie in einem bestimmten Kontext, oft nur in einem einzelnen Projekt. Es ist schwer zu erkennen, was dazu führt, diese Technik weniger effektiv oder gar schädlich zu machen. Vor zehn Jahren war das so mit Objekten. Wenn mich jemand fragte, wann man Objekte nicht einsetzen sollte, so fiel mir die Antwort schwer. Ich dachte nicht etwa, dass Objekte Grenzen hätten – dazu bin ich zu zynisch. Ich wusste damals einfach nicht, wo diese Grenzen lagen, kannte aber sehr genau die Vorteile.

So ist es heute mit dem Refaktorisieren. Wir kennen die Vorteile des Refaktorisierens. Wir wissen, dass diese Vorteile einen spürbaren Unterschied in unserer Arbeit bewirken können. Aber wir haben noch keine hinreichenden Erfahrungen, um zu sehen, wo die Grenzen liegen.

Dieser Abschnitt ist kürzer, als es mir lieb ist, und eher ein Versuch. Je mehr Menschen lernen zu refaktorisieren, umso mehr werden wir wissen. Obwohl ich davon überzeugt bin, dass Sie wegen der wirklichen Vorteile, die dies bringen kann, refaktorisieren sollten, heißt dies für Sie, dass Sie Ihren Fortschritt messen sollten. Achten Sie auf Probleme, zu denen das Refaktorisieren führen kann. Lassen Sie uns von diesen Problemen wissen. Wenn wir mehr über das Refaktorisieren wissen, werden wir Lösungen für diese Probleme finden und lernen, welche Probleme schwierig zu lösen sind.

2.5.1 Datenbanken

Ein Problembereich für das Refaktorisieren sind Datenbanken. Die meisten Geschäftsanwendungen sind eng mit dem unterstützenden Datenbankschema verbunden. Dies ist einer der Gründe, warum die Datenbank so schwer zu ändern ist. Ein anderer Grund ist die Migration der Daten. Selbst wenn Sie Ihr System sorgfältig in Schichten gegliedert haben, um die Abhängigkeiten zwischen dem Datenbankschema und dem Objektmodell zu minimieren, kann dies eine lange und belastenden Aufgabe sein.

Bei nicht objektorientierten Datenbanken besteht ein Weg, mit diesem Problem umzugehen, darin, eine zusätzliche Softwareschicht zwischen Ihrem Objektmodell und Ihrem Datenbankmodell einzuführen. So können Sie die Änderungen in den beiden Modellen gegeneinander isolieren. Ändern Sie das eine Modell, so müssen Sie nicht auch das andere ändern. Eine solche Schicht erhöht die Komplexität, gibt Ihnen aber viel mehr Flexibilität. Selbst ohne Refaktorisieren ist dies dann sehr wichtig, wenn Sie es mit mehreren Datenbanken oder einem komplexen Datenbankmodell zu tun haben, auf das Sie keinen Einfluss haben.

Sie brauchen nicht mit einer zusätzlichen Schicht zu beginnen. Sie können diese Schicht entwickeln, wenn Sie bemerken, dass Ihr Klassenmodell unbeständig wird. Auf diese Weise ziehen Sie den größten Nutzen aus Ihren Änderungen.

Objektorientierte Datenbanken helfen und behindern. Einige objektorientierte Datenbanken bieten eine automatische Migration von einer Version eines Objekts zur nächsten. Dies verringert den Aufwand, erfordert aber immer noch zusätzliche Zeit, wenn die Migration erfolgt. Erfolgt die Migration nicht automatisch, so müssen Sie diese selbst durchführen, was einen hohen Aufwand erfordert. In dieser Situation müssen Sie besonders auf Änderungen der Datenstruktur von Klassen achten. Verhalten können Sie weiterhin frei verschieben, aber Sie müssen vorsichtig beim Verschieben von Feldern sein. Sie müssen Zugriffsmethoden verwenden, um den Eindruck zu erwecken, dass die Daten verschoben wurden, auch wenn dies nicht der Fall ist. Wenn Sie sich sehr sicher sind, dass Sie wissen, wo die Daten sein sollten, dann können Sie Daten verschieben und die Daten auf einmal migrieren. Nur die Zugriffsmethoden müssen geändert werden, was die Gefahr von Problemen mit Fehlern reduziert.

2.5.2 Veränderung von Schnittstellen

Eine der wichtigen Eigenschaften von Objekten besteht darin, dass Sie die Implementierung eines Softwaremoduls unabhängig von Änderungen seiner Schnittstelle ändern können. Sie können sicher die Interna eines Objekts ändern, ohne dass dies irgendjemanden kümmert, aber die Schnittstelle ist wichtig – verändern Sie diese, so kann alles Mögliche passieren.

Eine störende Sache beim Refaktorisieren ist, dass viele Refaktorisierungen eine Schnittstelle ändern. So etwas Einfaches, wie *Methode umbenennen (279)* ist nichts anderes als eine Änderung einer Schnittstelle. Wie passt das zur hoch geschätzten Idee der Kapselung?

Es ist kein Problem, den Namen einer Methode zu ändern, wenn Sie Zugriff auf den ganzen Code haben, der diese Methode aufruft. Selbst wenn die Methode öffentlich ist, können Sie die Methode umbenennen, solange Sie alle Aufrufer erreichen und ändern. Es gibt nur dann ein Problem, wenn die Schnittstellen von Code benutzt werden, den Sie nicht finden und ändern können. Wenn dies passiert, spreche ich davon, dass aus der Schnittstelle eine *veröffentlichte Schnittstelle* wird (ein Schritt über eine öffentliche Schnittstelle hinaus). Sobald Sie eine Schnittstelle veröffentlichen, können Sie diese nicht mehr sicher ändern und einfach die Aufrufer editieren. Sie benötigen dann einen etwas komplizierteren Prozess.

Diese Idee ändert die Fragestellung. Das Problem lautet nun: Was machen Sie mit Refaktorisierungen, die eine veröffentlichte Schnittstelle ändern?

Kurz gesagt müssen Sie, wenn eine Refaktorisierung eine veröffentlichte Schnittstelle ändert, sowohl die alte als auch die neue Schnittstelle beibehalten, zumindest bis alle Anwender die Chance gehabt haben, die Änderung zu berücksichtigen. Glücklicherweise ist dies nicht allzu schwierig. Meistens können Sie es einrichten, dass die alte Schnittstelle noch funktioniert. Versuchen Sie dies so zu erreichen, dass die alte Schnittstelle die neue verwendet. Wenn Sie den Namen einer Methode ändern, so behalten Sie die alte Methode und lassen sie nur die neue aufrufen. Kopieren Sie nicht den Rumpf der Methode – das führt Sie auf den Pfad der Verdammnis durch duplizierten Code. Sie sollten auch die Möglichkeit von Java nutzen, eine Methode als »deprecated« (veraltet) zu kennzeichnen. So wissen Aufrufer, was auf sie zukommt.

Ein gutes Beispiel für diesen Prozess geben die Java-Collection-Klassen. Die in Java 2 neu hinzugekommenen ersetzen die ursprünglich verfügbaren. Als Java 2 freigegeben wurde, strengte JavaSoft sich aber sehr an, einen Migrationsweg zu bieten.

Schnittstellen zu erhalten ist nützlich, aber auch schmerzhaft. Sie müssen diese zusätzlichen Methoden zumindest für eine gewisse Zeit anbieten und warten. Die zusätzlichen Methoden machen die Schnittstelle komplizierter und schwerer zu nutzen. Aber es gibt eine Alternative: Veröffentlichen Sie die Schnittstelle nicht. Ich spreche hier nicht von einem absoluten Verbot. Natürlich müssen Sie eine veröffentlichte Schnittstelle haben. Wenn Sie APIs für eine externe Verwendung schreiben wie Sun, so müssen Sie Schnittstellen veröffentlichen. Ich weise darauf hin, weil ich es oft erlebe, dass Entwicklungsgruppen veröffentlichte Schnittstellen viel zu häufig verwenden. Ich habe ein Dreier-Team erlebt, in dem jeder Schnittstellen für die beiden anderen publizierte. Das führte zu allen möglichen Verrenkungen, um die Schnittstellen zu erhalten, obwohl es viel einfacher gewesen wäre, den Code zu ändern. Organisationen mit einer zu stark ausgeprägten Vorstellung von Codebesitz neigen dazu, sich so zu verhalten. Veröffentlichte Schnittstellen zu verwenden ist nützlich, hat aber auch seinen Preis. Veröffentlichen Sie Schnittstellen also nur, wenn es wirklich notwendig ist. Das kann heißen, dass Sie die Besitzverhältnisse am Code verändern müssen, um es anderen zu ermöglichen, den Code wieder anderer zu verändern, um Veränderungen einer Schnittstelle zu ermöglichen. Oft empfiehlt es sich,eine gute Idee dies in der Form von paarweiser Programmierung zu tun.

> Veröffentlichen Sie keine unausgereiften Schnittstellen. Ändern Sie die Besitzverhältnisse am Code, um das Refaktorisieren zu vereinfachen.

Es gibt einen besonderen Problembereich, wenn man Schnittstellen in Java ändert: das Hinzufügen einer Ausnahme (exception) zu einer `throws`-Klausel. Hierbei handelt es sich nicht um eine Änderung der Signatur, so dass Sie keine Delegation verwenden können, um dies zu erledigen. Außerdem würde der Compiler Sie so etwas nicht umwandeln lassen. Sie können einen neuen Namen für die Methode wählen, die alte Methode diese aufrufen lassen und die überwachte Ausnahme in eine nicht überwachte umwandeln. Sie können auch eine nicht überwachte Ausnahme auslösen, aber dann verlieren Sie die Möglichkeit einzugreifen. In diesem Fall können Sie Ihre Aufrufer darauf hinweisen, dass diese Ausnahme in der Zukunft überwacht werden wird. So gewinnen Sie etwas Zeit, um die Behandlung der Ausnahme in Ihrem Code vorzunehmen. Aus diesem Grunde ziehe ich es vor, eine Oberklasse `Exception` für ein ganzes Paket zu definieren (wie `SQLException` für `java.sql`) und sicherzustellen, dass alle öffentlichen Methoden diese nur in ihrer `throws`-Klausel deklarieren. So kann ich Unterklassen von `Exception` bilden, wenn dies notwendig ist, aber dies hat keinen Einfluss auf Aufrufer, die nur den allgemeinen Fall kennen.

2.5.3 Schwer durchzuführende Entwurfsänderungen

Können Sie jeden Design-Fehler durch Refaktorisieren beheben, oder gibt es Design-Entscheidungen, die so zentral sind, dass Sie keine Chance haben, sie später durch Refaktorisieren zu verändern? Dies ist ein Thema, über das wir nur sehr unvollständige Daten haben. Sicherlich wurden wir oft von Situationen überrascht, in denen wir effizient refaktorisieren konnten, aber es gibt auch Stellen, an denen dies schwierig ist. In einem Projekt war es schwierig, aber möglich, ein System ohne Sicherheitsvorkehrungen in ein sehr sicheres zu refaktorisieren.

An diesem Punkt besteht mein Ansatz darin, mir Refaktorisierungen vorzustellen. Während ich Design-Alternativen abwäge, frage ich mich, wie schwierig es sein würde, von einem Design zu dem anderen zu refaktorisieren. Erscheint es einfach, so plage ich mich nicht lange mit der Auswahl, sondern wähle das einfachste, auch wenn es nicht allen potenziellen Anforderungen genügt. Sehe ich aber keine einfache Möglichkeit zu refaktorisieren, so stecke ich mehr Aufwand in das Design. Ich habe aber den Eindruck, dass Letzteres seltener vorkommt.

2.5.4 Wann sollten Sie nicht refaktorisieren?

Es gibt Zeiten, zu denen Sie auf keinen Fall refaktorisieren sollten. Zum Beispiel insbesondere dann, wenn Sie statt dessen alles von Grund auf neu schreiben sollten. Es kommt vor, dass der vorhandene Code so schlecht ist, dass Sie ihn zwar refaktorisieren könnten, es aber einfacher ist, ihn von Anfang an neu zu schreiben. Die Entscheidung ist nicht einfach zu treffen, und ich gebe zu, dass ich keine guten Richtlinien hierfür habe.

Ein klarer Hinweis, dass Sie den Code neu schreiben müssen, liegt vor, wenn der vorhandene Code einfach nicht funktioniert. Dies können Sie nur entdecken, wenn Sie versuchen, ihn zu testen, und dabei feststellen, dass er so voller Fehler ist, dass Sie ihn nicht stabilisieren können. Denken Sie daran, dass Code im Wesentlichen funktionieren muss, bevor Sie ihn refaktorisieren können.

Eine Kompromisslinie besteht darin, große Teile einer Software in Komponenten mit starker Kapselung zu refaktorisieren. Dann können Sie die Entscheidung über das Refaktorisieren oder Neuschreiben pro Komponente treffen. Dies ist ein vielversprechender Ansatz, aber ich habe nicht genug Erfahrung, um gute Regeln hierfür anzugeben. Im Fall einer älteren Kernanwendung ist dies sicher ein Ansatz, den zu verfolgen sich lohnt.

Auch wenn Sie kurz vor einem Fertigstellungstermin stehen, sollten Sie das Refaktorisieren vermeiden. In diesem Fall würde der Produktivitätsgewinn durch Refaktorisieren nach dem Termin eintreten, und das wäre zu spät. Ward Cunningham hat eine gute Metapher hierfür. Er beschreibt unfertige Refaktorisierungen als Schulden machen. Mit Schulden sind aber Zinsen verbunden, d.h. extra Kosten für Wartung und Erweiterung durch unnötig komplexen Code. Einige der Zinsen können Sie sich leisten, aber wenn die Zahlungen zu hoch werden, überwältigen sie Sie. Es ist sehr wichtig, Ihre Schulden zu verwalten und Teile durch Refaktorisieren abzutragen.

Außer wenn Sie kurz vor einem Fertigstellungstermin stehen, sollten Sie aber nicht auf das Refaktorisieren verzichten, nur weil Sie keine Zeit haben. Die Erfahrung verschiedener Projekte hat gezeigt, dass eine Runde Refaktorisieren die Produktivität erhöht. Nicht genug Zeit zu haben ist oft ein Zeichen dafür, dass Sie refaktorisieren müssen,

2.6 Refaktorisieren und Design

Das Refaktorisieren spielt eine besondere Rolle als Ergänzung zum Design. Als ich zuerst programmieren lernte, schrieb ich einfach das Programm und wurstelte mich so durch. Mit der Zeit lernte ich, dass es mir half, aufwendige Überarbeitungen zu vermeiden, wenn ich vorher über das Design nachdachte. Mit der Zeit gewöhnte ich mich mehr und mehr daran, erst zu entwerfen und dann zu programmieren. Viele Fachleute betrachten das Design als die Hauptsache und die Programmierung nur als die mechanische Umsetzung. Die Analogie besteht darin, dass das Design eine Ingenieurszeichnung und das Programmieren die Herstellung ist. Aber Software ist anders als physische Maschinen. Software ist viel weicher und hat vor allem mit Nachdenken zu tun. Wie Alistair Cockburn es formuliert: »Im Design kann ich sehr schnell denken, aber meine Gedanken sind voller kleiner Löcher.«

Ein Argument ist, dass das Refaktorisieren eine Alternative zum Design vor der Implementierung sei. In diesem Szenario machen Sie überhaupt kein Design. Sie beginnen einfach damit, den ersten Ansatz zu programmieren, der Ihnen einfällt, machen ihn funktionsfähig und bringen ihn durch Refaktorisieren in eine gute Form. Dies kann tatsächlich funktionieren. Ich habe Menschen gesehen, die so vorgegangen sind und im Ergebnis ein sehr gut strukturiertes Stück Software hatten. Die Anhänger des Extreme Programming [Beck, XP] werden häufig so dargestellt, als würden sie diesen Ansatz befürworten.

Der alleinige Einsatz von Refaktorisieren funktioniert; es ist aber nicht die effizienteste Art der Arbeit. Auch die extremen Programmierer entwerfen zunächst. Sie probieren verschiedene Ideen mit Klassenkarten oder Ähnlichem aus, bis sie eine erste plausible Lösung haben. Erst nach einem ersten plausiblen Entwurf werden sie programmieren und dann refaktorisieren. Der entscheidende Punkt ist, dass Refaktorisieren die Rolle des Designs verändert. Die Vorstellung ist, dass jede spätere Änderung am Design teuer ist. Deshalb stecken Sie viel Zeit und Aufwand in das Design, um solche Änderungen zu vermeiden.

Durch das Refaktorisieren ändert sich der Schwerpunkt. Sie betreiben weiterhin Design, bevor Sie programmieren, aber nun bemühen Sie sich nicht mehr *die* Lösung zu finden. Statt dessen ist alles, was Sie wollen, eine sinnvolle Lösung. Sie wissen, während Sie an der Lösung arbeiten und mehr über das Problem lernen, werden Sie feststellen, dass die beste Lösung sich von Ihrer ursprünglichen unterscheidet. Mit dem Refaktorisieren ist das kein Problem, da es nicht mehr teuer ist, die Änderungen vorzunehmen.

Ein wichtiges Ergebnis dieser Schwerpunktverschiebung ist eine stärkere Bewegung hin zu einfachem Design. Bevor ich zu refaktorisieren begann, suchte ich immer nach einer flexiblen Lösung. Bei jeder Anforderung überlegte ich, wie sie sich im Laufe des Lebens des Systems verändern könnte. Da Design-Änderungen teuer waren, bemühte ich mich um ein Design, das alle Änderungen, die ich vorhersehen konnte, überstehen würde. Das Problem mit einer solchen flexiblen Lösung ist, dass Flexibilität kostet. Flexible Lösungen sind komplexer als einfache. Die resultierende Software ist im Allgemeinen schwerer zu warten, obwohl sie einfacher in die Richtungen zu verändern ist, die ich mir vorstellte. Aber selbst dann muss ich verstehen, wie ich das Design anpassen kann. Für ein oder zwei Aspekte ist das keine große Sache, aber Änderungen kommen überall im System vor. Flexibilität an allen diesen Stellen einzubauen, macht ein System sehr viel komplexer und teurer zu warten. Die große Frustration besteht aber darin, dass all diese Flexibilität gar nicht benötigt wird. Einiges ja, aber es ist unmöglich vorherzusagen, welche Teile dies sind. Um Flexibilität zu gewinnen, müssen Sie sehr viel mehr Flexibilität einbauen, als Sie eigentlich benötigen.

Mit Refaktorisierungen gehen Sie das Änderungsrisiko anders an. Sie denken weiterhin an die möglichen Änderungen. Aber anstatt diese flexiblen Lösungen zu implementieren, fragen Sie sich: »Wie schwierig wird es sein, diese einfache Lösung zu einer flexiblen zu refaktorisieren?« Lautet die Antwort wie in den meisten Fällen »sehr einfach«, so implementieren Sie nur die einfache Lösung.

Das Refaktorisieren kann zu einfacheren Entwürfen führen, ohne dass diese Flexibilität einbüßen. Dadurch wird der Entwurfsprozess einfacher und weniger stressig. Sobald Sie eine grobe Vorstellung von den Verhältnissen haben, fällt Ihnen das Refaktorisieren leicht. Sie denken nicht einmal mehr an die flexiblen Lösungen. Sie entwickeln das einfachste Programm, das möglicherweise die Aufgabe erfüllt. Ein flexibles, komplexes Design benötigen Sie später häufig gar nicht.

Es dauert etwas, nichts zu produzieren *von Ron Jeffries*

Der Zahlungsvorgang im Chrysler Comprehensive Compensation System lief viel zu langsam. Obwohl wir uns noch in der Entwicklung befanden, fing es an uns zu stören, da es die Tests verlangsamte.

Kent Beck, Martin Fowler und ich entschieden, dies zu bereinigen. Während ich darauf wartete, dass wir uns trafen, spekulierte ich auf Basis meiner umfangreichen Kenntnis des Systems, was es möglicherweise so langsam machte. Ich dachte an mehrere Möglichkeiten und sprach mit vielen Leuten über die möglicherweise notwendigen Änderungen. So entwickelten wir einige richtig gute Ideen, wie man das System schneller machen könnte.

Dann maßen wir die Performance mit Kents Profiler. Keine der Möglichkeiten, an die ich gedacht hatte, hatte irgendetwas mit dem Problem zu tun. Statt dessen fanden wir heraus, dass das System die Hälfte seiner Zeit damit verbrachte, Instanzen der Klasse `Date` (Datum) zu erzeugen. Noch interessanter war, dass alle diese Instanzen die gleichen wenigen Werte hatten.

Wir untersuchten nun die Logik der Datumserzeugung und fanden einige Gelegenheiten, die Erzeugung dieser Daten zu optimieren. Alle durchliefen sie eine String-Konvertierung, obwohl keine externen Eingaben erfolgten. Der Code verwendete die String-Konvertierung nur als eine bequeme Möglichkeit der Typisierung. Vielleicht könnten wir dies optimieren.

Dann untersuchten wir, wie diese Daten benutzt wurden. Es stellte sich heraus, dass die meisten von ihnen benutzt wurden um Instanzen von `DateRange` (Zeitraum) zu erzeugen, einem Objekt mit einem Anfangs- und einem Enddatum. Eine genauere Untersuchung zeigte, dass die meisten dieser Objekte leer waren.

Als wir mit den Zeiträumen arbeiteten, verwendeten wir die Konvention, dass ein Zeitraum, der endete, bevor er begann, leer war. Das ist eine gute Konvention und passt sehr gut dazu, wie diese Klasse arbeitet. Bald nachdem wir begonnen hatten, diese Konvention zu verwenden, erkannten wir, dass es kein verständlicher Code war, einen Zeitraum zu erzeugen, der beginnt, nachdem er endet. Daher extrahierten wir dieses Verhalten in eine Fabrikmethode für leere Zeiträume.

Wir nahmen diese Änderung vor, um den Code verständlicher zu machen, aber wir erhielten ein unerwartetes Ergebnis. Wir erzeugten nun ein konstantes leeres Zeitraum-Objekt und passten die Fabrikmethode so an, dass sie dieses Objekt zurücklieferte, statt es jedes Mal neu zu erzeugen. Diese Änderung verdoppelte die Geschwindigkeit des Systems, und das reichte, um unsere Tests durchführen zu können. Es kostete uns ungefähr fünf Minuten.

Ich hatte mit verschiedenen Mitgliedern des Teams darüber spekuliert (Kent Beck und Martin Fowler bestreiten, sich an diesen Spekulationen beteiligt zu haben), was an dem Code, den wir so genau kannten, falsch sein könnte. Wir hatten sogar einige Design-Änderungen skizziert, ohne erst einmal zu untersuchen, was eigentlich passierte.

Wir lagen total falsch. Außer einigen wirklich interessanten Diskussionen hatten wir nichts erreicht.

Die Lehre hieraus ist: Wenn Sie nicht genau wissen, was in Ihrem System vor sich geht, spekulieren Sie nicht, messen Sie die Performance! Sie werden dabei einiges lernen, und in neun von zehn Fällen werden Sie nicht Recht gehabt haben.

2.7 Refaktorisieren und Performance

Ein häufiges Argument gegen das Refaktorisieren betrifft den Einfluss auf die Performance eines Systems. Um eine Software verständlicher zu machen, führen Sie oft Änderungen durch, die dazu führen, dass das Programm langsamer läuft. Dies ist ein wichtiges Thema. Ich gehöre nicht zu der Schule, die meint, Performance zugunsten von Reinheit des Designs oder der Hoffnung auf schnellere Hardware ignorieren zu können. Software ist schon als zu langsam abgelehnt worden, und schnellere Hardware versetzt nur die Torpfosten. Refaktorisieren kann sicher dazu führen, dass Software langsamer läuft, aber es macht die Software auch zugänglicher für Performancetuning. Das Geheimnis schneller Software, abgesehen von harten Echtzeitanwendungen, besteht darin, beschleunigungsfähige Software zu schreiben und diese dann auf das hinreichende Tempo hin zu tunen.

Ich habe drei allgemeine Ansätze gesehen, um schnelle Software zu schreiben. Der ernsthafteste besteht darin, die Zeit zu budgetieren, und wird oft in harten Echtzeitsystemen verwendet. In diesem Fall geben Sie bei der Aufteilung des Designs jeder Komponente ein Ressourcenbudget: Zeit und zulässige Abweichung. Eine Komponente darf ihr Budget nicht überziehen, aber ein Verfahren zum Austausch budgetierter Zeiten ist zulässig. Ein solches Verfahren konzentriert die Aufmerksamkeit auf die unbedingt einzuhaltenden Zeiten. Dies ist entscheidend für Systeme wie Herzschrittmacher, in denen späte Daten immer schlechte Daten sind. Diese Technik schießt über das Ziel hinaus, wenn es um die Firmeninformationssysteme geht, mit denen ich meistens zu tun habe.

Der zweite Ansatz besteht in ständiger Aufmerksamkeit. Bei diesem Ansatz tut jeder Programmierer stets alles, was er oder sie dazu beitragen kann, um die Performance hoch zu halten. Dies ist ein gebräuchlicher Ansatz, und er ist intuitiv einleuchtend, funktioniert aber nicht gut. Veränderungen, die die Performance verbessern, führen meistens dazu, dass mit dem Programm schwerer umzugehen ist. Das bremst die Entwicklung. Es wäre ein Preis, den zu bezahlen sich lohnen würde, wenn die Software wirklich schneller würde, meist ist sie das aber nicht. Die Performance-Verbesserungen verteilen sich über das ganze Programm, und jede Verbesserung erfolgt nur aus der verengten Perspektive des jeweiligen lokalen Programmverhaltens.

Bei der Performance ist folgende Beobachtung interessant: Bei den meisten Programmen, die Sie untersuchen, stellen Sie fest, dass sie den größten Teil ihrer Zeit in einem kleinen Teil des Codes verbringen. Wenn Sie den ganzen Code gleichmäßig optimieren, sind 90% der Optimierungen verschwendet, weil Sie Code optimieren, der selten benutzt wird. Die Zeit, die Sie aufwenden, um das Programm zu beschleunigen, die Zeit, die Sie mangels Klarheit verlieren, ist alles verschwendete Zeit.

Der dritte Ansatz zieht seinen Vorteil aus dieser 90%-Statistik. Bei diesem Ansatz entwickeln Sie ein Programm in gut faktorisierter Weise, ohne viel auf Performacne zu achten, bis Sie zur Stufe der Performance-Optimierung kommen – meistens ziemlich spät in der Entwicklung. Während der Stufe der Performance-Optimierung folgen Sie einem bestimmten Verfahren, um Ihr Programm zu tunen.

Sie beginnen damit, das Programm mit einem Profiler auszuführen, der das Programm überwacht und Ihnen zeigt, wo Zeit und Speicher verbraucht werden. Auf diese Weise finden Sie den kleinen Teil des Programms heraus, in dem die Performance-Engpässe liegen. Dann konzentrieren Sie sich auf diese Engpässe und wenden die gleichen Optimierungen an, wie beim Ansatz der ständigen Aufmerksamkeit. Aber da Sie sich auf die Engpässe konzentrieren, erzielen Sie einen sehr viel höheren Wirkungsgrad. Trotzdem bleiben Sie vorsichtig. Wie beim Refaktorisieren nehmen Sie die Änderungen in kleinen Schritten vor. Nach jedem Schritt wandeln Sie den Code um, testen ihn und verwenden den Profiler. Haben Sie die Performance nicht verbessert, nehmen Sie die Änderung zurück. Sie setzen den Prozess, Engpässe zu identifizieren und zu beheben, solange fort, bis Sie die Performance erreichen, mit der Ihre Anwender zufrieden sind. Steve McConnell gibt in [McConnell] mehr Informationen zu dieser Technik.

Ein gut faktorisiertes Programm zu haben, unterstützt diesen Stil der Optimierung auf zweierlei Weise. Erstens gibt es Ihnen Zeit für Performancetuning. Weil Sie gut faktorisierten Code haben, können Sie schnell Funktionen hinzufügen. Dies gibt

Ihnen mehr Zeit, sich auf Performance zu konzentrieren. (Profiling stellt sicher, dass Sie Ihre Zeit an der richtigen Stelle investieren.) Zweitens haben Sie bei einem gut faktorisierten Programm eine höhere Auflösung bei Ihren Performance-Untersuchungen. Ihr Profiler führt Sie zu kleineren Teilen des Codes, die einfacher zu tunen sind. Da der Code klarer ist, können Sie Ihre Optionen besser einschätzen und abschätzen, welche Tuningmaßnahmen wirken werden.

Ich habe festgestellt, dass das Refaktorisieren mir hilft, schnelle Software zu schreiben. Es verlangsamt die Software kurzfristig, während ich refaktorisiere, aber es macht die Software einfacher zu optimieren. Im Ergebnis liege ich vorn.

2.8 Woher stammt Refaktorisieren?

Es ist mir nicht gelungen, die wahre Geburtsstunde des Ausdrucks *Refaktorisieren (Refactoring)* festzustellen. Gute Programmierer haben sicher immer einen Teil ihrer Zeit damit verbracht, ihren Code zu bereinigen. Sie machen das, weil sie gelernt haben, dass sauberer Code leichter zu ändern ist, als komplexer und unordentlicher Code, und gute Programmierer wissen, dass sie selten im ersten Anlauf sauberen Code schreiben.

Das Refaktorisieren geht darüber hinaus. In diesem Buch propagiere ich das Refaktorisieren als ein Schlüsselelement im gesamten Prozess der Softwareentwicklung. Zwei der Ersten, die die Bedeutung des Refaktorisierens erkannt haben, waren Ward Cunningham und Kent Beck, die seit den achtziger Jahren mit Smalltalk arbeiten. Smalltalk ist eine Umgebung die bereits damals das Refaktorisieren gut unterstützte. Es ist eine sehr dynamische Umgebung, die es Ihnen ermöglicht, schnell hochgradig funktionale Software zu schreiben. Smalltalk hat einen sehr kurzen Umwandeln-linken-ausführen-Zyklus, der es erleichtert Dinge schnell zu ändern. Es ist auch objektorientiert und bietet daher mächtige Werkzeuge, um die Auswirkungen von Änderungen hinter wohldefinierten Schnittstellen zu minimieren. Ward Cunningham und Kent Beck haben hart an der Entwicklung eines Softwareentwicklungsprozesses gearbeitet, der auf die Arbeit mit einer solchen Entwicklungsumgebung zugeschnitten ist. (Kent Beck nennt diesen Stil heute *Extreme Programming* [Beck, XP].) Sie erkannten, dass das Refaktorisieren wichtig war, um ihre Produktivität zu erhöhen, und sie haben seitdem immer damit gearbeitet, es auf ernsthafte Softwareentwicklungsprojekte angewandt und den Prozess verfeinert.

Ward Cunninghams und Kent Becks Ideen hatten immer starken Einfluss auf die Smalltalk-Gemeinde, und die Idee des Refaktorisierens wurde ein bedeutendes Element der Smalltalk-Kultur. Eine andere Leitfigur der Smalltalk-Gemeinde ist

Ralph Johnson, ein Professor an der Universität von Illinois in Urbana-Champaign, der als einer der Viererbande berühmt wurde [Gang of Four]. Zu Ralph Johnsons besonderen Interessen zählt ist die Entwicklung von Software-Frameworks. Er untersuchte, wie das Refaktorisieren helfen kann, effiziente und flexible Frameworks zu entwickeln.

Bill Opdyke war einer von Ralph Johnsons Doktoranden und interessiert sich besonders für Frameworks. Er erkannte den potenziellen Wert des Refaktorisierens und dass es auf viel mehr als Smalltalk angewandt werden konnte. Er hatte Erfahrung mit Telefonvermittlungsanlagen, in denen ein großer Teil der Komplexität sich im Laufe der Zeit aufbaut und Änderungen schwierig durchzuführen sind. Bill Opdyke untersuchte in seiner Doktorarbeit Refaktorisierungen unter dem Gesichtspunkt eines Werkzeugherstellers. Er untersuchte, welche Refaktorisierungen für die Entwicklung von C++-Frameworks nützlich wären, die notwendigen Semantik erhaltenden Refaktorisierungen, wie man zeigen könne, dass sie Semantik erhaltend sind, und wie ein Werkzeug diese Ideen implementieren könne. Seine Doktorarbeit [Opdyke] ist bis heute die substanziellste Arbeit über das Refaktorisieren. Er schrieb auch Kapitel 13 dieses Buchs.

Ich erinnere mich, Bill Opdyke auf der OOPSLA 1992 getroffen zu haben. Wir saßen in einem Café und diskutierten über meine Arbeit im Zusammenhang mit einem konzeptionellen Framework für Anwendungen im Gesundheitswesen. Bill erzählte mir von seinen Untersuchungen und ich dachte damals »interessant, aber nicht besonders wichtig.« Mensch, lag ich falsch!

John Brant und Don Roberts haben die Ideen für Werkzeuge weit vorangetrieben und ihren Refactoring Browser entwickelt, einen Refaktorisierungswerkzeug für Smalltalk. Sie steuerten Kapitel 14 zu diesem Buch bei, das Refaktorisierungswerkzeuge näher beschreibt.

Und ich? Ich war immer geneigt, Code zu bereinigen, aber ich hielt es nie für *so* wichtig. Aber dann arbeitete ich in einem Projekt mit Kent Beck und sah die Art, wie er refaktorisierte. Ich sah den Unterschied in Produktivität und Qualität. Diese Erfahrung überzeugte mich davon, dass das Refaktorisieren eine sehr wichtige Technik ist. Ich war allerdings frustriert, dass es kein Buch gab, das ich einem arbeitenden Programmierer in die Hand drücken konnte, und keiner der genannten Experten hatte die Absicht, eines zu schreiben. So tat ich es mit ihrer Hilfe.

Optimierung eines Gehaltssystems *von Rich Garzaniti*

Wir arbeiteten bereits geraume Zeit an dem Chrysler Comprehensive Compensation System, bevor wir es auf GemStone übertrugen. Und natürlich stellten wir fest, dass das System hinterher nicht schnell genug war. Wir holten Jim Haungs, einen hervorragenden Kenner von GemStone, um uns bei der Optimierung des Systems zu helfen.

Jim Haungs arbeite kurze Zeit mit dem Team, um das System kennenzulernen. Dann setzte er den ProfMonitor von GemStones ein, um ein Profiling-Werkzeug zu schreiben, das in unsere funktionalen Tests integriert werden konnte. Dies Werkzeug zeigte die Anzahl erstellter Objekte und wo sie erstellt wurden.

Zu unserer Überraschung benötigte die Erzeugung von Strings die meisten Ressourcen. Das Allergrößte war die wiederholte Erzeugung von 12.000 Byte langen Strings. Dies war ein besonderes Problem, weil der String so lang war, dass die normale Speicherverwaltung von GemStone damit nicht umgehen konnte. Wegen seiner Größe schrieb GemStone den String bei jeder Erzeugung auf die Platte. Es zeigte sich, dass diese Strings ganz unten in unserem I/O-Framework erzeugt wurden. Pro Ausgabesatz wurden drei von ihnen erzeugt.

Unsere erste Lösung bestand darin, einen einzelnen 12.000-Byte-String zu puffern, wodurch die meisten Probleme gelöst wurden. Später änderten wir das Framework so, dass es direkt auf einen File-Stream schrieb, wodurch die Erzeugung des Strings ganz vermieden wurde.

Nachdem der lange String entfernt war, fand Jim Haungs Profiler ähnliche Probleme mit kürzeren Strings: 800 Bytes, 500 Bytes usw. Auch diese Probleme wurden auf die gleiche Weise gelöst.

Mittels dieser Techniken verbesserten wir laufend die Performance unseres Systems. Während der Entwicklung sah es so aus, als wenn es 1000 Stunden dauern würde, die Gehälter abzurechnen. Als wir fertig waren, dauerte es 40 Stunden. Nach einem Monat waren wir bei 18, und als wir das System freigaben, waren wir bei 12 Stunden. Nach einem Jahr Betrieb und Verbesserungen des Systems für eine neue Gruppe von Beschäftigten sind wir nun bei 9 Stunden.

Unsere größte Verbesserung war es, das System in mehreren Threads auf einem Multiprozessorrechner einzusetzen. Das System wurde nicht mit dem Hintergedanken an mehrere Threads entworfen, aber da es gut faktorisiert war, brauchten wir nur drei Tage, um es in mehreren Threads lauffähig zu machen. Nun dauert der Gehaltslauf nur noch einige Stunden.

Bevor Jim Haungs das Werkzeug zum Messen der Performance im laufenden System lieferte, hatten wir einige gute Ideen, was schief lief. Es dauerte aber lange, bis unsere guten Ideen die waren, die wir implementieren mussten. Die echten Messungen zeigten in eine andere Richtung und hatten den größeren Effekt.

3 Übel riechender Code

von Kent Beck und Martin Fowler

Wenn es stinkt, wickle es.

– Großmutter Beck über das Aufziehen von Kindern

Sie haben inzwischen eine gute Vorstellung davon, wie das Refaktorisieren funktioniert. Dass Sie wissen, was es ist, heißt aber nicht, dass Sie bereits wüssten, wann man es einsetzt. Darüber zu entscheiden, ob mit dem Refaktorisieren begonnen und wann es beendet werden soll, ist genauso wichtig wie die Kenntnis der Vorgehensweise einer Refaktorisierung.

Hier kommt das Dilemma. Es ist leicht zu erklären, wie man eine Instanzvariable löscht oder eine Hierarchie aufbaut. Das sind einfache Dinge. Zu erklären, wann Sie diese Dinge tun sollten, ist keine solche Routineaufgabe. Statt auf so eine vage Sache wie Programmästhetik zu verweisen (was wir Berater ehrlicherweise häufig tun), wollte ich etwas Handfesteres bieten.

Mir ging diese schwierige Sache durch den Kopf, als ich Kent Beck in Zürich besuchte. Vielleicht stand er zu der Zeit unter dem Eindruck der Gerüche seiner unlängst geborenen Tochter, aber er war auf die Idee gekommen, das »Wann« des Refaktorisierens durch Gerüche zu beschreiben. »Gerüche« werden Sie sagen »und das soll besser sein als vage Ästhetik?« Nun ja. Wir sehen eine Menge Code, der in Projekten entstand, die die ganze Skala von hochgradig erfolgreich bis fast gescheitert umfassen. Dabei haben wir gelernt, nach bestimmten Strukturen im Code Ausschau zu halten, die es nahe legen (manchmal schreien sie danach) zu refaktorisieren. (Wir wechseln in diesem Kapitel zum »wir«, um zu zeigen, dass Kent Beck und ich dieses Kapitel gemeinsam geschrieben haben. Sie erkennen den Unterschied daran, dass die lustigen Witze von mir stammen und die anderen von ihm.)

Etwas, das wir hier nicht versuchen werden, ist, Ihnen präzise Kriterien zu geben, wann das Refaktorisieren überfällig ist. Nach unserer Erfahrung erreicht kein System von Metriken die informierte menschliche Intuition. Was wir tun werden, ist Ihnen Indizien dafür zu zeigen, dass es Schwierigkeiten gibt, die durch das Refaktorisieren gelöst werden können. Sie müssen dann selbst das Gespür dafür entwickeln, wie viele Instanzvariablen zu viele sind und wie viele Zeilen Code in einer Methode zu viele Zeilen sind. Sie sollten dieses Kapitel und die Tabelle auf dem hinteren inneren Umschlag als Anregung verwenden, wenn Sie nicht sicher sind, welche Refaktorisierungen Sie einsetzen sollen. Lesen Sie das Kapitel (oder überfliegen Sie die Tabelle), und versuchen Sie herauszufinden, was Sie riechen. Gehen Sie dann zu den Refaktorisierungen, die wir vorschlagen, und prüfen Sie, ob sie Ihnen helfen. Sie werden vielleicht nicht genau den Geruch finden, den Sie suchen, aber es sollte Sie auf die richtige Fährte bringen.

3.1 Duplizierter Code

Nummer Eins in der Gestanksparade ist duplizierter Code. Wenn Sie die gleiche Codestruktur an mehr als einer Stelle finden, können Sie sicher sein, dass Ihr Programm besser wird, wenn Sie einen Weg finden, diese zu vereinigen.

Das einfachste Problem mit dupliziertem Code liegt vor, wenn Sie den gleichen Ausdruck in zwei Methoden einer Klasse haben. Dann müssen Sie nur *Methode extrahieren (106)* anwenden und die neue Methode an beiden Stellen aufrufen.

Ein anderes häufiges Duplikationsproblem ist es, wenn der gleiche Ausdruck in zwei verschwisterten Unterklassen vorkommt. Sie können diese Duplikation entfernen, indem Sie *Methode extrahieren (106)* in beiden Klassen anwenden und anschließend *Feld nach oben verschieben (330)*. Ist der Code ähnlich, aber nicht gleich, so müssen Sie *Methode extrahieren (106)* einsetzen, um die Gemeinsamkeiten von den Unterschieden zu trennen. Sie werden dann vielleicht feststellen, dass Sie *Template-Methode bilden (355)* einsetzen können. Wenn die Methoden die gleiche Sache mit verschiedenen Algorithmen machen, so wählen Sie den klareren der beiden Algorithmen und verwenden *Algorithmus ersetzen (136)*.

Wenn Sie duplizierten Code in zwei voneinander unabhängigen Klassen haben, so sollten Sie erwägen, *Klasse extrahieren (148)* auf die eine Klasse anzuwenden und dann die neue Komponente in der anderen Klasse zu verwenden. Eine andere Möglichkeit ist, dass die Methode tatsächlich in eine der Klassen gehört und von der anderen Klasse aufgerufen werden sollte oder dass die Methode in eine dritte Klasse gehört, die von beiden Ausgangsklassen angesprochen wird. Sie müssen entscheiden, welches Vorgehen sinnvoll ist, und sicherstellen, dass der Code nur einmal da ist und nirgendwo sonst.

3.2 Lange Methode

Das objektorientierte Programm, das am besten und längsten lebt, ist das mit den kürzesten Methoden. Programmierer, für die Objekte etwas Neues sind, haben oft den Eindruck, dass nie Berechnungen gemacht werden, dass objektorientierte Programme eine endlose Folge von Delegationen sind. Wenn Sie aber einige Jahre mit einem solchen Programm gelebt haben, lernen Sie, wie wertvoll all diese kleinen Methoden sind. Alle Erträge der Indirektion – Verständlichkeit, gemeinsame Nutzung und Auswahl – werden durch kleine Methoden unterstützt (siehe Indirektion und Refaktorisieren auf Seite 48).

Seit den frühen Tagen der Programmierung haben Menschen erkannt, dass eine Prozedur umso schwerer zu verstehen ist, länger sie ist. Ältere Sprachen besaßen einen Overhead bei Unterprogrammaufrufen, der die Menschen vor kleinen Methoden zurückschrecken ließ. Moderne OO-Sprachen haben diesen Overhead für Verarbeitungsaufrufe weitgehend eliminiert. Es gibt weiterhin einen Overhead für Leser des Codes, weil diese den Kontext wechseln müssen, um zu sehen, was ein Unterprogramm tut. Entwicklungsumgebungen, die es Ihnen ermöglichen, zwei Methoden gleichzeitig zu sehen, helfen diesen Schritt zu eliminieren. Der wirkliche Schlüssel, um kleine Methoden leicht verständlich zu machen, sind aber gute Namen. Wenn Sie einen guten Namen für eine Methode haben, brauchen Sie sich den Rumpf nicht anzusehen.

Dies heißt letztendlich, dass Sie viel aggressiver an das Zerlegen von Methoden herangehen sollten. Wir folgen dabei der Heuristik, immer eine Methode zu schreiben, wenn wir meinen, sonst etwas kommentieren zu müssen. Eine solche Methode enthält den Code, der eines Kommentars bedurfte, ist aber nach der Absicht des Codes benannt, nicht danach, wie er diese Absicht umsetzt. Wir machen das sogar, wenn der Methodenaufruf länger ist als der Code, den er ersetzt, sofern der Name die Aufgabe des Codes erklärt. Der Schlüssel ist hier nicht die Methodenlänge, sondern die semantische Entfernung zwischen dem, was die Methode macht, und wie sie es macht.

In neunundneunzig Prozent aller Fälle müssen Sie, um eine Methode zu verkürzen, nur *Methode extrahieren (106)* einsetzen. Finden Sie Teile der Methode, die gut zusammenpassen, und machen Sie daraus eine neue Methode.

Haben Sie eine Methode mit vielen Parametern und temporären Variablen, so stören diese Dinge beim Extrahieren von Methoden. Wenn Sie versuchen, *Methode extrahieren (106)* einzusetzen, so geben Sie schließlich so viele Parameter und temporäre Variablen als Parameter weiter, dass das Ergebnis kaum lesbarer ist als das Original. Oft können Sie mittels *Temporäre Variable durch Abfrage ersetzen (117)* die temporären Variablen entfernen. Lange Parameterlisten können mittels *Parameterobjekt einführen (303)* und *Ganzes Objekt übergeben (295)* verschlankt werden.

Haben Sie dies alles versucht und immer noch zu viele temporäre Variablen und Parameter, so ist es Zeit, schweres Geschütz aufzufahren: *Methode durch Methodenobjekt ersetzen (132)*.

Wie identifizieren Sie die zu extrahierenden Codeklumpen? Ein gute Technik ist es, nach Kommentaren zu suchen. Sie sind oft ein Zeichen für semantische Distanz. Ein Codeblock mit einem Kommentar sagt Ihnen, dass er durch eine Methode ersetzt werden kann, deren Name auf dem Kommentar basiert. Es lohnt sich sogar, eine einzelne Zeile zu entfernen, falls sie erläutert werden muss.

Bedingungen und Schleifen geben ebenfalls Hinweise auf notwendige Extraktionen. Verwenden Sie *Bedingung zerlegen (242)*, um mit bedingten Ausdrücken umzugehen. Bei Schleifen extrahieren Sie die Schleife und den Code innerhalb der Schleife in eine eigene Methode.

3.3 Große Klasse

Wenn eine Klasse versucht zu viel zu tun, so zeigt sich dies oft an zu vielen Instanzvariablen. Hat eine Klasse zu viele Instanzvariablen, so kann duplizierter Code nicht weit weg sein.

Sie können *Klasse extrahieren (148)* verwenden, um einige der Variablen zu bündeln. Wählen Sie für die neue Komponente Variablen aus, die für jeden Sinn machen. Zum Beispiel gehören `depositAmount` und `depositCurrency` wahrscheinlich zusammen in eine Komponente. Im Allgemeinen weisen gemeinsame Präfixe oder Suffixe für eine Teilmenge von Variablen auf eine Gelegenheit für eine Komponente hin. Ist die Komponente als Unterklasse sinnvoll, so werden Sie feststellen, dass *Unterklasse extrahieren (340)* oft einfacher ist.

Manchmal benutzt eine Klasse nicht immer alle ihre Instanzvariablen. Ist dies der Fall, so können Sie *Klasse extrahieren (148)* und *Unterklasse extrahieren (340)* vielleicht mehrfach anwenden.

Wie eine Klasse mit zu vielen Instanzvariablen ist auch eine Klasse mit zu viel Code eine hervorragende Brutstätte für duplizierten Code, Chaos und Tod. Die einfachste Lösung (Haben wir schon erwähnt, dass wir einfache Lösungen mögen?) besteht darin, die Redundanz in der Klasse selbst zu eliminieren. Wenn Sie fünf hundertzeilige Methoden mit viel gemeinsamem Code haben, so sind Sie vielleicht in der Lage, diese in fünf Zehnzeiler mit zehn weiteren Zweizeilern, die aus dem Original extrahiert wurden, umzubauen.

Wie bei einer Klasse mit einem riesigen Bündel von Variablen ist die übliche Lösung bei einer Klasse mit zu viel Code entweder *Klasse extrahieren (148)* oder *Unterklasse extrahieren (340)*. Ein nützlicher Trick ist es zu untersuchen, wie die Klasse genutzt wird, und *Schnittstelle extrahieren (351)* für jede dieser Nutzungen anzuwenden. So bekommen Sie eine Vorstellung davon, wie Sie die Klasse weiter zerlegen können.

Handelt es sich bei Ihrer großen Klasse um eine GUI-Klasse, so müssen Sie vielleicht Daten und Verhalten in ein extra Anwendungsobjekt verschieben. Dies kann Sie dazu zwingen, duplizierte Daten an beiden Stellen zu halten und für deren Synchronisation zu sorgen. *Duplizieren beobachteter Daten (68)* zeigt, wie man dies machen kann. In diesem Fall – besonders, wenn Sie ältere Abstract Windows Toolkit-(AWT-) Komponenten verwenden – entfernen Sie anschließend die GUI-Klasse und ersetzen sie durch Swing-Komponenten.

3.4 Lange Parameterliste

In den frühen Tagen der Programmierung wurde gelehrt, alles, was in einer Routine benötigt wird, als Parameter zu übergeben. Das war verständlich, weil die Alternative globale Daten waren und globale Daten schlecht und meist schmerzhaft sind. Objekte ändern die Verhältnisse, denn wenn Ihnen etwas fehlt, können Sie immer ein anderes Objekt bitten, es für Sie zu besorgen. Mit Objekten übergeben Sie nicht alles, was die Methode benötigt, als Parameter; statt dessen übergeben Sie so viel, dass die Methode sich alles holen kann, was sie braucht. Vieles von dem, was eine Methode braucht, ist in ihrer Klasse verfügbar. In objektorientierten Programmen sind Parameterlisten deshalb meist viel kürzer als in traditionellen Programmen.

Das ist gut so, denn lange Parameterlisten sind schwer zu verstehen. Sie werden inkonsistent und schwierig zu benutzen. Sie werden sie ständig ändern, wenn Sie weitere Daten benötigen. Die meisten Änderungen entfallen, wenn Sie statt dessen ein Objekt übergeben, da Sie wahrscheinlich nur einige wenige Aufrufe brauchen, um an neue Daten heranzukommen.

Verwenden Sie *Parameter durch explizite Methoden ersetzen (292)*, wenn Sie den Wert des Parameters durch den Aufruf einer Methode eines Objekts erhalten können, das Sie bereits kennen. Dieses Objekt kann ein Feld oder ein anderer Parameter sein. Verwenden Sie *Ganzes Objekt übergeben (295)*, um einen Haufen Daten aus einem Objekt durch dieses Objekt zu ersetzen. Haben Sie verschiedene Datenelemente ohne ein logisches Objekt, so verwenden Sie *Parameterobjekt einführen (303)*.

Es gibt eine wichtige Ausnahme von diesen Änderungsvorschlägen. Diese liegt vor, wenn Sie explizit keine Abhängigkeit des aufgerufenen Objekts von dem größeren Objekt erzeugen wollen. In diesem Fall macht es Sinn, die Daten auszupacken und als Parameter zu übergeben, aber beachten Sie die damit verbundenen Qualen. Ist die Parameterliste zu lang oder ändert sie sich zu oft, so müssen Sie ihre Abhängigkeitsstruktur neu durchdenken.

3.5 Divergierende Änderungen

Wir strukturieren unsere Software, um Änderungen einfacher zu machen; schließlich soll Software »soft« sein. Wenn wir etwas ändern, wollen wir in der Lage sein, zu einem klar definierten Punkt im System zu springen und die Änderungen vorzunehmen. Können Sie dies nicht, so riechen Sie einen von zwei verwandten beißenden Gerüchen.

Divergierende Änderungen entstehen, wenn eine Klasse häufig auf verschiedene Weise aus verschiedenen Gründen geändert wird. Sie betrachten eine Klasse und sagen sich: »Gut, ich muss diese drei Methoden jedes Mal ändern, wenn ich eine neue Datenbank bekomme; ich muss diese vier Methoden ändern, wenn ein neues Finanzierungsinstrument kommt.« Dann haben Sie wahrscheinlich eine Situation, in der zwei Objekte besser wären als eins. Dann wird jedes Objekt nur als Ergebnis einer Art von Auslöser geändert. Natürlich entdecken Sie dies erst, nachdem Sie einige Datenbanken oder Finanzierungsinstrumente hinzugefügt haben. Jede Änderung, um eine Variation zu behandeln, sollte nur eine einzelne Klasse betreffen. Alles, was Sie in der neuen Klasse schreiben, sollte dazu dienen, diese Variation zu beschreiben. Um dies zu bereinigen, identifizieren Sie alles, was sich aus einem bestimmten Grund ändert, und verwenden *Klasse extrahieren (148)*, um alles zusammenzustellen.

3.6 Schrotkugeln herausoperieren

Das Herausoperieren von Schrotkugeln ähnelt divergierenden Änderungen, ist aber das Gegenteil. Sie riechen die Notwendigkeit dieser Operation, wenn Sie jedes Mal, wenn Sie irgendeine Änderung vornehmen, auch viele kleine Änderungen an vielen verschiedenen Klassen vornehmen müssen. Wenn die Änderungen überall verstreut sind, so sind sie schwer zu finden und es ist leicht, eine wichtige Änderung zu vergessen.

In diesem Fall werden Sie *Methode verschieben (139)* und *Feld verschieben (144)* anwenden wollen, um alle Änderungen in einer einzigen Klasse zusammenzufassen. Erscheint keine Klasse als geeigneter Kandidat, erzeugen Sie eine neue. Oft können Sie *Klasse integrieren (153)* verwenden, um ein ganzes Bündel von Verhaltensweisen zusammenzufassen. Sie erhalten eine schwache Dosis divergierender Änderungen, aber damit können Sie leicht umgehen.

Divergierende Änderungen sind viele Arten von Änderungen an einer Klasse. Schrotkugeln herausoperieren ist eine Änderung, die viele Klassen betrifft. In beiden Fällen ist es besser, die Dinge so anzuordnen, dass eine eine-zu-eins-Beziehung zwischen Klassen häufig vorkommenden Änderungen gibt.

3.7 Neid

Die wesentliche Eigenschaft von Objekten ist, dass sie eine Technik sind, um Daten und die Prozesse, die darauf ablaufen, gemeinsam zu verpacken. Ein klassischer Gestank ist eine Methode, die mehr an einer anderen Klasse interessiert zu sein scheint als an ihrer eigenen. Das häufigste Ziel des Neids sind die Daten. Wir haben es aufgegeben zu zählen, wie oft wir eine Methode gesehen haben, die ein halbes Dutzend Abfragemethoden von anderen Objekten aufrief, um einen Wert zu berechnen. Glücklicherweise ist die Behandlung einfach, die Methode gehört offenbar woanders hin, also verwenden Sie *Methode verschieben (139)*, um sie dorthin zu bekommen. Manchmal leidet nur ein Teil der Methode unter Neid; in einem solchen Fall wenden Sie *Methode extrahieren (106)* auf den betroffenen Teil an und verwenden *Methode verschieben (139)*, um ihm ein Traumhaus zu geben.

Natürlich liegen nicht alle Fälle so klar auf der Hand. Häufig verwendet eine Methode Elemente verschiedener Klassen, so dass es nicht unmittelbar klar ist, zu welcher sie gehören soll. Wir verwenden die Heuristik, die Methode der Klasse zuzuordnen, die die meisten der benutzen Daten enthält. Dieses Vorgehen wird vereinfacht, wenn *Methode extrahieren (106)* verwendet wird, um die Methode in Teile zu zerlegen, die an verschiedene Stellen gehören.

Natürlich gibt es verschiedene raffinierte Entwurfsmuster, die diese Regel verletzen. Aus den Mustern der Viererbande [Gang of Four] fallen einem sofort Strategie und Besucher ein. Kent Becks Self Delegation [Beck] ist ein weiteres Beispiel. Sie verwenden diese, um den Gestank divergenter Änderungen zu bekämpfen. Die fundamentale Faustregel besagt, die Dinge zusammenzuhalten, die sich zusammen ändern. Die Daten und das Verhalten, das diese Daten verwendet, ändern sich meist zusammen, aber es gibt Ausnahmen. Treten diese Ausnahmen ein, so verschieben wir das Verhalten, um die Änderungen an einer Stelle zu halten. Die Entwurfsmuster Strategie und Besucher [Gang of Four] ermöglichen es, das Verhalten leicht zu ändern, weil sie einen kleinen Teil des Verhaltens isolieren, der überschrieben werden muss – allerdings erkauft durch eine weitere Indirektionsebene.

3.8 Datenklumpen

Datenelemente neigen dazu, sich wie Kinder zu verhalten; sie lieben es zusammen in Gruppen herumzuhängen. Oft sehen Sie die gleichen drei oder vier Datenelemente zusammen an vielen Stellen: als Felder in einigen Klassen, als Parameter in der Signatur vieler Methoden. Haufen herumhängender Daten sollten wirklich zu einem eigenen Objekt gemacht werden. Der erste Schritt besteht darin zu prüfen, ob die Klumpen als Felder in Erscheinung. Wenden Sie *Klasse extrahieren (106)* auf die Felder an, um den Haufen in ein Objekt zu verwandeln. Anschließend wenden Sie sich den Signaturen der Methoden zu und verwenden *Parameterobjekt einführen (303)* oder *Ganzes Objekt übergeben (295)*, um sie zu verschlanken. Der unmittelbare Nutzen besteht darin, dass die Parameterlisten schrumpfen und der Methodenaufruf einfacher wird. Stören Sie sich nicht an Datenklumpen, die nur einige Felder des neuen Objekts nutzen. So lange Sie zwei oder mehr Felder durch das neue Objekt ersetzen, haben Sie etwas gewonnen.

Ein guter Test ist es zu prüfen, ob eines der Datenelemente gelöscht werden kann: Wenn Sie dies tun, haben die anderen dann noch Sinn? Falls nicht, so ist dies ein sicheres Zeichen, dass Sie es mit einem Objekt zu tun haben, das unbedingt geboren werden will.

Feld- und Parameterlisten zu verkürzen wird bestimmt einige schlechte Gerüche entfernen, aber sobald Sie die Objekte haben, besteht die Gelegenheit, ein gutes Parfum herzustellen. Sie können nun nach Fällen von Neid Ausschau halten, die suggerieren, dass Verhalten in die neuen Klassen verschoben werden sollte. Innerhalb kurzer Zeit werden diese Klassen produktive Mitglieder der Gesellschaft sein.

3.9 Neigung zu elementaren Typen

Die meisten Programmierumgebungen haben zwei Arten von Daten. Satzartige Typen ermöglichen es, Daten in sinnvollen Gruppen zu strukturieren. Elementare Typen sind Ihre Bausteine. Sätze bringen immer einen gewissen Overhead mit sich. Sie können Tabellen in einer Datenbank beschreiben oder sie können aufwendig zu erzeugen sein, wenn man sie nur für ein oder zwei Dinge benötigt.

Eine der wertvollen Eigenschaften von Objekten ist, dass sie die Unterscheidung von elementaren und größeren Typen verwischen oder gar durchbrechen. Sie können leicht kleine Klassen schreiben, die von eingebauten Typen einer Sprache nicht zu unterscheiden sind. Java hat elementare Datentypen für Zahlen, aber `String` und `Date`, die in vielen anderen Umgebungen elementare Datentypen sind, sind in Java Klassen.

Menschen, für die Objekte etwas Neues sind, scheuen sich oft, kleine Objekte für kleine Aufgaben zu verwenden, wie Geldklassen, die Betrag und Währung kombinieren, Bereiche mit Ober- und Untergrenzen oder spezielle Strings wie Telefonnummern oder Postleitzahlen. Sie können aus der Höhle in die zentralbeheizte Welt der Objekte aufsteigen, indem Sie *Wert durch Objekt ersetzen (179)* auf die individuellen Datenwerte anwenden. Ist der Wert ein Typenschlüssel, so verwenden Sie *Typenschlüssel durch Klasse ersetzen (221)*, falls der Wert das Verhalten nicht beeinflusst. Haben Sie Bedingungen, die vom Typenschlüssel abhängen, so verwenden Sie *Typenschlüssel durch Unterklassen ersetzen (227)* oder *Typenschlüssel durch Zustand/Strategie ersetzen (231)*.

Haben Sie eine Gruppe von Feldern, die zusammenbleiben sollen, verwenden Sie *Klasse extrahieren (148)*. Sehen Sie diese elementaren Datentypen in Parameterlisten, probieren Sie eine zivilisierende Dosis von *Parameterobjekt einführen (303)* aus. Ertappen Sie sich dabei, in einem Array herumzutappen, verwenden Sie *Array durch Objekt ersetzen (186)*.

3.10 `Switch`-Befehle

Eines des offensichtlichsten Symptome objektorientierten Codes ist der relative Mangel an `switch`- oder `case`-Befehlen. Das Problem bei `switch`-Befehlen ist im Wesentlichen das der Duplikation. Oft finden Sie den gleichen `switch`-Befehl an verschiedenen Stellen über ein Programm verteilt. Fügen Sie eine weitere Bedingung hinzu, so müssen Sie alle diese Stellen finden und dort ändern. Der objektorientierte Begriff des Polymorphismus gibt Ihnen eine elegante Möglichkeit, mit diesem Problem umzugehen.

Wenn Sie einen `switch`-Befehl sehen, sollten Sie in den meisten Fällen den Einsatz von Polymorphismus erwägen. Oft verzweigt der `switch`-Befehl wegen eines Typenschlüssels. Sie wollen, dass die Methode oder Klasse den Wert des Typenschlüssels beherbergt. Also verwenden Sie *Methode extrahieren (106)*, um den `switch`-Befehl herauszuziehen, und dann *Methode verschieben (139)*, um sie in eine Klasse zu bekommen, in der Polymorphismus genutzt werden kann. An diesem Punkt müssen Sie sich zwischen *Typenschlüssel durch Unterklassen ersetzen (227)* und *Typenschlüssel durch Zustand/Strategie ersetzen (231)* entscheiden. Nachdem Sie die Vererbungsstruktur aufgebaut haben, können Sie *Bedingten Ausdruck durch Polymorphismus ersetzen (259)* anwenden.

Haben Sie es mit wenigen Fällen zu tun, die eine einzelne Methode betreffen, und erwarten Sie nicht, dass sich diese ändern, so ist der Gebrauch von Polymorphismus wie mit Kanonen auf Spatzen schießen. In diesem Fall ist *Parameter durch explizite Methoden ersetzen (299)* eine gute Option. Ist einer der Fälle der Bedingung ein Nullwert, so versuche man *Null-Objekt einführen (264)*.

3.11 Parallele Vererbungshierarchien

Parallele Vererbungshierarchien sind ein Spezialfall der Schrotkugel-Operation. In diesem Fall müssen Sie jedes Mal, wenn Sie eine Unterklasse einer Klasse bilden, auch eine Unterklasse einer anderen bilden. Sie erkennen diesen Geruch daran, dass die Präfixe der Klassennamen in der einen Hierarchie die gleichen sind wie die Präfixe in einer anderen Hierarchie.

Die allgemeine Strategie, um diese Duplikation zu vermeiden, besteht darin sicherzustellen, dass Instanzen der einen Hierarchie Instanzen der anderen referenzieren. Verwenden Sie *Methode verschieben (139)* oder *Feld verschieben (144)*, so verschwindet die Hierarchie der referenzierenden Klasse.

3.12 Faule Klasse

Jede Klasse, die Sie erstellen, kostet Geld, um sie zu warten und zu verstehen. Eine Klasse, die nicht genug leistet, um ihr Geld wert zu sein, sollte eliminiert werden. Oft können dies Klassen sein, die sich früher bezahlt machten, aber durch Refaktorisieren reduziert wurden. Oder es kann eine Klasse sein, die wegen geplanter, aber nicht durchgeführter Änderungen eingefügt wurde. In beiden Fällen sollten Sie die Klasse in Würde beerdigen. Haben Sie nicht ausgelastete Unterklassen, so verwenden Sie *Hierarchie abflachen (354)*. Nahezu nutzlose Komponenten sollten mittels *Klasse integrieren (153)* behandelt werden.

3.13 Spekulative Allgemeinheit

Brian Foote schlug diesen Namen für einen Geruch vor, für den wir sehr sensibel sind. Auf ihn kommen Sie, wenn Ihnen jemand sagt: »Oh, wir brauchen diese Fähigkeit irgendwann« und deshalb alle möglichen Haken und Spezialfälle für nicht unbedingt erforderliche Dinge haben will. Das Ergebnis ist oft schwerer zu verstehen und zu warten. Wenn all diese Mechanismen genutzt werden, mag der Aufwand gerechtfertigt sein. Wenn nicht, ist er nicht zu rechtfertigen. Die Mechanismen stören nur, also beseitigen Sie sie.

Haben Sie abstrakte Klassen, die nicht genug zu tun haben, verwenden Sie *Hierarchie abflachen (354)*. Eine unnötige Delegation kann mittels *Klasse integrieren (153)* beseitigt werden. Methoden mit unbenutzten Parametern sollten mit *Parameter entfernen (283)* behandelt werden. Methoden mit abgehobenen abstrakten Namen sollten mittels *Methode umbenennen (279)* auf den Boden der Tatsachen zurückgebracht werden.

Spekulative Allgemeinheit kann man erkennen, wenn die einzigen Benutzer einer Methode die Testfälle sind. Finden Sie eine solche Methode oder Klasse. Löschen Sie diese und die zugehörigen Testfälle. Haben Sie es mit einer Methode oder Klasse zu tun, die einen Testfall unterstützt, so müssen Sie sie natürlich dort belassen.

3.14 Temporäre Felder

Manchmal sehen Sie ein Objekt mit einer Instanzvariablen, die nur unter manchen Umständen gesetzt wird. So ein Code ist schwierig zu verstehen, weil Sie erwarten, dass ein Objekt alle seine Variablen benötigt. Der Versuch zu verstehen, warum eine Variable da ist, die anscheinend nicht benutzt wird, kann Sie verrückt machen.

Verwenden Sie *Klasse extrahieren (148)*, um ein Heim für die armen verwaisten Variablen zu schaffen. Packen Sie allen Code, der diese Variablen betrifft, in diese Komponente. Vielleicht sind Sie auch in der Lage, Bedingungen zu eliminieren, indem Sie durch *Null-Objekt einführen (264)* eine alternative Komponente schaffen, für den Fall, dass die Variablen nicht gültig sind.

Häufiger kommen temporäre Variablen vor, wenn ein komplizierter Algorithmus verschiedene Variablen benötigt. Der Implementierer verwendet diese Felder, da er keine lange Parameterliste herumreichen möchte. (Wer will das schon?) Aber die Felder gelten nur für diesen Algorithmus, in anderen Zusammenhängen verwirren sie nur. In diesem Fall können Sie *Klasse extrahieren (148)* verwenden, um diese Variablen und die Methoden, die sie benötigen, herauszuziehen. Das neue Objekt ist ein Methodenobjekt [Beck].

3.15 Nachrichtenketten

Sie erkennen Nachrichtenketten daran, dass ein Client ein Objekt nach einem anderen fragt, der Client dieses dann nach einem weiteren Objekt fragt, der Client dies dann nach noch einem anderen Objekt fragt und so weiter. Sie können diese Nachrichtenketten als eine lange Reihe von `getThis`-Methoden oder als eine Folge temporärer Variablen sehen. Auf diese Weise zu navigieren bedeutet, dass der Client eng mit der Struktur der Navigation gekoppelt ist. Bei jeder Änderung der dazwischen liegenden Beziehungen muss der Client geändert werden.

Die Verschiebung, die man hier benutzt, ist *Delegation verbergen (155)*. Sie können dies an verschiedenen Gliedern der Kette tun. Im Prinzip können Sie dies für jedes Objekt in der Kette machen, aber oft wird so jedes dazwischen liegende Objekt ein

Vermittler. Oft besteht die bessere Alternative darin zu untersuchen, wofür das sich ergebende Objekt benutzt wird. Prüfen Sie, ob Sie *Methode extrahieren (106)* einsetzen können, um ein Codestück, das dies Objekt benutzt, herauszuziehen und es mittels *Methode verschieben (139)* entlang der Kette nach unten zu verschieben. Wenn verschiedene Clients eines dieser Objekte in der Kette den Rest des Weges navigieren wollen, fügen Sie hierfür eine Methode ein.

Manche Programmierer meinen, jede Nachrichtenkette sei schlecht. Wir sind bekannt für unsere ruhige, überlegte Moderation. Nun ja, zumindest in diesem Fall sind wir es.

3.16 Vermittler

Eines der Hauptmerkmale von Objekten ist Kapselung – das Verbergen interner Details vor dem Rest der Welt. Kapselung erfolgt oft zusammen mit Delegation. Sie fragen eine Regisseurin, ob sie Zeit für ein Treffen hat; sie delegiert die Frage weiter an ihren Kalender und gibt Ihnen eine Antwort. Alles gut und schön. Sie müssen hierzu nicht wissen, ob die Regisseurin einen Kalender, ein elektronisches Spielzeug oder einen Sekretär benutzt, um ihre Verabredungen zu koordinieren.

Dies kann aber auch zu weit getrieben werden. Sie betrachten die Schnittstelle einer Klasse und sehen, dass die Hälfte der Methoden an eine andere Klasse delegieren. Nach einer Weile ist es an der Zeit, *Vermittler entfernen (158)* anzuwenden und direkt das Objekt zu verwenden, das weiß, was geschieht. Falls nur einige Methoden dies nicht machen, verwenden Sie *Methode integrieren (114)*, um diese in den Aufrufer zu integrieren. Gibt es darüber hinausgehendes Verhalten, so können Sie *Ersetze Delegation durch Vererbung (366)* einsetzen, um den Vermittler in eine Unterklasse eines echten Objekts zu verwandeln. Das ermöglicht es Ihnen, das Verhalten zu erweitern, ohne den Delegationen nachzujagen.

3.17 Unangebrachte Intimität

Manchmal werden Klassen viel zu intim und befassen sich viel zu lange mit den privaten Angelegenheiten der anderen. Wir sind nicht prüde, wenn es um Menschen geht, aber unsere Klassen sollten strengen puritanischen Regeln folgen.

Übermäßig intime Klassen müssen auseinandergerissen werden, wie Liebende in alten Zeiten. Verwenden Sie *Methode verschieben (139)* und *Feld verschieben (144)*, um die Teile zu trennen und die Intimität zu reduzieren. Prüfen Sie, ob Sie *Bidirektionale Assoziation durch gerichtete ersetzen (203)* einsetzen können. Haben die Klassen gemeinsame Interessen, so verwenden Sie *Klasse extrahieren (148)*, um die Gemeinsamkeiten an einem sicheren Ort zu sammeln und ehrenwerte Klassen aus ihnen zu machen. Oder Sie verwenden *Delegation verbergen (155)*, um eine andere Klasse als Überbringer einzuschalten.

Vererbung führt oft zu übermäßiger Intimität. Unterklassen wollen immer mehr über ihre Eltern wissen, als diese sie wissen lassen möchten. Wenn es Zeit ist, von zu Hause auszuziehen, wenden Sie *Vererbung durch Delegation ersetzen (363)*.

3.18 Alternative Klassen mit verschiedenen Schnittstellen

Verwenden Sie *Methode umbenennen (279)* bei allen Methoden, die das Gleiche machen, aber unterschiedliche Signaturen hierfür verwenden. Oft geht dies nicht weit genug. In diesen Fällen haben die Klassen noch nicht hinreichend viele Aufgaben. Verwenden Sie *Methode verschieben (139)* so lange, um Verhalten zwischen den Klassen zu verschieben, bis die Protokolle gleich sind. Wenn Sie dabei wiederholt den gleichen Code verschieben müssen, so kann es möglich sein, zum Ausgleich *Oberklasse extrahieren (346)* zu verwenden.

3.19 Unvollständige Bibliotheksklasse

Wiederverwendung wird oft als Zweck von Objekten angepriesen. Wir halten die Wiederverwendung für überbewertet (wir verwenden nur). Wir können aber nicht bestreiten, dass unsere Programmierfähigkeiten auf Bibliotheksklassen basieren, so dass keiner wissen kann, ob wir unseren Sortieralgorithmus vergessen haben.

Die Entwickler von Bibliotheksklassen sind nicht allwissend. Wir machen ihnen deshalb keine Vorwürfe; schließlich können wir ein Design selten begreifen, bevor wir es fast ganz entwickelt haben. Daher haben Bibliotheksentwickler einen wirklich schweren Job. Das Problem ist nur, dass es oft schlechter Stil und normalerweise unmöglich ist, eine Bibliotheksklasse zu verändern, so dass sie tut, was Sie wollen. Das bedeutet, dass bewährte Taktiken wie *Methode verschieben (139)* hier nutzlos sind.

Wir haben einige Spezialwerkzeuge für diese Aufgabe. Sind es nur einige Methoden, die Sie gern in der Klasse hätten, so verwenden Sie *Fremde Methode einführen (161)*. Brauchen Sie eine ganze Menge zusätzlichen Verhaltens, so benötigen Sie *Lokale Erweiterung einführen (163)*.

3.20 Datenklassen

Datenklassen sind Klassen, die Felder haben, get- und set-Methoden für die Felder und nichts weiter. Solche Klassen sind dumme Datenbehälter und werden mit hoher Wahrscheinlichkeit viel zu detailliert von anderen Klassen manipuliert. In frühen Stadien können solche Klassen auch öffentliche Felder haben. Ist dies der Fall, so sollten Sie unverzüglich *Feld kapseln (209)* anwenden, bevor dies jemand merkt. Haben Sie Collection-Felder, prüfen Sie, ob diese sicher gekapselt sind, und wenden Sie *Collection kapseln (211)* an, wenn sie dies nicht sind. Verwenden Sie *set-Methode entfernen (308)* bei allen Feldern, die nicht verändert werden dürfen.

Untersuchen Sie, welche dieser set- und get-Methoden von anderen Klassen benutzt werden. Versuchen Sie, *Methode verschieben (139)* einzusetzen, um das Verhalten in die Datenklasse zu verschieben. Wenn Sie nicht die ganze Methode verschieben können, benutzen Sie *Methode extrahieren (106)*, um eine verschiebbare Methode zu bekommen. Nach einer Weile können Sie damit beginnen, *Methode verbergen (312)* auf die set- und get-Methoden anzuwenden.

Datenklassen sind wie Kinder. Anfangs lassen wir sie gewähren, aber um erwachsen zu werden, müssen sie Verantwortung übernehmen.

3.21 Ausgeschlagenes Erbe

Unterklassen erben Methoden und Daten ihrer Oberklassen. Aber was ist, wenn sie das, was sie bekommen, gar nicht brauchen oder nicht haben wollen? Sie bekommen alle diese großartigen Geschenke und spielen nur mit wenigen davon.

Die traditionelle Sicht ist, dass dann die Hierarchie falsch ist. Sie müssen dann eine weitere »Geschwisterklasse« bilden und *Methode nach unten schieben (337)* und *Feld nach unten verschieben (339)* einsetzen, um alle unbenutzten Methoden und Felder in diese Klasse zu verschieben. Auf diese Weise behalten die Oberklassen nur das, was beiden gemeinsam ist. Oft hören Sie den Rat, dass alle Oberklassen abstrakt sein sollten.

Wie Sie schon aus unserem abfälligen Gebrauch von *traditionell* erraten können, geben wir diesen Rat zumindest nicht immer. Wir verwenden das Bilden von Unterklassen laufend, um einen Teil des Verhaltens wiederzuverwenden, und wir finden, dass das völlig in Ordnung ist. Das Ergebnis riecht etwas, das können wir nicht abstreiten, aber meistens ist es kein starker Gestank. Wir sagen also: Wenn das ausgeschlagene Erbe Verwirrung stiftet und Probleme macht, so folgen Sie dem traditionellen Rat. Wir glauben aber nicht, dass Sie dies immer tun müssen.

In neun von zehn Fällen ist der Geruch zu schwach, als dass es sich lohnen würde, ihn zu beseitigen.

Der Geruch des ausgeschlagenen Erbes ist viel stärker, wenn die Unterklasse Verhalten verwendet, aber die Schnittstelle der Oberklasse nicht unterstützen will. Wir haben nichts dagegen, eine Implementierung abzulehnen, aber wenn es darum geht, eine Schnittstelle abzulehnen, so erwischen Sie uns auf ganz hohem Ross. Spielen Sie in diesem Fall nicht mit der Hierarchie; versuchen Sie das Problem auszuräumen, indem Sie *Vererbung durch Delegation ersetzen (363)* anwenden.

3.22 Kommentare

Keine Angst, wir sagen nicht, dass man keine Kommentare schreiben sollte. In unserer olfaktorischen Analogie haben Kommentare keinen schlechten Geruch; tatsächlich sind sie ein süßer Duft. Der Grund, dass wir Kommentare hier erwähnen, liegt daran, dass Kommentare häufig als Deodorant benutzt werden. Es passiert überraschend oft, dass Sie reichlich kommentierten Code sehen und feststellen, dass die Kommentare da sind, weil der Code schlecht ist.

Kommentare führen uns zu schlechtem Code, der all den Verwesungsgeruch ausströmt, den wir im Rest dieses Kapitels diskutiert haben. Unsere erste Tat ist, den Gestank durch Refaktorisieren zu beseitigen. Sind wir damit fertig, so stellen wir oft fest, dass die Kommentare überflüssig sind.

Wenn Sie einen Kommentar benötigen, um zu erklären, was ein Codeblock tut, so probieren Sie es mit *Methode extrahieren (106)*. Ist die Methode bereits extrahiert und benötigen Sie immer noch einen Kommentar, der erklärt, was sie macht, verwenden Sie *Methode umbenennen (279)*. Müssen Sie einige Regeln für den erforderlichen Zustand des Systems formulieren, verwenden Sie *Zusicherung einführen (273)*.

> Wenn Sie glauben, einen Kommentar zu benötigen, refaktorisieren Sie den Code, so dass jeder Kommentar überflüssig wird.

Wenn Sie nicht mehr weiter wissen, ist ein guter Zeitpunkt gekommen, um einen Kommentar einzufügen. Über die Beschreibung hinaus, was dort geschieht, können Kommentare Bereiche kennzeichnen, in denen Sie sich nicht sicher sind. Ein Kommentar an einer guten Stelle sagt, *warum* Sie etwas tun. Diese Art von Information hilft zukünftigen Entwicklern, die den Code ändern, insbesondere den vergesslichen.

4 Tests aufbauen

Wenn Sie refaktorisieren wollen, so sind solide Tests eine unabdingbare Vorbedingung. Selbst wenn Sie in der glücklichen Lage sind, ein Werkzeug zu haben, das die Refaktorisierungen automatisiert, brauchen Sie immer noch Tests. Es wird noch lange dauern, bis alle möglichen Refaktorisierungen durch ein Werkzeug automatisiert werden können.

Ich sehe dies nicht als Nachteil an. Ich habe festgestellt, dass das Schreiben guter Tests mein Programmiertempo stark erhöht, selbst wenn ich nicht refaktorisiere. Dies war eine Überraschung für mich und ist auch für viele Programmierer nicht sofort einzusehen, so dass es sich lohnt zu erklären, woran das liegt.

4.1 Der Wert selbst testenden Codes

Wenn Sie sich ansehen, wie die meisten Programmierer ihre Zeit verbringen, so stellen Sie fest, dass Code zu schreiben nur ein kleiner Teil davon ist. Einige Zeit wird damit verbracht herauszufinden, was gemacht werden soll, einige Zeit wird auf das Design verwendet, aber die meiste Zeit wird mit der Fehlersuche verbracht. Ich bin sicher, dass jeder Leser sich an lange Stunden der Fehlersuche erinnert, oft bis spät in die Nacht hinein. Jeder Programmierer kann von Fehlern beichten, die zu beheben einen ganzen Tag (oder länger) dauerte. Den Fehler zu beheben geht meistens sehr schnell, aber ihn zu finden ist ein Albtraum. Und wenn Sie einen Fehler beheben, besteht immer die Möglichkeit, dass ein weiterer auftreten wird und Sie dies nicht einmal bemerken, bevor es viel später ist. Sie verbringen dann eine Ewigkeit damit, diesen Fehler zu finden.

Das Ereignis, das mich auf den Weg selbst testenden Codes brachte, war ein Vortrag auf der OOPSLA im Jahre 1992. Irgendjemand (ich meine, es war Dave Thomas) sagte nebenbei: »Klassen sollten ihre eigenen Tests enthalten.« Dies erschien mir als eine gute Art, Tests zu organisieren. Ich interpretierte diese Aussage so, dass jede Klasse eine eigene Methode (genannt `test`) haben soll, die benutzt werden kann, um sie zu testen.

Zu dieser Zeit beschäftigte ich mich auch mit inkrementeller Entwicklung, also versuchte ich den Klassen, bei denen ich ein Inkrement abgeschlossen hatte, Testmethoden hinzuzufügen. Das Projekt, an dem ich damals arbeitete, war ziemlich klein, so dass wir Inkremente ungefähr jede Woche herausbrachten. Die Tests auszuführen war ziemlich einfach, aber obwohl die Tests leicht auszuführen waren, waren sie immer noch ziemlich nervend. Das lag daran, dass jeder Test Ausgaben erzeugte, die auf der Konsole erschienen und die ich überprüfen musste. Ich bin nun aber ein ziemlich fauler Mensch und immer bereit, hart zu arbeiten, um Arbeit zu vermeiden. Ich erkannte, dass ich, statt auf den Bildschirm zu starren, Informationen aus dem Modell in eine Datei ausgeben und den Test dem Rechner überlassen konnte. Ich brauchte nur das erwartete Ergebnis in den Testcode zu schreiben und einen Vergleich zu machen. So konnte ich die Testmethode jeder Klasse ausführen, und diese würde nur »OK« auf den Bildschirm schreiben, wenn alles in Ordnung war. Die Klasse war nun selbst testend.

Stellen Sie sicher, dass alle Tests vollständig automatisiert werden und dass sie ihre Ergebnisse selbst überprüfen.

Nun war es leicht, einen Test durchzuführen – so einfach wie umzuwandeln. So begann ich die Tests jedes Mal auszuführen, wenn ich den Code umwandelte. Sehr bald bemerkte ich, dass meine Produktivität nach oben schoss. Ich stellte fest, dass ich weniger Zeit mit der Fehlersuche verbrachte. Wenn ich einen Fehler einbaute, der in einem früheren Test aufgefallen war, so würde er auffallen, sobald ich diesen Test ausführte. Da der Test vorher funktioniert hatte, wusste ich, dass der Fehler in der Arbeit steckte, die ich seit dem letzten Test gemacht hatte. Da ich die Tests häufig ausführte, waren nur wenige Minuten vergangen. Ich wusste daher, dass der Fehler in der Arbeit steckte, die ich seit dem letzten Test erledigt hatte. Da dieser Code mir noch präsent war und es sich nur um wenig Code handelte, war der Fehler leicht zu finden. Fehler, die früher eine Stunde oder mehr Suchzeit erforderten, konnte ich nun in wenigen Minuten finden. Ich hatte nicht nur selbst testende Klassen geschaffen, sondern dadurch, dass ich die Tests oft ausführte, hatte ich auch einen leistungsfähigen Fehlerdetektor.

Als ich dies bemerkte, wurde ich aggressiver, was die Ausführung von Tests anging. Anstatt auf das Ende eines Inkrements zu warten, würde ich die Tests nach jedem Einfügen einer kleinen Funktion ausführen. Ich würde jeden Tag etwas Neues und die Tests, um es zu testen, hinzufügen. Heute verwende ich kaum mehr als einige Minuten auf die Fehlersuche.

Eine Testsuite ist ein leistungsfähiger Fehlerdetektor, der die Zeit für die Fehlersuche dramatisch reduziert.

Natürlich ist es nicht einfach, andere zu überzeugen, diesem Weg zu folgen. Tests zu schreiben heißt sehr viel zusätzlichen Code zu schreiben. Solange Sie es noch nicht am eigenen Leibe erfahren haben, wie dies die Programmierung beschleunigt, scheint Selbsttesten keinen Sinn zu machen. Dies wird nicht dadurch einfacher, dass viele Programmierer nie gelernt haben, Tests zu schreiben oder auch nur an Testen zu denken. Werden Tests manuell ausgeführt, so sind sie eine magenverstimmende Unanehmlichkeit. Sind sie automatisiert, so kann das Schreiben von Tests sogar Spaß machen.

Am nützlichsten ist es, Tests zu schreiben, wenn Sie beginnen, ein Programm zu schreiben. Wenn Sie etwas hinzufügen wollen, schreiben als erstes einen Test. Das ist nicht so abwegig, wie es sich vielleicht anhört. Während Sie den Test schreiben, fragen Sie sich, was Sie tun müssen, um die neue Funktion einzufügen. Den Test zu schreiben, führt dazu, dass Sie sich auf die Schnittstelle konzentrieren, anstatt auf die Implementierung. Dies ist immer empfehlenswert. Es gibt Ihnen auch ein eindeutiges Kriterium, wann der Code fertig ist: wenn der Test funktioniert.

Die Idee des häufigen Testens ist ein wichtiger Teil des extremen Programmierens [Beck, XP]. Der Name beschwört die Vorstellung von Programmierern als schnelle, bewegliche Hacker herauf. Aber extreme Programmierer sind hingebungsvolle Tester. Sie wollen Software so schnell wie möglich entwickeln, und sie wissen, dass Tests ihnen helfen, so schnell voranzukommen, wie sie können.

Das reicht an Polemik. Obwohl ich davon überzeugt bin, dass jeder vom Schreiben selbst testenden Codes profitiert, ist dies nicht das Thema dieses Buches. Dieses Buch handelt vom Refaktorisieren. Das Refaktorisieren erfordert Tests. Wollen Sie refaktorisieren, so müssen Sie Tests schreiben. Dieses Kapitel zeigt Ihnen, wie Sie damit in Java beginnen. Dies ist kein Buch über das Testen, ich gehe also nicht allzu sehr ins Detail. Aber ich habe festgestellt, dass bereits wenige Tests einen überraschend großen Nutzen bringen können.

Wie auch alles andere in diesem Buch, beschreibe ich den Ansatz des Testens mit Beispielen. Wenn ich Code entwickle, schreibe ich gleichzeitig die Tests. Aber oft, wenn ich mit anderen refaktorisiere, haben wir es mit nicht selbst testendem Code zu tun. Deshalb machen wir den Code zunächst selbst testend, bevor wir refaktorisieren.

Das Standardidiom in Java für Tests ist die testende `main`-Funktion. Die Idee ist, dass jede Klasse eine `main`-Funktion haben sollte, die die Klasse testet. Das ist eine vernünftige Konvention (wenn auch wenig beachtet), aber sie kann mühselig werden. Das Problem einer solchen Konvention besteht darin, dass es schwierig ist, viele Tests leicht auszuführen. Ein anderer Ansatz besteht darin, separate Testklassen zu entwickeln, die in einem Framework zusammenarbeiten, um das Testen einfacher zu machen.

4.2 Das JUnit-Test-Framework

Ich verwende das Test-Framework JUnit, ein Open-Source-Test-Framework von Erich Gamma und Kent Beck [JUnit]. Das Framework ist sehr einfach, ermöglicht aber alle wichtigen Dinge, die Sie zum Testen benötigen. In diesem Kapitel verwende ich dieses Framework, um Tests für einige I/O-Klassen zu entwickeln.

Ich beginne mit einer Klasse `FileReaderTester`, um das Lesen von Dateien zu testen. Jede Klasse, die etwas testet, muss eine Unterklasse der Testfallklasse des Frameworks sein. Das Framework verwendet das Kompositum-Muster [Gang of Four], das es ermöglicht, Testfälle zu Testsuites zusammenzufassen (Abbildung 4-1). Solche Suites können einzelne Testfälle, aber auch Folgen von Testfällen enthalten. Das macht es leicht, eine Reihe großer Testsuites aufzubauen und die Tests automatisch auszuführen.

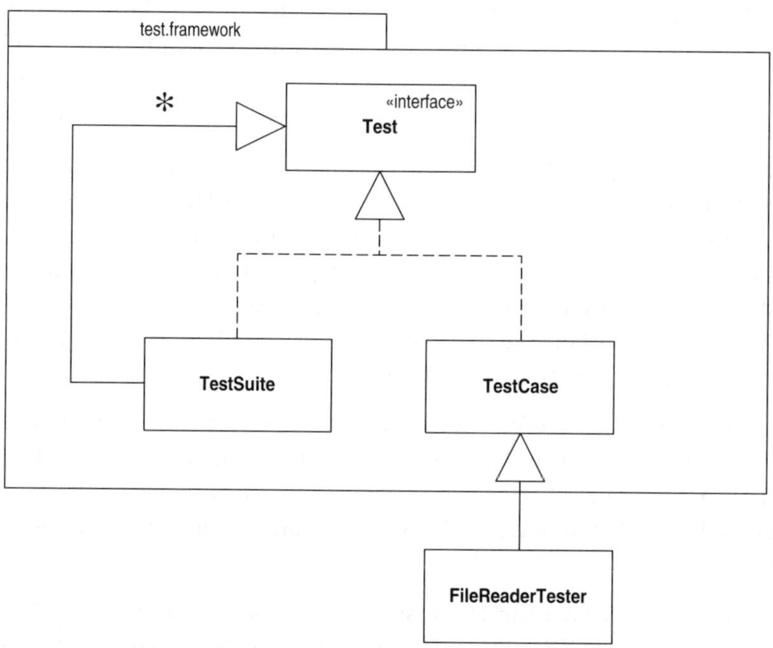

Abbildung 4-1 Die Kompositum-Struktur von Tests

```
class FileReaderTester extends TestCase {
    public FileReaderTester (String name) {
        super(name);
    }
}
```

Die neue Klasse muss einen Konstruktor haben. Anschließend kann ich etwas Testcode einfügen. Meine erste Aufgabe ist es, die Testeinrichtung aufzubauen. Eine Testeinrichtung ist im Wesentlichen ein Objekt, das die Testdaten enthält. Da ich eine Datei lese, brauche ich eine Testdatei wie folgt:

Bradman	99,94	52	80	10	6996	334	29
Pollock	60,97	23	41	4	2256	274	7
Headley	60,83	22	40	4	2256	270*	10
Sutcliffe	60,73	54	84	9	4555	194	16

Um diese Datei zu verwenden, bereite ich die Einrichtung vor. Die Klasse `TestCase` bietet zwei Methoden, um die Testeinrichtung zu manipulieren: `setUp` erzeugt die Objekte und `tearDown` entfernt sie. Beide sind in `TestCase` als Null-Methoden implementiert. Meistens brauche ich `tearDown` nicht (das kann der Garbage-Collector erledigen), aber es ist vernünftig, sie hier einzusetzen, um die Datei zu schließen:

```
class FileReaderTester...
    protected void setUp() {
        try {
            _input = new FileReader("data.txt");
        } catch (FileNotFoundException e) {
            throw new RuntimeException ("unable to open test file");
        }
    }

    protected void tearDown() {
        try {
            _input.close();
        } catch (IOException e) {
            throw new RuntimeException ("error on closing test file");
        }
    }
```

Nachdem ich nun die Testeinrichtung habe, kann ich beginnen, Tests zu schreiben. Der erste besteht darin, die Methode `read` zu testen. Hierzu lese ich einige Zeichen und prüfe dann, ob das Zeichen, das ich als nächstes lese, das richtige ist:

```
public void testRead() throws IOException {
        char ch = '&';
        for (int i=0; i < 4; i++)
            ch = (char) _input.read();
        assert('d' == ch);
    }
```

Der automatische Test ist die Methode `assert`. Ist der Wert innerhalb der Klammern wahr, so ist alles in Ordnung. Andernfalls wird ein Fehler angezeigt. Ich zeige später, wie das Framework dies macht. Zunächst zeige ich, wie man Tests ausführt.

Der erste Schritt ist das Erstellen einer Testsuite. Dazu erstelle ich eine Methode namens `suite`:

```
class FileReaderTester...
    public static Test suite() {
        TestSuite suite= new TestSuite();
        suite.addTest(new FileReaderTester("testRead"));
        return suite;
    }
```

Diese Testsuite enthält nur ein Testfallobjekt, eine Instanz von `FileReaderTester`. Wenn ich einen Testfall erstelle, so übergebe ich dem Konstruktor einen String mit dem Namen der Methode, die ich testen will. Dies erzeugt ein Objekt, das diese eine Methode testet. Der Test wird durch den Reflektionsmechanismus von Java mit dem Objekt verknüpft. Sie können sich das in im Quellcode ansehen, um herauszufinden, wie es funktioniert. Ich behandele es hier einfach als Magie.

Um die Tests auszuführen, verwende ich eine getrennte Klasse `TestRunner`. Es gibt zwei Versionen von `TestRunner`: Die eine verwendet ein schickes GUI, die andere eine einfache zeichenorientierte Schnittstelle. Letztere kann ich in `main` aufrufen:

```
class FileReaderTester...
    public static void main (String[] args) {
      junit.textui.TestRunner.run (suite());
}
```

Dieser Code erzeugt ein `TestRunner`-Objekt und lässt es die `FileReaderTester`-Klasse testen.

Wenn ich den Code ausführe, sehe ich:

```
.
Time: 0.110

OK (1 tests)
```

JUnit druckt einen Punkt für jeden Test, den es durchführt (so dass ich den Fortschritt sehen kann). Es gibt aus, wie lange der Test gedauert hat. Dann folgen »OK«, wenn nichts schief gegangen ist, und die Anzahl ausgeführter Tests. Ich kann tausend Tests ausführen, und wenn alles gut läuft, sehe nur dieses OK. Diese einfache Rückkopplung ist entscheidend für selbst testenden Code. Ohne sie würden Sie die Tests nie oft genug ausführen. Durch sie können Sie Massen von Tests ausführen, zum Essen gehen (oder in ein Meeting) und sich die Ergebnisse ansehen, wenn Sie zurückkommen.

> Führen Sie Ihre Tests oft aus. Verwenden Sie Ihre Tests bei jeder Umwandlung – jeden Test mindestens einmal täglich.

Beim Refaktorisieren führen Sie nur wenige Tests für den Code aus, an dem Sie gerade arbeiten. Sie können nur wenige durchführen, da sie schnell sein müssen: Andernfalls würden Sie gebremst, und Sie wären versucht, die Tests nicht auszuführen. Geben Sie dieser Versuchung nicht nach – die Vergeltung folgt *bestimmt.*

Was passiert, wenn etwas schief geht? Ich demonstriere dies, indem ich extra einen Fehler einbaue:

```
public void testRead() throws IOException {
    char ch = '&';
    for (int i=0; i < 4; i++)
        ch = (char) _input.read();
    assert('2' == ch);    //!!Fehler!!
}
```

Das Ergebnis sieht so aus:

```
.F
Time: 0.220

!!!FAILURES!!!
Test Results:
Run: 1 Failures: 1 Errors: 0
There was 1 failure:
```

```
1) FileReaderTester.testRead
test.framework.AssertionFailedError
```

Das Framework alarmiert mich wegen des Fehlers und sagt mir, welcher Test fehlschlug. Die Fehlermeldung ist allerdings nicht besonders hilfreich. Ich kann die Fehlermeldung verbessern, indem ich eine andere Form der Zusicherung verwende:

```
public void testRead() throws IOException {
    char ch = '&';
    for (int i=0; i < 4; i++)
        ch = (char) _input.read();
    assertEquals('m',ch);
}
```

Die meisten Zusicherungen vergleichen zwei Werte, um zu sehen, ob sie gleich sind. Deshalb enthält das Framework `assertEquals`. Das ist bequem; es verwendet `equals()` bei Objekten und == bei Werten, was ich oft vergesse zu tun. Es ermöglicht auch eine aussagekräftigere Fehlermeldung:

```
.F
Time: 0.170

!!!FAILURES!!!
Test Results:
Run: 1 Failures: 1 Errors: 0
There was 1 failure:
1) FileReaderTester.testRead "expected:"m"but was:"d""
```

Ich sollte erwähnen, dass ich beim Schreiben von Tests oft damit beginne, sie scheitern zu lassen. Bei vorhandenem Code ändere ich entweder diesen, so dass er Fehler liefert (wenn ich an den Code herankomme), oder ich verwende einen falschen Wert in der Zusicherung. Ich mache dies, um mir selbst zu beweisen, dass der Test tatsächlich durchgeführt wird und auch tatsächlich das testet, was er testen soll (deshalb ändere ich wenn möglich den getesteten Code). Das mag paranoid erscheinen, aber es kann Sie sehr verwirren, wenn Tests etwas anderes testen, als Sie annehmen.

Außer falschen Ergebnissen (die Zusicherungen liefern den Wert falsch), fängt das Framework auch Fehler ab (unerwartete Ausnahmen). Schließe ich einen Stream und versuche anschließend von ihm zu lesen, so sollte eine Ausnahme ausgelöst werden. Ich kann dies mit folgendem Code testen:

```
public void testRead() throws IOException {
    char ch = '&';
    _input.close();
     for (int i=0; i < 4; i++)
         ch = (char) _input.read();// wird eine Ausnahme auslösen
     assertEquals('m',ch);
}
```

Führe ich dies aus, so erhalte ich:

```
.E

Time: 0.110

!!!FAILURES!!!
Test Results:
Run: 1 Failures: 0 Errors: 1
There was 1 error:
1) FileReaderTester.testRead
java.io.IOException: Stream closed
```

Es ist nützlich, zwischen falschen Ergebnissen und Fehlern zu unterscheiden, da sie unterschiedlich erscheinen und der Korrekturprozess anders ist.

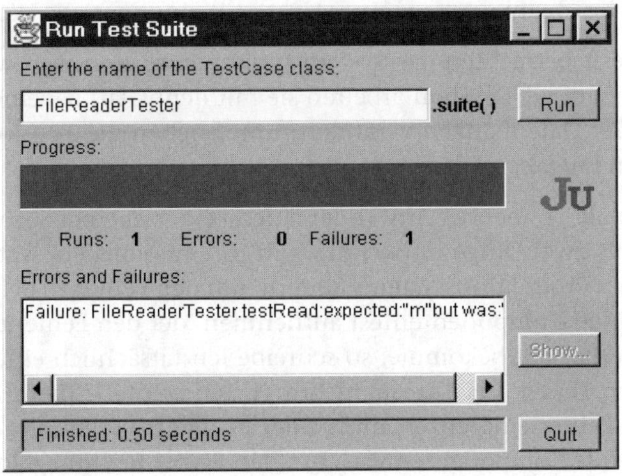

Abbildung 4-2 Die grafische Benutzerschnittstelle von JUnit

JUnit hat auch ein schickes GUI (siehe Abbildung 4-2). Der Fortschrittsbalken ist grün, wenn alle Tests erfolgreich durchlaufen wurden, und rot, wenn es irgendwelche falschen Ergebnisse gibt. Sie können das GUI die ganze Zeit offen lassen, und die Umgebung berücksichtigt automatisch alle Änderungen an Ihrem Code. Das ist eine sehr bequeme Art zu testen.

4.3 Komponenten- und Funktionstest

Dieses Framework wird für Komponententests (unit tests) verwendet, so dass ich den Unterschied zwischen Komponententests und funktionalen Tests erläutern sollte. Die Tests, über die ich hier spreche, sind *Komponententests*. Ich schreibe sie, um meine Produktivität als Programmierer zu erhöhen. Die Qualitätssicherungsabteilung glücklich zu machen ist nur ein Nebeneffekt. Komponententests sind hochgradig lokalisiert. Jede Testklasse arbeitet nur in einem Paket. Die Schnittstellen zu anderen Paketen werden getestet, aber darüber hinaus wird unterstellt, dass der Rest funktioniert.

Funktionale Tests sind eine ganz andere Sache. Sie werden geschrieben, um sicherzustellen, dass die Software als Ganzes funktioniert. Sie geben dem Kunden Qualitätssicherheit und kümmern sich nicht um Programmiererproduktivität. Sie sollten von einem unabhängigen Team entwickelt werden, das mit Freude Fehler findet. Ein solches Team setzt zu seiner Unterstützung spezielle Werkzeuge ein.

Funktionale Tests betrachten das System typischerweise so weit wie möglich als Blackbox. In einem GUI-System arbeiten sie mit dem GUI. Bei einem Programm, das Dateien oder Datenbanken verändert, untersuchen die Tests, wie sich Daten bei bestimmten Eingaben ändern.

Wenn funktionale Tester oder Anwender einen Fehler in einer Software finden, so sind mindestens zwei Dinge notwendig, um ihn zu beheben. Natürlich müssen Sie den Code des Produktionssystems ändern, um den Fehler zu beheben. Aber Sie sollten auch einen Komponententest aufnehmen, der den Fehler erkennt. Wenn ich einen Fehlerbericht bekomme, so schreibe ich tatsächlich einen Komponententest, der den Fehler ans Tageslicht bringt. Ich schreibe mehr als einen Test, wenn ich den Fehler eingrenzen muss oder es damit verknüpfte weitere Fehler gibt. Ich verwende Komponententests, um den Fehler festzunageln und sicherzustellen, dass ein ähnlicher Fehler nicht wieder meinen Tests entgeht.

Bekommen Sie einen Fehlerbericht, so schreiben Sie einen Komponententest, der den Fehler erkennt.

Das JUnit-Framework wurde für das Schreiben von Komponententests entwickelt. Funktionale Tests werden oft mit anderen Werkzeugen durchgeführt. GUI-basierte Testwerkzeuge sind ein gutes Beispiel. Oft schreiben Sie aber Ihre eigenen anwendungsspezifischen Testwerkzeuge, die es einfacher machen, Testfälle zu verwalten, als dies nur mit GUI-Skripten möglich ist. Sie können auch funktionale Tests mit JUnit durchführen, aber meistens ist dies nicht der effizienteste Weg. Beim Refaktorisieren baue ich auf die Komponententests – des Programmierers Freunde.

4.4 Hinzufügen weiterer Tests

Nun sollten wir damit fortfahren, mehr Tests zu ergänzen. Ich habe mir angewöhnt, auf alles zu achten, was eine Klasse tun sollte, und dies für jede Bedingung zu testen, die dazu führen kann, dass etwas scheitert. Das ist nicht das Gleiche wie »jede öffentliche Methode testen«, was manche Programmierer empfehlen. Das Testen sollte risikoorientiert erfolgen; denken Sie daran, dass Sie Fehler suchen, jetzt oder in der Zukunft. So teste ich keine Methoden, die nur ein Feld lesen und schreiben. Da diese so einfach sind, ist es unwahrscheinlich, dass ich hier einen Fehler finde.

Dies ist wichtig, denn wenn man versucht, zu viele Tests zu schreiben, so führt das meistens dazu, dass man nicht genug Tests schreibt. Ich habe oft Bücher über das Testen gelesen und meine Reaktion bestand darin, dass ich vor dem Berg an Arbeit zurückschreckte, den ich zum Testen erledigen muss. Das ist kontraproduktiv, weil es den Eindruck erweckt, mit dem Testen hätten Sie eine Menge Arbeit. Sie ziehen großen Nutzen aus Tests, selbst wenn Sie nur wenig testen. Das Erfolgsgeheimnis besteht darin, die Bereiche zu testen, in denen Sie am meisten befürchten, dass etwas schief geht. So ziehen Sie den größten Nutzen aus Ihren Testanstrengungen.

Es ist besser, unvollständige Tests zu schreiben und durchzuführen, als vollständige Tests nicht auszuführen.

Zur Zeit sehe ich mir die `read`-Methode an. Was sollte sie noch tun? Sie behauptet, am Ende der Datei eine `-1` zurückzuliefern (in meinen Augen kein besonders nettes Protokoll, aber ich vermute, es lässt die Sache für C-Programmierer natürlicher erscheinen). Testen wir's. Mein Texteditor sagt mir, dass die Datei 141 Zeichen hat, also ist dies der Test:

```
public void testReadAtEnd() throws IOException {
    int ch = -1234;
    for (int i = 0; i < 141; i++)
        ch = _input.read();
    assertEquals(-1, ch);
}
```

Um den Test auszuführen, muss ich ihn zur Suite hinzufügen:

```
public static Test suite() {
    TestSuite suite= new TestSuite();
    suite.addTest(new FileReaderTester("testRead"));
    suite.addTest(new FileReaderTester("testReadAtEnd"));
    return suite;
}
```

Wenn diese Suite ausgeführt wird, führt sie beide Komponenten-Tests (die beiden Testfälle) aus. Jeder Testfall führt `setUp` aus, den Rumpf des Tests in der testenden Methode, und zum Schluss `tearDown`. Es ist wichtig, dass `setUp` und `tearDown` jedes Mal ausgeführt werden, um die Tests voneinander zu isolieren. So können wir die Tests in beliebiger Reihenfolge ausführen.

Es ist ärgerlich, daran denken zu müssen, die Tests in die Testsuite einzufügen. Glücklicherweise sind Erich Gamma und Kent Beck genau so faul wie ich und bieten eine Möglichkeit, dies zu vermeiden. Ein spezieller Konstruktor für die Klasse `TestSuite` erhält eine Klasse als Parameter. Dieser Konstruktor baut dann eine Testsuite, die einen Testfall für jede Methode enthält, die mit dem Wort *test* beginnt. Folge ich dieser Konvention, so kann ich meine `main`-Methode ersetzen durch:

```
public static void main (String[] args) {
  junit.textui.TestRunner.run (new TestSuite(FileReaderTester.class));
}
```

Auf diese Weise wird jeder Test, den ich schreibe, zur Suite hinzugefügt.

Eine der wichtigsten Strategien für Tests besteht darin, nach Randbedingungen zu suchen. Für die Methode `read` sind die Randbedingungen das erste Zeichen, das letzte Zeichen und das Zeichen nach dem letzten Zeichen:

```
public void testReadBoundaries()throwsIOException {
    assertEquals("read first char",'B', _input.read());
    int ch;
    for (int i = 1;i <140; i++)
        ch = _input.read();
```

```
        assertEquals("read last char",'6',_input.read());
        assertEquals("read at end",-1,_input.read());
}
```

Beachten Sie, dass Sie eine Nachricht hinzufügen können, die ausgegeben wird, wenn der Test fehlschlägt.

> Denken Sie an die Randbedingungen, unter denen Dinge schief gehen können, und konzentrieren Sie Ihre Tests auf diese.

Ein anderer Teil des Suchens nach Randbedingungen betrifft spezielle Bedingungen, die den Test zum Scheitern bringen können. Leere Dateien sind hierfür eine gut Wahl:

```
  public void testEmptyRead() throws IOException {
        File empty = new File ("empty.txt");
        FileOutputStream out = new FileOutputStream(empty);
        out.close();
        FileReader in = newFileReader (empty);
        assertEquals (-1, in.read());
}
```

In diesem Fall erstelle ich eine zusätzliche Einrichtung für den Test. Brauche ich später eine leere Datei, verschiebe ich den Code in `setUp`.

```
protected void setUp(){
  try   {
         _input = new FileReader("data.txt");
         _empty = newEmptyFile();
  }catch(IOException e){
     throw new RuntimeException(e.toString());
  }
}

private FileReader newEmptyFile() throws IOException {
  File empty = new File ("empty.txt");
  FileOutputStream out = new FileOutputStream(empty);
  out.close();
  return newFileReader(empty);
}

public void testEmptyRead() throws IOException {
  assertEquals (-1, _empty.read());
}
```

Was passiert, wenn Sie über das Ende der Datei hinaus lesen? Wieder sollte `-1` zurückgegeben werden, und ich füge einen weiteren Test hinzu, um dies zu überprüfen:

```
public void testReadBoundaries()throwsIOException {
  assertEquals("read first char",'B', _input.read());
  int ch;
  for (int i = 1;i <140; i++)
      ch = _input.read();
  assertEquals("read last char",'6',_input.read());
  assertEquals("read at end",-1,_input.read());
  assertEquals ("readpast end", -1, _input.read());
}
```

Beachten Sie, dass ich hier die Rolle des Gegners des Codes spiele. Ich denke gezielt darüber nach, wie ich ihn zum Scheitern bringen kann. Ich empfinde diesen Geisteszustand sowohl als produktiv als auch als unterhaltsam. Er befriedigt den boshaften Teil meiner Psyche.

Wenn Sie testen, sollten Sie nicht vergessen zu überprüfen, ob erwartete Fehler korrekt behandelt werden. Wenn Sie versuchen, von einem Stream zu lesen, nachdem er geschlossen wurde, so sollten Sie eine `IOException` erhalten. Auch dies sollten Sie testen:

```
public void testReadAfterClose() throwsIOException{
  _input.close();
  try {
      _input.read();
       fail ("no exception for read past end");
  } catch (IOException io) {}
}
```

Jede andere Ausnahme als `IOException` sollte auf die übliche Weise einen Fehler erzeugen.

> Vergessen Sie nicht Ausnahmen zu testen, die ausgelöst werden, wenn etwas schief gegangen ist.

Das weitere Ausbauen der Tests folgt der beschriebenen Linie. Es dauert seine Zeit, von der Schnittstelle bis zu einigen der Klassen durchzukommen, aber während dieses Prozesses verstehen Sie wirklich die Schnittstelle der Klasse. Besonders hilfreich ist es, sich Fehlerbedingungen und Randbedingungen zu überlegen. Dies ist ein weiteres Argument dafür, Tests während der Programmierung zu schreiben oder sogar, bevor Sie den produktionsreifen Code schreiben.

Während Sie weitere Tester-Klassen hinzufügen, können Sie neue Tester-Klassen erstellen, die Suites aus verschiedenen Klassen kombinieren. Das ist einfach, weil eine Testsuite verschiedene andere Testsuiten enthalten kann. Sie können also eine Klasse `MasterTester` haben:

```
class MasterTester extends TestCase {
  public static void main (String[] args) {
      junit.textui.TestRunner.run (suite());
  }
  public static Test suite() {
      TestSuite result = new TestSuite();
      result.addTest(new TestSuite(FileReaderTester.class));
      result.addTest(new TestSuite(FileWriterTester.class));
      // and so on...
      return result;
  }
}
```

Wann hören Sie auf? Ich bin sicher, sie haben oft gehört, dass Sie durch Testen nicht beweisen können, dass ein Programm keine Fehler hat. Das stimmt, beeinträchtigt aber nicht die Fähigkeit des Testens, die Programmierung zu beschleunigen. Ich habe verschiedenste Vorschläge für Regeln gesehen, die sicherstellen sollen, dass Sie jede denkbare Kombination von allem Möglichen getestet haben. Es lohnt sich, diese zu berücksichtigen, aber lassen Sie sich davon nicht unterkriegen. Es gibt einen abnehmenden Grenznutzen beim Testen, und es besteht die Gefahr, dass Sie entmutigt werden, wenn Sie versuchen, zu viele Tests zu schreiben und letztendlich keinen schreiben. Sie sollten sich darauf konzentrieren, wo das Risiko liegt. Sehen Sie sich den Code an, und Sie erkennen, wo er komplex wird. Sehen Sie sich die Funktion an, und überlegen Sie sich mögliche fehlerträchtige Bereiche. Ihre Tests werden nicht jeden Fehler finden, aber wenn Sie refaktorisieren, werden Sie das Programm besser verstehen und deshalb mehr Fehler finden. Ich beginne immer mit einer Testsuite, aber wenn ich refaktorisiere, füge ich unausweichlich weitere Tests hinzu.

> Lassen Sie sich durch die Furcht, nicht alle Fehler zu finden, nicht davon abhalten, die Tests zu schreiben, die die meisten Fehler finden.

Eine Schwierigkeit bei Objekten ist, dass Vererbung und Polymorphismus das Testen erschweren, da viele Kombinationen zu testen sind. Wenn Sie drei abstrakte Klassen haben und jede hat drei Unterklassen, so haben Sie neun Alternativen, aber 27 verschiedene Kombinationen. Ich versuche nicht immer, alle möglichen Kombinationen zu testen, aber ich versuche jede Alternative zu testen. Es kommt letztendlich auf das Risiko der Kombinationen an. Sind die Alternativen hinreichend unabhängig voneinander, so werde ich wahrscheinlich nicht alle Kombinationen testen. Es besteht immer das Risiko, dass mir etwas entgeht, aber es ist immer besser, eine akzeptable Zeit aufzuwenden, um die meisten Fehler zu finden, als eine Ewigkeit zu brauchen, um zu versuchen, alle zu finden.

Ein Unterschied zwischen Test- und Produktionscode besteht darin, dass es in Ordnung ist, Testcode zu kopieren und zu ändern. Wenn ich Kombinationen und Alternativen behandle, mache ich das oft. Zuerst nehme ich mir »regelmäßige Zahlung« her, dann »Alter« und dann »scheidet vor Ende des Jahres aus«. Dann versuche ich es ohne »Alter« und »scheidet vor Ende des Jahres aus« usw. Mit einfachen Alternativen wie diesen auf einer vernünftigen Fixierung kann ich Tests sehr schnell erzeugen. Ich kann später refaktorisieren, um tatsächlich gemeinsame Teile herauszufaktorisieren.

Ich hoffe, ich habe Ihnen ein Gefühl für das Schreiben von Tests vermittelt. Ich kann zu diesem Thema noch viel mehr sagen, aber das würde die Hauptsache nur verdecken. Bauen Sie sich einen guten Fehlerdetektor, und lassen Sie ihn oft laufen. Er ist ein wunderbares Werkzeug für jede Entwicklung und eine Vorbedingung für das Refaktorisieren.

5 Hin zu einem Katalog von Faktorisierungen

Die Kapitel 6 bis 12 bilden einen ersten Katalog von Refaktorisierungen. Sie entstanden aus Notizen, die ich in den letzten Jahren beim Refaktorisieren machte. Dieser Katalog ist in keiner Weise vollständig oder abgeschlossen, aber er sollte ein guter Anfangspunkt für Ihre eigenen Refaktorisierungsarbeiten sein.

5.1 Gliederung der Refaktorisierungen

Für die Beschreibung der Refaktorisierungen in diesem und den anderen Kapiteln verwende ich ein Standardformat. Jede Refaktorisierung hat fünf Teile:

- Ich beginne mit einem **Namen**. Der Name ist wichtig, um ein Vokabular des Refaktorisierens aufzubauen. Dies ist der Name, den ich auch an anderen Stellen im Buch verwende.
- Nach dem Namen gebe ich eine kurze **Zusammenfassung** der Situation, in denen Sie diese Refaktorisierung benötigen, und eine Zusammenfassung dessen, was sie leistet. Das hilft Ihnen, die Refaktorisierungen schneller zu finden.
- Die **Motivation** beschreibt, warum die Refaktorisierung erfolgen sollte, sowie die Umstände, unter denen man darauf verzichten sollte.
- Die **Vorgehensweise** ist eine präzise, schrittweise Beschreibung, wie man die Refaktorisierung durchführt.
- Die **Beispiele** zeigen eine einfache Anwendung der Refaktorisierung, um zu illustrieren, wie sie funktioniert.

Die Zusammenfassung enthält eine kurze Beschreibung des Problems, bei dem die Refaktorisierung hilft, eine kurze Beschreibung, was zu tun ist, und eine Skizze, die Ihnen ein einfaches Vorher/Nachher-Beispiel zeigt. Manchmal verwende ich für diese Skizze Code und manchmal die Unified Modeling Language (UML), je nachdem, was das Wesentliche der Rafaktorisierung am besten vermittelt. (Alle UML-Diagramme in diesem Buch stellen die Implementierungssicht dar [Fowler, UML].) Haben Sie die Refaktorisierungen bereits früher gesehen, so sollten Ihnen die Skizzen eine gute Vorstellung davon vermitteln, worum es bei der jeweiligen Refaktorisierung geht. Falls nicht, werden Sie wahrscheinlich die Beispiele durcharbeiten müssen, um eine bessere Vorstellung davon zu bekommen.

Die Vorgehensweisen stammen aus meinen eigenen Notizen, um mich daran zu erinnern, wie man diese Refaktorisierungen macht, wenn ich sie einige Zeit nicht mehr gemacht habe. Sie sind daher meist etwas knapp und üblicherweise ohne Erklärungen, warum die Schritte in dieser Weise erfolgen. Ich gebe ausführlichere Erläuterungen im Beispiel. Auf diese Weise bleibt die Vorgehensweise eine Reihe kurzer Notizen, auf die Sie leicht zurückgreifen können, wenn Sie die Refaktorisierung kennen und die einzelnen Schritte nachschlagen müssen (zumindest benutze ich sie so). Wahrscheinlich werden Sie zunächst das Beispiel lesen müssen, wenn Sie die Refaktorisierung das erste Mal durchführen.

Ich habe die Vorgehensweisen so beschrieben, dass jeder Refaktorisierungsschritt so klein wie möglich ist. Ich lege Wert darauf, auf dem sicheren Weg zu refaktorisieren, der darin besteht, kleine Schritte zu machen und nach jedem Schritt zu testen. Während der Arbeit mache ich meistens größere Schritte als die hier beschriebenen Trippelschritte, aber wenn ich auf einen Fehler stoße, nehme ich den letzten Schritt zurück und mache kleinere Schritte. Die Schritte enthalten einige Verweise auf Spezialfälle. Die Schritte dienen auch als Checkliste; oft vergesse ich selbst diese Dinge.

Die Beispiele sind von der lächerlich einfachen Lehrbuchart. Mein Ziel bei den Beispielen ist es, den Kern der Refaktorisierung mit minimaler Ablenkung zu erklären, so dass ich hoffe, Sie vergeben mir die Einfachheit. (Es sind ganz sicher keine Beispiele des guten Designs von Geschäftsobjekten.) Ich bin sicher, Sie werden sie auch in Ihren eigenen, viel komplexeren Situationen einsetzen können. Zu einigen besonders einfachen Refaktorisierungen gibt es keine Beispiele, weil ich nicht glaube, dass dies hier viel helfen würde.

Beachten Sie bitte besonders, dass die Beispiele nur dazu dienen, die gerade behandelte Refaktorisierung zu illustrieren. In den meisten Fällen gibt es am Ende weitere Probleme mit dem Code, aber diese zu beheben erfordert andere Refaktorisierungen. In einigen wenigen Fällen, in denen Refaktorisierungen oft zusammen auftreten, führe ich Beispiele aus einer Refaktorisierung in einer anderen weiter. In den meisten Fällen lasse ich den Code aber so, wie er nach einer Refaktorisierung ist. Ich mache dies so, damit jede Refaktorisierung allein verständlich ist, denn der Hauptzweck des Katalogs ist es, als Nachschlagewerk zu dienen.

Nehmen Sie keines der Beispiele als Vorschlag, wie eine Klasse Mitarbeiter (`Employee`) oder Auftragsobjekt (`Order`) entworfen werden sollte. Die Beispiele dienen ausschließlich dazu, die Refaktorisierungen zu erläutern, zu mehr taugen sie nicht. Achten Sie besonders darauf, dass ich in den Beispielen `double` verwende, um Geldbeträge darzustellen. Ich habe dies nur gemacht, um die Beispiele einfacher zu machen, da diese Darstellung nicht wichtig für die Refaktorisierung ist.

Ich rate entschieden davon ab, `double` für Geldbeträge in kommerzieller Software zu verwenden. Wenn ich Geld darstelle, verwende ich das Größenmuster [Fowler, AP].

Als ich dieses Buch schreib, war Java 1.1 die meistverwendete Version in kommerziellen Entwicklungen. Daher sind die meisten Beispiele in Java 1.1; das merken Sie besonders an meiner Verwendung von Containern. Als ich das Ende des Buchs erreichte, wurde Java 2 zunehmend verfügbar. Ich sehe es nicht als notwendig an, alle Beispiele zu ändern, da Collections für Refaktorisierungen nur sekundär sind. Es gibt aber einige Refaktorisierungen, wie *Collection kapseln (211)*, die in Java 2 anders sind. In solchen Fällen habe ich sowohl das Vorgehen für Java 2 als auch das für Java 1.1 erläutert.

Ich verwende `Fettdruck`, um geänderten Code hervorzuheben, der sonst zwischen anderem Code, der sich nicht geändert hat, schwer zu entdecken ist. Ich verwende Fettdruck aber nicht für jeden geänderten Code, weil zu viel davon das Ziel verfehlen würde.

5.2 Finden von Referenzierungen

Bei vielen Refaktorisierungen müssen Sie alle Referenzen auf eine Methode, ein Feld oder eine Klasse finden. Um dies zu tun, sollten Sie den Rechner als Helfer engagieren. Durch Einsatz des Rechners verringern Sie die Gefahr, eine Referenz zu übersehen, und er kann meistens sehr viel schneller suchen als Sie, wenn Sie auf den Code starren.

Die meisten Sprachen behandeln Computerprogramme als Textdateien. Ihre beste Hilfe ist dann eine geeignete Textsuche. Viele Programmierumgebungen ermöglichen es Ihnen, einzelne Dateien oder Gruppen von Dateien zu durchsuchen. Die Sichtbarkeit des Merkmals, nach dem Sie suchen, hilft Ihnen dabei, die Dateien einzugrenzen, in denen Sie suchen müssen.

Verwenden Sie Suchen und Ersetzen nicht blind. Untersuchen Sie jede Referenzierung, um sicherzustellen, dass sie tatsächlich das referenziert, was Sie ersetzen. Sie können Ihr Suchmuster sehr clever gestalten, aber ich prüfe immer noch im Kopfe nach, ob ich die richtige Ersetzung vornehme. Wenn Sie den gleichen Methodennamen in verschiedenen Klassen verwenden können oder Methoden mit unterschiedlichen Signaturen in einer Klasse, so gibt es viel zu viele Möglichkeiten, einen Fehler zu machen.

In einer stark typisierten Sprache kann Ihnen der Compiler bei der Jagd helfen. Oft können Sie einfach den alten Code entfernen und den Compiler die losen Referenzen finden lassen. Das Gute daran ist, dass der Compiler alle losen Enden finden wird. Es gibt jedoch Probleme mit dieser Technik.

Erstens wird der Compiler verwirrt, wenn etwas in einer Vererbungshierarchie mehrfach deklariert wird. Dies gilt besonders, wenn Sie nach einer Methode suchen, die mehrfach überschrieben wird. Wenn Sie in einer Hierarchie arbeiten, sollten Sie die Textsuche verwenden um festzustellen, ob irgendeine andere Klasse die Methode deklariert, die Sie bearbeiten.

Das zweite Problem ist, dass der Compiler zu langsam sein kann, um effektiv zu sein. Ist dies der Fall, so verwenden Sie zunächst die Textsuche; zum Schluss lassen Sie den Compiler Ihre Arbeit querchecken. Dies funktioniert nur, wenn Sie etwas entfernen. Oft wollen Sie aber alle Verwendungen sehen, um zu entscheiden, was Sie als Nächstes machen. In diesen Fällen müssen Sie die Textsuche verwenden.

Das dritte Problem besteht darin, dass der Compiler nicht alle Verwendungen des Reflektion-API finden kann. Dies ist ein Grund dafür, die Reflektion vorsichtig einzusetzen. Verwendet Ihr System Reflektion, so müssen Sie die Textsuche verwenden, um die Dinge zu finden und zusätzliches Gewicht auf Ihre Tests legen. In manchen Fällen empfehle ich umzuwandeln, ohne zu testen, da der Compiler üblicherweise die Fehler findet. Verwenden Sie die Reflektion, so ist all dies Spekulation und Sie sollten bei vielen Umwandlungen testen.

Einige Java-Umgebungen, insbesondere VisualAge von IBM, folgen dem Beispiel des Smalltalk-Browsers. Dort haben Sie Menübefehle statt einer Textsuche, um Referenzen zu finden. Diese Umgebungen verwenden keine Textdateien, um ihren Code zu speichern; sie verwenden eine Datenbank im Hauptspeicher. Gewöhnen Sie sich an diese Menüeinträge, und Sie werden feststellen, dass Sie der nicht verfügbaren Textsuche oft überlegen sind.

5.3 Wie ausgereift sind diese Refaktorisierungen?

Jeder technische Autor hat das Problem zu entscheiden, wann er veröffentlicht. Je früher Sie veröffentlichen, um so eher können Leser Vorteile aus den Ideen ziehen. Aber Menschen lernen immer weiter dazu. Veröffentlichen Sie halbgare Ideen zu früh, so können die Ideen unvollständig sein und zu Problemen für die führen, die versuchen sie anzuwenden.

Die Basistechnik des Refaktorisierens, kleine Schritte zu machen und oft zu testen, hat sich über viele Jahre bewährt, besonders in der Smalltalk-Gemeinde. Daher bin ich zuversichtlich, dass die Grundidee des Refaktorisierens sehr stabil ist.

Die Refaktorisierungen in diesem Buch sind meine Notizen über Refaktorisierungen, die ich verwende. Ich habe sie alle benutzt. Es ist aber ein Unterschied, eine Refaktorisierung zu benutzen und sie in mechanische Schritte zu zerlegen, die ich hier vorstelle. Insbesondere sehen Sie manchmal Probleme, die nur unter ganz speziellen Umständen auftreten. Ich kann nicht behaupten, dass ich viele Leute gesehen hätte, die nach diesen Schritten vorgingen und auf viele solcher Probleme stießen. Wenn Sie die Refaktorisierungen verwenden, achten Sie genau darauf, was Sie tun. Denken Sie daran, dass es wie das Kochen nach einem Rezept ist; Sie müssen die Refaktorisierungen den Umständen anpassen. Stoßen Sie auf ein interessantes Problem, schreiben Sie mir eine E-Mail, und ich werde versuchen, diese Umstände an andere weiterzugeben.

Ein anderer Aspekt, an den Sie denken müssen, ist, dass diese Refaktorisierungen für Software geschrieben wurden, die nur einen Prozess verwendet. Mit der Zeit, hoffe ich, wird es auch Refaktorisierungen für die Verwendung in der nebenläufigen und verteilten Programmierung geben. Dies werden andere Refaktorisierungen sein. In Software innerhalb eines Prozesses brauchen Sie sich z.B. keine Gedanken darüber machen, wie oft Sie eine Methode aufrufen; Methodenaufrufe sind billig. Bei verteilter Software müssen Rundreisen aber minimiert werden. Es gibt andere Refaktorisierungen für diese Arten der Programmierung, aber das sind Themen für ein anderes Buch.

Viele der Refaktorisierungen wie *Typenschlüssel durch Zustand/Strategie ersetzen (231)* und *Template-Methode bilden (355)* haben mit der Einführung von Entwurfsmustern in ein System zu tun, wie es schon im grundlegenden Buch der Viererbande heißt: »Entwurfsmuster … bieten Ziele für Refaktorisierungen.« Es gibt eine natürliche Beziehung zwischen Entwurfsmustern und Refaktorisierungen. Entwurfsmuster sind das, wo Sie hinwollen; Refaktorisierungen sind Wege, um dort hinzukommen. Ich habe nicht für alle bekannten Entwurfsmuster Refaktorisierungen in diesem Buch, nicht einmal für alle aus dem Buch der Viererbande [Gang of Four]. Auch in dieser Hinsicht ist dieser Katalog unvollständig. Ich hoffe, dass die Lücken eines Tages geschlossen werden.

Wenn Sie diese Refaktorisierungen verwenden, denken Sie daran, dass dies nur der Anfang ist. Sie werden zweifellos Lücken darin entdecken. Ich veröffentliche sie jetzt, nicht weil sie perfekt sind, sondern weil ich meine, dass sie nützlich sind. Ich glaube, sie geben Ihnen einen Ausgangspunkt, der Ihre Fähigkeit, effizient zu refaktorisieren, verbessert. Das ist es, was sie für mich leisten.

Wenn Sie mehr Refaktorisierungen verwenden, werden Sie, so hoffe ich, beginnen, Ihre eigenen zu entwickeln. Ich hoffe, die Beispiele in diesem Buch motivieren Sie und geben Ihnen einen Ausgangspunkt, wie Sie dies machen können. Ich bin mir bewusst, dass es sehr viel mehr Refaktorisierungen gibt, als die, die ich beschrieben habe. Wenn Sie auf weitere kommen, schicken Sie mir bitte eine E-Mail.

6 Methoden zusammenstellen

Ein großer Teil meiner Refaktorisierungen stellt Methoden zusammen, um Code ordentlich zu strukturieren. Fast rühren die Probleme daher, dass Methoden zu lang sind. Lange Methoden machen deshalb Ärger, weil sie oft viele Informationen enthalten, die unter der komplexen Logik begraben liegen, die meistens mit hineingezogen wird. Die Schlüsselrefaktorisierung hierfür ist *Methode extrahieren (106)*, die ein Stück Code nimmt und daraus eine eigene Methode macht. *Methode integrieren (114)* ist im Wesentlichen das Gegenteil davon. Sie nehmen einen Methodenaufruf und ersetzen ihn durch den Code der Methode. Ich verwende *Methode integrieren (114)*, wenn ich oft extrahiert habe und einige der entstandenen Methoden zu wenig tun oder wenn ich die Zerlegung in Methoden reorganisieren muss.

Das größte Problem bei *Methode extrahieren (106)* ist der Umgang mit lokalen Variablen, und temporäre Variablen die sind häufigste Ursache dieses Problems. Arbeite ich an einer Methode, so verwende ich gern *Temporäre Variable durch Abfrage ersetzen (117)*, um alle temporären Variablen loszuwerden, die ich entfernen kann. Wird eine temporäre Variable für viele Dinge verwendet, so setze ich zunächst *Temporäre Variable zerlegen (125)* ein, um die temporären Variablen leichter ersetzbar zu machen.

Manchmal sind die temporären Variablen aber einfach zu verheddert, um sie zu ersetzen. Dann brauche ich *Methode durch Methodenobjekt ersetzen (132)*. Dies ermöglicht es mir, auch die verworrenste Methode zu zerlegen, allerdings auf Kosten einer neuen Klasse, um die Arbeit zu machen.

Parameter sind ein kleineres Problem als temporäre Variablen, solange man ihnen keine Werte zuweist. Wenn doch, brauchen Sie *Zuweisungen auf Parameter entfernen (128)*.

Nachdem die Methode zerlegt ist, kann ich viel besser verstehen, wie sie arbeitet. Vielleicht stelle ich auch fest, dass der Algorithmus verbessert werden kann, um ihn klarer zu gestalten. Dann verwende ich *Algorithmus ersetzen (136)*, um einen klareren Algorithmus einzuführen.

6.1 Methode extrahieren

Sie haben ein Codefragment, das zusammengefasst werden kann.

Machen Sie aus diesem Fragment eine Methode, deren Name die Aufgabe der Methode erklärt.

```
void printOwing(double amount) {
    printBanner();

    //print details
    System.out.println ("name:" + _name);
    System.out.println ("amount" + amount);
}
```

⇓

```
void printOwing(double amount) {
     printBanner();
     printDetails(amount);
}

void printDetails (double amount) {
    System.out.println ("name:" + _name);
    System.out.println ("amount" + amount);
}
```

6.1.1 Motivation

Methode extrahieren ist eine der Refaktorisierungen, die ich am häufigsten verwende. Ich sehe eine Methode, die zu lang ist, oder Code, der eines Kommentars bedarf, um seine Aufgabe zu verstehen. Dann mache ich aus dem Codefragment eine eigene Methode.

Ich bevorzuge kurze, wohlbezeichnete Methoden aus verschiedenen Gründen. Erstens erhöht es die Wahrscheinlichkeit, dass andere Methoden die Methode verwenden können, wenn sie feinkörnig ist. Zweitens kann man dann Methoden höherer Ebene wie eine Folge von Kommentaren lesen. Auch ein Überschreiben ist einfacher, wenn die Methoden feinkörnig sind.

Wenn Sie an größere Methoden gewöhnt sind, ist das für Sie eine Umstellung. Kleine Methoden funktionieren nur, wenn Sie gute Namen haben; Sie müssen also sehr auf die Benennung achten. Manchmal werde ich gefragt, welche Länge ich von einer Methode erwarte. Für mich ist nicht die Länge das Thema. Entscheidend ist die semantische Distanz zwischen dem Methodennamen und dem Methodenrumpf. Wenn das Extrahieren die Klarheit erhöht, extrahieren Sie, selbst wenn der Name länger ist als der Code, den Sie extrahieren.

6.1.2 Vorgehen

- Erstellen Sie eine neue Methode, und benennen Sie diese nach der Aufgabe der Methode. (Benennen Sie sie danach, was sie tut, und nicht danach, wie sie es tut.)

  ⇛ *Auch wenn der Code, den Sie extrahieren, sehr einfach ist, wie eine einzelne Nachricht oder ein Funktionsaufruf, sollten Sie ihn extrahieren, falls der Name der neuen Methode die Absicht des Codes besser vermittelt. Fällt Ihnen kein aussagekräftigerer Name ein, so lassen Sie das Extrahieren sein.*

- Kopieren Sie den extrahierten Code von der Ausgangsmethode in die neue Methode.
- Gehen Sie den extrahierten Code auf Referenzen auf irgendwelche Variablen durch, die nur lokal in der Ausgangsmethode gültig sind. Dies sind die lokalen Variablen und die Parameter der Methode.
- Prüfen Sie, ob irgendwelche temporären Variablen nur im extrahierten Code benutzt werden. Wenn ja, deklarieren Sie diese in der neuen Methode als temporäre Variable.
- Prüfen Sie, ob irgendwelche dieser lokal gültigen Variablen vom extrahierten Code verändert werden. Wird eine Variable verändert, so untersuchen Sie, ob Sie den extrahierten Code als Abfrage behandeln und das Ergebnis der betreffenden Variablen zuweisen können. Ist das mühselig oder gibt es mehr als eine solche Variable, so können Sie die Methode so nicht extrahieren. Sie müssen dann vielleicht *Temporäre Variable zerlegen (125)* anwenden und es erneut versuchen. Sie können temporäre Variablen mittels *Temporäre Variable durch Abfrage ersetzen (117)* eliminieren (siehe die Diskussion in den Beispielen).
- Übergeben Sie der neuen Methode die lokal gültigen Variablen, die im extrahierten Code gelesen werden, als Parameter.
- Wandeln Sie den Code um, wenn Sie mit allen lokal gültigen Variablen so verfahren sind.
- Ersetzen Sie den extrahierten Code in der Ausgangsmethode durch einen Aufruf der neuen Methode.

⇛ *Wenn Sie eine temporäre Variable in die neue Methode verschoben haben, sehen Sie nach, ob Sie außerhalb des extrahierten Codes deklariert wurde. Wenn ja, können Sie diese Deklaration nun entfernen.*

- Wandeln Sie um und testen Sie.

6.1.3 Beispiel: Ohne lokale Variablen

Im einfachsten Fall ist *Methode extrahieren (106)* trivial. Nehmen Sie die folgende Methode:

```
void printOwing() {

    Enumeration e = _orders.elements();
    double outstanding = 0.0;

    // print banner
    System.out.println ("**************************");
    System.out.println ("***** Customer Owes ******");
    System.out.println ("**************************");

    // calculate outstanding
    while (e.hasMoreElements()) {
        Order each = (Order) e.nextElement();
        outstanding += each.getAmount();
    }

    //print details
    System.out.println ("name:" + _name);
    System.out.println ("amount" + outstanding);
}
```

Es ist leicht, den Code zu extrahieren, der die Überschrift (banner) druckt. Ich schneide aus, kopiere und füge einen Aufruf ein:

```
void printOwing() {

    Enumeration e = _orders.elements();
    double outstanding = 0.0;

    printBanner();

    // calculate outstanding
    while (e.hasMoreElements()) {
        Order each = (Order) e.nextElement();
```

```
        outstanding += each.getAmount();
    }

    //print details
    System.out.println ("name:" + _name);
    System.out.println ("amount" + outstanding);
}

void printBanner() {
    // print banner
    System.out.println ("**************************");
    System.out.println ("***** Customer Owes ******");
    System.out.println ("**************************");
}
```

6.1.4 Beispiel: Einsatz lokaler Variablen

Was also ist das Problem? Das Problem sind lokale Variablen: Parameter, die an die Originalmethode übergeben, und temporäre Variablen, die in der Originalmethode deklariert werden. Lokale Variablen sind nur innerhalb dieser Methode gültig. Wenn ich also *Methode extrahieren (106)* verwende, so machen mir diese Variablen mehr Arbeit. In manchen Fällen hindern sie mich daran, überhaupt zu refaktorisieren.

Der einfachste Fall lokaler Variablen liegt vor, wenn diese nur gelesen, aber nicht verändert werden. In diesem Fall kann ich sie einfach als Parameter übergeben – beispielsweise wenn ich die folgende Methode habe:

```
void printOwing() {

    Enumeration e = _orders.elements();
    double outstanding = 0.0;

    printBanner();

    // calculate outstanding
    while (e.hasMoreElements()) {
        Order each = (Order) e.nextElement();
        outstanding += each.getAmount();
    }

    //print details
    System.out.println ("name:" + _name);
    System.out.println ("amount" + outstanding);
}
```

Ich kann das Drucken der Details in eine Methode mit einem Parameter extrahieren:

```
void printOwing() {

    Enumeration e = _orders.elements();
    double outstanding = 0.0;

    printBanner();

    // calculate outstanding
    while (e.hasMoreElements()) {
        Order each = (Order) e.nextElement();
        outstanding += each.getAmount();
    }

    printDetails(outstanding);
}

void printDetails (double outstanding) {
    System.out.println ("name:" + _name);
    System.out.println ("amount" + outstanding);
}
```

Dies können Sie mit so vielen lokalen Variablen machen, wie es notwendig ist.

Das Gleiche gilt, wenn die lokale Variable ein Objekt ist, und Sie eine verändernde Methode dieses Objekts aufrufen. Wieder können Sie das Objekt einfach als Parameter übergeben. Sie müssen nur dann etwas anderes machen, wenn Sie der lokalen Variablen tatsächlich etwas zuweisen.

6.1.5 Beispiel: Neue Zuweisung einer lokalen Variablen

Es ist das Zuweisen zu lokalen Variablen, das kompliziert wird. In diesem Fall reden wir nur von temporären Variablen. Sehen Sie eine Zuweisung auf einen Parameter, so müssen Sie sofort *Zuweisungen auf Parameter entfernen (128)* verwenden.

Bei temporären Variablen, denen etwas zugewiesen wird, gibt es zwei Fälle. Im einfacheren Fall ist es eine temporäre Variable, die nur innerhalb des extrahierten Codes verwendet wird. Wenn das passiert, können Sie die temporäre Variable in den extrahierten Code übernehmen. Im anderen Fall wird die Variable außerhalb des Codes verwendet. Wird die Variable nach dem Extrahieren des Codes nicht mehr benötigt, so können Sie die Änderung einfach im extrahierten Code vornehmen. Wird sie danach verwendet, muss der extrahierte Code den veränderten Wert der Variablen zurückliefern. Ich kann das mit der folgenden Methode illustrieren:

```
void printOwing() {

    Enumeration e = _orders.elements();
    double outstanding = 0.0;

    printBanner();

    // calculate outstanding
    while (e.hasMoreElements()) {
        Order each = (Order) e.nextElement();
        outstanding += each.getAmount();
    }

    printDetails(outstanding);
}
```

Ich extrahiere nun die Berechnung:

```
void printOwing() {
    printBanner();
    double outstanding = getOutstanding();
    printDetails(outstanding);
}

double getOutstanding() {
    Enumeration e = _orders.elements();
    double outstanding = 0.0;
    while (e.hasMoreElements()) {
        Order each = (Order) e.nextElement();
        outstanding += each.getAmount();
    }
    return outstanding;
}
```

Die Variable vom Aufzählungstyp wird nur im extrahierten Code verwendet, so dass ich sie ganz in die neue Methode verschieben kann. Die Variable `outstanding` wird an beiden Stellen verwendet, so dass ich sie in der extrahierten Methode wieder benötige. Nachdem ich die Extraktion umgewandelt und getestet habe, benenne ich den Rückgabewert entsprechend meiner üblichen Konvention um:

```
double getOutstanding() {
    Enumeration e = _orders.elements();
    double result = 0.0;
    while (e.hasMoreElements()) {
        Order each = (Order) e.nextElement();
        result += each.getAmount();
    }
    return result;
}
```

In diesem Fall wird die Variable `outstanding` nur mit einem offensichtlichen Anfangswert initialisiert, so dass ich sie nur in der extrahierten Methode zu initialisieren brauche. Passiert etwas mehr mit dieser Variablen, so muss ich den vorherigen Wert als Parameter übergeben. Der Anfangscode für diese Variation sieht so aus:

```
void printOwing(double previousAmount) {

    Enumeration e = _orders.elements();
    double outstanding = previousAmount * 1.2;

    printBanner();

    // calculate outstanding
    while (e.hasMoreElements()) {
        Order each = (Order) e.nextElement();
        outstanding += each.getAmount();
    }

    printDetails(outstanding);
}
```

In diesem Fall sieht die Extraktion nun so aus:

```
void printOwing(double previousAmount) {
    double outstanding = previousAmount * 1.2;
    printBanner();
    outstanding = getOutstanding(outstanding);
    printDetails(outstanding);
}

double getOutstanding(double initialValue) {
    double result = initialValue;
    Enumeration e = _orders.elements();
    while (e.hasMoreElements()) {
```

```
        Order each = (Order) e.nextElement();
        result += each.getAmount();
    }
    return result;
}
```

Nachdem ich dies umgewandelt und getestet habe, bereinige ich die Art, wie die Variable `outstanding` initialisiert wird:

```
void printOwing(double previousAmount) {
    printBanner();
    double outstanding = getOutstanding(previousAmount * 1.2);
    printDetails(outstanding);
}
```

An diesem Punkt werden Sie sich vielleicht fragen: »Was passiert, wenn man mehr als eine Variable zurückgeben muss?«

Hierfür haben Sie verschiedene Optionen. Meistens ist es am besten, anderen Code zum Extrahieren zu nehmen. Ich ziehe es vor, wenn eine Methode einen Wert zurückgibt. Deshalb würde ich versuchen, mehrere Methoden für die verschiedenen Werte zu bilden. (Unterstützt Ihre Sprache Ausgabeparameter, so können Sie diese verwenden. Ich bevorzuge so oft wie möglich einzelne Rückgabewerte.)

Oft sind temporäre Variablen so zahlreich, dass sie das Extrahieren sehr mühselig machen. In solchen Fällen versuche ich, die Anzahl der temporären Variablen durch *Temporäre Variable durch Abfrage ersetzen (117)* zu verringern. Wenn die Dinge dann immer noch mühselig sind, greife ich zu *Methode durch Methodenobjekt ersetzen (132)*. Diese Refaktorisierung kümmert sich nicht darum, wie viele temporäre Variablen Sie haben und was Sie mit ihnen machen.

6.2 Methode integrieren

Der Rumpf einer Methode ist genauso klar wie ihr Name.

Packen Sie den Rumpf der Methode in den Rumpf des Aufrufers, und entfernen Sie die Methode.

```
int getRating() {
    return (moreThanFiveLateDeliveries()) ? 2 : 1;
}
boolean moreThanFiveLateDeliveries() {
    return _numberOfLateDeliveries > 5;
}
```

⇓

```
int getRating() {
    return (_numberOfLateDeliveries > 5) ? 2 : 1;
}
```

6.2.1 Motivation

Ein Thema dieses Buches ist es, kurze Methoden zu verwenden, die nach ihren Absichten benannt sind, denn diese Methoden führen zu klarerem und leichter lesbarem Code. Manchmal treffen Sie aber auf eine Methode, deren Rumpf ebenso klar ist, wie ihr Name. Oder Sie refaktorisieren einen Rumpf des Codes in etwas, das genauso klar ist wie der Name. Wenn dies passiert, sollten Sie sich der Methode entledigen. Indirektion kann hilfreich sein, aber eine unnütze Indirektion irritiert.

Sie können *Methode integrieren (114)* auch dann einsetzen, wenn Sie eine Gruppe von Methoden haben, die schlecht faktorisiert erscheint. Sie fassen Sie zu einer großen Methode zusammen und extrahieren die Methoden dann erneut. Kent Beck meint, dass dies oft gut ist, bevor man *Methode durch Methodenobjekt ersetzen (132)* verwendet. Sie integrieren die verschiedenen Aufrufe, die die Methode macht und die ein Verhalten haben, das Sie in dem Methodenobjekt haben möchten. Es ist einfacher, eine Methode zu verschieben als eine Methode und ihre aufgerufenen Methoden.

Ich verwende *Methode integrieren (114)* für gewöhnlich, wenn zu viele Indirektionen verwendet werden; so viele, dass es aussieht, als ob jede Methode an eine andere Methode delegiert und ich mich in diesen ganzen Delegationen verliere. In solchen Fällen sind einige der Indirektionen nützlich, aber nicht alle. Indem ich versuche zu integrieren, kann ich die nützlichen Indirektionen aufspüren und den Rest elimieren.

6.2.2 Vorgehen

- Prüfen Sie, ob die Methode nicht polymorph ist.

  ⇛ *Integrieren Sie nicht, wenn Unterklassen die Methode überschreiben; sie können keine Methode überschreiben, die nicht mehr da ist.*

- Finden Sie alle Aufrufe der Methode.
- Ersetzen Sie jeden Aufruf durch den Methodenrumpf.
- Wandeln Sie um und testen Sie.
- Entfernen Sie die Definition der Methode.

So beschrieben, ist *Methode integrieren (114)* einfach. Im Allgemeinen ist es dies nicht. Ich könnte viele Seiten darüber schreiben, wie man Rekursion, mehrere Rücksprungpunkte oder das Integrieren in ein anderes Objekt behandelt, wenn Sie keine Zugriffsmethoden haben usw. Ich tue es nicht, denn wenn Sie auf diese Schwierigkeiten stoßen, sollten Sie diese Refaktorisierung nicht durchführen.

6.3 Temporäre Variable integrieren

Sie haben eine temporäre Variable, der einmal ein einfacher Ausdruck zugewiesen wird, und diese temporäre Variable kommt Ihnen bei anderen Refaktorisierungen in den Weg.

Ersetzen Sie alle Referenzen der Variablen durch diesen Ausdruck.

```
double basePrice = anOrder.basePrice();
return (basePrice > 1000)
```

⇓

```
return (anOrder.basePrice() > 1000)
```

6.3.1 Motivation

In den meisten Fällen kommt *Temporäre Variable integrieren* als Teil von *Temporäre Variable durch Abfrage ersetzen (117)* zum Einsatz, so dass sich die wirkliche Motivation dort findet. Der einzige Fall, in dem *Temporäre Variable integrieren* allein verwendet wird, liegt vor, wenn Sie eine temporäre Variable entdecken, der der Rückgabewert eines Methodenaufrufs zugewiesen wird. Häufig schadet eine solche temporäre Variable nicht, und Sie können sie gefahrlos so lassen. Kommt Ihnen die temporäre Variable bei anderen Refaktorisierungen in die Quere, wie *Methode extrahieren (106)*, so ist es an der Zeit, sie zu integrieren.

6.3.2 Vorgehen

- Deklarieren Sie die temporäre Variable als final, sofern sie das nicht schon ist, und wandeln Sie den Code um.

  ⇛ *Das überprüft, dass der temporären Variablen wirklich nur einmal etwas zugewiesen wird.*

- Finden Sie alle Referenzen auf die Variable, und ersetzen Sie sie durch die rechte Seite der Zuweisung.
- Wandeln Sie um und testen Sie nach jeder Änderung.
- Entfernen Sie die Deklaration und die Zuweisung der temporären Variablen.
- Wandeln Sie um und testen Sie.

6.4 Temporäre Variable durch Abfrage ersetzen

Sie verwenden eine temporäre Variable, um das Ergebnis eines Ausdrucks zu speichern.

Extrahieren Sie den Ausdruck in eine Methode. Ersetzen Sie alle Referenzen der Variablen durch den Aufruf der Methode. Die neue Methode kann dann in anderen Methoden benutzt werden.

```
double basePrice = _quantity * _itemPrice;
if (basePrice > 1000)
    return basePrice * 0.95;
else
    return basePrice * 0.98;
```

⇓

```
if (basePrice() > 1000)
    return basePrice() * 0.95;
else
    return basePrice() * 0.98;
...
double basePrice() {
       return _quantity * _itemPrice;
}
```

6.4.1 Motivation

Das Problem mit temporären Variablen ist, dass sie temporär und lokal sind. Da sie nur im Kontext der Methode zu sehen sind, in der sie benutzt werden, fördern sie das Schreiben langer Methoden, weil das der einzige Weg ist, sie zu verwenden. Ersetzt man die temporäre Variable durch eine Abfrage, so kann jede Methode der Klasse an diese Information herankommen. Das fördert sehr die Entstehung klareren Codes in der Klasse.

Temporäre Variable durch Abfrage ersetzen (117) ist oft ein absolut notwendiger Schritt vor *Methode extrahieren (106)*. Lokale Variablen machen das Extrahieren schwierig, versuchen Sie also, so viele Variablen durch Abfragen zu ersetzen, wie Sie können.

In den einfachen Fällen dieser Refaktorisierung werden die temporären Variablen nur einmal zugewiesen, oder der Ausdruck, der zugewiesen wird, ist frei von Seiteneffekten. Andere Fälle sind schwieriger, aber auch möglich. Es kann sein, dass Sie zunächst *Temporäre Variable zerlegen (125)* oder *Abfrage von Veränderung trennen (285)* einsetzen müssen, um die Verhältnisse zu vereinfachen. Wird die temporäre Variable verwendet, um ein Ergebnis zu sammeln (wie eine Summe in einer Schleife), so müssen Sie einige Logik in die Abfragemethode kopieren.

6.4.2 Vorgehen

Hier ist der einfachste Fall:

- Suchen Sie eine temporäre Variable, der einmal etwas zugewiesen wird.

  ⇛ *Wird eine temporäre Variable mehr als einmal gesetzt, so sollten Sie erwägen, Temporäre Variable zerlegen (125) einzusetzen.*

- Deklarieren Sie die Variable als final.
- Wandeln Sie den Code um.

  ⇛ *Das stellt sicher, dass die Variable wirklich nur einmal gesetzt wird.*

- Extrahieren Sie die rechte Seite der Zuweisung in eine Methode.

  ⇛ *Deklarieren Sie die Methode zunächst als privat. Sie können später weitere Verwendungsmöglichkeiten finden, aber es ist ein Leichtes, den Schutz zu reduzieren.*

  ⇛ *Stellen Sie sicher, dass die extrahierte Methode frei von Seiteneffekten ist, d.h. dass sie kein anderes Objekt verändert. Ist sie nicht frei von Seiteneffekten, verwenden Sie Abfrage von Veränderung trennen (285).*

- Wandeln Sie um und testen Sie.
- Wenden Sie *Temporäre Variable durch Abfrage ersetzen (117)* auf die temporäre Variable an.

Temporäre Variablen werden häufig verwendet, um zusammenfassend Informationen in Schleifen zu speichern. Die ganze Schleife kann in eine Methode extrahiert werden; das entfernt einige Zeilen störenden Codes. Manchmal dient eine Schleife dazu, mehrere Werte aufzusummieren. In diesem Fall duplizieren Sie die Schleife für jede temporäre Variable, so dass Sie jede temporäre Variable durch eine Abfrage ersetzen können. Die Schleife sollte sehr einfach sein, so dass mit der Duplikation des Codes wenig Gefahren verbunden sind.

Sie mögen sich in diesem Fall Sorgen über die Performance machen. Lassen Sie dies wie auch andere Performance-Fragen für den Augenblick außer Betracht. In neun von zehn Fällen wird es keine Rolle spielen. Und wenn es eine Rolle spielt, beheben Sie das Problem während der Optimierung. Mit Ihrem besser refaktorisierten Code werden Sie oft leistungsfähigere Optimierungen finden, die Sie ohne Refaktorisieren übersehen hätten. Wenn alles schief geht, können Sie immer noch leicht die temporäre Variable wieder einführen.

6.4.3 Beispiel

Ich beginne mit einer einfachen Methode:

```
double getPrice() {
    int basePrice = _quantity * _itemPrice;
    double discountFactor;
    if (basePrice > 1000) discountFactor = 0.95;
    else discountFactor = 0.98;
    return basePrice * discountFactor;
}
```

Ich neige dazu, beide temporären Variablen auf einmal zu ersetzen.

Obwohl es in diesem Fall ziemlich klar ist, kann ich testen, ob beiden temporären Variablen nur einmal zugewiesen wird, indem ich sie als final deklariere.

```
double getPrice() {
    final int basePrice = _quantity * _itemPrice;
    final double discountFactor;
    if (basePrice > 1000) discountFactor = 0.95;
    else discountFactor = 0.98;
    return basePrice * discountFactor;
}
```

Das Umwandeln wird mich auf etwaige Probleme hinweisen. Ich mache dies als erstes, denn wenn es ein Problem gibt, so sollte ich diese Refaktorisierung nicht durchführen. Ich extrahiere deshalb nur jeweils eine temporäre Variable. Zuerst extrahiere ich die rechte Seite der Zuweisung:

```
double getPrice() {
    final int basePrice = basePrice();
    final double discountFactor;
    if (basePrice > 1000) discountFactor = 0.95;
    else discountFactor = 0.98;
    return basePrice * discountFactor;
```

```
}

private int basePrice() {
    return _quantity * _itemPrice;
}
```

Ich wandle um und teste, dann beginne ich mit *Temporäre Variable durch Abfrage (117)* ersetzen. Als erstes ersetze ich die erste Referenz auf die temporäre Variable:

```
double getPrice() {
    final int basePrice = basePrice();
    final double discountFactor;
    if (basePrice() > 1000) discountFactor = 0.95;
    else discountFactor = 0.98;
    return basePrice * discountFactor;
}
```

Umwandeln, testen und die nächste (das hört sich an wie der Anführer bei einer Polonaise). Da dies die letzte Referenz ist, entferne ich auch gleich die Deklaration der temporären Variablen:

```
double getPrice() {
    final double discountFactor;
    if (basePrice() > 1000) discountFactor = 0.95;
    else discountFactor = 0.98;
    return basePrice() * discountFactor;
}
```

Nachdem diese Deklaration verschwunden ist, kann ich mit `discountFactor` ähnlich verfahren:

```
double getPrice() {
    final double discountFactor = discountFactor();
    return basePrice() * discountFactor;
}

private double discountFactor() {
    if (basePrice() > 1000) return 0.95;
    else return 0.98;
}
```

Beachten Sie, wie schwierig es gewesen wäre, `discountFactor` zu extrahieren, wenn ich `basePrice` nicht durch eine Abfrage ersetzt hätte.

Die getPrice-Methode sieht nun so aus:

```
double getPrice() {
    return basePrice() * discountFactor();
}
```

6.5 Erklärende Variable einführen

Sie haben einen komplizierten Ausdruck.

Stecken Sie das Ergebnis des Ausdrucks oder eines Teils davon in eine temporäre Variable mit einem Namen, der ihre Aufgabe erläutert.

```
if ((platform.toUpperCase().indexOf("MAC") > -1) &&
      (browser.toUpperCase().indexOf("IE") > -1) &&
       wasInitialized() && resize > 0 )
 {
   // do something
 }
```

⇓

```
final boolean isMacOs     = platform.toUpperCase().indexOf("MAC") > -1;
final boolean isIEBrowser = browser.toUpperCase().indexOf("IE")  > -1;
final boolean wasResized  = resize > 0;

if (isMacOs && isIEBrowser && wasInitialized() && wasResized) {
   // do something
}
```

6.5.1 Motivation

Ausdrücke können sehr komplex werden und sind dann schwer zu lesen. In solchen Situationen können temporäre Variablen hilfreich sein, um den Ausdruck so zu zerlegen, dass er besser zu handhaben wird.

Erklärende Variable einführen ist besonders bei Bedingungen hilfreich, in denen es nützlich ist, eine Klausel der Bedingung zu nehmen und durch eine sinnvoll benannte temporäre Variable zu erläutern. Ein anderer Fall ist ein langer Algorithmus, in dem jeder Schritt der Berechnung durch eine temporäre Variable erläutert werden kann.

Erklärende Variable einführen ist eine sehr häufig vorkommende Refaktorisierung, aber ich gestehe, dass ich sie nicht oft verwende. Fast immer ziehe ich es vor, *Methode extrahieren (106)* zu verwenden, sofern dies möglich ist. Eine temporäre Variable ist nur im Kontext einer Methode nützlich. Eine Methode ist durch das ganze Objekt und für andere Objekte nützlich. Es gibt aber Fälle, in denen lokale Variablen es schwierig machen, *Methode extrahieren (106)* zu verwenden. In diesen Fällen verwende ich *Erklärende Variable einführen (121)*.

6.5.2 Vorgehen

- Deklarieren Sie eine finale temporäre Variable, und setzen Sie gleich dem Ergebnis eines Teils eines komplexen Ausdrucks.
- Ersetzen Sie den entsprechenden Teil des Ausdrucks durch den Wert der Variablen.

  ⇛ *Wird das Ergebnis wiederholt, so können Sie jeweils eine Wiederholung ersetzen.*
- Wandeln Sie um und testen Sie.
- Wiederholen Sie dies für andere Teile des Ausdrucks.

6.5.3 Beispiel

Ich beginne mit einer einfachen Berechnung:

```
double price() {
    // price is base price - quantity discount + shipping
    return _quantity * _itemPrice -
        Math.max(0, _quantity - 500) * _itemPrice * 0.05 +
        Math.min(_quantity * _itemPrice * 0.1, 100.0);
}
```

So einfach dies auch sein mag, ich kann diese Berechnung noch leichter verständlich machen. Zuerst identifziere ich den Basispreis als Menge mal Stückpreis. Diesen Teil der Berechnung speichere ich in einer temporären Variablen `basePrice`:

```
double price() {
    // price is base price - quantity discount + shipping
    final double basePrice = _quantity * _itemPrice;
    return basePrice -
        Math.max(0, _quantity - 500) * _itemPrice * 0.05 +
        Math.min(_quantity * _itemPrice * 0.1, 100.0);
}
```

Menge (quantity) mal Stückpreis (itemPrice) wird auch später noch benutzt, also kann ich es auch dort durch die temporäre Variable ersetzen:

```
double price() {
    // price is base price - quantity discount + shipping
    final double basePrice = _quantity * _itemPrice;
    return basePrice -
        Math.max(0, _quantity - 500) * _itemPrice * 0.05 +
        Math.min(basePrice * 0.1, 100.0);
}
```

Als nächstes nehme ich den Mengenrabatt (`quantityDiscount`):

```
double price() {
    // price is base price - quantity discount + shipping
    final double basePrice = _quantity * _itemPrice;
    final double quantityDiscount = Math.max(0, _quantity - 500) * _itemPrice *
0.05;
    return basePrice - quantityDiscount +
        Math.min(basePrice * 0.1, 100.0);
}
```

Schließlich höre ich mit den Versandkosten (`shipping`) auf. Während ich das mache, kann ich auch den Kommentar entfernen, da er nicht mehr aussagt als der Code:

```
double price() {
    final double basePrice = _quantity * _itemPrice;
    final double quantityDiscount = Math.max(0, _quantity - 500) *
                                    _itemPrice * 0.05;
    final double shipping = Math.min(basePrice * 0.1, 100.0);
    return basePrice - quantityDiscount + shipping;
}
```

6.5.4 Beispiel mit *Methode extrahieren*

In diesem Beispiel hätte ich für gewöhnlich nicht die erklärenden temporären Variablen gewählt. Ich hätte es vorgezogen *Methode extrahieren (106)* einzusetzen. Ich beginne wieder mit

```
double price() {
    // price is base price - quantity discount + shipping
    return _quantity * _itemPrice -
        Math.max(0, _quantity - 500) * _itemPrice * 0.05 +
        Math.min(_quantity * _itemPrice * 0.1, 100.0);
}
```

aber dieses Mal extrahiere ich eine Methode für den Basispreis (basePrice):

```
double price() {
    // price is base price - quantity discount + shipping
    return basePrice() -
        Math.max(0, _quantity - 500) * _itemPrice * 0.05 +
        Math.min(basePrice() * 0.1, 100.0);
}

private double basePrice() {
    return _quantity * _itemPrice;
}
```

Ich mache wieder jeweils einen Schritt. Wenn ich fertig bin, habe ich:

```
double price() {
    return basePrice() - quantityDiscount() + shipping();
}

private double quantityDiscount() {
    return Math.max(0, _quantity - 500) * _itemPrice * 0.05;
}

private double shipping() {
    return Math.min(basePrice() * 0.1, 100.0);
}

private double basePrice() {
    return _quantity * _itemPrice;
}
```

Ich bevorzuge *Methode extrahieren (106)*, da diese Methoden nun für alle andere Teile des Objekts verfügbar sind, die sie benötigen. Für den Anfang mache ich sie privat, aber ich kann das immer abschwächen, wenn andere Objekte sie benötigen. Ich finde, es ist meistens keine größere Anstrengung, *Methode extrahieren (106)* einzusetzen als *Erklärende Variable einführen (121)*.

Wann also verwende ich *Erklärende Variable einführen (121)*? Die lautet: wenn *Methode extrahieren (106)* mehr Arbeit macht. Stecke ich in einem Algorithmus mit vielen lokalen Variablen, so kann ich *Methode extrahieren (106)* vielleicht nicht einfach anwenden. In diesem Fall verwende ich *Erklärende Variable einführen (121)*, um mir zu helfen zu verstehen, was vorgeht. Wird die Logik weniger verworren, so kann ich immer noch *Temporäre Variable durch Abfragen ersetzen (117)* anwenden. Die temporäre Variable ist auch nützlich, wenn ich am Ende *Methode durch Methodenobjekt ersetzen (132)* anwenden muss.

6.6 Temporäre Variable zerlegen

Sie haben eine temporäre Variable, der mehrfach etwas zugewiesen wird; es ist aber weder eine Schleifenvariable noch eine Ergebnisse sammelnde temporäre Variable.

Definieren Sie für jede Zuweisung eine temporäre Variable.

```
double temp = 2 * (_height + _width);
System.out.println (temp);
temp = _height * _width;
System.out.println (temp);
```

⇓

```
final double perimeter = 2 * (_height + _width);
System.out.println (perimeter);
final double area = _height * _width;
System.out.println (area);
```

6.6.1 Motivation

Temporäre Variablen sind für verschiedene Aufgaben da. Einige dieser Aufgaben führen auf natürliche Weise dazu, dass der Variablen mehrfach etwas zugewiesen wird. Schleifenvariablen [Beck] ändern sich mit jedem Schleifendurchlauf (wie das `i` in `for (int i=0; i<10; i++)`). Sammelnde Variablen [Beck] sammeln einen Wert ein, der in der Methode aufgebaut wird.

Viele andere temporäre Variablen halten das Ergebnis eines lang sich dahinwindenden Stücks Code fest, um später leicht darauf zugreifen zu können. Solchen Variablen sollte nur einmal etwas zugewiesen werden. Wird ihnen mehrfach etwas zugewiesen, so ist dies ein Zeichen, dass sie in der Methode mehr als eine Verantwortlichkeit haben. Jede Variable mit mehr als einer Verantwortlichkeit sollte durch eine eigene Variable für jede der Verantwortlichkeiten ersetzt werden. Eine temporäre Variable für zwei verschiedene Dinge zu verwenden, verwirrt den Leser.

6.6.2 Vorgehen

- Ändern Sie den Namen der temporären Variablen in der Deklaration und der ersten Zuweisung.

  ⇛ *Wenn die späteren Zuweisungen die Form »i = i + ein Ausdruck« haben, so weist dies auf eine sammelnde Variable hin, also zerlegen Sie sie nicht. Die Operatoren für sammelnde Variablen sind meistens Addition, String-Verkettung, Schreiben auf einen Stream oder Hinzufügen zu einer Collection.*

- Deklarieren Sie die neue Variable als final.
- Ändern Sie alle Referenzen auf die Variable bis zu ihrer zweiten Zuweisung.
- Deklarieren Sie die Variable bei ihrer zweiten Zuweisung.
- Wandeln Sie um und testen Sie.
- Wiederholen Sie dies in Stufen, indem Sie auf jeder Stufe bei der Deklaration die Variable umbenennen und die Referenzen bis zur nächsten neuen Zuweisung anpassen.

6.6.3 Beispiel

Für dieses Beispiel berechne ich die Entfernung, die ein Haggis[1] zurücklegt. Aus der Ruhelage erfährt der Haggis eine Anfangsbeschleunigung. Nach einer Wartezeit kommt eine zweite Kraft, die den Haggis weiter beschleunigt. Mittels der allgemeinen Bewegungsgesetze kann ich die zurückgelegte Entfernung wie folgt berechnen:

```
double getDistanceTravelled (int time) {
    double result;
    double acc = _primaryForce / _mass;
    int primaryTime = Math.min(time, _delay);
    result = 0.5 * acc * primaryTime * primaryTime;
    int secondaryTime = time - _delay;
    if (secondaryTime > 0) {
        double primaryVel = acc * _delay;
        acc = (_primaryForce + _secondaryForce) / _mass;
```

1. Anm. d. Ü.: Haggis ist eine schottische Spezialität: im Schafsmagen gegarte Schafsinnereien. Die Form ähnelt einem Ball.

```
        result +=  primaryVel * secondaryTime + 0.5 * acc * secondaryTime *
secondaryTime;
    }
    return result;
}
```

Dies ist eine schrecklich nette kleine Funktion. Die interessante Sache für unser Beispiel ist die Variable acc, die zweimal gesetzt wird. Sie hat zwei Aufgaben: Erst speichert sie die Anfangsbeschleunigung und später die Beschleunigung durch zwei Kräfte. Diese Variable will ich zerlegen.

Ich beginne, indem ich den Namen der Variablen ändere und den neuen Namen als final deklariere. Dann ändere ich alle Referenzen der Variablen bis zur nächsten Zuweisung. Bei der nächsten Zuweisung deklariere ich die alte Variable:

```
double getDistanceTravelled (int time) {
    double result;
    final double primaryAcc = _primaryForce / _mass;
    int primaryTime = Math.min(time, _delay);
    result = 0.5 * primaryAcc * primaryTime * primaryTime;
    int secondaryTime = time - _delay;
    if (secondaryTime > 0) {
        double primaryVel = primaryAcc * _delay;
        double acc = (_primaryForce + _secondaryForce) / _mass;
        result +=  primaryVel * secondaryTime + 0.5 * acc * secondaryTime *
secondaryTime;
    }
    return result;
}
```

Ich wählte den neuen Namen, um nur die erste Verwendung der Variablen zu charakterisieren. Ich deklariere die Variable als final, um sicherzustellen, dass sie nur einmal gesetzt wird. Ich kann dann die Originalvariable bei ihrer zweiten Zuweisung deklarieren. Jetzt kann ich umwandeln und testen, und alles sollte funktionieren.

Ich fahre mit der zweiten Zuweisung der Variablen fort. Die entfernt den Originalnamen der Variablen ganz und ersetzt ihn durch einen Namen für die zweite Verwendung.

```
double getDistanceTravelled (int time) {
    double result;
    final double primaryAcc = _primaryForce / _mass;
    int primaryTime = Math.min(time, _delay);
    result = 0.5 * primaryAcc * primaryTime * primaryTime;
```

```
    int secondaryTime = time - _delay;
    if (secondaryTime > 0) {
        double primaryVel = primaryAcc * _delay;
        final double secondaryAcc = (_primaryForce + _secondaryForce) / _mass;
        result += primaryVel * secondaryTime + 0.5 *
                  secondaryAcc * secondaryTime * secondaryTime;
    }
    return result;
}
```

Ich bin sicher, Ihnen fallen hierfür noch viele weitere Refaktorisierungen ein. Viel Spaß dabei. (Ich bin sicher, es ist besser, als den Haggis zu essen.)

6.7 Zuweisungen zu Parametern entfernen

In Ihrem Code wird einem Parameter etwas zugewiesen.

Verwenden Sie statt dessen eine temporäre Variable.

```
int discount (int inputVal, int quantity, int yearToDate) {
    if (inputVal > 50) inputVal -= 2;
```

⇓

```
int discount (int inputVal, int quantity, int yearToDate) {
    int result = inputVal;
    if (inputVal > 50) result -= 2;
```

6.7.1 Motivation

Lassen Sie mich zuerst erklären, was der Ausdruck »einem Parameter etwas zuweisen« bedeutet. Wenn Sie ein Objekt namens *foo* übergeben, heißt »dem Parameter etwas zuweisen«, *foo* so zu ändern, dass *foo* auf ein anderes Objekt verweist. Ich habe kein Problem damit, etwas mit dem übergebenen Objekt zu machen; ich mache das laufend. Ich wehre mich nur dagegen, *foo* ganz durch ein anderes Objekt zu ersetzen:

```
void aMethod(Object foo) {
  foo.modifyInSomeWay();  // Das ist OK
  foo = anotherObject;    // Ärger und Verzweiflung werden folgen
```

Der Grund, warum ich dies nicht mag, ist die mangelnde Klarheit und die Verwirrung zwischen der *Übergabe eines Werts* (pass by value) und der *Übergabe einer Referenz* (pass by reference). Java verwendet ausschließlich die Übergabe eines Werts (s.u) und diese Diskussion unterstellt diese Verwendung.

Bei der Übergabe eines Wertes beeinflusst keine Änderung des Parameters die aufrufende Routine. Wer die Übergabe von Referenzen gewohnt ist, mag das als verwirrend empfinden.

Der andere Bereich, der Verwirrung stiften kann, befindet sich im Rumpf des Codes selber. Er wird viel klarer, wenn Sie einen Parameter nur verwenden, um das darzustellen, wofür er übergeben wurde, denn das ist eine konsistente Verwendung.

In Java weisen Sie Parametern nichts zu, und wenn Sie solchen Code sehen, wenden Sie *Zuweisungen zu Parametern entfernen* an.

Natürlich gilt diese Regel nicht unbedingt für andere Sprachen, die Ausgabeparameter verwenden, aber selbst in solchen Sprachen bevorzuge ich es, Ausgabeparameter so wenig wie möglich zu verwenden.

6.7.2 Vorgehen

- Erstellen Sie eine temporäre Variable für den Parameter.
- Ersetzen Sie alle Referenzen auf den Parameter, die nach der Zuweisung erfolgen, durch Referenzen auf die temporäre Variable.
- Ändern Sie die Zuweisung auf die temporäre Variable.
- Wandeln Sie um und testen Sie.

⇛ *Haben Sie es mit der Semantik einer Übergabe von Referenzen zu tun, so prüfen Sie, ob die aufrufende Methode den Parameter später noch verwendet. Prüfen Sie auch, wie viele Parameter als Referenz übergeben, zugewiesen und in dieser Methode später noch verwendet werden. Versuchen Sie einen einzelnen Wert als Rückgabewert zurückzugeben. Ist es mehr als einer, so prüfen Sie, ob Sie diesen Datenklumpen durch ein Objekt ersetzen oder separate Methoden bilden können.*

6.7.3 Beispiel

Ich beginne mit der folgenden einfachen Routine:

```
int discount (int inputVal, int quantity, int yearToDate) {
    if (inputVal > 50) inputVal -= 2;
    if (quantity > 100) inputVal -= 1;
    if (yearToDate > 10000) inputVal -= 4;
    return inputVal;
}
```

Das Ersetzen durch eine temporäre Variable führt zu:

```
int discount (int inputVal, int quantity, int yearToDate) {
    int result = inputVal;
    if (inputVal > 50) result -= 2;
    if (quantity > 100) result -= 1;
    if (yearToDate > 10000) result -= 4;
    return result;
}
```

Sie können diese Konvention durch das Schlüsselwort `final` erzwingen:

```
int discount (final int inputVal, final int quantity, final int yearToDate) {
    int result = inputVal;
    if (inputVal > 50) result -= 2;
    if (quantity > 100) result -= 1;
    if (yearToDate > 10000) result -= 4;
    return result;
}
```

Ich gebe zu, dass ich `final` selten verwende, da ich nicht finde, dass es bei kurzen Methoden viel zur Klarheit beiträgt. Ich verwende es bei langen Methoden, da es mir dort erkennen hilft, ob irgendetwas die Parameter ändert.

6.7.4 Übergabe von Werten in Java

Die Übergabe von Werten ist eine Quelle der Verwirrung in Java. Java verwendet ausschließlich und an allen Stellen die Übergabe eines Werts, so dass das folgende Programm:

```
class Param {
  public static void main(String[] args) {
      int x = 5;
      triple(x);
```

```
        System.out.println ("x nach triple: " + x);
    }
    private static void triple(int arg) {
        arg = arg * 3;
        System.out.println ("arg in triple: " + arg);
    }
}
```

die folgende Ausgabe erzeugt:

```
arg in triple: 15
x nach triple: 5
```

Die Verwirrung kommt mit Objekten auf. Angenommen, ich verwende ein Datum (`Date`), so produziert das Programm

```
class Param {

    public static void main(String[] args) {
        Date d1 = new Date ("1 Apr 98");
        nextDateUpdate(d1);
        System.out.println ("d1 nach nextDay: " + d1);

        Date d2 = new Date ("1 Apr 98");
        nextDateReplace(d2);
        System.out.println ("d2 nach nextDay: " + d2);
    }

    private static void nextDateUpdate (Date arg) {
        arg.setDate(arg.getDate() + 1);
        System.out.println ("arg in nextDay: " + arg);
    }

    private static void nextDateReplace (Date arg) {
        arg = new Date (arg.getYear(), arg.getMonth(), arg.getDate() + 1);
        System.out.println ("arg in nextDay: " + arg);
}
}
```

die Ausgabe:

```
arg in nextDay: Thu Apr 02 00:00:00 EST 1998
d1 nach nextDay: Thu Apr 02 00:00:00 EST 1998
arg in nextDay: Thu Apr 02 00:00:00 EST 1998
d2 nach nextDay: Wed Apr 01 00:00:00 EST 1998
```

Im Wesentlichen wird die Objektreferenz als Wert übergeben. Dies ermöglicht es mir, das Objekt zu verändern, berücksichtigt aber nicht die neue Zuweisung des Parameters.

Java 1.1 und neuere Versionen ermöglichen es, Parameter als `final` zu kennzeichnen; das verhindert die Zuweisung zu dieser Variablen. Es ermöglicht Ihnen weiterhin, das Objekt zu verändern, auf das die Variable verweist. Ich behandele Parameter immer als final, aber ich gebe zu, dass ich sie selten so in der Parameterliste kennzeichne.

6.8 Methode durch Methodenobjekt ersetzen

Sie haben eine lange Methode, die mehrere lokale Variablen so verwendet, dass Sie *Methode extrahieren (106)* nicht anwenden können.

Machen Sie aus der Methode ein eigenes Objekt, in dem die lokalen Variablen Felder dieses Objekts werden. Dann zerlegen Sie die Methode in andere Methoden auf dem gleichen Objekt.

```
class Order...
  double price() {
      double primaryBasePrice;
      double secondaryBasePrice;
      double tertiaryBasePrice;
      // long computation;
      ...
  }
```

⇓

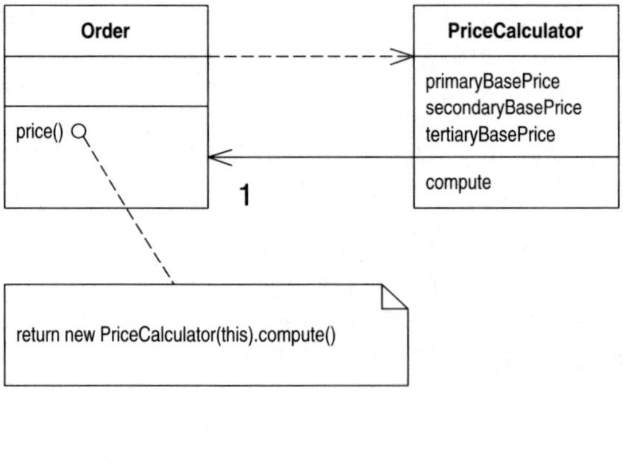

6.8.1 Motivation

In diesem Buch betone ich die Schönheit kleiner Methoden. Indem Sie Teile aus einer großen Methode herausziehen, können Sie die Dinge viel besser verständlich machen.

Die Schwierigkeit beim Zerlegen von Methoden werden durch lokalen Variablen verursacht. Wenn sie ausufern, ist die Zerlegung schwierig. Die Verwendung von *Temporäre Variable durch Abfrage ersetzen (117)* hilft diese Last zu reduzieren, aber manchmal stellen Sie fest, dass Sie eine Methode, die dies nötig hätte, einfach nicht zerlegt bekommen. In diesem Fall greifen Sie tief in Ihre Werkzeugkiste und nehmen Ihr Methodenobjekt [Beck].

Methode durch Methodenobjekt ersetzen (132) verwandelt alle diese lokalen Variablen in Felder des Methodenobjekts. Sie können nun *Methode extrahieren (106)* auf das neue Objekt anwenden und zusätzliche Methoden schaffen, die die Originalmethode zerlegen.

6.8.2 Vorgehen

Dies Beschreibung habe ich aus [Beck].

- Erstellen Sie eine neue Klasse, benennen Sie diese nach der Methode.
- Geben Sie der neuen Klasse ein finales Feld für das Objekt, zu dem die Methode ursprünglich gehörte (das Ausgangsobjekt) und ein Feld für jede temporäre Variable und jeden Parameter der Methode.
- Geben Sie der neuen Klasse einen Konstruktor, der das Ausgangsobjekt und alle Parameter erhält.
- Geben Sie der neuen Klasse eine Methode namens `compute`.
- Kopieren Sie den Rumpf der Originalmethode in `compute`. Verwenden Sie das Ausgangsobjektfeld für den Aufruf irgenwelcher Methoden des Originalobjekts.
- Wandeln Sie um.
- Ersetzen Sie die alte Methode durch eine, die das neue Objekt erstellt und `compute` aufruft.

Nun kommt der angenehme Teil. Da alle lokalen Variablen nun Felder sind, können Sie die Methode ungehindert zerlegen, ohne irgendwelche Parameter übergeben zu müssen.

6.8.3 Beispiel

Ein echtes Beispiel hierfür würde ein langes Kapitel erfordern, also zeige ich diese Refaktorisierung an einer Methode, bei der sie nicht erforderlich wäre. (Fragen Sie mich nicht, was diese Methode soll, ich habe sie einfach so geschrieben.)

```
Class Account
  int gamma (int inputVal, int quantity, int yearToDate) {
  int importantValue1 = (inputVal * quantity) + delta();
  int importantValue2 = (inputVal * yearToDate) + 100;
  if ((yearToDate - importantValue1) > 100)
      importantValue2 -= 20;
  int importantValue3 = importantValue2 * 7;
  // and so on.
  return importantValue3 - 2 * importantValue1;
}
```

Um hieraus ein Methodenobjekt zu machen, deklariere ich zunächst eine neue Klasse. Ich stelle das Originalobjekt in einem finalen Feld zur Verfügung und ein Feld für jeden Parameter und jede lokale Variable der Methode.

```
class Gamma...
  private final Account _account;
  private int inputVal;
  private int quantity;
  private int yearToDate;
  private int importantValue1;
  private int importantValue2;
  private int importantValue3;
```

Üblicherweise kennzeichne ich Felder durch einen Unterstrich als Präfix. Aber um bei kleinen Schritten zu bleiben, lasse ich die Namen im Augenblick, wie sie sind.

Ich ergänze einen Konstruktor:

```
Gamma (Account source, int inputValArg, int quantityArg, int yearToDateArg) {
    _account = source;
    inputVal = inputValArg;
    quantity = quantityArg;
    yearToDate = yearToDateArg;
}
```

Nun kann ich die Originalmethode herüberschieben. Ich muss alle Aufrufe von Merkmalen der Klasse `Account` ändern, um das Feld `_account` zu verwenden.

```
int compute () {
    importantValue1 = (inputVal * quantity) + _account.delta();
    importantValue2 = (inputVal * yearToDate) + 100;
    if ((yearToDate - importantValue1) > 100)
        importantValue2 -= 20;
    int importantValue3 = importantValue2 * 7;
    // and so on.
    return importantValue3 - 2 * importantValue1;
}
```

Ich kann dann die alte Methode so ändern, dass sie an das Methodenobjekt delegiert:

```
int gamma (int inputVal, int quantity, int yearToDate) {
    return new Gamma(this, inputVal, quantity, yearToDate).compute();
}
```

Dies ist der Kern der Refaktorisierung. Der Vorteil besteht darin, dass ich nun leicht *Methode extrahieren (106)* auf die `compute`-Methode anwenden kann, ohne mir Gedanken über die Übergabe von Argumenten machen zu müssen:

```
int compute () {
    importantValue1 = (inputVal * quantity) + _account.delta();
    importantValue2 = (inputVal * yearToDate) + 100;
    importantThing();
    int importantValue3 = importantValue2 * 7;
    // and so on.
    return importantValue3 - 2 * importantValue1;
}

void importantThing() {
    if ((yearToDate - importantValue1) > 100)
        importantValue2 -= 20;
}
```

6.9 Algorithmus ersetzen

Sie wollen einen Algorithmus durch einen klareren ersetzen.

Ersetzen Sie den Rumpf der Methode durch den neuen Algorithmus.

```
String foundPerson(String[] people){
    for (int i = 0; i < people.length; i++) {
        if (people[i].equals ("Don")){
           return "Don";
        }
        if (people[i].equals ("John")){
           return "John";
        }
        if (people[i].equals ("Kent")){
           return "Kent";
        }
    }
    return "";
}
```

⇓

```
String foundPerson(String[] people){
    List candidates = Arrays.asList(new String[] {"Don", "John", "Kent"});
    for (int i=0; i<people.length; i++)
        if (candidates.contains(people[i]))
           return people[i];
    return "";
}
```

6.9.1 Motivation

Ich habe nie versucht eine Katze zu häuten. Mir wurde erzählt, es gäbe mehrere Wege, dies zu tun. Ich bin sicher, einige sind einfacher als andere. So verhält es sich auch mit Algorithmen. Wenn Sie eine klarere Weise finden, etwas zu erledigen, so sollten Sie die kompliziertere Weise durch die klarere ersetzen. Refaktorisieren kann etwas Komplexes in einfachere Teile zerlegen, aber manchmal erreichen Sie einen Punkt, an dem Sie den ganzen Algorithmus entfernen und durch etwas Einfacheres ersetzen müssen. Dies passiert, während Sie mehr über das Problem lernen und erkennen, dass es eine einfachere Möglichkeit gibt, es zu lösen.

Es passiert auch, wenn Sie beginnen, eine Bibliothek zu verwenden, die Fähigkeiten mitbringt, die Ihren Code duplizieren.

Wenn Sie einen Algorithmus verändern möchten, um etwas geringfügig anderes zu machen, so ist es manchmal einfacher, zunächst den Algorithmus durch einen zu ersetzen, an dem Sie die notwendigen Änderungen leichter vornehmen können.

Wenn Sie diesen Schritt unternehmen wollen, stellen Sie vorher sicher, dass Sie die Methode so weit wie möglich zerlegt haben. Einen langen, komplexen Algorithmus zu ersetzen ist sehr schwierig, und nur, wenn Sie es vereinfachen, können Sie die Ersetzung durchführbar machen.

6.9.2 Vorgehen

- Bereiten Sie Ihren alternativen Algorithmus vor. Entwickeln Sie den Algorithmus so weit, dass er sich umwandeln lässt.
- Lassen Sie Ihre Tests mit dem neuen Algorithmus laufen. Wenn die Ergebnisse die gleichen sind, sind Sie so weit fertig.
- Sind die Ergebnisse nicht identisch, verwenden Sie den alten Algorithmus zum Vergleich beim Testen und Fehlersuchen.

  ⇒ *Führen Sie jeden Test mit dem alten und dem neuen Algorithmus durch. So sehen Sie, welche Testfälle Probleme aufdecken und auch welche.*

7 Eigenschaften zwischen Objekten verschieben

Eine der wichtigsten, wenn nicht die wichtigste Entscheidung im Objektdesign betrifft die Verteilung der Verantwortlichkeiten. Ich arbeite seit einem Jahrzehnt mit Objekten, und ich kriege es immer noch nicht beim ersten Mal richtig hin. Das ärgerte mich, aber heute weiß ich, dass ich in den Fällen, in denen ich meine Meinung später ändere, refaktorisieren kann.

Oft kann ich diese Probleme einfach lösen, indem ich *Methode verschieben (139)* und *Feld verschieben (144)* einsetze, um Verhalten herumzuschieben. Brauche ich beide, so bevorzuge ich es, zunächst *Feld verschieben (144)* und dann *Methode verschieben (139)* anzuwenden.

Oft werden Klassen mit zu vielen Verantwortlichkeiten überladen. In diesem Fall verwende ich *Klasse extrahieren (148)*, um einige dieser Verantwortlichkeiten abzutrennen. Behält eine Klasse zu wenig Verantwortung, so verwende ich *Klasse integrieren (153)*, um sie in einer anderen Klasse aufgehen zu lassen. Wird eine andere Klasse benutzt, so ist es oft hilfreich, sie mittels *Delegation verbergen (155)* zu verbergen. Manchmal führt das Verbergen der Delegation zu laufenden Änderungen der Schnittstelle; dann muss man *Vermittler entfernen (158)* anwenden.

Die letzten beiden Refaktorisierungen dieses Kapitels, *Fremde Methode einführen (161)* und *Lokale Erweiterung einführen (163)*, sind Spezialfälle. Ich verwende sie nur, wenn ich keinen Zugriff auf den Sourcecode einer Klasse habe, ich aber trotzdem Verantwortlichkeiten in diese nicht veränderbare Klasse verschieben möchte. Handelt es sich nur um eine oder zwei Methoden, verwende ich *Fremde Methode einführen (161)*; geht es um mehr als eine oder zwei Methoden, so verwende ich *Lokale Erweiterung einführen (163)*.

7.1 Methode verschieben

Eine Methode nutzt jetzt oder in Zukunft mehr Elemente einer anderen Klasse oder wird jetzt oder in Zukunft von mehr Elementen einer anderen Klasse benutzt als von denen der Klasse, in der sie jetzt definiert ist.

Erstellen Sie eine neue Methode mit einem ähnlichen Rumpf in der Klasse, die sie am meisten verwendet. Ersetzen Sie die alte Methode durch eine einfache Delegation, oder entfernen Sie sie ganz.

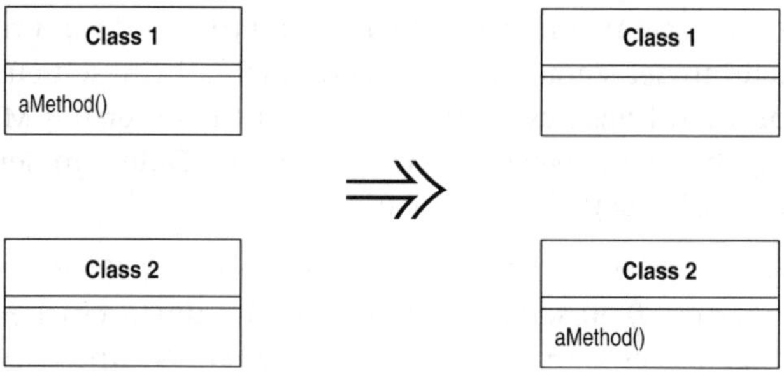

7.1.1 Motivation

Methoden zu verschieben ist das Brot-und-Butter-Geschäft des Refaktorisierens. Ich verschiebe Methoden, wenn Klassen zu viel Verhalten haben oder wenn Klassen zu viel kollaborieren und zu eng gekoppelt sind. Indem ich Methoden verschiebe, kann ich Klassen einfacher machen, und sie werden so eine knackigere Implementierung einer wohldefinierten Menge von Verantwortlichkeiten.

Für gewöhnlich sehe ich mir die Methoden einer Klasse an, um eine Methode zu finden, die sich mehr auf ein anderes Objekt zu beziehen scheint, als auf das Objekt, in dem sie lebt. Eine gute Gelegenheit hierfür bietet sich, nachdem ich einige Felder verschoben habe. Sobald ich eine geeignete Methode gefunden habe, untersuche ich die Methoden, die sie aufrufen, die Methoden, die von ihr aufgerufen wurden, und alle überschreibenden Methoden in der Klassenhierarchie. Ob ich sie verschiebe, hängt davon ab, mit welchem Objekt die Methode am meisten interagiert.

Das ist nicht immer eine einfache Entscheidung. Wenn ich mir nicht sicher bin, ob ich eine Methode verschieben soll, so untersuche ich andere Methoden. Oft erleichtert es die Entscheidung, wenn Sie zunächst andere Methoden verschieben. Manchmal ist die Entscheidung einfach schwierig. Tatsächlich ist das aber keine große Sache. Wenn die Entscheidung schwierig ist, ist sie wahrscheinlich gar nicht so wichtig. In solchen Fällen entscheide ich instinktiv; wenn die Entscheidung falsch war, kann ich schließlich später alles wieder ändern.

7.1.2 Vorgehen

- Untersuchen Sie alle Elemente der Ausgangsklasse, die die Ausgangsmethode nutzt. Prüfen Sie, ob diese auch mit verschoben werden sollten.

  ⇛ *Wird ein Element nur von der Methode verwendet, die verschoben werden soll, so können Sie es gleich mitverschieben. Wird das Element auch von anderen Methoden genutzt, so sollten Sie erwägen, auch diese zu verschieben. Manchmal ist es einfacher, eine Gruppe von Methoden zu verschieben als jede einzeln.*

- Überprüfen Sie die Unter- und Oberklassen der Ausgangsklasse auf weitere Deklarationen der Methode.

  ⇛ *Gibt es weitere Deklarationen, so kann es sein, dass Sie die Verschiebung nicht durchführen können, es sei denn, Polymorphismus kann auch mit der anderen Klasse ausgedrückt werden.*

- Deklarieren Sie die Methode in der anderen Klasse.

- Kopieren Sie den Code der Ausgangsmethode in die neue Methode. Passen Sie die Methode so an, dass sie in ihrer neuen Heimat funktioniert.

  ⇛ *Wenn die Methode Elemente der Ausgangsklasse verwendet, müssen Sie herausfinden, wie Sie das Ausgangsobjekt von dem anderen Objekt aus ansprechen können. Gibt es keinen Mechanismus hierfür in der anderen Klasse, so übergeben Sie das Ausgangsobjekt als Parameter an die Methode.*

  ⇛ *Wenn die Methode Ausnahmebehandlungen enthält, müssen Sie entscheiden, welche Klasse logisch für die Behandlung der Ausnahme verantwortlich sein soll. Ist dies die Ausgangsklasse, so belassen Sie die Behandlung der Ausnahmen dort.*

- Wandeln Sie die andere Klasse mit der neuen Methode um.

- Bestimmen Sie, wie das richtige Zielobjekt vom Ausgangsobjekt zu referenzieren ist.

  ⇛ *Es kann ein vorhandenes Feld oder eine Methode sein, die Ihnen das Ziel liefert. Falls nicht, prüfen Sie, ob Sie leicht eine Methode erstellen können, die dies leistet. Schlägt das fehl, so müssen Sie ein neues Feld in der Ausgangsklasse definieren, das das Ziel speichern kann. Dies kann eine dauerhafte Änderung sein, es kann aber auch sein, dass es eine Übergangslösung ist und dass Sie dieses Feld wieder entfernen können, sobald Sie hinreichend refaktorisiert haben.*

- Machen Sie aus der Ausgangsmethode eine delegierende Methode.

- Wandeln Sie um und testen Sie.

- Entscheiden Sie, ob die Ausgangsmethode entfernt oder als delegierende Methode beibehalten wird.

  ⇛ *Die Ausgangsmethode als delegierende Methode zu belassen ist einfacher, wenn Sie viele Referenzen haben.*

- Wenn Sie die Ausgangsmethode entfernen, ersetzen Sie alle Referenzen durch Referenzen auf die neue Methode.

  ⇛ *Sie können nach der Änderung jeder Referenz umwandeln und testen, aber meistens ist es einfacher, alle Referenzen mit einmal Suchen und Ersetzen zu ändern.*

- Wandeln Sie um und testen Sie.

7.1.3 Beispiel

Eine Klasse `Account` (Konto) erläutert diese Refaktorisierung.

```
class Account...
  double overdraftCharge() {
      if (_type.isPremium()) {
          double result = 10;
          if (_daysOverdrawn > 7) result += (_daysOverdrawn - 7) * 0.85;
          return result;
      }
      else return _daysOverdrawn * 1.75;
  }

  double bankCharge() {
      double result = 4.5;
      if (_daysOverdrawn > 0) result += overdraftCharge();
          return result;
  }
  private AccountType _type;
  private int _daysOverdrawn;
```

Lassen Sie uns annehmen, dass es in Zukunft verschiedene neue Kontoarten geben wird, jede mit ihrer eigenen Regel, um die Überziehungszinsen (`overdraftCharge`) zu berechnen. Ich möchte deshalb die Methode `overdraftCharge` in die Klasse `AccountType` verschieben.

Als Erstes suche ich nach Elementen, die die Methode `overdraftCharge` verwendet, und überlege, ob es sich lohnt, alle diese Methoden zusammen zu verschieben. In diesem Fall muss das Feld `_daysOverdrawn` in der Klasse `Account` bleiben, da es sich mit den einzelnen Konten ändert.

Als Nächstes kopiere ich die Methode in die Klasse AccountType und passe sie an.

```
class AccountType...
  double overdraftCharge(int daysOverdrawn) {
      if (isPremium()) {
         double result = 10;
         if (daysOverdrawn > 7) result += (daysOverdrawn - 7) * 0.85;
         return result;
      }
      else return daysOverdrawn * 1.75;
}
```

In diesem Fall heißt anpassen, den _type von Elementen des AccountType zu entfernen und mich um die Elemente von Account zu kümmern, die ich noch benötige. Benötige ich ein Element der Ausgangsklasse, so kann ich eines von vier Dingen machen. 1. Ich kann das Element ebenfalls in die Zielklasse verschieben. 2. Ich kann eine Referenz von der Zielklasse auf die Ausgangsklasse verwenden oder erstellen. 3. Ich kann die Ausgangsklasse als Parameter übergeben. 4. Wenn das Element variabel ist, kann ich es als Parameter übergeben.

In diesem Fall übergebe ich die Variable als Parameter.

Nachdem die Methode passt und mit der Zielklasse umgewandelt ist, kann ich den Rumpf der Ausgangsmethode durch eine einfache Delegation ersetzen:

```
class Account...
  double overdraftCharge() {
      return _type.overdraftCharge(_daysOverdrawn);
}
```

An dieser Stelle kann ich umwandeln und testen.

Ich kann die Dinge lassen, wie sie sind, oder die Methode in der Ausgangsklasse entfernen. Um die Methode zu entfernen, muss ich alle Aufrufe der Methode finden und sie auf die Methode in der Klasse AccountType umleiten:

```
class Account...
  double bankCharge() {
      double result = 4.5;
      if (_daysOverdrawn > 0) result += _type.overdraftCharge(_daysOverdrawn);
      return result;
  }
```

Nachdem ich alle Aufrufe ersetzt habe, kann ich die Deklaration der Methode aus der Klasse Account entfernen. Ich kann nach jedem Entfernen umwandeln und testen oder das Ganze in einem Lauf machen. Ist die Methode nicht privat, so muss ich nach anderen Klassen suchen, die diese Methode verwenden. In einer streng typisierten Sprache findet der Compiler nach dem Entfernen alles, was ich übersehen habe.

In diesem Fall verwendet die Methode nur ein einzelnes Feld, so dass ich dieses Feld einfach als Parameter übergeben kann. Wenn die Methode eine andere Methode der Klasse `Account` aufruft, hätte ich das nicht machen können. In solchen Fällen muss ich das Ausgangsobjekt übergeben:

```
class AccountType...
  double overdraftCharge(Account account) {
      if (isPremium()) {
          double result = 10;
          if (account.getDaysOverdrawn() > 7)
             result += (account.getDaysOverdrawn() - 7) * 0.85;
          return result;
      }
      else return account.getDaysOverdrawn() * 1.75;
}
```

Ich kann das Ausgangsobjekt auch übergeben, wenn ich verschiedene Elemente der Klasse benötige. Werden dies aber zu viele, so muss weiter refaktorisiert werden. Typischerweise muss ich dann zerlegen und einige Stücke zurückverschieben.

7.2 Feld verschieben

Ein Feld wird oder soll von einer anderen Klasse stärker verwendet werden, als von der Klasse, in der es definiert ist.

Erstellen Sie ein neues Feld in der Zielklasse, und ändern Sie alle Clients.

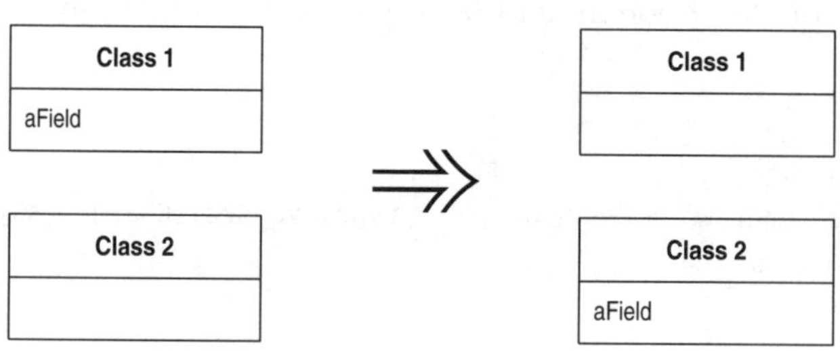

7.2.1 Motivation

Zustand und Verhalten zwischen Klassen zu verschieben ist das Wesentliche beim Refaktorisieren. Während sich ein System entwickelt, werden immer wieder neue Klassen notwendig, und Verantwortlichkeiten müssen verschoben werden. Eine Designentscheidung, die in einer Woche sinnvoll und richtig ist, kann sich in der nächsten Woche als falsch erweisen. Das ist kein Problem; zu einem Problem wird es, wenn Sie nichts unternehmen.

Ich erwäge ein Feld zu verschieben, wenn ich sehe, dass mehr Methoden einer anderen Klasse das Feld verwenden als die Klasse selbst. Die Verwendung kann indirekt durch set- und get-Methoden erfolgen. Ich kann entscheiden, diese Methoden mit zu verschieben; die Entscheidung hängt von der Schnittstelle ab. Aber wenn die Methoden dort, wo sie sind, sinnvoll erscheinen, verschiebe ich das Feld.

Ein anderer Grund, um Felder zu verschieben, hängt mit *Klasse extrahieren (148)* zusammen. In diesem Fall werden zuerst die Felder und dann die Methoden verschoben.

7.2.2 Vorgehen

- Ist das Feld öffentlich, so wenden Sie *Feld kapseln (209)* an.

  ⇛ *Wenn es wahrscheinlich ist, dass Sie auch die Methoden, die oft auf das Feld zugreifen, verschieben, oder wenn viele Methoden auf das Feld zugreifen, so kann es nützlich sein, Eigenes Feld kapseln (171) einzusetzen.*

- Wandeln Sie um und testen Sie.
- Erstellen Sie ein Feld in der Zielklasse mit get- und set-Methoden.
- Wandeln Sie die Zielklasse um.
- Bestimmen Sie, wie das Zielobjekt vom Ausgangsobjekt aus erreicht werden soll.

  ⇛ *Ein vorhandenes Feld oder eine vorhandene Methode kann Ihnen das Ziel liefern. Wenn das nicht der Fall ist, prüfen Sie, ob Sie leicht eine Methode erstellen können, die dies leistet. Schlägt dies fehl, so müssen Sie ein neues Feld in der Ausgangsklasse erstellen, das das Ziel speichern kann. Dies kann eine dauerhafte Änderung sein, es kann aber auch vorübergehend sein, bis Sie hinreichend refaktorisiert haben, um es zu entfernen.*

- Entfernen Sie das Feld aus der Ausgangsklasse.

- Ersetzen Sie alle Referenzen des Feldes durch die Referenz geeigneter Methoden der Zielklasse.

  ⇛ *Für Zugriffe auf die Variable ersetzen Sie den Zugriff durch den Aufruf der get-Methode des Zielobjekts; für Zuweisungen ersetzen Sie den Zugriff durch den Aufruf der entsprechenden set-Methode.*

  ⇛ *Wenn das Feld nicht privat ist, suchen Sie in allen Unterklassen der Ausgangsklasse nach Referenzen des Felds.*

- Wandeln Sie um und testen Sie.

7.2.3 Beispiel

Hier ist ein Teil der Klasse `Account`:

```
class Account...
  private AccountType _type;
  private double _interestRate;

  double interestForAmount_days (double amount, int days) {
      return _interestRate * amount * days / 365;
}
```

Ich möchte das Feld `_interestRate` in die Klasse `AccountType` verschieben. Es gibt einige Methoden, die dieses Feld verwenden. Ein Beispiel ist `interestForAmount_days`.

Als Nächstes erstelle ich das Feld und die Zugriffsmethoden in der Klasse `AccountType`:

```
class AccountType...
  private double _interestRate;


  void setInterestRate (double arg) {
      _interestRate = arg;
  }

  double getInterestRate () {
      return _interestRate;
  }
```

An diesem Punkt wandle ich die neue Klasse um.

Nun leite ich die Methoden der Klasse Account um, so dass sie die AccountType-Klasse verwenden, und entferne das Feld _interestRate aus der Klasse Account. Ich muss das Feld entfernen, um sicherzustellen, dass die Umleitung tatsächlich funktioniert. Auf diese Weise hilft mir der Compiler, alle Methoden zu entdecken, die umzuleiten ich versäumt habe.

```
private double _interestRate;

 double interestForAmount_days (double amount, int days) {
     return _type.getInterestRate() * amount * days / 365;
}
```

7.2.4 Beispiel mit Kapselung eines eigenen Feldes

Wenn viele Methoden das Feld _interestRate verwenden, so könnte ich beginnen, *Eigenes Feld kapseln (171)* einzusetzen:

```
class Account...
  private AccountType _type;
  private double _interestRate;

  double interestForAmount_days (double amount, int days) {
      return getInterestRate() * amount * days / 365;
  }

  private void setInterestRate (double arg) {
      _interestRate = arg;
  }

  private double getInterestRate () {
      return _interestRate;
}
```

Auf diese Weise muss ich nur die Zugriffsmethoden umleiten:

```
  double interestForAmountAndDays (double amount, int days) {
      return getInterestRate() * amount * days / 365;
  }

  private void setInterestRate (double arg) {
      _type.setInterestRate(arg);
  }
```

```
private double getInterestRate () {
    return _type.getInterestRate();
}
```

Wenn ich will, kann ich die Clients der Zugriffsmethoden später so umleiten, dass sie das neue Objekt verwenden.

Eigenes Feld kapseln (171) ermöglicht mir in kleineren Schritten vorzugehen. Das ist nützlich, wenn ich viele Dinge mit der Klasse mache. Insbesondere vereinfacht es, *Methode verschieben (139)* zu verwenden, um Methoden in die Zielklasse zu verschieben. Wenn die Methoden eine Zugriffsfunktion verwenden, brauche ich solche Referenzen nicht zu ändern.

7.3 Klasse extrahieren

Sie haben eine Klasse, die die Arbeit macht, die von zwei Klassen zu erledigen wäre.

Erstellen Sie eine neue Klasse, und verschieben Sie die relevanten Felder und Methoden von der alten Klasse in die neue.

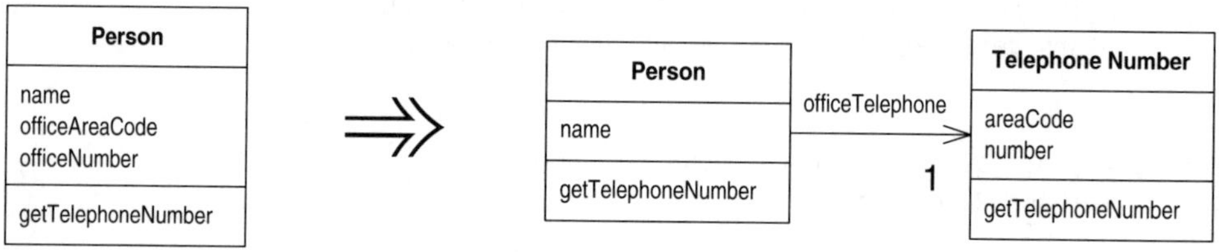

7.3.1 Motivation

Sie haben wahrscheinlich gehört, dass eine Klasse eine glasklare Abstraktion darstellen sollte, dass sie einige klare definierte Verantwortlichkeiten übernehmen sollte – oder ähnliche Richtlinien. In der Praxis wachsen Klassen aber. Sie fügen hier einige Operationen ein, dort ein bisschen Daten. Sie fügen zu einer Klasse eine Verantwortlichkeit hinzu, weil diese keine eigene Klasse rechtfertigt; aber während die Verantwortlichkeit wächst und gedeiht, wird die Klasse zu kompliziert. Bald ist Ihre Klasse so kross wie eine Ente aus der Mikrowelle.

Eine solche Klasse hat viele Methoden und reichlich viele Daten. Es ist eine Klasse, die zu groß ist, um leicht verständlich zu sein. Sie müssen überlegen, wie Sie sie zerlegen können, und Sie werden sie zerlegen. Ein gutes Anzeichen dafür ist es, wenn ein Teil der Daten und ein Teil der Methoden zusammenzugehören scheinen. Andere gute Anzeichen sind Teile der Daten, die sich gemeinsam ändern oder die besonders voneinander abhängen. Ein nützlicher Test ist es, sich zu fragen, was passieren würde, wenn man das eine Datenelement oder die eine Methode entfernt. Würden andere Felder oder Methoden dann unsinnig werden?

Ein Symptom, das sich oft später in der Entwicklung zeigt, ist die Art, wie eine Klasse spezialisiert wird. Sie können erleben, dass die Spezialisierung nur einige Elemente nutzt oder dass einige Elemente in die eine Richtung und andere in eine andere spezialisiert werden müssen.

7.3.2 Vorgehen

- Entscheiden Sie über die Aufteilung der Verantwortlichkeiten der Klasse.
- Erstellen Sie eine neue Klasse mit den abgespaltenen Verantwortlichkeiten.

  ⇛ *Wenn die verbleibenden Verantwortlichkeiten den Namen der alten Klasse nicht mehr rechtfertigen, ändern Sie ihn.*

- Stellen Sie eine Assoziation von der alten zur neuen Klasse her.

  ⇛ *Es kann sein, dass Sie eine in beiden Richtungen benutzbare Assoziation benötigen. Aber stellen Sie keine Assoziation her, bevor Sie feststellen, dass Sie eine benötigen.*

- Verwenden Sie *Feld verschieben (144)*, um alle gewünschten Felder zu verschieben.
- Wandeln Sie nach jedem Verschieben um und testen Sie.
- Überprüfen und reduzieren Sie die Schnittstelle jeder Klasse.

  ⇛ *Wenn Sie eine beidseitig benutzbare Assoziation haben, prüfen Sie, ob Sie daraus eine Einbahnstraße machen können.*

- Entscheiden Sie, wie die neue Klasse veröffentlicht werden soll. Wenn Sie sie veröffentlichen, entscheiden Sie, ob Sie ein Referenzobjekt oder ein nicht veränderbares Objekt veröffentlichen.

7.3.3 Beispiel

Ich beginne mit einer einfachen Personenklasse:

```
class Person...
  public String getName() {
```

```
        return _name;
    }
    public String getTelephoneNumber() {
        return ("(" + _officeAreaCode + ") " + _officeNumber);
    }
    String getOfficeAreaCode() {
        return _officeAreaCode;
    }
    void setOfficeAreaCode(String arg) {
        _officeAreaCode = arg;
    }
    String getOfficeNumber() {
        return _officeNumber;
    }
    void setOfficeNumber(String arg) {
        _officeNumber = arg;
    }

    private String _name;
    private String _officeAreaCode;
    private String _officeNumber;
```

In diesem Fall kann ich das Telefonnummern-Verhalten in eine eigene Klasse abtrennen.

Ich beginne mit der Definition der Klasse:

```
class TelephoneNumber {
}
```

Das war einfach. Als nächstes sorge ich für eine Assoziation von `Person` zu `Telephonnumber`:

```
class Person
  private TelephoneNumber _officeTelephone = new TelephoneNumber();
```

Nun wende ich *Feld verschieben (144)* auf eines der Felder an:

```
class TelephoneNumber {
  String getAreaCode() {
      return _areaCode;
  }
  void setAreaCode(String arg) {
      _areaCode = arg;
  }
  private String _areaCode;
```

```
}
class Person...
  public String getTelephoneNumber() {
      return ("(" + getOfficeAreaCode() + ") " + _officeNumber);
  }
  String getOfficeAreaCode() {
      return _officeTelephone.getAreaCode();
  }
  void setOfficeAreaCode(String arg) {
      _officeTelephone.setAreaCode(arg);
  }
```

Nun kann ich die anderen Felder verschieben und *Methode verschieben (139)* auf die Telefonnummer anwenden:

```
class Person...
  public String getName() {
      return _name;
  }
  public String getTelephoneNumber(){
      return _officeTelephone.getTelephoneNumber();
  }
  TelephoneNumber getOfficeTelephone() {
      return _officeTelephone;
  }
  private String _name;
  private TelephoneNumber _officeTelephone = new TelephoneNumber();

class TelephoneNumber...
  public String getTelephoneNumber() {
      return ("(" + _areaCode + ") " + _number);
  }
  String getAreaCode() {
      return _areaCode;
  }
  void setAreaCode(String arg) {
      _areaCode = arg;
  }
  String getNumber() {
      return _number;
  }
  void setNumber(String arg) {
      _number = arg;
  }
```

```
private String _number;
private String _areaCode;
```

Nun steht die Entscheidung an, wie weit ich die neue Klasse meinen Clients gegenüber offen lege. Ich kann sie völlig hinter den delegierenden Methoden ihrer Schnittstelle verbergen, oder ich kann sie offen legen. Ich kann mich entscheiden, sie einigen Clients gegenüber offen zu legen (wie denen in meinem Paket), anderen aber nicht.

Wenn ich die Klasse veröffentliche, muss ich die Gefahren des Aliasing berücksichtigen. Wenn ich die Telefonnummer offen lege und ein Client ändert die Ortnetzkennzahl (`_areaCode`) – was soll ich davon halten? Es braucht nicht einmal ein direkter Client zu sein, es kann ein Client eines Clients eines Clients sein.

Ich habe die folgenden Optionen:

1. Ich kann es akzeptieren, dass jedes Objekt Teile der Telefonnummer ändert. Dadurch wird die Telefonnummer ein Referenzobjekt, und ich sollte erwägen, *Wert durch Referenz ersetzen (179)* einzusetzen. In diesem Fall wäre `Person` der Zugangspunkt für die Telefonnummer.

2. Ich möchte nicht, dass irgendjemand den Wert von `_officeTelephone` ändert, ohne über Person zu gehen. Ich kann dann entweder die Telefonnummer unveränderlich machen oder sie mit einer unveränderlichen Schnittstelle versehen.

3. Eine andere Möglichkeit ist das Klonen der Telefonnummer, bevor ich sie weitergebe. Das kann zu Verwirrung bei Menschen führen, die denken, dass sie ihren Wert ändern können. Es kann auch zu Aliasing-Problemen zwischen Kunden führen, wenn die Telefonnummer viel herumgereicht wird.

Klasse extrahieren (148) ist eine gebräuchliche Technik, um die Lebensnähe in einem nebenläufigen Programm zu verbessern, denn sie ermöglicht es Ihnen, zwei verschiedene Sperren auf den beiden sich ergebenden Klassen zu verwenden. Wenn Sie nicht beide Objekte sperren müssen, so brauchen Sie das auch nicht. Mehr hierüber finden Sie in Abschnitt 3.3 des Buches von Lea [Lea].

Es gibt hier aber auch Gefahren. Wenn Sie sicherstellen müssen, dass beide Objekte gemeinsam gesperrt werden, betreten Sie den Bereich von Transaktionen und anderen Arten gemeinsamer Sperren. Wie von Lea [Lea] in Abschnitt 8.1 beschrieben, ist dies ein komplexes Gebiet und erfordert schwereres Gerät, als es meist wert ist. Transaktionen sind sehr nützlich, wenn Sie sie verwenden können, aber einen Transaktionsmanager zu schreiben ist mehr, als die meisten Programmierer versuchen sollten.

7.4 Klasse integrieren

Eine Klasse tut nicht sehr viel.

Verschieben Sie alle Elemente in eine andere Klasse, und löschen Sie sie.

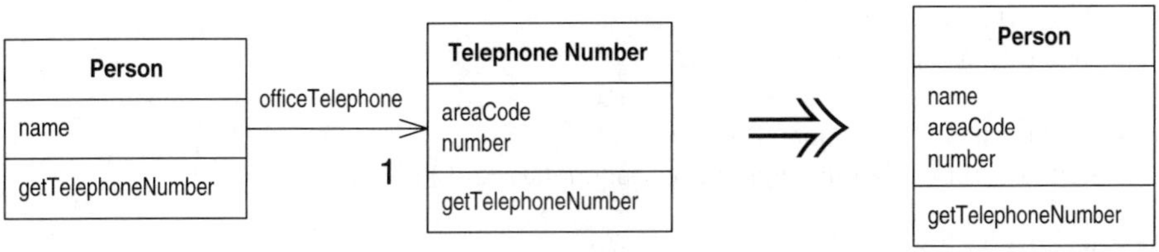

7.4.1 Motivation

Klasse integrieren ist das Gegenteil von *Klasse extrahieren (148)*. Ich verwende *Klasse integrieren,* wenn eine Klasse keine hinreichenden Aufgaben mehr hat und deshalb nicht mehr länger vorkommen sollte. Oft ist dies eine Folge von Refaktorisierungen, bei der Verantwortlichkeiten aus der Klasse herausgezogen wurden, so dass nur noch wenig übrig ist. Ich möchte die Klasse mit einer anderen zusammenlegen. Dafür wähle ich die, die diese schmächtige Klasse am meisten zu verwenden scheint.

7.4.2 Vorgehen

- Deklarieren Sie das öffentliche Protokoll der Ausgangsklasse in der absorbierenden Klasse.

  ⇛ *Wenn eine getrennte Schnittstelle für die Ausgangsklasse sinnvoll ist, so setzen Sie Schnittstelle extrahieren (351) ein, bevor Sie die Klasse integrieren.*

- Ändern Sie alle Referenzen auf die Ausgangsklasse auf die absorbierende Klasse um.

  ⇛ *Deklarieren Sie die Ausgangsklasse als privat, um Referenzen von außerhalb des Pakets zu unterbinden. Ändern Sie auch den Namen der Ausgangsklasse, damit der Compiler alle verbliebenen Referenzen auf diese Klasse finden kann.*

- Wandeln Sie um und testen Sie.

- Verwenden Sie *Methode verschieben (139)* und *Feld verschieben (144)*, um die Elemente der Ausgangsklasse in die absorbierende Klasse zu verschieben, bis nichts mehr übrig ist.

- Halten Sie einen kurzen, einfachen Trauergottesdienst.

7.4.3 Beispiel

Da ich aus der Telefonnummer eine Klasse gemacht habe, integriere ich sie nun wieder in die Klasse Person. Ich beginne mit getrennten Klassen.

```
class Person...
  public String getName() {
      return _name;
  }
  public String getTelephoneNumber(){
      return _officeTelephone.getTelephoneNumber();
  }
  TelephoneNumber getOfficeTelephone() {
      return _officeTelephone;
  }

  private String _name;
  private TelephoneNumber _officeTelephone = new TelephoneNumber();

class TelephoneNumber...
  public String getTelephoneNumber() {
      return ("(" + _areaCode + ") " + _number);
  }
  String getAreaCode() {
      return _areaCode;
  }
  void setAreaCode(String arg) {
      _areaCode = arg;
  }
  String getNumber() {
      return _number;
  }
  void setNumber(String arg) {
      _number = arg;
  }
  private String _number;
  private String _areaCode;
```

Zuerst deklariere ich alle sichtbaren Methoden von `TelephoneNumber` in `Person`:

```
class Person...
  String getAreaCode() {
      return _officeTelephone.getAreaCode();
  }
  void setAreaCode(String arg) {
```

```
        _officeTelephone.setAreaCode(arg);
    }
    String getNumber() {
        return _officeTelephone.getNumber();
    }
    void setNumber(String arg) {
        _officeTelephone.setNumber(arg);
    }
```

Nun suche ich Kunden von `TelephoneNumber` und ändere sie so, dass sie die Schnittstelle von `Person` verwenden. So wird

```
Person martin = new Person();
martin.getOfficeTelephone().setAreaCode ("781");
```

Zu:

```
Person martin = new Person();
martin.setAreaCode ("781");
```

Nun kann ich *Methode verschieben (139)* und *Feld verschieben (144)* anwenden, bis es die Klasse `TelephonNumber` nicht mehr gibt.

7.5 Delegation verbergen

Ein Client ruft eine Klasse auf, an die ein anderes Objekt delegiert.

Erstellen Sie eine Methode des Servers, um die Delegation zu verbergen.

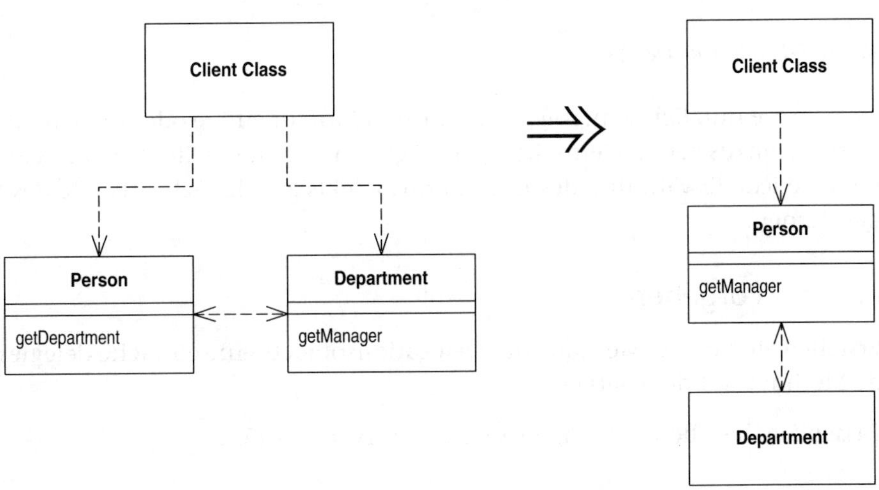

7.5.1 Motivation

Eine der wichtigsten, wenn nicht *die* wichtigste Eigenschaft von Objekten ist die Kapselung. Kapselung bedeutet, dass ein Objekt weniger über andere Teile des Systems wissen muss. Wenn sich etwas ändert, so müssen weniger Objekte von der Änderung informiert werden. Dadurch sind Änderungen einfacher durchzuführen.

Jeder, der mit Objekten zu tun hat, weiß, dass sie ihre Felder verbergen sollen, obwohl Java öffentliche Felder erlaubt. Werden Sie erfahrener, so erkennen Sie, dass Sie mehr Dinge kapseln können.

Wenn ein Client eine Methode aufruft, die auf Feldern eines Serverobjekts definiert ist, so muss der Client von diesem Delegationsobjekt wissen. Wenn sich das Delegationsobjekt ändert, kann es sein, dass auch der Client geändert werden muss. Sie können diese Abhängigkeit entfernen, indem Sie eine einfache delegierende Methode auf dem Server definieren, die die Delegation verbirgt (siehe Abbildung 7-1). Änderungen werden so auf den Server beschränkt und setzen sich nicht bis zum Client fort.

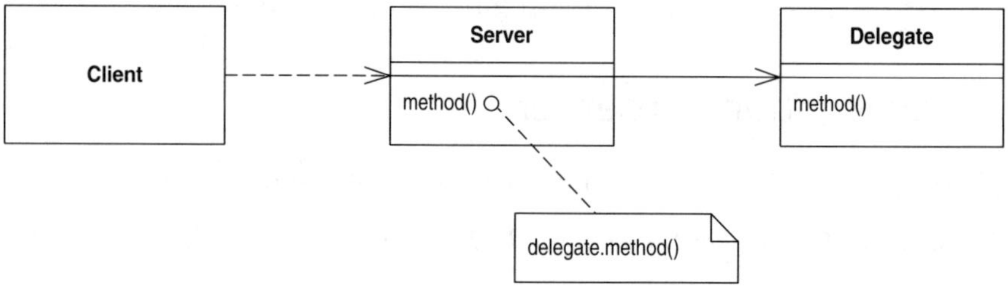

Abbildung 7-1 Einfache Delegation

Es kann für Sie nützlich sein, *Klasse extrahieren (148)* für einige oder alle Clients eines Servers einzusetzen. Wenn Sie die Delegation vor allen Clients verbergen, so können Sie jede Erwähnung des Delegationsobjekts aus der Schnittstelle des Servers entfernen.

7.5.2 Vorgehen

- Erstellen Sie für jede Methode des Delegationsobjekts eine einfache delegierende Methode auf dem Server.
- Passen Sie die Clients so an, dass sie den Server aufrufen.

⇛ *Befindet sich der Client nicht im selben Paket wie der Server, so sollten Sie erwägen, die Sichtbarkeit der Delegationsmethode über das Paket hinaus zu erweitern.*

- Wandeln Sie nach jedem Anpassen einer Methode um und testen Sie.
- Wenn kein Client mehr auf das Delegationsobjekt zugreifen muss, entfernen Sie die Zugriffsmethode des Servers für das Delegationsobjekt.
- Wandeln Sie um und testen Sie.

7.5.3 Beispiel

Ich beginne mit einer Klasse `Person` und einer Klasse `Department`:

```
class Person {
  Department _department;

  public Department getDepartment() {
      return _department;
  }

  public void setDepartment(Department arg) {
      _department = arg;
  }
}

class Department {
  private String _chargeCode;
  private Person _manager;

  public Department (Person manager) {
      _manager = manager;
}

  public Person getManager() {
      return _manager;
  }
...
```

Wenn ein Client wissen will, wer der Manager einer `Person` ist, so muss er zunächst das `Department` kennen:

```
manager = john.getDepartment().getManager();
```

Dies verrät dem Client, wie die Department-Klasse arbeitet und dass Department dafür verantwortlich ist, den Manager zu kennen. Ich kann diese Kopplung reduzieren, indem ich die Department-Klasse vor dem Client verberge. Ich erreiche dies durch eine einfache Delegationsmethode in der Klasse Person:

```
public Person getManager() {
    return _department.getManager();
}
```

Ich muss nun alle Clients von Person so ändern, dass sie diese neue Methode verwenden:

```
manager = john.getManager();
```

Nachdem ich diese Änderung für alle Methoden von Department und alle Clients von Person vorgenommen habe, kann ich die Methode getDepartment von Person entfernen.

7.6 Vermittler entfernen

Eine Klasse delegiert zu viele Aufgaben.

Lassen Sie die Clients die Delegationsobjekte direkt aufrufen.

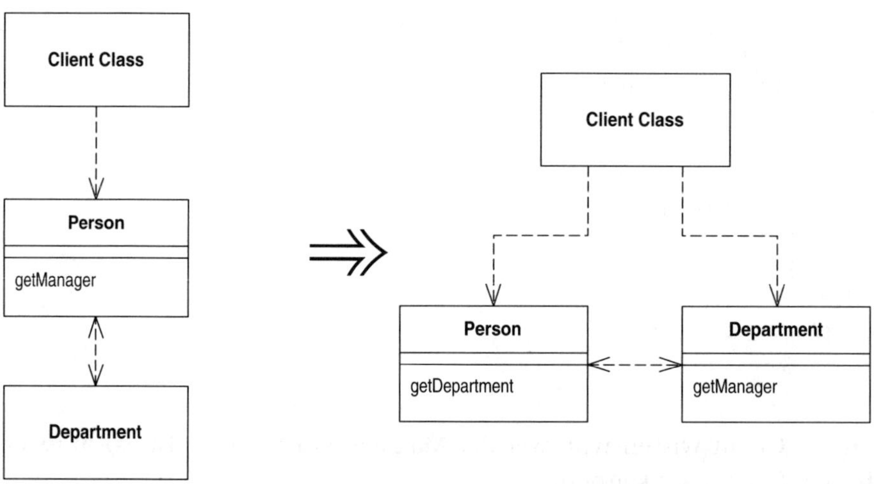

7.6.1 Motivation

In der Motivation von *Delegation verbergen (155)* sprach ich von den Vorteilen, ein Delegationsobjekt zu kapseln. Das hat aber seinen Preis. Der Preis besteht darin, dass Sie jedes Mal, wenn der Client ein neues Element des Delegationsobjekts nutzen will, eine einfache Delegationsmethode beim Server ergänzen müssen. Haben Sie eine Weile neue Elemente hinzugefügt, so wird das schmerzhaft. Die Serverklasse dient nur als Vermittler, und vielleicht ist es an der Zeit, dass die Clients das Delegationsobjekt direkt aufrufen.

Es ist schwierig herauszufinden, was das richtige Maß an Verbergen ist. Glücklicherweise ist es mit *Delegation verbergen (155)* und *Vermittler entfernen* nicht mehr so wichtig. Sie können das System mit der Zeit justieren. Wenn sich das System ändert, ändert sich auch die Basis dafür, wie viel Sie verbergen. Eine vor sechs Monaten gute Kapselung kann heute störend sein. Refaktorisieren bedeutet, dass Sie nicht sagen müssen, es tue Ihnen leid – Sie ändern es einfach.

7.6.2 Vorgehen

- Erstellen Sie eine Zugriffsmethode für das Delegationsobjekt.
- Entfernen Sie alle Delegationsmethoden, die Clients verwenden, und ersetzen Sie den Aufruf im Client durch den Aufruf einer Methode des Delegationsobjekts.
- Wandeln Sie nach jeder Methode um und testen Sie.

7.6.3 Beispiel

Als Beispiel verwende ich `Person` und `Department` nun anders herum. Ich beginne mit einer Klasse `Person`, die das `Department` verbirgt:

```
class Person...
  Department _department;
  public Person getManager() {
      return _department.getManager();

class Department...
  private Person _manager;
  public Department (Person manager) {
      _manager = manager;
  }
```

Um den Manager einer `Person` zu finden, fragen Clients:

```
manager = john.getManager();
```

Dies ist einfach zu verwenden und kapselt die Klasse `Department`. Wenn dies aber viele Methoden tun, so habe ich schließlich viel zu viele einfache Delegationen in der Klasse `Person`. Dann ist es angebracht, den Vermittler zu entfernen. Zunächst erstelle ich eine Zugriffsmethode für das Delegationsobjekt:

```
class Person...
  public Department getDepartment() {
      return _department;
  }
```

Danach nehme ich mir jeweils eine Methode vor. Ich suche Clients, die die Methode von `Person` verwenden, und ändere sie so, dass Sie als Erstes das Delegationsobjekt holen. Dann verwende ich das Delegationsobjekt:

```
manager = john.getDepartment().getManager();
```

Dann kann ich `getManager` aus `Person` entfernen. Eine Umwandlung zeigt mir, ob ich irgendetwas übersehen habe.

Vielleicht behalte ich einige der Delegationen aus Bequemlichkeit bei. Es kann auch sein, dass ich nur vor einigen Clients die Delegation verbergen will, sie anderen gegenüber aber offen lege. Dies lässt dann auch einige der einfachen Delegationen weiterbestehen.

7.7 Fremde Methode einführen

Eine Serverklasse, die Sie verwenden, benötigt eine weitere Methode, aber Sie können die Klasse nicht ändern.

Erstellen Sie eine Methode in der Clientklasse, mit einer Instanz der Serverklasse als erstem Argument.

```
Date newStart = new Date (previousEnd.getYear(),
              previousEnd.getMonth(), previousEnd.getDate() + 1);
```

⇓

```
Date newStart = nextDay(previousEnd);

private static Date nextDay(Date arg) {
    return new Date (arg.getYear(),arg.getMonth(), arg.getDate() + 1);
}
```

7.7.1 Motivation

Oft genug passiert Folgendes: Sie verwenden eine richtig nette Klasse, die Ihnen alle diese großartigen Dienste leistet. Dann aber gibt es einen Dienst, den sie nicht bietet, aber bieten sollte. Sie verfluchen die Klasse, fragen: »Warum tust Du das nicht?« Können Sie die Klasse ändern, so fügen Sie die Methode hinzu. Wenn Sie den Sourcecode nicht ändern können, müssen Sie im Client um die fehlende Methode herumprogrammieren.

Wenn Sie die Methode nur einmal in der Clientklasse benötigen, so ist die zusätzliche Programmierung keine große Sache und war in der Originalklasse wahrscheinlich wirklich nicht erforderlich. Wenn Sie diese Methode aber häufiger brauchen, müssen Sie die Programmierung mehrfach wiederholen. Da die Wiederholung die Wurzel aller Softwareübel ist, sollte dieser wiederholte Code in eine einzige Methode faktorisiert werden. Wenn Sie diese Refaktorisierung durchführen, können Sie klar kennzeichnen, dass dies eine Methode ist, die eigentlich in die Originalklasse gehört, indem Sie sie zu einer fremden Methode machen.

Wenn Sie feststellen, dass Sie viele fremde Methoden zu einer Serverklasse erstellen, oder wenn Sie feststellen, dass viele Ihrer Klassen dieselbe fremde Methode benötigen, sollten Sie statt dessen *Lokale Erweiterung einführen (163)* verwenden.

Vergessen Sie nicht, dass fremde Methoden eine Notlösung sind. Bemühen Sie sich, den Methoden ihr richtiges Zuhause zu verschaffen. Sind die Besitzverhältnisse am Code von Belang, so schicken Sie Ihre fremde Methode dem Eigentümer der Serverklasse und bitten ihn, die Methode für Sie zu implementieren.

7.7.2 Vorgehen

- Erstellen Sie eine Methode in der Clientklasse, die leistet, was Sie benötigen.

  ⇛ *Die Methode sollte keine Elemente der Clientklasse verwenden. Benötigt sie einen Wert, übergeben Sie ihn als Parameter.*

- Nehmen Sie als ersten Parameter eine Instanz der Serverklasse.
- Kommentieren Sie die Methode durch: »Fremde Methode, sollte in `NameDerServerKlasse` sein.«

  ⇛ *So können Sie später eine Textsuche verwenden, um fremde Methoden zu finden, falls Sie eine Chance bekommen, die Methode zu verschieben.*

7.7.3 Beispiel

Ich habe Code, der Abrechnungsperioden übergreifend ist. Der Originalcode sieht so aus:

```
Date newStart = new Date (previousEnd.getYear(),
    previousEnd.getMonth(), previousEnd.getDate() + 1);
```

Ich kann den Code auf der rechten Seite der Zuweisung in eine Methode extrahieren. Dies ist eine fremde Methode für `Date`:

```
Date newStart = nextDay(previousEnd);

private static Date nextDay(Date arg) {
// foreign method, should be on date
    return new Date(arg.getYear(), arg.getMonth(), arg.getDate() + 1);
}
```

7.8 Lokale Erweiterung einführen

Eine Serverklasse, die Sie verwenden, benötigt mehrere zusätzliche Methoden. Sie können die Klasse aber nicht ändern.

Erstellen Sie eine neue Klasse, die die zusätzlichen Methoden enthält. Machen Sie diese Klasse zu einer Unterklasse oder einer Hülle (Wrapper) der Originalklasse.

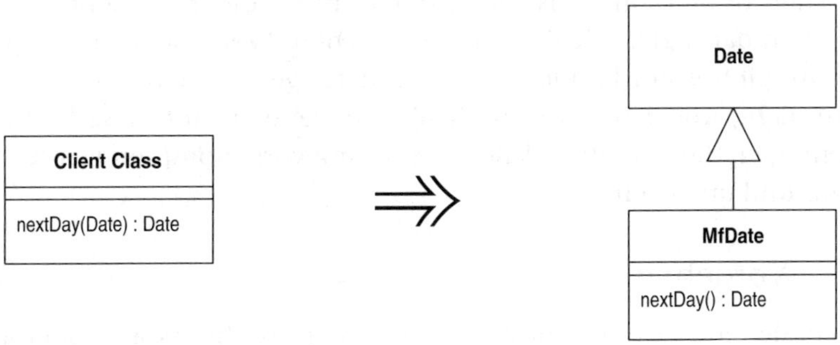

7.8.1 Motivation

Autoren von Klassen sind leider nicht allwissend und so unterlassen sie es, einige nützliche Methoden für Sie zu liefern. Wenn Sie den Sourcecode ändern können, ist es das Beste, die Methode zu ergänzen. Oft können Sie den Sourcecode aber nicht verändern. Müssen Sie eine oder zwei Methoden ergänzen, so können Sie *Fremde Methode einführen (161)* verwenden. Kommen Sie aber über mehr als ein paar solcher Methoden hinaus, so beginnen sie Ihnen zu entgleiten. Also müssen Sie die Methoden an einer geeigneten Stelle zusammenfassen. Die objektorientierten Standardtechniken der Spezialisierung und des Einwickelns (wrapping) sind ein auf der Hand liegendes Verfahren, um dies zu tun. Ich nenne die Unterklasse oder die Hülle (wrapper) eine lokale Erweiterung.

Eine lokale Erweiterung ist eine separate Klasse, aber sie ist ein Untertyp der Klasse, die sie erweitert. Das heißt, sie unterstützt alles, was das Original kann, fügt aber noch einige weitere Elemente hinzu. Anstatt die Originalklasse zu verwenden, instanziieren Sie die lokale Erweiterung und verwenden diese.

Indem Sie die lokale Erweiterung nutzen, halten Sie sich an das Prinzip, dass Methoden und Daten in wohlgeformten Einheiten zusammengefasst sein sollen. Wenn Sie Code, der in die Erweiterung gehört, in andere Klassen packen, so machen Sie die anderen Klassen komplizierter und machen es schwerer, die Methoden wieder zu verwenden.

Bei der Wahl zwischen Spezialisierung und Hülle ziehe ich meistens die Spezialisierung vor, da sie weniger Arbeit macht. Der größte Hinderungsgrund für eine Unterklasse ist, dass diese zum Zeitpunkt der Objekterzeugung greifen muss. Wenn Sie den Erzeugungsprozess übernehmen können, ist das kein Problem. Das Problem entsteht, wenn Sie die lokale Erweiterung später einsetzen. Die Spezialisierung zwingt mich dazu, ein neues Objekt dieser Unterklasse zu erzeugen. Wenn andere Objekte sich auf das alte Objekt beziehen, habe ich zwei Objekte mit den Daten des Originals. Ist das Original unveränderlich, gibt es kein Problem; ich kann dann gefahrlos eine Kopie machen. Wenn sich das Original aber ändern kann, gibt es ein Problem, denn Änderungen des einen Objekts ändern das andere nicht, und ich muss eine Hülle verwenden. Auf diese Weise wirken sich Änderungen, die über die lokale Erweiterung vorgenommen werden, auf das Original aus und umgekehrt.

7.8.2 Vorgehen

- Erstellen Sie eine Erweiterungsklasse entweder als Unterklasse oder als Hülle des Originals.
- Ergänzen Sie konvertierende Konstruktoren für die Erweiterung.

  ⇛ *Ein Konstruktor nimmt das Original als ein Argument. Die Unterklassenversion ruft den geeigneten Konstruktor der Oberklasse auf; die Hüllenversion setzt ein Delegationsfeld auf den Wert des Arguments.*

- Ergänzen Sie die neuen Elemente der Erweiterung.
- Ersetzen Sie das Original durch die Erweiterung, wo dies notwendig ist.
- Verschieben Sie etwaige fremde Methoden, die für diese Klasse definiert wurden, in die Erweiterung.

7.8.3 Beispiele

Ich hatte mit dieser Art von Dingen viel in Java 1.0.1 und der Klasse `Date` zu tun. Die Kalenderklasse in Java 1.1 gab mir viel von dem Verhalten, das ich haben wollte, aber bevor sie erschien, gab sie mir eine Reihe von Gelegenheiten, die Erweiterung einzusetzen. Ich verwende sie hier als Beispiel.

Als Erstes muss ich entscheiden, ob ich die Spezialisierung oder die Hülle verwende. Die Spezialisierung ist der näher liegende Weg:

```
Class MfDate extends Date {
  public nextDay()...
  public dayOfYear()...
```

Eine Hülle verwendet die Delegation:

```
class MfDate {
  private Date _original;
```

7.8.4 Beispiel: Verwenden einer Unterklasse

Zuerst erstelle ich die neue Datumsklasse als Unterklasse des Originals:

```
class MfDateSub extends Date
```

Als Nächstes kümmere ich mich um den Wechsel zwischen `Date` und der Erweiterung. Die Konstruktoren des Originals müssen mit einfacher Delegation wiederholt werden:

```
  public MfDateSub (String dateString) {
      super (dateString);
  };
```

Nun ergänze ich einen konvertierenden Konstruktor, der das Original als Argument erhält:

```
  public MfDateSub (Date arg) {
      super (arg.getTime());
  }
```

Ich kann der Erweiterung nun neue Elemente hinzufügen und *Methode verschieben (139)* anwenden, um irgendwelche fremden Methoden in die Erweiterung zu verschieben:

```
client class...
  private static Date nextDay(Date arg) {
  // foreign method, should be on Date
      return new Date(arg.getYear(), arg.getMonth(), arg.getDate() + 1);
  }
```

wird zu:

```
class MfDateSub...
  Date nextDay() {
      return new Date (getYear(),getMonth(), getDate() + 1);
  }
```

7.8.5 Beispiel: Verwenden einer Hülle

Ich beginne mit der Deklaration der einhüllenden Klasse:

```
class MfDateWrap {
  private Date _original;
}
```

Bei dem Hüllen-Ansatz muss ich die Konstruktoren anders aufbauen. Die Originalkonstruktoren werden durch eine einfache Delegation implementiert:

```
  public MfDateWrap (String dateString) {
    _original = new Date(dateString);
  };
```

Der konvertierende Konstruktor setzt nun die Instanzvariable:

```
  public MfDateWrap (Date arg) {
      _original = arg;
  }
```

Dann kommt noch die langweilige Aufgabe, alle Methoden der Originalklasse zu delegieren. Ich zeige nur ein paar:

```
  public int getYear() {
      return _original.getYear();
  }

  public boolean equals (MfDateWrap arg) {
      return (toDate().equals(arg.toDate()));
  }
```

Nachdem dies erledigt ist, kann ich mittels *Methode verschieben (139)* datumsspezifisches Verhalten in die neue Klasse verschieben:

```
client class...
  private static Date nextDay(Date arg) {
  // foreign method, should be on date
      return new Date(arg.getYear(), arg.getMonth(), arg.getDate() + 1);
  }
```

wird zu:

```
class MfDate...
  Date nextDay() {
      return new Date (getYear(),getMonth(), getDate() + 1);
  }
```

Ein besonderes Problem beim Einsatz von Hüllen besteht im Umgang mit Methoden, die ein Original als Argument erhalten, wie

```
  public boolean after (Date arg)
```

Da ich das Original nicht verändern kann, kann ich `after` nur in einer Richtung verwenden:

```
aWrapper.after(aDate)             // kann angepasst werden
aWrapper.after(anotherWrapper)    // kann angepasst werden
aDate.after(aWrapper)             // wird nicht funktionieren
```

Die Aufgabe dieser Art von Überschreiben ist es, vor den Clients die Tatsache zu verbergen, dass ich eine Hülle verwende. Das ist eine gute Politik, denn der Anwender einer Hülle sollte sich wirklich nicht um die Hülle kümmern müssen und beide gleich behandeln können. Ich kann diese Information aber nicht ganz verheimlichen. Das Problem liegt in einigen Systemmethoden, wie `equals`. Im Idealfall würden Sie erwarten, dass Sie `equals` in `MfDateWrap` so überschreiben könnten:

```
  public boolean equals (Date arg)// führt zu Problemen
```

Dies ist aber gefährlich, denn obwohl ich es für meine eigenen Zwecke machen kann, nehmen andere Teile des Java-Systems an, dass `equals` symmetrisch ist: Ist `a.equals(b)`, so auch `b.equals(a)`. Wenn ich diese Regel verletze, tritt eine Reihe sonderbarer Fehler auf. Der einzige Weg, dies zu vermeiden, wäre die Klasse `Date` zu verändern, und wenn ich dies könnte, würde ich diese Refaktorisierung nicht einsetzen. In solchen Situationen kann ich nicht umhin offenzulegen, dass ich eine Hülle verwende. Für Tests auf Gleicheit bedeutet das einen neuen Namen für die Methode.

```
public boolean equalsDate (Date arg)
```

Ich kann es vermeiden, den Typ von unbekannten Objekten prüfen zu müssen, wenn ich Versionen dieser Methode für `Date` und `MfDateWrap` zur Verfügung stelle.

```
public boolean equalsDate (MfDateWrap arg)
```

Dieses Problem ist bei der Spezialisierung kein Thema, wenn ich die Methode nicht überschreibe. Überschreibe ich sie, so komme ich mit der Methodensuche völlig durcheinander. Ich überschreibe Methoden in Erweiterungen meistens nicht, ich füge nur neue hinzu.

8 Daten organisieren

In diesem Kapitel beschreibe ich einige Refaktorisierungen, die den Umgang mit Daten vereinfachen. Viele Entwickler halten *Eigenes Feld kapseln (171)* für unnötig. Es war lange Thema harmloser Debatten, ob ein Objekt seine Daten direkt oder über Zugriffsmethoden nutzen sollte. Manchmal benötigen Sie Zugriffsmethoden, und Sie können sie mittels *Eigenes Feld kapseln (171)* bekommen. Ich verwende im Allgemeinen den direkten Zugriff, da ich es für einfach halte, diese Refaktorisierung durchzuführen, wenn ich sie benötige.

Eine der nützlichen Eigenschaften objektorientierter Sprachen ist es, dass sie es Ihnen ermöglichen, neue Typen zu definieren, die über das hinausgehen, was mit den einfachen Datentypen traditioneller Sprachen gemacht werden kann. Es dauert allerdings etwas, sich daran zu gewöhnen. Oft beginnen Sie mit einem einfachen Datenwert und erkennen dann, dass ein Objekt nützlicher wäre. *Wert durch Objekt ersetzen (175)* ermöglicht es Ihnen, dumme Daten in klar erkennbare Objekte zu verwandeln. Wenn Sie erkennen, dass diese Objekte Instanzen sind, die Sie in vielen Teilen Ihres Programms benötigen, so können Sie *Wert durch Referenz ersetzen (179)* einsetzen, um daraus Referenzobjekte zu machen.

Wenn Sie sehen, dass ein Array als Datenstruktur verwendet wird, können Sie die Struktur mit *Array durch Objekt ersetzen (186)* klarer gestalten. In all diesen Fällen ist das Objekt aber nur der erste Schritt. Der richtige Vorteil tritt ein, wenn Sie *Methode verschieben (139)* verwenden, um die neuen Objekte mit Verhalten zu versehen.

Magische Zahlen, Zahlen mit einer besonderen Bedeutung, waren lange Zeit ein Problem. Ich erinnere mich, in meinen ersten Tagen als Programmierer gelernt zu haben, sie nicht zu verwenden. Sie tauchen aber immer wieder auf, und ich verwende *Magische Zahl durch symbolische Konstante ersetzen (208)*, um mich magischer Zahlen zu entledigen, wann immer ich herausgefunden habe, was sie leisten.

Links zwischen Objekten können in eine Richtung (unidirektional) oder in beiden Richtungen (bidirektional) benutzbar sein. Links in nur eine Richtung sind einfacher, aber manchmal benötigen Sie *Gerichtete Assoziation durch bidirektionale ersetzen (199)*, um eine neue Funktion zu unterstützen. *Bidirektionale Assoziation durch gerichtete ersetzen (203)* entfernt unnötige Komplexität, wenn Sie feststellen, dass Sie keinen Link in beide Richtungen mehr benötigen.

Mir sind oft Fälle begegnet, in denen GUI-Klassen Anwendungslogik enthielten, die dort nicht hingehörte. Um das Verhalten in die entsprechenden Anwendungsklassen zu verschieben, müssen Sie Daten in der Anwendungsklasse haben und die GUI durch *Beobachtete Daten duplizieren (190)* unterstützen. Ich dupliziere normalerweise Daten nur ungern, aber dies ist eine Ausnahme, die Sie oft nicht vermeiden können.

Einer der Kernlehrsätze der objektorientierten Programmierung ist die Kapselung. Flitzen irgendwo öffentliche Daten nackt herum, so können Sie *Feld kapseln (209)* verwenden, um sie geziemend zu bedecken. Handelt es sich um eine Collection, so verwenden Sie statt dessen *Collection kapseln (211)*, denn diese hat ein spezielles Protokoll. Ist ein gesamter Satz nackt, verwenden Sie *Satz durch Datenklasse ersetzen (220)*.

Eine Form der Daten, die besonderer Behandlung bedarf, sind Typenschlüssel: ein spezieller Wert, der etwas Besonderes über den Typ der Instanz aussagt. Diese erscheinen häufig als Aufzählungstypen (enumerations), oft implementiert als statische finale Integer-Variablen. Dienen die Typenschlüssel nur zur Information und ändern das Verhalten nicht, so können Sie *Typenschlüssel durch Klasse ersetzen (221)* verwenden. Dies bietet Ihnen eine bessere Typüberprüfung und eine Plattform, um Verhalten später zu verschieben. Wird das Verhalten der Klasse vom Typenschlüssel beeinflusst, verwenden Sie möglichst *Typenschlüssel durch Unterklassen ersetzen (227)*. Ist dies nicht möglich, so verwenden Sie das kompliziertere (aber flexiblere) *Typenschlüssel durch Zustand/Strategie ersetzen (231)*.

8.1 Eigenes Feld kapseln

Sie greifen direkt auf ein Feld zu, aber die Kopplung an das Feld wird störend.

Erstellen Sie set- und get-Methoden für das Feld, und verwenden Sie nur diese, um auf das Feld zuzugreifen.

```
private int _low, _high;
boolean includes (int arg) {
    return arg >= _low && arg <= _high;
}
```

⇓

```
private int _low, _high;
boolean includes (int arg) {
    return arg >= getLow() && arg <= getHigh();
}
int getLow() {return _low;}
int getHigh() {return _high;}
```

8.1.1 Motivation

Geht es um den Zugriff auf Felder, so gibt es zwei Denkschulen. Die eine vertritt die Ansicht, dass Sie innerhalb der Klasse, in der die Variable definiert ist, frei darauf zugreifen sollten (direkter Variablenzugriff). Die andere meint, dass Sie sogar innerhalb der Klasse immer Zugriffsfunktionen verwenden sollten (indirekter Variablenzugriff). Die Debatten zwischen beiden Gruppen können heftig sein. (Siehe die Diskussion in [Auer] auf Seite 413 und in [Beck]).

Im Wesentlichen bestehen die Vorteile des *indirekten Variablenzugriffs* darin, dass er es Unterklassen ermöglicht zu überschreiben, wie man mit einer Methode an die Information herankommt, und dass er mehr Flexibilität bei der Verwaltung der Daten ermöglicht, wie z.B. die sparsame Initialisierung, bei der Sie die Werte nur initialisieren, wenn Sie sie benötigen.

Der Vorteil *direkten Variablenzugriffs* besteht darin, dass der Code leichter zu lesen ist. Sie brauchen nicht innezuhalten und dann festzustellen: »Das ist nur eine get-Methode.«

Ich bin mir bei meiner Wahl nie ganz sicher. Meistens bin ich zufrieden damit, das zu tun, was der Rest des Teams möchte. Entscheide ich es aber allein, so verwende ich so lange den direkten Variablenzugriff, bis er hinderlich wird. Wenn dies störend wird, wechsle ich zum indirekten Variablenzugriff. Refaktorisieren gibt mir die Freiheit, meine Meinung zu ändern.

Der allerwichtigste Zeitpunkt, um *Eigenes Feld kapseln (171)* einzusetzen, ist gegeben, wenn Sie auf ein Feld einer Oberklasse zugreifen, aber diesen Variablenzugriff durch einen berechneten Wert in der Unterklasse überschreiben wollen. Hierzu ist das Kapseln des Feldes der erste Schritt. Danach können Sie die get- und set-Methoden nach Bedarf überschreiben.

8.1.2 Vorgehen

- Erstellen Sie eine get- und eine set-Methode für das Feld.
- Suchen Sie alle Referenzen des Feldes, und ersetzen Sie sie durch eine get- oder set-Methode.

  ⇛ *Ersetzen Sie Zugriffe auf das Feld durch Aufrufe der get-Methode; ersetzen Sie Zuweisungen auf das Feld durch Aufrufe der set-Methode.*

  ⇛ *Der Compiler kann Ihnen die Suche erleichtern, indem Sie das Feld temporär umbenennen.*

- Deklarieren Sie das Feld als privat.
- Überprüfen Sie nochmals, ob Sie alle Referenzen gefunden haben.
- Wandeln Sie um und testen Sie.

8.1.3 Beispiel

Dies erscheint fast zu einfach für ein Beispiel, aber es ist wenigstens schnell hinzuschreiben:

```
class IntRange {

  private int _low, _high;

  boolean includes (int arg) {
      return arg >= _low && arg <= _high;
  }

  void grow(int factor) {
      _high = _high * factor;
  }
```

```
 IntRange (int low, int high) {
     _low = low;
     _high = high;
 }
```

Zum Kapseln definiere ich get- und set-Methoden (sofern sie nicht schon vorhanden sind) und verwende diese:

```
class IntRange {

  boolean includes (int arg) {
      return arg >= getLow() && arg <= getHigh();
  }

  void grow(int factor) {
      setHigh (getHigh() * factor);
  }
  private int _low, _high;

  int getLow() {
      return _low;
  }

  int getHigh() {
      return _high;
  }

  void setLow(int arg) {
      _low = arg;
  }

  void setHigh(int arg) {
      _high = arg;
  }
```

Wenn Sie eigene Felder kapseln, müssen Sie sorgfältig auf die Verwendung der set-Methode im Konstruktor achten. Oft wird unterstellt, dass Sie die set-Methode nur für Änderungen verwenden, nachdem das Objekt erzeugt wurde, so dass Sie ein anderes Verhalten in der set-Methode als beim Initialisieren haben. In diesen Fällen bevorzuge ich den direkten Variablenzugriff im Konstruktor oder eine getrennte Initalisierungsmethode.

```
 IntRange (int low, int high) {
     initialize (low, high);
 }
```

```
  private void initialize (int low, int high) {
     _low = low;
     _high = high;
  }
```

Der Nutzen zeigt sich, wenn Sie eine Unterklasse haben, wie hier:

```
class CappedRange extends IntRange {

  CappedRange (int low, int high, int cap) {
      super (low, high);
     _cap = cap;
  }

  private int _cap;
  int getCap() {
      return _cap;
 }

  int getHigh() {
      return Math.min(super.getHigh(), getCap());
  }
}
```

Ich kann das ganze Verhalten von `IntRange` überschreiben, um die Obergrenze (`cap`) zu berücksichtigen, ohne irgendetwas vom Verhalten zu ändern.

8.2 Wert durch Objekt ersetzen

Sie haben ein Datenelement, das zusätzliche Daten oder zusätzliches Verhalten benötigt.

Verwandeln Sie das Datenelement in eine Klasse.

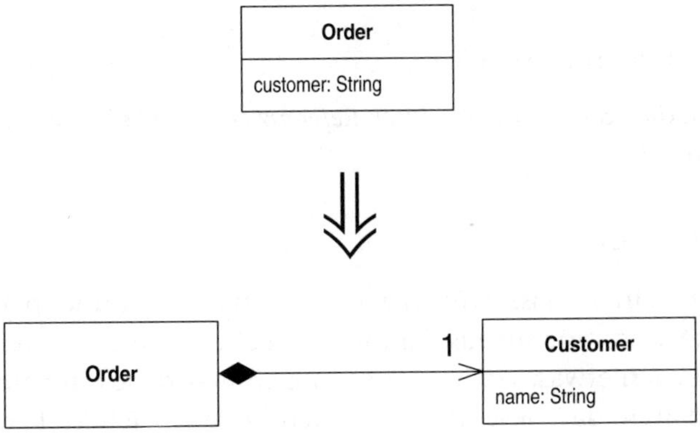

8.2.1 Motivation

Oft treffen Sie in frühen Stufen der Entwicklung Entscheidungen über die Darstellung einfacher Tatsachen als einfache Datenelemente. Während der Entwicklung erkennen Sie, dass diese einfachen Datenelemente gar nicht mehr so einfach sind. Eine Telefonnummer kann eine Zeit lang als String dargestellt werden, aber später erkennen Sie, dass das Telefon spezielles Verhalten erfordert, um die Ausgabe zu formatieren, die Ortsnetzkennzahl zu extrahieren usw. Für eines oder zwei dieser Dinge können Sie die Methoden in dem besitzenden Objekt realisieren, aber schnell beginnt der Code nach Redundanz und Neid zu riechen. Wenn Sie diesen Geruch wahrnehmen, machen Sie aus dem Datenelement ein Objekt.

8.2.2 Vorgehen

- Erstellen Sie eine Klasse für den Wert. Geben Sie ihr ein finales Feld vom gleichen Typ wie der Wert in der Ausgangsklasse. Fügen Sie eine get-Methode und einen Konstruktor hinzu, die das Feld als Argument erhalten.
- Wandeln Sie um.
- Ändern Sie den Typ des Felds in der Ausgangsklasse in die neue Klasse.

- Lassen Sie die get-Methode in der Ausgangsklasse die get-Methode der neuen Klasse aufrufen.
- Wenn das Feld im Konstruktor der Ausgangsklasse benutzt wird, weisen Sie das Feld mittels des Konstruktors der neuen Klasse zu.
- Ändern Sie die get-Methode so, dass sie eine neue Instanz der neuen Klasse liefert.
- Wandeln Sie um und testen Sie.
- Es kann sein, dass Sie nun *Wert durch Referenz ersetzen (179)* auf das neue Objekt anwenden müssen.

8.2.3 Beispiel

Ich beginne mit einer Klasse Auftrag (`Order`), die den Kunden (`_customer`) als `String` speichert, und möchte aus dem Kunden eine Klasse `Customer` machen. Auf diese Weise habe ich etwas, wo ich Daten wie eine Adresse oder eine Bonität und nützliches Verhalten, das diese Informationen nutzt, speichern kann.

```
class Order...
  public Order (String customer) {
      _customer = customer;
  }
  public String getCustomer() {
      return _customer;
  }
  public void setCustomer(String arg) {
      _customer = arg;
  }
  private String _customer;
```

Der Code eines Clients, der diese Klasse benutzt, sieht so aus:

```
  private static int numberOfOrdersFor(Collection orders, String customer) {
      int result = 0;
      Iterator iter = orders.iterator();
      while (iter.hasNext()) {
          Order each = (Order) iter.next();
          if (each.getCustomerName().equals(customer)) result++;
      }
      return result;
  }
```

Zuerst erstelle ich die neue Klasse Customer. Ich gebe ihr ein finales Feld vom Typ String als Attribut, denn das ist es, was Order jetzt verwendet. Ich nenne es _name, denn ein Name scheint es zu sein, wofür Order es im Augenblick verwendet. Ich füge auch eine get-Methode und einen Konstruktor ein, der dies Feld als einen Parameter nimmt:

```
class Customer {
  public Customer (String name) {
      _name = name;
  }
  public String getName() {
      return _name;
  }
  private final String _name;
}
```

Nun ändere ich den Typ des Kundenfelds (_name) und ändere die Methoden, die es benutzen, so dass sie die geeigneten Referenzen auf die Klasse Customer verwenden. Die get-Methode und der Konstruktor liegen auf der Hand. Für die set-Methode erzeuge ich einen neuen Kunden:

```
class Order...
  public Order (String customer) {
      _customer = new Customer(customer);
  }
  public String getCustomer() {
      return _customer.getName();
  }
  private Customer _customer;

  public void setCustomer(String arg) {
      _customer = new Customer(customer);
  }
```

Die set-Methode erstellt ein neues Objekt der Klasse Customer, denn das alte String-Attribut war ebenfalls ein Wert, also ist der Kunde zur Zeit auch ein Wertobjekt. Das heißt, jeder Auftrag hat sein eigenes Kundenobjekt. Nach einer bewährten Regel sollten Wertobjekte unveränderlich sein, um einige unangenehme Aliasing-Fehler zu vermeiden. Später werde ich das Wertobjekt Customer durch ein Referenzobjekt ersetzen wollen, aber das ist eine weitere Refaktorisierung. Zu diesem Zeitpunkt kann ich umwandeln und testen.

Nun untersuche ich die Methoden von Order, die Customer verändern, und nehme einige Änderungen vor, um den jetzigen Stand der Dinge klarer herauszuarbeiten. Für die get-Methode verwende ich *Methode umbenennen (279)*, um klar zu machen, dass es der Name und nicht das Objekt ist, was zurückgeliefert wird:

```
public String getCustomerName() {
    return _customer.getName();
}
```

Beim Konstruktor und der set-Methode brauche ich die Signatur nicht zu ändern, aber den Namen des Arguments kann ich aussagekräftiger gestalten:

```
public Order (String customerName) {
    _customer = new Customer(customerName);
}
public void setCustomer(String customerName) {
    _customer = new Customer(customerName);
}
```

Weitere Refaktorisierungen können sehr wohl dazu führen, dass ich einen neuen Konstruktor und eine set-Methode ergänze, die ein vorhandenes Objekt der Klasse Customer als Parameter erhalten.

Damit endet diese Refaktorisierung, aber in diesem Fall, wie in vielen anderen, folgen weitere Schritte. Wenn ich unserer Klasse Customer Dinge wie eine Bonität und Adressen hinzufügen möchte, kann ich dies so noch nicht machen. Das liegt daran, dass der Kunde als ein Wertobjekt behandelt wird. Jeder Auftrag hat sein eigenes Kundenobjekt. Um einem Kunden diese Attribute zu geben, muss ich *Wert durch Referenz ersetzen (179)* auf die Klasse Customer anwenden, so dass alle Aufträge für denselben Kunden ein gemeinsames Objekt der Klasse Customer nutzen. Dort wird dieses Beispiel fortgesetzt.

8.3 Wert durch Referenz ersetzen

Sie haben eine Klasse mit vielen gleichen Instanzen, die Sie durch ein einzelnes Objekt ersetzen wollen.

Verwandeln Sie das Objekt in ein Referenzobjekt.

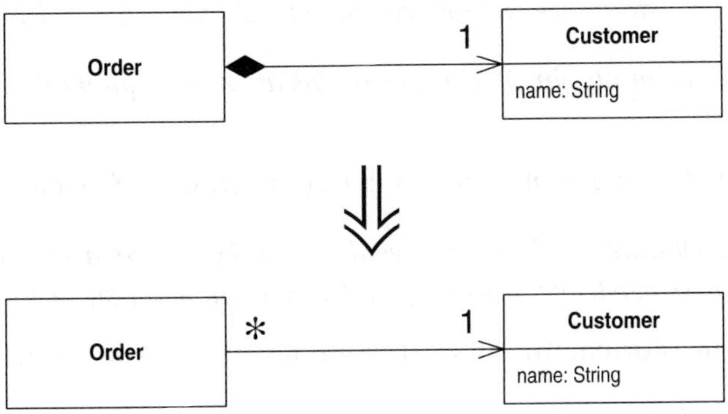

8.3.1 Motivation

Sie können eine Klassifikation von Objekten vornehmen, die in vielen Systemen nützlich ist: Referenzobjekte und Wertobjekte. *Referenzobjekte* sind Dinge wie ein Kunde oder ein Konto. Jedes Objekt repräsentiert ein Objekt im wirklichen Leben, und Sie verwenden die Objektidentität, um festzustellen, ob sie gleich sind. Wertobjekte sind Dinge wie ein Datum oder Geld. Sie sind ausschließlich durch ihre Werte definiert. Es interessiert Sie nicht, ob Kopien existieren; Sie können Hunderte von »1.1.2000«-Objekte in Ihrem System haben. Sie müssen aber sagen können, ob zwei von diesen Objekten gleich sind, also müssen Sie die Methode `equal` (und auch gleich die Methode `hashCode`) überschreiben.

Die Unterscheidung zwischen Wert und Referenz ist nicht immer offensichtlich. Manchmal beginnen Sie mit einem einfachen Wert und einer kleinen Menge unveränderlicher Daten. Dann wollen Sie ihm einige veränderliche Daten geben und sicherstellen, dass die Änderungen jeden erreichen, der das Objekt referenziert. Zu diesem Zeitpunkt müssen Sie es in ein Referenzobjekt verwandeln.

8.3.2 Vorgehen

- Verwenden Sie *Konstruktor durch Fabrikmethode ersetzen (313)*.
- Wandeln Sie um und testen Sie.
- Entscheiden Sie, welches Objekt dafür verantwortlich ist, den Zugriff auf die Objekte zu gewähren.

  ⇛ *Das kann ein statisches Dictionary sein oder ein Objekt, das den Zugriff steuert.*

  ⇛ *Sie können mehr als ein Objekt haben, das als Zugriffspunkt für das neue Objekt dient.*

- Entscheiden Sie, ob die Objekte vorab oder nach Bedarf erzeugt werden.

  ⇛ *Wenn die Objekte vorab erzeugt werden und Sie sie aus dem Speicher holen, so müssen Sie sicherstellen, dass sie geladen werden, bevor sie benötigt werden.*

- Ändern Sie die Fabrikmethode so, dass ein Referenzobjekt zurückgegeben wird.

  ⇛ *Wenn die Objekte vorab erstellt werden, so müssen Sie entscheiden, wie Fehler gehandhabt werden, wenn jemand ein Objekt anfordert, das nicht existiert.*

  ⇛ *Sie können gegebenenfalls Methode umbenennen (279) auf die Fabrikmethode anwenden, um klar zum Ausdruck zu bringen, dass sie ein existierendes Objekt zurückgibt.*

- Wandeln Sie um und testen Sie.

8.3.3 Beispiel

Ich beginne dort, wo ich in dem Beispiel zu *Wert durch Objekt ersetzen (175)* aufgehört habe.

Ich habe die folgende Klasse `Customer`:

```
class Customer {
  public Customer (String name) {
      _name = name;
  }
  public String getName() {
      return _name;
  }
  private final String _name;
}
```

Sie wird von einer Klasse `Order` verwendet:

```
class Order...
  public Order (String customerName) {
      _customer = new Customer(customerName);
  }
  public void setCustomer(String customerName) {
      _customer = new Customer(customerName);
  }
  public String getCustomerName() {
      return _customer.getName();
  }
  private Customer _customer;
```

und von folgendem Clientcode:

```
  private static int numberOfOrdersFor(Collection orders, String customer) {
      int result = 0;
      Iterator iter = orders.iterator();
      while (iter.hasNext()) {
          Order each = (Order) iter.next();
          if (each.getCustomerName().equals(customer)) result++;
      }
      return result;
  }
```

Zu diesem Zeitpunkt handelt es sich um einen Wert. Jeder Auftrag (`Order`) hat sein eigenes Kundenobjekt (der Klasse `Customer`), selbst wenn es sich um denselben Kunden handelt. Ich möchte dies so ändern, dass verschiedene Aufträge mit demselben Kunden sich ein Objekt der Klasse `Customer` teilen.

Ich beginne, indem ich *Konstruktor durch Fabrikmethode ersetzen (313)* anwende. Dies gibt mir die Kontrolle über den Erzeugungsprozess, die später wichtig wird. Ich definiere die Fabrikmethode in der Klasse `Customer`:

```
class Customer {
  public static Customer create (String name) {
      return new Customer(name);
  }
```

Dann ersetze ich die Aufrufe des Konstruktors durch Aufrufe der Fabrikmethode:

```
class Order {
public Order (String customer) {
    _customer = Customer.create(customer);
}
```

Anschließend mache ich den Konstruktor privat:

```
class Customer {
  private Customer (String name) {
      _name = name;
  }
```

Nun muss ich entscheiden, wie ich auf meine `Customer`-Objekte zugreife. Ich bevorzuge es, ein anderes Objekt zu verwenden. Das funktioniert gut mit so etwas wie den Positionen eines Auftrags. Der Auftrag ist verantwortlich dafür, Zugriff auf seine Positionen zu gewähren. In dieser Situation erstelle ich meist ein Kontrollobjekt, das als Zugriffspunkt dient. Der Einfachheit halber speichere ich es hier aber in einem `static`-Feld der Klasse `Customer`, so dass `Customer` der Zugriffspunkt ist:

```
  private static Dictionary _instances = new Hashtable();
```

Dann muss ich entscheiden, ob Objekte der Klasse `Customer` nach Bedarf erzeugt werden sollen oder vorab. Ich entscheide mich für letzteres. Wenn meine Anwendung geladen wird, lade ich die benutzten Kunden. Sie können aus einer Datenbank oder einer Datei kommen. Der Einfachheit halber verwende ich expliziten Code. Ich kann später immer noch *Algorithmus ersetzen (136)* verwenden:

```
class Customer...
  static void loadCustomers() {
      new Customer ("Lemon Car Hire").store();
      new Customer ("Associated Coffee Machines").store();
      new Customer ("Bilston Gasworks").store();
  }
  private void store() {
      _instances.put(this.getName(), this);
  }
```

Nun verändere ich die Fabrikmethode, um einen vorfabrizierten Kunden zu liefern:

```
  public static Customer create (String name) {
      return (Customer) _instances.get(name);
  }
```

Da die Fabrikmethode immer einen existierenden Kunden liefert, sollte ich dies auch im Namen zum Ausdruck bringen, indem ich *Methode umbenennen (279)* einsetze:

```
class Customer...
  public static Customer getNamed (String name) {
      return (Customer) _instances.get(name);
  }
```

8.4 Referenz durch Wert ersetzen

Sie haben ein kleines, unveränderliches Referenzobjekt, dessen Verwaltung störend ist.

Verwandeln Sie es in ein Wertobjekt.

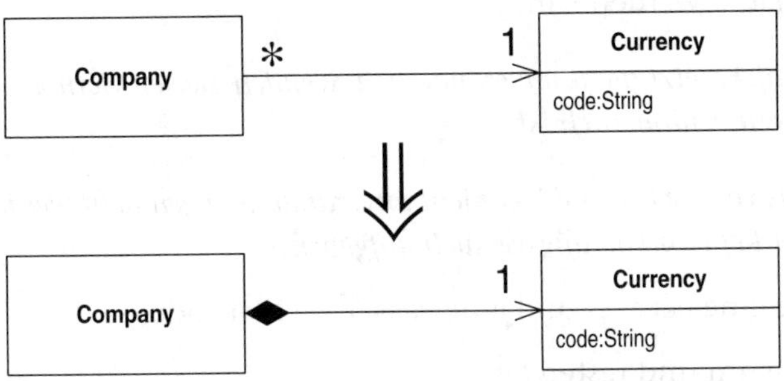

8.4.1 Motivation

Wie bei *Wert durch Referenz ersetzen (179)* liegt die Unterscheidung zwischen einem Referenz- und einem Wertobjekt nicht immer auf der Hand. Es ist eine Entscheidung, die man oft revidieren muss.

Man wechselt von einer Referenz zu einem Wert, wenn es störend ist, mit dem Referenzobjekt zu arbeiten. Referenzobjekte müssen auf irgendeine Weise verwaltet werden. Sie müssen sich immer an ein Kontrollobjekt für das jeweilige Objekt wenden. Die Links im Speicher können ebenfalls lästig werden. Wertobjekte sind besonders in verteilten und nebenläufigen Systemen nützlich.

Eine wichtige Eigenschaft von Wertobjekten ist, dass sie unveränderlich sein sollten. Bei jeder Abfrage eines Wertobjekts sollten Sie das gleiche Ergebnis erhalten. Ist dies wahr, so gibt es kein Problem, wenn viele Objekte das Gleiche darstellen. Ist der Wert veränderlich, so müssen Sie sicherstellen, dass eine Änderung eines der Objekte auch alle anderen ändert, die das Gleiche repräsentieren. Das macht so viel Arbeit, dass es das Einfachste ist, Sie machen daraus ein Referenzobjekt.

Es ist wichtig, sich darüber im Klaren zu sein, was *unveränderlich* heißt. Haben Sie eine Klasse Geld mit einer Währungseinheit und einem Wert, so hat diese Klasse meist unveränderliche Objekte. Das heißt nicht, dass sich Ihr Gehalt nicht ändern kann. Es bedeutet, dass Sie, um Ihr Gehalt zu ändern, ein vorhandenes Geldobjekt durch ein neues Geldobjekt ersetzen müssen, statt den Wert im vorhandenen Geldobjekt zu ändern. Ihre Beziehung zum Geldobjekt kann sich ändern, nicht aber das Objekt.

8.4.2 Vorgehen

- Überprüfen Sie, ob das vorgesehene Objekt unveränderlich ist oder unveränderlich gemacht werden kann.

  ⇛ *Ist das Objekt jetzt nicht unveränderlich, wenden Sie set-Methode entfernen (308) an, bis es unveränderlich ist.*

  ⇛ *Wenn das vorgesehene Objekt nicht unveränderlich gemacht werden kann, sollten Sie diesen Refaktorisierungsversuch aufgeben.*

- Erstellen Sie eine `equals`- und eine `hashCode`- Methode.
- Wandeln Sie um und testen Sie.
- Erwägen Sie, Fabrikmethoden zu entfernen und den Konstruktor öffentlich zu machen.

8.4.3 Beispiel

Ich beginne mit einer Klasse `Currency`:

```
class Currency...
  private String _code;

  public String getCode() {
      return _code;
  }
  private Currency (String code) {
      _code = code;
  }
```

Diese Klasse macht nichts weiter, als einen Währungscode zu halten und zurückzuliefern. Es ist ein Referenzobjekt. Um eine Instanz zu bekommen, muss ich also den Befehl

```
  Currency usd = Currency.get("USD");
```

verwenden.

Die Klasse Currency verwaltet eine Liste von Instanzen. Ich kann nicht einfach einen Konstruktor verwenden. (Gerade deshalb der Konstruktor privat.)

```
new Currency("USD").equals(new Currency("USD")) // gibt false zurück
```

Um Objekte dieser Klasse in Wertobjekte zu verwandeln, ist es das Wichtigste zu überprüfen, ob das Objekt unveränderlich ist. Ist es das nicht, so versuche ich nicht weiter, diese Änderung vorzunehmen, da ein veränderlicher Wert zu endlosen Aliasing-Problemen führt.

Ist das Objekt unveränderlich, so ist der nächste Schritt, eine Methode equals zu definieren:

```
public boolean equals(Object arg) {
    if (! (arg instanceof Currency)) return false;
    Currency other = (Currency) arg;
    return (_code.equals(other._code));
}
```

Wenn ich equals definiere, muss ich auch hashCode definieren. Der einfachste Weg dies zu tun, besteht darin, die Hash-Codes aller Felder zu nehmen und ein bitweises xor (^) auf sie anzuwenden. Hier ist das einfach, denn es gibt nur ein Feld:

```
public int hashCode() {
    return _code.hashCode();
}
```

Nachdem nun beide Methoden ersetzt sind, kann ich umwandeln und testen. Ich muss beides machen; anderfalls könnte sich jede Collection, die auf Hashing aufbaut, wie Hashtable, HashSet oder HashMap, sonderbar verhalten.

Nun kann ich so viele gleiche Currency-Objekte erstellen, wie ich will. Ich kann das ganze Controllerverhalten und die Fabrikmethode aus der Klasse loswerden und einfach den Konstruktor verwenden, den ich nun öffentlich machen kann.

```
new Currency("USD").equals(new Currency("USD")) // gibt nun true zurück
```

8.5 Array durch Objekt ersetzen

Sie haben ein Array, in dem verschiedene Elemente unterschiedliche Dinge bedeuten.

Ersetzen Sie das Array durch ein Objekt, das ein Feld für jedes Element hat.

```
String[] row = new String[3];
row [0] = "Liverpool";
row [1] = "15";
```

⇓

```
Performance row = new Performance();
row.setName("Liverpool");
row.setWins("15");
```

8.5.1 Motivation

Arrays sind eine weit verbreitete Struktur, um Daten zu organisieren. Sie sollten aber nur verwendet werden, wenn sie eine Sammlung gleichartiger Objekte in einer Reihenfolge enthalten. Manchmal sieht man aber auch, dass sie eine Reihe verschiedener Dinge enthalten. Vereinbarungen wie »das erste Element des Arrays ist der Name der Person« sind schwer zu behalten. Mit einem Objekt können Sie Namen für die Felder und Methoden verwenden, die diese Information vermitteln, so dass Sie sich das nicht zu merken brauchen und hoffen müssen, dass der Kommentar aktuell ist. Sie können die Information auch kapseln und *Methode verschieben (139)* anwenden, um Verhalten hinzuzufügen.

8.5.2 Vorgehen

- Erstellen Sie eine neue Klasse für die Information in dem Array. Geben Sie ihr ein öffentliches Feld für das Array.
- Lassen Sie alle Clients, die das Array nutzen, die neue Klasse verwenden.
- Wandeln Sie um und testen Sie.
- Ergänzen Sie nach und nach set- und get-Methoden für jedes Element des Arrays. Benennen Sie die Zugriffsmethoden nach der Aufgabe des Arrayelements. Ändern Sie die Clients so, dass diese die Zugriffsmethoden verwenden. Wandeln Sie nach jedem Schritt um und testen Sie.

- Wenn alle Zugriffe auf das Array durch Methoden ersetzt worden sind, machen Sie das Array privat.
- Wandeln Sie um.
- Erstellen Sie für jedes Element des Arrays ein Feld in der Klasse, und ändern Sie die Zugriffsmethoden so, dass sie das Feld verwenden.
- Wandeln Sie nach jedem geänderten Element um und testen Sie.
- Wenn alle Elemente des Arrays durch Felder ersetzt sind, löschen Sie das Array.

8.5.3 Beispiel

Ich beginne mit einem Array, das die Namen, die gewonnenen und die verlorenen Spiele eines Sportteams enthält. Es wird wie folgt deklariert:

```
String[] row = new String[3];
```

Es wird von Code wie dem folgenden benutzt:

```
  row [0] = "Liverpool";
  row [1] = "15";

  String name = row[0];
  int wins = Integer.parseInt(row[1]);
```

Um hieraus eine Klasse zu machen, beginne ich mit dem Erstellen der Klasse:

```
class Performance {}
```

Im ersten Schritt gebe ich der neuen Klasse ein öffentliches Datenelement. (Ich weiß, dass dies schlecht und sündhaft ist, aber ich werde dies zu geeigneter Zeit ändern.)

```
  public String[] _data = new String[3];
```

Nun suche ich die Stellen, an denen das Array erstellt und darauf zugegriffen wird. Wird das Array erzeugt, so verwende ich:

```
  Performance row = new Performance();
```

Wenn es benutzt wird, ändere ich es in:

```
  row._data [0] = "Liverpool";
  row._data  [1] = "15";

  String name = row._data[0];
  int wins = Integer.parseInt(row._data[1]);
```

Stück für Stück ergänze ich aussagefähige set- und get-Methoden. Ich beginne mit dem Namen:

```
class Performance...
  public String getName() {
      return _data[0];
  }
  public void setName(String arg) {
      _data[0] = arg;
  }
```

Ich ändere die Clients so, dass sie statt `_row` nun die set- und get-Methoden verwenden:

```
  row.setName("Liverpool");
  row._data  [1] = "15";

  String name = row.getName();
  int wins = Integer.parseInt(row._data[1]);
```

Genauso kann ich mit dem zweiten Element verfahren. Um die Dinge einfacher zu machen, kapsele ich die Typkonvertierung:

```
class Performance...
  public int getWins() {
      return Integer.parseInt(_data[1]);
  }
  public void setWins(String arg) {
      _data[1] = arg;
  }

....
//client code...
  row.setName("Liverpool");
  row.setWins("15");

  String name = row.getName();
  int wins = row.getWins();
```

Nachdem ich dies für jedes Element getan habe, kann ich das Array privat machen:

```
private String[] _data = new String[3];
```

Der wichtigste Teil dieser Refaktorisierung, die Änderung der Schnittstelle, ist nun erledigt. Es ist aber auch nützlich, das Array intern zu ersetzen. Ich kann dies tun, indem ich ein Feld für jedes Arrayelement einfüge und in den Zugriffsmethoden dieses Feld verwende:

```
class Performance...
  public String getName() {
      return _name;
  }
  public void setName(String arg) {
      _name = arg;
  }
  private String _name;
```

Ich mache dies für jedes Element des Arrays. Nachdem ich dies für alle Elemente getan habe, lösche ich das Array.

8.6 Beobachtete Werte duplizieren

Sie haben Anwendungsbereichsdaten nur in einem GUI-Steuerelement zur Verfügung und Anwendungsbereichsmethoden benötigen Zugriff darauf.

Kopieren Sie die Daten in ein Anwendungsbereichsobjekt. Verwenden Sie Beobachter, um die beiden Datenstücke zu synchronisieren.

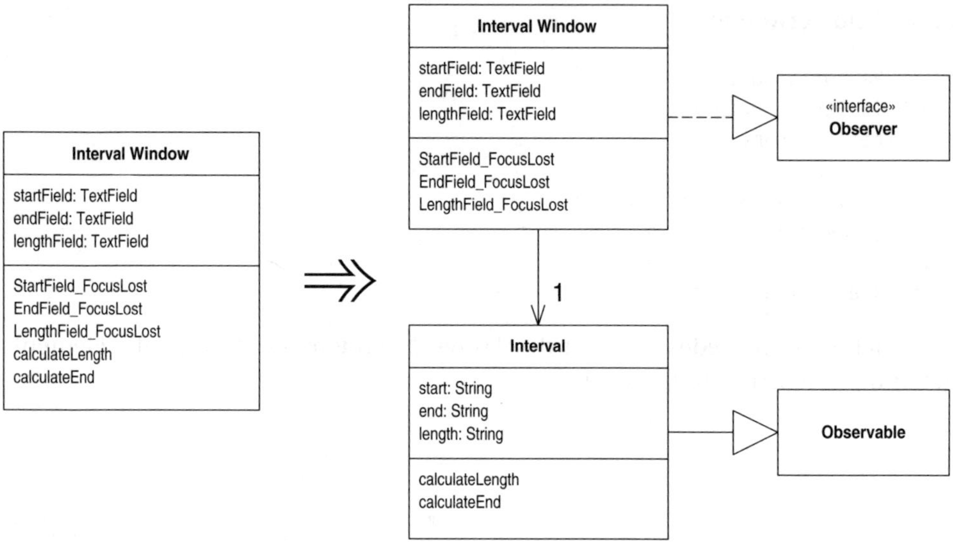

8.6.1 Motivation

Ein gut strukturiertes, geschichtetes System trennt Code, der die Benutzerschnittstelle betrifft, von Code, der die Anwendungslogik betrifft. Dies geschieht aus mehreren Gründen: Sie wollen vielleicht verschiedene Schnittstellen für ähnliche Anwendungslogik haben; die Benutzerschnittstelle wird zu kompliziert, wenn Sie beides tut; es ist einfacher zu pflegen und einfacher, Anwendungsbereichsobjekte getrennt von der GUI weiterzuentwickeln; oder aber Sie haben verschiedene Programmierer, die verschiedene Teile schreiben.

Obwohl das Verhalten leicht getrennt werden kann, geht das mit den Daten oft nicht. Es müssen Daten in ein GUI-Steuerelement eingebettet werden, die die gleiche Bedeutung haben wie Daten im Anwendungsbereichsmodell. Frameworks für GUIs verwenden seit dem Model-View-Controller-Konzept (MVC) oder Beobachtermuster ein vielschichtiges System, um Mechanismen zur Verfügung zu stellen, die es Ihnen ermöglichen, die Daten zur Verfügung zu stellen und alles zu synchronisieren.

Begegnet Ihnen Code, der mit einem Zweischichtenansatz entwickelt und in dem Anwendungslogik in die Benutzerschnittstelle eingebettet wurde, so müssen Sie diese beiden Verhalten trennen. Vieles davon besteht im Zerlegen und Verschieben von Methoden. Die Daten können Sie aber nicht einfach verschieben, Sie müssen diese duplizieren und einen Synchronisationsmechanismus zur Verfügung stellen.

8.6.2 Vorgehen

- Machen Sie die Präsentationsklasse zu einem Beobachter der Anwendungsbereichsklasse [Gang of Four].

  ⇛ *Gibt es keine Anwendungsbereichsklasse, so erstellen Sie eine.*

  ⇛ *Gibt es keinen Link von der Präsentationsklasse zur Anwendungsbereichsklasse, so packen Sie die Anwendungsbereichsklasse in ein Feld der Präsentationsklasse.*

- Wenden Sie *Eigenes Feld kapseln (171)*, auf die Anwendungsbereichsdaten in der Präsentationsklasse an.
- Wandeln Sie um und testen Sie.
- Fügen Sie einen Aufruf der set-Methode in den Event-Handler ein, um die Komponente mittels direktem Zugriff auf ihren aktuellen Wert zu setzen.

  ⇛ *Erstellen Sie eine Methode im Event-Handler, die die Werte der Komponente auf Basis ihres aktuellen Werts ändert. Dies ist natürlich völlig überflüssig; Sie setzen den Wert nur auf seinen aktuellen Wert, aber dadurch, dass Sie die set-Methode verwenden, wird das ganze damit verbundene Verhalten ausgeführt.*

  ⇛ *Wenn Sie diese Änderung vornehmen, sollten Sie nicht die get-Methode für die Komponente verwenden; verwenden Sie den direkten Zugriff auf die Komponente. Später wird die get-Methode den Wert aus dem Anwendungsbereich holen, der sich nicht ändern wird, bis die set-Methoden existieren.*

  ⇛ *Stellen Sie sicher, dass der Event-Handler-Code von Ihrem Testcode ausgelöst wird.*

- Wandeln Sie um und testen Sie.
- Definieren Sie die Daten und die Zugriffsmethoden auf das Anwendungsbereichsfeld.

⇛ *Stellen Sie sicher, dass die set-Methode im Anwendungsbereich den* `notify`*-Mechanismus des Beobachtermusters auslöst.*

⇛ *Verwenden Sie den gleichen Datentyp im Anwendungsbereich und in der Präsentation. (Meistens ist dies ein String.) Konvertieren Sie den Datentyp in einer späteren Refaktorisierung.*

- Leiten Sie die Zugriffsmethoden um, so dass Sie auf das Anwendungsbereichsfeld schreiben.
- Ändern Sie die `update`-Methode des Beobachters, so dass sie die Daten aus den Anwendungsbereichsfeldern in das GUI-Steuerelement kopiert.
- Wandeln Sie um und testen Sie.

8.6.3 Beispiel

Ich beginne mit dem Fenster in Abbildung 8-1.

Das Verhalten ist sehr einfach. Wenn Sie den Wert in einem der Textfelder ändern, werden die anderen aktualisiert. Ändern Sie das »Start«- oder »End«-Feld, so wird die Länge aktualisiert; ändern Sie das »length«-Feld, so wird das »End«-Feld neu berechnet.

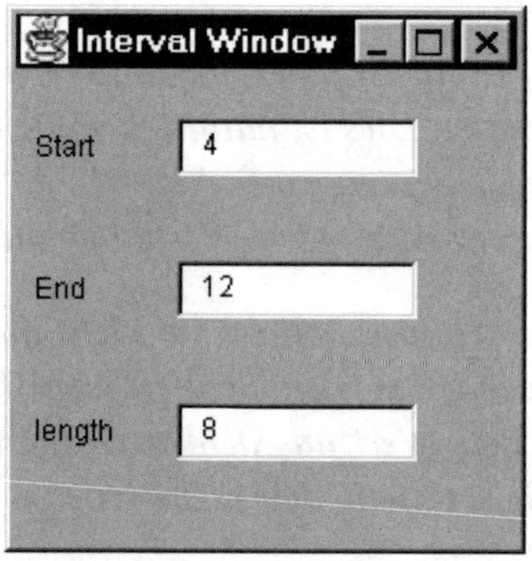

Abbildung 8-1 Ein einfaches Fenster

Alle Methoden gehören zu einer einzigen `IntervalWindow`-Klasse. Die Felder werden gesetzt, wenn der Fokus des Feldes verloren geht.

```
public class IntervalWindow extends Frame...
  java.awt.TextField _startField;
  java.awt.TextField _endField;
```

```
java.awt.TextField _lengthField;

class SymFocus extends java.awt.event.FocusAdapter
{
    public void focusLost(java.awt.event.FocusEvent event)
    {
        Object object = event.getSource();
        if (object == _startField)
            StartField_FocusLost(event);
        else if (object == _endField)
            EndField_FocusLost(event);
        else if (object == _lengthField)
            LengthField_FocusLost(event);
    }
}
```

Der Beobachter reagiert, indem er `StartField_FocusLost` aufruft, wenn der Fokus des »Start«-Feldes verloren geht, und für die anderen Felder `EndField_FocusLost` und `LengthField_FocusLost` aufruft. Diese Event-Handler-Methoden sehen so aus:

```
void StartField_FocusLost(java.awt.event.FocusEvent event) {
    if (isNotInteger(_startField.getText()))
        _startField.setText("0");
    calculateLength();
}

void EndField_FocusLost(java.awt.event.FocusEvent event) {
    if (isNotInteger(_endField.getText()))
        _endField.setText("0");
    calculateLength();
}

void LengthField_FocusLost(java.awt.event.FocusEvent event) {
    if (isNotInteger(_lengthField.getText()))
        _lengthField.setText("0");
    calculateEnd();
}
```

Wenn Sie sich fragen, warum ich das Fenster auf diese Weise programmiere, so war dies die einfachste Weise, die meine IDE[1] (Cafe) mir nahelegte.

1. Anm. d. Ü.: Interactive Development Environment, Interaktive Entwicklungsumgebung.

Alle Felder fügen eine `0` ein, wenn irgendein nicht ganzzahliges Zeichen eingegeben wird, und rufen die jeweilige Berechnungsroutine auf:

```
void calculateLength(){
    try {
      int start = Integer.parseInt(_startField.getText());
      int end = Integer.parseInt(_endField.getText());
      int length = end - start;
      _lengthField.setText(String.valueOf(length));
    } catch (NumberFormatException e) {
      throw new RuntimeException ("Unexpected Number Format Error");
    }
}
void calculateEnd() {
    try {
      int start = Integer.parseInt(_startField.getText());
      int length = Integer.parseInt(_lengthField.getText());
      int end = start + length;
      _endField.setText(String.valueOf(end));
    } catch (NumberFormatException e) {
      throw new RuntimeException ("Unexpected Number Format Error");
    }
}
```

Meine Gesamtaufgabe, sollte ich sie annehmen, besteht darin, die nicht visuelle Logik aus der GUI zu entfernen; im Wesentlichen heißt dies, `calculateLength` und `calculateEnd` in eine separate Anwendungsbereichsklasse zu verschieben. Um dies zu erreichen, muss ich das »Start«-, das »End«- und das »length«-Feld ansprechen können, ohne die Window-Klasse zu referenzieren. Ich kann das nur tun, indem ich die Daten in der Anwendungsbereichsklasse dupliziere und die Daten mit der GUI synchronisiere. Diese Aufgabe wird in *Beobachtete Daten duplizieren (190)* beschrieben.

Bis jetzt habe ich keine Anwendungsbereichsklasse, also erstelle ich eine (leere):

```
class Interval extends Observable {}
```

Das `IntervalWindow` benötigt einen Link zu dieser neuen Anwendungsbereichsklasse.

```
  private Interval _subject;
```

Ich muss dieses Feld dann geeignet initialisieren und `IntervalWindow` zu einem Beobachter (`Observer`) von `Interval` machen. Ich kann dies erreichen, indem ich den folgenden Code in den Konstruktor von `IntervalWindow` einfüge:

```
_subject = new Interval();
_subject.addObserver(this);
 update(_subject, null);
```

Ich möchte diesen Code am Ende des Konstruktionsprozesses einfügen. Der Aufruf von `update` stellt sicher, dass die GUI aus der Anwendungsbereichsklasse initialisiert wird, denn ich dupliziere die Daten der Anwendungsbereichsklasse. Dazu muss ich sicherstellen, dass das `IntervalWindow` die Klasse `Observer` implementiert:

```
public class IntervalWindow extends Frame implements Observer
```

Um `Observer` zu implementieren, muss ich eine `update`-Methode implementieren. Für den Augenblick kann ich sie leer lassen:

```
public void update(Observable observed, Object arg) {
}
```

An diesem Punkt kann ich umwandeln und testen. Ich habe keine echten Änderungen vorgenommen, aber ich kann an den einfachsten Stellen Fehler gemacht haben.

Nun kann ich meine Aufmerksamkeit auf das Verschieben der Felder richten. Üblicherweise nehme ich die Änderungen nur jeweils an einem Feld vor. Um meine Beherrschung der englischen Sprache zu demonstrieren, beginne ich mit dem »End«-Feld. Die erste Aufgabe ist *Eigenes Feld kapseln (171)*. Auf die Textfelder wird mit den Methoden `getText` und `setText` zugegriffen. Ich erstelle Zugriffsmethoden, die diese aufrufen:

```
String getEnd() {
    return _endField.getText();
}

void setEnd (String arg) {
    _endField.setText(arg);
}
```

Nun suche ich jede Referenz auf `_endField` und ersetze sie durch geeignete Zugriffsmethoden:

```
void calculateLength(){
  try {
    int start = Integer.parseInt(_startField.getText());
    int end = Integer.parseInt(getEnd());
    int length = end - start;
    _lengthField.setText(String.valueOf(length));
```

```
    } catch (NumberFormatException e) {
      throw new RuntimeException ("Unexpected Number Format Error");
    }
  }

  void calculateEnd() {
    try {
      int start = Integer.parseInt(_startField.getText());
      int length = Integer.parseInt(_lengthField.getText());
      int end = start + length;
      setEnd(String.valueOf(end));
    } catch (NumberFormatException e) {
      throw new RuntimeException ("Unexpected Number Format Error");
    }
  }

  void EndField_FocusLost(java.awt.event.FocusEvent event) {
      if (isNotInteger(getEnd()))
          setEnd("0");
      calculateLength();
  }
```

Das ist die normale Vorgehensweise für *Eigenes Feld kapseln (171)*. Aber wenn Sie mit einer GUI arbeiten, gibt es eine Komplikation. Der Benutzer kann die Werte direkt ändern, ohne `setEnd` aufzurufen. Also muss ich einen Aufruf von `setEnd` in den Event-Handler für die GUI einbauen. Dieser Aufruf setzt das Feld `end` auf den aktuellen Wert des Feldes `end`. Natürlich tut dies im Augenblick nichts, aber es stellt sicher, dass die Benutzereingaben durch die set-Methode erfolgen:

```
  void EndField_FocusLost(java.awt.event.FocusEvent event) {
      setEnd(_endField.getText());
      if (isNotInteger(getEnd()))
          setEnd("0");
      calculateLength();
  }
```

In diesem Aufruf verwende ich nicht `getEnd`; statt dessen greife ich direkt auf das Feld zu. Ich mache dies so, weil im Verlauf dieser Refaktorisierung `getEnd` seinen Wert vom Anwendungsbereichsobjekt erhalten wird. An diesem Punkt würde dies bedeuten, dass jedes Mal, wenn der Benutzer den Wert eines Feldes ändert, der Code ihn wieder zurücksetzen würde, so dass ich hier einen direkten Zugriff verwenden muss. An diesem Punkt kann ich umwandeln und das gekapselte Verhalten testen.

Nun füge ich das Feld `_end` in die Anwendungsbereichsklasse ein:

```
class Interval...
    private String _end = "0";
```

Ich initialisiere es mit demselben Wert, mit dem es in der GUI initialisiert wird. Nun füge ich die get- und set-Methoden ein:

```
class Interval...

  String getEnd() {
      return _end;
  }
  void setEnd (String arg) {
      _end = arg;
      setChanged();
      notifyObservers();
  }
```

Da ich das Beobachtermuster (Observer pattern) verwende, muss ich den Code für die Benachrichtigung (`notifyObservers`) in die set-Methode einfügen. Ich verwende einen String und keine Zahl, obwohl dies sinnvoll wäre. Ich mache dies, um so wenig Änderungen wie möglich vorzunehmen. Nachdem ich die Daten erfolgreich dupliziert habe, kann ich den internen Datentyp in eine ganze Zahl ändern.

Ich wandle nun nochmals um und teste, bevor ich die Duplikation durchführe. Durch die ganzen Vorarbeiten habe ich das Risiko dieses schwierigen Schrittes minimiert.

Die erste Änderung besteht darin, die Zugriffsmethoden von `IntervalWindow` so zu ändern, dass sie `Interval` verwenden.

```
class IntervalWindow...
  String getEnd() {
      return _subject.getEnd();
  }
  void setEnd (String arg) {
      _subject.setEnd(arg);
  }
```

Ich benötige auch eine Änderung an `update`, um sicherzustellen, dass die GUI auf die Benachrichtigung reagiert:

```
class IntervalWindow...
  public void update(Observable observed, Object arg) {
      _endField.setText(_subject.getEnd());
  }
```

Dies ist eine andere Stelle, an der ich den direkten Zugriff verwenden muss. Würde ich die set-Methode aufrufen, erhielte ich eine Endlosschleife.

Nun kann ich umwandeln und testen und die Daten sind korrekt dupliziert.

Ich kann das nun für die beiden anderen Felder wiederholen. Nachdem ich damit fertig bin, kann ich *Methode verschieben (139)* anwenden, um `calculatedEnd` und `calculatedLength` in die Klasse `Interval` zu verschieben. An dieser Stelle habe ich eine Anwendungsbereichsklasse, die das gesamte Anwendungsbereichsverhalten und die zugehörigen Daten enthält – und dies getrennt vom Code der GUI.

Nachdem ich dies getan habe, überlege ich, ob ich die GUI-Klasse vollständig entfernen kann. Wenn meine Klasse eine ältere AWT-Klasse ist, so sollte ich besser Swing verwenden, denn Swing erledigt die Kooperation besser. Ich kann eine Swing-GUI für die Anwendungsbereichsklasse entwickeln. Wenn ich damit zufrieden bin, entferne ich die alte GUI-Klasse.

8.6.4 Die Verwendung von Ereignisbeobachtern

Beobachtete Daten duplizieren funktioniert auch, wenn Sie »event listeners« verwenden, statt `Observer/Observable` (Beobachter/Beobachtbar). In diesem Fall müssen Sie einen »Listener« und einen »Event« im Anwendungsbereichsmodell erstellen (oder Sie können die AWT-Klassen verwenden, wenn Sie die Abhängigkeiten nicht stören). Das Anwendungsbereichsobjekt muss die »Listener« registrieren, wie es auch `Observable` tut, und einen »Event« schicken, wenn es sich ändert, wie in der Methode `update`. Das `IntervalWindow` kann dann eine innere Klasse verwenden, um die »Listener«-Schnittstelle zu implementieren und die entsprechenden set-Methoden aufrufen.

8.7 Gerichtete Assoziation durch bidirektionale ersetzen

Sie haben zwei Klassen, die Elemente der jeweils anderen benötigen, es gibt aber nur eine Verbindung in einer Richtung.

Fügen Sie Rückverweise ein, und aktualisieren Sie beide Verweise in den set-Funktionen.

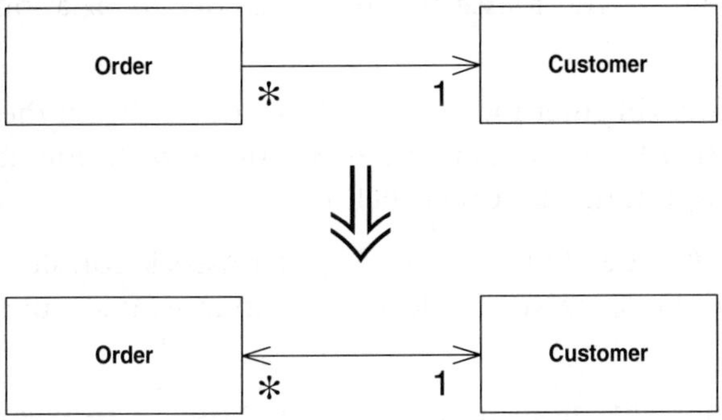

8.7.1 Motivation

Es kann vorkommen, dass Sie zwei Klassen ursprünglich so entworfen haben, dass die eine die andere referenziert. Nach einer Weile stellen Sie fest, dass ein Client der referenzierten Klasse an die Objekte kommen muss, die auf dieses Objekt verweisen. Das bedeutet, dass rückwärts entlang der Verweise navigiert werden muss. Zeiger sind aber Einbahnstraßen, Sie können das so nicht machen. Oft können Sie das Problem umgehen, wenn Sie eine andere Verbindung zu dem Objekt finden. Dies kann Rechenzeit kosten, aber trotzdem sinnvoll sein, und Sie können dann eine Methode in der referenzierten Klasse haben, die dieses Verhalten nutzt. Manchmal geht das aber nicht so einfach, und dann müssen Sie eine gegenseitige Referenzierung aufbauen, die manchmal Rückverweis (Back Pointer) genannt wird. Wenn Rückverweise Ihnen noch neu sind, so können Sie sich leicht in ihnen verheddern. Nachdem Sie sich an dieses Idiom gewöhnt haben, werden Sie feststellen, dass es nicht allzu kompliziert ist.

Dieses Idiom ist jedoch schwierig genug. Sie sollten deshalb weitere Tests haben, zumindest bis Sie mit dem Idiom vertraut sind. Obwohl ich es meistens nicht für notwendig halte, get-Methoden zu testen, ist dies einer der seltenen Fälle einer Refaktorisierung, die hierfür einen Test erhält.

Diese Refaktorisierung verwendet Rückverweise, um Bidirektionalität zu implementieren. Andere Techniken wie Verbindungsobjekte erfordern andere Refaktorisierungen.

8.7.2 Vorgehen

- Fügen Sie ein Feld für den Rückverweis (Back Pointer) ein.
- Entscheiden Sie, welche Klasse für die Pflege der Assoziation verantwortlich sein soll.
- Erstellen Sie eine Hilfsmethode in der Klasse, die nicht für die Pflege der Assoziation verantwortlich ist. Benennen Sie diese Methode so, dass ihre beschränkte Verwendung klar ersichtlich ist.
- Wenn die bestehende Methode zur Pflege der Assoziation sich in der Klasse befindet, die nun die Assoziation pflegen soll, ändern Sie sie, um die Rückverweise zu pflegen.
- Befindet sich diese Methode in der anderen Klasse, so erstellen Sie eine Methode zum Pflegen der Assoziation in der Klasse auf der anderen Seite und rufen diese auf.

8.7.3 Beispiel

Ein einfaches Programm hat eine Klasse `Order` (Auftrag), die einen `Customer` (Kunden) referenziert.

```
class Order...
  Customer getCustomer() {
      return _customer;
  }
  void setCustomer (Customer arg) {
      _customer = arg;
  }
  Customer _customer;
```

Die Klasse `Customer` hat keine Referenz auf `Order`.

Ich beginne die Refaktorisierung, indem ich zu `Customer` ein Feld hinzufüge. Ein Kunde kann viele Aufträge haben, also ist dieses Feld eine Collection. Da ich nicht will, dass ein `Customer`-Objekt ein `Order`-Objekt mehrfach in seiner Collection hat, ist die korrekte Collection ein Set:

```
class Customer  {
  private Set _orders = new HashSet();
```

Ich muss nun entscheiden, welche Klasse die Verantwortung für die Assoziation übernimmt. Ich ziehe es vor, eine Klasse diese Verantwortung allein übernehmen zu lassen, denn so befindet sich alle Logik zum Manipulieren der Assoziation an einer Stelle. Mein Entscheidungsprozess läuft wie folgt ab:

1. Sind beide Objekte Referenzobjekte und handelt es sich um eine 1:*-Assoziation, so übernimmt das Objekt, das nur ein anderes referenziert, die Pflege der Assoziation. (Das heißt, hat ein Kunde viele Aufträge, so pflegt `Order` die Assoziation.)
2. Ist das eine Objekt eine Komponente des anderen, so sollte das Kompositum die Pflege der Assoziation übernehmen.
3. Sind beide Objekte Referenzobjekte und handelt es sich um eine *:*-Assoziation, so ist es egal ob `Customer` oder `Order` die Pflege der Assoziation übernimmt.

Da `Order` die Verantwortung für die Assoziation übernimmt, muss ich eine Hilfsmethode in die Klasse `Customer` einfügen, die direkten Zugriff auf die Collection `_orders` ermöglicht. Die Methode `setCustomer` von `Order` wird diese verwenden, um beide Zeigermengen zu synchronisieren. Ich verwende den Namen `friendOrders`, um zu kennzeichnen, dass diese Methode nur in diesem speziellen Fall zu verwenden ist. Ich minimiere auch ihre Sichtbarkeit, indem ich sie höchstens in dem Paket sichtbar mache. Ich muss sie öffentlich machen, wenn die andere Klasse zu einem anderen Paket gehört:

```
class Customer...
  Set friendOrders() {
  /** Sollte ausschließlich von Order zum Ändern der Assoziation
      verwendet werden! */
      return _orders;
  }
```

Nun ändere ich die Methode `setCustomer` so, dass sie auch die Rückverweise pflegt:

```
class Order...
  void setCustomer (Customer arg) ...
  if (_customer != null) _customer.friendOrders().remove(this);
  _customer = arg;
  if (_customer != null) _customer.friendOrders().add(this);
  }
```

Der genaue Code in dieser Methode hängt von der Multiplizität der Assoziation ab. Wenn es zu jedem Order-Objekt ein Customer-Objekt gibt, kann ich die Überprüfung auf null auslassen, aber ich muss auf ein null-Argument prüfen. Das Grundmuster ist aber immer das Gleiche: Erst fordern Sie das andere Objekt auf, seinen Zeiger auf Sie zu entfernen, setzen Ihren Zeiger auf das neue Objekt und fordern das Objekt dann wieder auf, einen Zeiger auf Sie zu setzen.

Wollen Sie den Link auf dem Weg über Customer verändern, so rufen Sie die verantwortliche Methode von Order auf:

```
class Customer...
  void addOrder(Order arg) {
      arg.setCustomer(this);
  }
```

Kann ein Order (Auftrag) viele Customer (Kunden) haben, so haben Sie den *:*-Fall, und die Methoden sehen so aus:

```
class Order... //controlling methods
  void addCustomer (Customer arg) {
      arg.friendOrders().add(this);
      _customers.add(arg);
  }
  void removeCustomer (Customer arg) {
      arg.friendOrders().remove(this);
      _customers.remove(arg);
  }

class Customer...
  void addOrder(Order arg) {
      arg.addCustomer(this);
  }
  void removeOrder(Order arg) {
      arg.removeCustomer(this);
  }
```

8.8 Bidirektionale Assoziation durch gerichtete ersetzen

Sie haben eine in beiden Richtungen benutzbare Assoziation, aber eine Klasse benötigt die Elemente der anderen nicht mehr.

Entfernen Sie die nicht mehr benötigte Richtung der Assoziation.

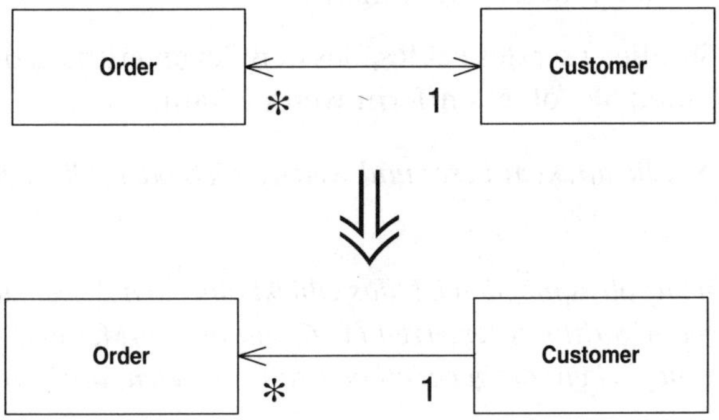

8.8.1 Motivation

Sie haben eine in beiden Richtungen benutzbare Assoziation, aber eine Klasse benötigt die Elemente der anderen nicht mehr.

Bidirektionale Assoziationen sind nützlich, aber sie haben ihren Preis. Der Preis ist die zusätzliche Komplexität, einen beidseitigen Link zu pflegen und sicherzustellen, dass die Objekte richtig erzeugt und entfernt werden. Bidirektionale Assoziationen sind für viele Programmierer etwas Unnatürliches, so dass sie eine häufige Quelle von Fehlern sind.

Viele beidseitige Links führen leicht dazu, dass durch Fehler Zombies entstehen: Objekte, die eigentlich schon entfernt sein sollten, die aber noch existieren, weil eine Referenz nicht gelöscht wurde.

Bidirektionale Assoziationen erzwingen eine Abhängigkeit zwischen zwei Klassen. Jede Änderung der einen Klasse kann eine Änderung der anderen erfordern. Befinden sich die Klassen in verschiedenen Paketen, so erhalten Sie eine Abhängigkeit zwischen den Paketen. Viele Abhängigkeiten führen zu einem stark gekoppelten System, in dem jede kleine Änderung zu einer Fülle unvorhersehbarer Verzweigungen führt.

Sie sollten bidirektionale Assoziationen verwenden, wenn Sie sie benötigen, aber andernfalls nicht. Sobald Sie eine bidirektionale Assoziation sehen, die sich nicht mehr lohnt, entfernen Sie die unnötige Richtung.

8.8.2 Vorgehen

Sie haben eine in beiden Richtungen benutzbare Assoziation, aber eine Klasse benötigt die Elemente der anderen nicht mehr.

- Untersuchen Sie alle Leser des Feldes, das den Zeiger enthält, den Sie entfernen wollen, und prüfen Sie, ob er entfernt werden kann.

  ⇛ *Betrachten Sie die direkten Leser und weitere Methoden, die diese Methoden aufrufen.*

  ⇛ *Untersuchen Sie, ob es möglich ist, das Objekt ohne den Zeiger zu erreichen. Wenn ja, können Sie Algorithmus ersetzen (136) auf die get-Methode anwenden, um es Clients zu ermöglichen, die get-Methode zu verwenden, auch wenn es keinen Zeiger gibt.*

  ⇛ *Erwägen Sie, das Objekt als Parameter an alle Methoden zu übergeben, die das Feld benutzen.*

- Wenn Clients die get-Methode benötigen, verwenden Sie *Eigenes Feld kapseln (171)*, führen *Algorithmus ersetzen (136)* für die get-Methode durch, wandeln um und testen.
- Wenn Clients die get-Methode nicht benötigen, so ändern Sie alle Clients des Feldes so, dass sie das Objekt in dem Feld auf andere Weise bekommen. Wandeln Sie nach jeder Änderung um und testen Sie.
- Wenn es keinen Leser des Feldes mehr gibt, entfernen Sie alle Änderungen des Feldes und entfernen das Feld.

  ⇛ *Gibt es viele Stellen, an denen das Feld zugewiesen wird, so verwenden Sie Eigenes Feld kapseln (171), damit alle eine einzige set-Methode verwenden. Wandeln Sie um und testen Sie. Wenn das funktioniert, entfernen Sie das Feld, die set-Methode und alle Aufrufe der set-Methode.*

- Wandeln Sie um und testen Sie.

8.8.3 Beispiel

Sie haben eine in beiden Richtungen benutzbare Assoziation, aber eine Klasse benötigt die Elemente der anderen nicht mehr.

Ich beginne dort, wo ich in dem Beispiel in *Gerichtete Assoziation durch bidirektionale ersetzen (199)* aufgehört habe.

```
class Order...
  Customer getCustomer() {
      return _customer;
  }
  void setCustomer (Customer arg) {
      if (_customer != null) _customer.friendOrders().remove(this);
      _customer = arg;
       if (_customer != null) _customer.friendOrders().add(this);
  }
  private Customer _customer;

class Customer...
  void addOrder(Order arg) {
      arg.setCustomer(this);
  }
  private Set _orders = new HashSet();
  Set friendOrders() {
  /** should only be used by Order */
      return _orders;
  }
```

Ich habe festgestellt, dass ich in meiner Anwendung keine Aufträge (`Order`) habe, wenn ich nicht bereits einen Kunden (`Customer`) habe, also möchte ich die Verbindung von Auftrag zu Kunde lösen.

Der schwierigste Teil dieser Refaktorisierung besteht darin zu prüfen, ob ich dies machen kann. Wenn ich weiß, dass es gefahrlos möglich ist, ist diese Refaktorisierung einfach. Die Frage ist, welcher Code sich auf das Feld `_customer` verlässt. Um das Feld zu entfernen, benötige ich eine Alternative.

Mein erster Schritt besteht darin, alle Leser des Feldes und alle Methoden zu untersuchen, die diese Leser aufrufen. Kann ich einen anderen Weg finden, das Kundenobjekt zu liefern? Oft heißt das, das Kundenobjekt als Parameter an eine Methode zu übergeben. Hier sehen Sie ein stark vereinfachtes Beispiel hierfür:

```
class Order...
  double getDiscountedPrice() {
      return getGrossPrice() * (1 - _customer.getDiscount());
  }
```

wird zu:

```
class Order...
  double getDiscountedPrice(Customer customer) {
      return getGrossPrice() * (1 - customer.getDiscount());
  }
```

Das funktioniert besonders gut, wenn das Verhalten von `Customer` aus aufgerufen wird, weil dieses Objekt sich dann leicht selbst als Argument übergeben kann. Also wird

```
class Customer...
  double getPriceFor(Order order) {
      Assert.isTrue(_orders.contains(order)); // siehe Zusicherung einführen
(273)
      return order.getDiscountedPrice();
```

zu:

```
class Customer...
  double getPriceFor(Order order) {
      Assert.isTrue(_orders.contains(order));
      return order.getDiscountedPrice(this);
  }
```

Eine andere Alternative, die ich erwäge, besteht darin, die get-Methode so zu ändern, dass sie an den Kunden herankommt, ohne das Feld zu benutzen. Um das zu tun, kann ich *Algorithmus ersetzen (136)* auf den Rumpf von `Order.getCustomer` anwenden. Ich könnte beispielsweise so etwas tun:

```
  Customer getCustomer() {
      Iterator iter = Customer.getInstances().iterator();
      while (iter.hasNext()) {
          Customer each = (Customer)iter.next();
          if (each.containsOrder(this)) return each;
      }
      return null;
  }
```

Das ist langsam, aber es funktioniert. Im Zusammenhang mit einer Datenbank muss es nicht einmal langsam sein, wenn ich eine Datenbankabfrage verwende. Wenn die Klasse `Order` Methoden enthält, die das Feld `_customer` verwenden, kann ich sie `getCustomer` benutzen lassen, indem ich *Eigenes Feld kapseln (171)* verwende.

Wenn ich die get-Methode beibehalte, ist die Assoziation in der Schnittstelle weiterhin bidirektional, aber in der Implementierung unidirektional. Ich entferne die Rückverweise, behalte aber die Abhängigkeit zwischen den beiden Klassen.

Wenn ich die get-Methode ersetze, so ersetze ich nur diese und hebe mir den Rest für später auf. Im anderen Fall ändere ich jeweils einen Aufrufer, um den `Customer` aus einer anderen Quelle zu beziehen. Nach jeder Änderung wandle ich um und teste. In der Praxis geht das sehr schnell. Wäre es sehr kompliziert, würde ich diese Refaktorisierung aufgeben.

Sie haben eine in beiden Richtungen benutzbare Assoziation, aber eine Klasse benötigt die Elemente der anderen nicht mehr.

Nachdem ich alle Leser des Felds eliminiert habe, kann ich mich mit den Methoden beschäftigen, die das Feld ändern. Dies besteht einfach darin, alle Zuweisungen zu diesem Feld zu entfernen und dann das Feld zu entfernen. Da es keiner mehr liest, sollte das keine Rolle spielen. Sie haben eine in beiden Richtungen benutzbare Assoziation, aber eine Klasse benötigt die Elemente der anderen nicht mehr.

8.9 Magische Zahl durch symbolische Konstante ersetzen

Sie haben ein numerisches Literal mit einer besonderen Bedeutung.

Erstellen Sie eine Konstante, benennen Sie sie gemäß der Bedeutung, und ersetzen Sie dadurch die Zahl.

```
double potentialEnergy(double mass, double height) {
    return mass * 9.81 * height;
}
```

⇓

```
double potentialEnergy(double mass, double height) {
    return mass * GRAVITATIONAL_CONSTANT * height;
}
static final double GRAVITATIONAL_CONSTANT = 9.81;
```

8.9.1 Motivation

Magische Zahlen sind eine der ältesten Krankheiten der Datenverarbeitung. Dies sind Zahlen mit speziellen Werten, die meist nicht offensichtlich sind. Magische Zahlen sind richtig unangenehm, wenn man die gleiche logische Zahl an verschiedenen Stellen benötigt. Ändert sich die Zahl jemals, so ist die Änderung ein Albtraum. Selbst wenn Sie sie nicht ändern müssen, stehen Sie vor der Schwierigkeit, herausfinden zu müssen, wie es funktioniert.

Viele Sprachen ermöglichen es Ihnen, eine Konstante zu deklarieren. Das kostet keine Performance und verbessert die Lesbarkeit erheblich.

Bevor Sie diese Refaktorisierung durchführen, sollten Sie immer nach Alternativen suchen. Untersuchen Sie, wie die magische Zahl benutzt wird. Oft können Sie einen besseren Weg finden, Sie zu verwenden. Ist die magische Zahl ein Typenschlüssel, so ziehen Sie *Typenschlüssel durch Klasse ersetzen (221)* in Erwägung. Ist die magische Zahl die Länge eines Arrays, so verwenden Sie statt dessen `anArray.length`, wenn Sie das Array durchlaufen.

8.9.2 Vorgehen

- Deklarieren Sie eine Konstante, und setzen Sie deren Wert auf die magische Zahl.
- Suchen Sie alle Stellen, an denen die magische Zahl vorkommt.
- Prüfen Sie, ob die Verwendung der magischen Zahl der Verwendung der Konstante entspricht; wenn ja, ersetzen Sie die magische Zahl durch die Konstante.
- Wandeln Sie um.
- Wenn alle magischen Zahlen ersetzt wurden, wandeln Sie um und testen. Nun sollte alles so funktionieren, als wenn sich nichts geändert hätte.

⇛ *Ein guter Test ist es zu prüfen, ob Sie die Konstante einfach ändern können. Dies kann heißen, dass Sie einige erwartete Ergebnisse anpassen müssen, damit sie dem neuen Wert entsprechen. Dies ist nicht immer möglich, aber eine gute Sache, wenn es funktioniert.*

8.10 Feld kapseln

Es gibt ein öffentliches Feld.

Machen Sie es privat, und stellen Sie Zugriffsfunktionen zur Verfügung.

```
public String _name
```

⇓

```
private String _name;
public String getName() {return _name;}
public void setName(String arg) {_name = arg;}
```

8.10.1 Motivation

Einer der Grundsätze der Objektorientierung ist die Kapselung oder das Geheimnisprinzip. Dies besagt, dass Sie Ihre Daten nie öffentlich machen sollen. Wenn Sie Ihre Daten öffentlich machen, können andere Objekte sie ändern und auf Datenwerte zugreifen, ohne dass das Objekt, dem sie gehören, etwas davon weiß. Dies trennt Daten und Verhalten.

Dies wird als schlecht angesehen, weil es die Modularität des Programms reduziert. Sind die Daten und das Verhalten, das sie nutzt, zusammengefasst, so ist es einfacher, den Code zu ändern, weil der Code sich an einer Stelle befindet und nicht über das ganze Programm verteilt ist.

Feld kapseln beginnt damit, die Daten zu verbergen und Zugriffsfunktionen hinzuzufügen. Aber das ist nur der erste Schritt. Eine Klasse, die nur Zugriffsmethoden hat, ist eine langweilige Klasse, die keine wirklichen Vorteile aus den Möglichkeiten von Objekten zieht, und ein Objekt zu verschwenden wäre schrecklich. Nachdem ich *Feld kapseln (209)* durchgeführt habe, suche ich nach Methoden, die die neuen Methoden verwenden, und untersuche, ob sie ihre Sachen packen und mittels *Methode verschieben (139)* in das neue Objekt umziehen möchten.

8.10.2 Vorgehen

- Erstellen Sie get- und set-Methoden für das Feld.
- Finden Sie alle Clients außerhalb der Klasse, die das Feld referenzieren. Wenn die Clients den Wert verwenden, ersetzen Sie die Referenz durch einen Aufruf der get-Methode. Wenn die Clients den Wert verändern, ersetzen Sie die Referenz durch einen Aufruf der set-Methode.

  ⇛ *Ist das Feld ein Objekt und verwendet der Client eine Änderungsmethode, so ist das eine legitime Verwendung. Verwenden Sie die set-Methode nur, um Zuweisungen zu ersetzen.*
- Wandeln Sie nach jeder Änderung um und testen Sie.
- Nachdem alle Clients geändert wurden, deklarieren Sie das Feld als privat.
- Wandeln Sie um und testen Sie.

8.11 Collection kapseln

Eine Methode liefert eine Collection zurück.

Liefern Sie sie eine nur lesende Sicht zurück, und stellen Sie add-/remove-Methoden zur Verfügung.

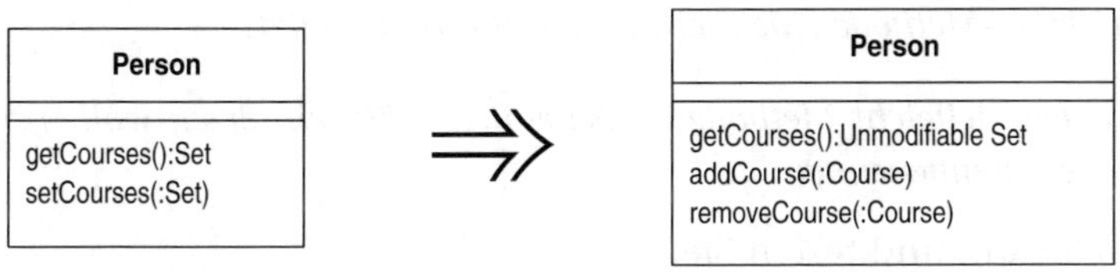

8.11.1 Motivation

Oft enthält eine Klasse eine Collection von Instanzen. Diese Collection kann ein Array, eine Liste, eine Menge oder ein Vektor sein. In solchen Fälle hat man oft die üblichen get- und set-Methoden für die Collection.

Collections sollten aber ein etwas anderes Protokoll als andere Arten von Daten verwenden. Die get-Methode sollte nicht das Collection-Objekt selbst liefern, denn dies ermöglicht es Clients, den Inhalt der Collection zu verändern, ohne dass die Klasse, zu der sie gehört, erfährt, was vorgeht. Es lässt Clients auch zu viel von der internen Struktur der Daten erkennen. Eine get-Methode für ein mehrwertiges Feld sollte etwas liefern, das die Manipulation der Collection verhindert und die unnötigen Details ihrer Struktur verheimlicht. Wie Sie dies tun, hängt von der Java-Version ab, die Sie verwenden.

Außerdem sollte es keine set-Methode für die Collection geben: Stattdessen sollte es Operationen geben, die Elemente hinzufügen und entfernen. Das gibt dem besitzenden Objekt die Kontrolle über das Hinzufügen und Löschen von Elementen der Collection.

Mit diesem Protokoll ist die Collection geeignet gekapselt; dies reduziert die Kopplung zwischen der besitzenden Klasse und ihren Clients.

8.11.2 Vorgehen

- Ergänzen Sie eine add- und eine remove-Methode für die Collection.
- Initialisieren Sie das Feld mit einer leeren Collection.

- Wandeln Sie um.
- Suchen Sie alle Aufrufer der set-Methode. Lassen Sie entweder die set-Methode die add- und remove-Methoden verwenden oder lassen Sie die Clients diese Methoden direkt aufrufen.

  ⇛ *set-Methoden werden in zwei Fällen verwendet: wenn die Collection leer ist und wenn die set-Methode eine nicht leere Collection ersetzt.*

  ⇛ *Sie werden vielleicht Methode umbenennen (279) einsetzen wollen, um die set-Methode umzubenennen.*

- Wandeln Sie um und testen Sie.
- Suchen Sie alle Clients der get-methode, die die Collection verändern. Lassen Sie sie die add- und remove-Methoden verwenden. Wandeln Sie nach jeder Änderung um und testen Sie.
- Wenn alle Clients der get-Methode geändert wurden, die die Collection verändern, ändern Sie die get-Methode so, dass sie eine nur lesbare Sicht der Collection liefert.

  ⇛ *In Java 2 ist das die jeweilige nicht veränderbare Sicht auf die Collection.*

  ⇛ *In Java 1.1 sollten Sie eine Kopie der Collection zurückliefern.*

- Wandeln Sie um und testen Sie.
- Suchen Sie die Clients der get-Methode. Suchen Sie nach Code, der in das Objekt mit der Collection gehört. Verwenden Sie *Methode extrahieren (106)* und *Methode verschieben (139)*, um diesen Code dorthin zu verschieben.

In Java 2 sind Sie damit fertig. In Java 1.1 könnten Clients aber einen Aufzählungstyp bevorzugen. Um diesen Aufzählungstyp zur Verfügung zu stellen, gehen Sie so vor:

- Ändern Sie die jetzigen Namen der get-Methode, und fügen Sie eine neue get-Methode ein, die einen Aufzählungstyp zurückliefert. Suchen Sie die Clients der alten get-Methode, und lassen Sie sie eine der neuen Methoden verwenden.

  ⇛ *Ist Ihnen dies ein zu großer Sprung, wenden Sie Methode umbenennen (279) auf die alte get-Methode an, erstellen Sie eine neue Methode, die einen Aufzählungstyp zurückliefert, und lassen Sie die Aufrufer die neue Methode verwenden.*

- Wandeln Sie um und testen Sie.

8.11.3 Beispiele

Java 2 enthält eine ganze neue Gruppe von Klassen, um mit Collections umzugehen. Es enthält aber nicht nur neue Klassen, sondern änderte auch den Stil, in dem Collections benutzt werden. Ein Ergebnis ist, dass Sie eine Collection unterschiedlich kapseln, je nachdem ob Sie Collections aus Java 2 oder aus Java 1.1 verwenden. Ich diskutiere zuerst den Ansatz von Java 2, da ich erwarte, dass die funktionaleren Collections aus Java 2 die aus Java 1.1 während der Lebensdauer dieses Buches ersetzen werden.

8.11.4 Beispiel: Java 2

Eine Person (Klasse `Person`) nimmt an Kursen (Klasse `Course`) teil. Unsere Klasse `Course` ist sehr einfach:

```
class Course...
  public Course (String name, boolean isAdvanced) {...};
  public boolean isAdvanced() {...};
```

Ich werde mich nicht um irgendwelche anderen Dinge mit Kursen kümmern. Die interessante Klasse ist `Person`:

```
class Person...
  public Set getCourses() {
      return _courses;
  }
  public void setCourses(Set arg) {
      _courses = arg;
  }
  private Set _courses;
```

Mit dieser Schnittstelle fügen Clients Kurse ein mit Code wie:

```
Person kent = new Person();
Set s = new HashSet();
s.add(new Course ("Smalltalk Programming", false));
s.add(new Course ("Appreciating Single Malts", true));
kent.setCourses(s);
Assert.equals (2, kent.getCourses().size());
Course refact = new Course ("Refactoring", true);
kent.getCourses().add(refact);
kent.getCourses().add(new Course ("Brutal Sarcasm", false));
Assert.equals (4, kent.getCourses().size());
kent.getCourses().remove(refact);
Assert.equals (3, kent.getCourses().size());
```

Ein Client, der etwas über fortgeschrittene (isAdvanced) Kurse wissen möchte, kann dies so erfahren:

```
Iterator iter = person.getCourses().iterator();
int count = 0;
while (iter.hasNext()) {
   Course each = (Course) iter.next();
   if (each.isAdvanced()) count ++;
}
```

Als Erstes möchte ich geeignete Methoden zum Modifizieren der Collection zu erstellen und umzuwandeln:

```
class Person ...
  public void addCourse (Course arg) {
      _courses.add(arg);
  }
  public void removeCourse (Course arg) {
      _courses.remove(arg);
  }
```

Das Leben wird einfacher, wenn ich das Feld auch gleich initialisiere:

```
  private Set _courses = new HashSet();
```

Ich sehe nun nach den Nutzern der set-Methode. Gibt es viele Clients und wird die set-Methode stark benutzt, so muss ich den Rumpf der set-Methode ändern, um die add- und remove-Methoden zu verwenden. Die Komplexität dieser Aufgabe hängt davon ab, wie die set-Methode genutzt wird. Es gibt zwei Fälle: Im einfachsten Fall verwendet der Client die set-Methode, um die Werte zu initialisieren, das heißt es gibt keine Kurse, bevor die set-Methode verwendet wird. In diesem Fall setze ich im Rumpf der set-Methode die add-Methode ein:

```
class Person...
  public void setCourses(Set arg) {
      Assert.isTrue(_courses.isEmpty());
      Iterator iter = arg.iterator();
      while (iter.hasNext()) {
         addCourse((Course) iter.next());
      }
  }
```

Nachdem ich den Rumpf derart verändert habe, ist es vernünftig, *Methode umbenennen (279)* zu verwenden, um die Absicht klarer herauszustreichen:

```
public void initializeCourses(Set arg) {
    Assert.isTrue(_courses.isEmpty());
    Iterator iter = arg.iterator();
    while (iter.hasNext()) {
        addCourse((Course) iter.next());
    }
}
```

Im allgemeineren Fall muss ich die remove-Methode einsetzen, um zunächst alle Elemente zu entfernen und dann Elemente hinzuzufügen. Ich habe aber festgestellt, dass dies selten vorkommt (wie viele allgemeine Fälle).

Wenn ich weiß, dass es kein zusätzliches Verhalten beim Einfügen von Elementen während der Initialisierung gibt, kann ich die Schleife entfernen und `addAll` verwenden.

```
public void initializeCourses(Set arg) {
    Assert.isTrue(_courses.isEmpty());
    _courses.addAll(arg);
}
```

Ich kann das Set nicht einfach zuweisen, obwohl das vorherige Set leer war. Wenn die Clients das Set verändern würden, nachdem sie es übergeben haben, so würde die Kapselung verletzt. Ich muss eine Kopie machen.

Wenn Clients einfach das Set erstellen und die set-Methode verwenden, kann ich sie die add- und remove-Methode direkt verwenden lassen und die set-Methode ganz entfernen. Aus Code wie

```
Person kent = new Person();
Set s = new HashSet();
s.add(new Course ("Smalltalk Programming", false));
s.add(new Course ("Appreciating Single Malts", true));
kent.initializeCourses(s);
```

wird:

```
Person kent = new Person();
kent.addCourse(new Course ("Smalltalk Programming", false));
kent.addCourse(new Course ("Appreciating Single Malts", true));
```

Nun beginne ich, mir die Clients der get-Methode anzusehen. Meine erste Aufmerksamkeit richtet sich auf Fälle, in denen jemand die get-Methode verwendet, um die zugrunde liegende Collection zu verändern, zum Beispiel:

```
kent.getCourses().add(new Course ("Brutal Sarcasm", false));
```

Ich muss dies durch einen Aufruf der neuen Änderungsmethode ersetzen:

```
kent.addCourse(new Course ("Brutal Sarcasm", false));
```

Nachdem ich dies für alle Clients gemacht habe, kann ich prüfen, ob niemand die Collection mittels der get-Methode verändert, indem ich den Rumpf so ändere, dass die Methode eine nicht modifizierbare Sicht zurückliefert:

```
public Set getCourses() {
    return Collections.unmodifiableSet(_courses);
}
```

An diesem Punkt habe ich die Collection gekapselt. Niemand kann die Collection verändern, ohne über Methoden der Klasse `Person` zu gehen.

8.11.5 Verhalten in die Klasse verschieben

Ich habe die richtige Schnittstelle. Nun untersuche ich die Clients der get-Methode, um Code zu finden, der in `Person` sein sollte. Code wie

```
Iterator iter = person.getCourses().iterator();
int count = 0;
while (iter.hasNext()) {
    Course each = (Course) iter.next();
    if (each.isAdvanced()) count ++;
}
```

wird besser in `Person` verschoben, denn er benutzt nur deren Daten. Zuerst wende ich *Methode extrahieren (106)* auf diesen Code an:

```
int numberOfAdvancedCourses(Person person) {
    Iterator iter = person.getCourses().iterator();
    int count = 0;
    while (iter.hasNext()) {
        Course each = (Course) iter.next();
        if (each.isAdvanced()) count ++;
    }
    return count;
}
```

Und dann verwende ich *Methode verschieben (139)*, um sie nach Person zu verschieben:

```
class Person...
  int numberOfAdvancedCourses() {
      Iterator iter = getCourses().iterator();
      int count = 0;
      while (iter.hasNext()) {
          Course each = (Course) iter.next();
          if (each.isAdvanced()) count ++;
      }
      return count;
  }
```

Ein häufiger Fall ist

```
      kent.getCourses().size();
```

der in den besser lesbaren

```
      kent.numberOfCourses();
```

```
class Person...
  public int numberOfCourses() {
      return _courses.size();
  }
```

geändert werden kann.

Vor einigen Jahren wäre ich besorgt gewesen, dass das Verschieben solchen Verhaltens in die Klasse `Person` diese zu sehr aufgebläht hätte. Ich habe festgestellt, dass dies in der Praxis selten ein Problem ist.

8.11.6 Beispiel: Java 1.1

In vieler Hinsicht ähnelt das Vorgehen für Java 1.1 dem für Java 2. Ich verwende das gleiche Beispiel, aber mit einem Vektor:

```
class Person...
  public Vector getCourses() {
      return _courses;
  }
  public void setCourses(Vector arg) {
      _courses = arg;
  }
  private Vector _courses;
```

Wieder beginne ich, indem ich Methoden zum Ändern des Feldes erstelle und das Feld initialisiere:

```
class Person
  public void addCourse(Course arg) {
      _courses.addElement(arg);
  }
  public void removeCourse(Course arg) {
      _courses.removeElement(arg);
  }
  private Vector _courses = new Vector();
```

Ich kann `setCourses` modifizieren, um den Vektor zu initialisieren:

```
  public void initializeCourses(Vector arg) {
      Assert.isTrue(_courses.isEmpty());
      Enumeration e = arg.elements();
      while (e.hasMoreElements()) {
          addCourse((Course) e.nextElement());
      }
  }
```

Ich ändere die Clients der get-Methode so, dass sie die neuen Methoden zum Ändern des Feldes verwenden. Dadurch wird aus

```
      kent.getCourses().addElement(new Course ("Brutal Sarcasm", false));
```

z. B.:

```
      kent.addCourse(new Course ("Brutal Sarcasm", false));
```

Mein letzter Schritt ändert sich, weil Vektoren keine unveränderbare Version haben:

```
class Person...
  Vector getCourses() {
      return (Vector) _courses.clone();
  }
```

An diesem Punkt habe ich die Collection gekapselt. Niemand kann die Collection verändern, ohne über Methoden der Klasse `Person` zu gehen.

8.11.7 Beispiel: Arrays kapseln

Arrays werden oft benutzt, besonders von Programmierern, die mit Collections nicht vertraut sind. Ich benutze Arrays selten, weil ich die Collections bevorzuge, die ein reichhaltigeres Verhalten bieten. Oft ändere ich Arrays in Collections, wenn ich die Kaspelung durchführe.

Dieses Mal beginne ich mit einem String-Array für Fähigkeiten (Skills):

```
String[] getSkills() {
    return _skills;
}
void setSkills (String[] arg) {
    _skills = arg;
}
String[] _skills;
```

Wieder beginne ich mit einer Methode zum Ändern. Weil Clients wahrscheinlich einen Wert an einer bestimmten Position ändern, muss ich eine set-Methode für ein bestimmtes Element erstellen:

```
void setSkill(int index, String newSkill) {
    _skills[index] = newSkill;
}
```

Muss ich das ganze Array mit Werten belegen, so kann ich dies mit folgender Operation tun:

```
void setSkills (String[] arg) {
    _skills = new String[arg.length];
     for (int i=0; i < arg.length; i++)
         setSkill(i,arg[i]);
}
```

Es gibt hier viele Fallen, wenn etwas mit den entfernten Elementen gemacht werden muss. Die Situation wird schwierig durch das, was passiert, wenn das Array im Argument eine andere Länge als das Array im Original hat. Dies ist ein weiterer Grund dafür, eine Collection zu bevorzugen.

An dieser Stelle kann ich beginnen, nach den Nutzern der get-Methode zu sehen. Ich kann

```
kent.getSkills()[1] = "Refactoring";
```

ändern in:

```
kent.setSkill(1,"Refactoring");
```

Wenn ich alle diese Änderungen vorgenommen habe, kann ich in der get-Methode eine Kopie zurückgeben:

```
String[] getSkills() {
    String[] result = new String[_skills.length];
    System.arraycopy(_skills, 0, result, 0, _skills.length);
    return result;
}
```

Dies ist ein guter Zeitpunkt, um das Array durch eine Liste zu ersetzen:

```
class Person...
  String[] getSkills() {
      return (String[]) _skills.toArray(new String[0]);
  }
  void setSkill(int index, String newSkill) {
      _skills.set(index,newSkill);
  }
  List _skills = new ArrayList();
```

8.12 Satz durch Datenklasse ersetzen

Sie brauchen eine Schnittstelle zu einer Satzstruktur in einer traditionellen Programmierumgebung.

Erstellen Sie ein einfaches Datenobjekt für den Satz.

8.12.1 Motivation

Satzstrukturen sind ein gebräuchliches Element von Programmiersprachen. Es gibt verschiedene Gründe, sie in ein objektorientiertes Programm hineinzubringen. Es kann sein, dass Sie ein bestehendes Programm kopieren oder über eine Satzstruktur mit einer traditionellen Programmierschnittstelle (API) oder mit einem Datenbanksatz kommunizieren. In diesen Fällen ist es nützlich, eine Schnittstellenklasse zu erstellen, die sich mit diesem externen Objekt befasst. Am einfachsten ist es, die Klasse so aussehen zu lassen wie den externen Satz. Sie verschieben andere Felder und Methoden später in die Klasse. Ein weniger offensichtlicher, aber sehr überzeugender Fall ist ein Array, in dem jeder Index eine besondere Bedeutung hat. In diesem Fall können Sie *Array durch Objekt ersetzen (186)* anwenden.

8.12.2 Vorgehen

- Erstellen Sie eine Klasse, die den Satz repräsentiert.
- Geben Sie der Klasse ein privates Feld sowie get- und set-Methoden für jedes Datenelement.

Nun haben Sie ein dummes Datenobjekt. Es hat kein Verhalten, aber weitere Refaktorisierungen werden diese Frage untersuchen.

8.13 Typenschlüssel durch Klasse ersetzen

Eine Klasse hat einen numerischen Typenschlüssel, der das Verhalten der Klasse nicht beeinflusst.

Ersetzen Sie die Zahl durch eine neue Klasse.

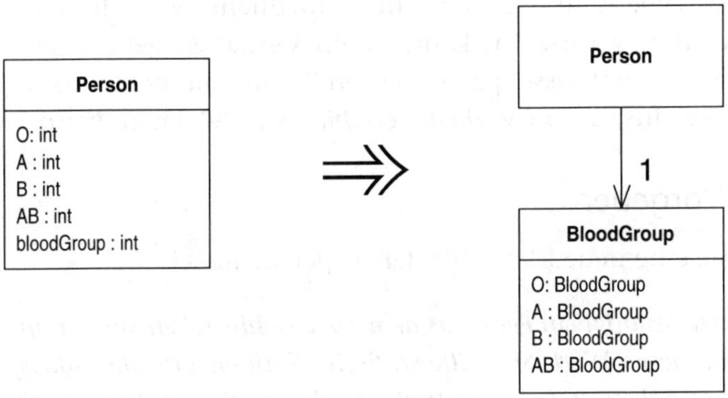

8.13.1 Motivation

Numerische Typenschlüssel oder Aufzählungstypen sind ein gebräuchliches Merkmal der von C abgeleiteten Programmiersprachen. Mit symbolischen Namen können sie durchaus lesbar sein. Das Problem ist, dass der symbolische Name nur ein Alias ist; der Compiler sieht weiterhin die dahinter stehende Zahl. Jede Methode, die einen Typenschlüssel als Argument erhält, erwartet eine Zahl, und es gibt keine Möglichkeit zu erzwingen, dass ein symbolischer Name benutzt wird. Das kann die Lesbarkeit verschlechtern und ist eine Quelle für Fehler.

Wenn Sie den Typenschlüssel durch eine Klasse ersetzen, so kann der Compiler eine Typprüfung vornehmen. Indem Sie eine Fabrikmethode für diese Klasse zur Verfügung stellen, können Sie statisch überprüfen, ob nur gültige Instanzen erzeugt werden und diese Instanzen an die richtigen Objekte weitergegeben werden.

Bevor Sie aber *Typenschlüssel durch Klasse ersetzen (221)* verwenden, müssen Sie andere Möglichkeiten abwägen, den Typenschlüssel zu ersetzen. Ersetzen Sie den Typenschlüssel nur dann durch eine Klasse, wenn der Typenschlüssel ausschließlich ein Wert ist, d.h. kein unterschiedliches Verhalten in einem `switch`-Befehl verursacht. Fürs Erste kann Java nur auf Grund von ganzen Zahlen einen `switch`-Befehl ausführen, nicht auf Grund einer beliebigen Klasse; die Ersetzung wird also fehlschlagen. Wichtiger als dies ist, dass jeder `switch`-Befehl durch *Bedingten Ausdruck durch Polymorphismus ersetzen (259)* entfernt wird. Für diese Refaktorisierung muss der Typenschlüssel zuerst mit *Typenschlüssel durch Unterklassen ersetzen (227)* oder *Typenschlüssel durch Zustand/Strategie ersetzen (231)* behandelt werden.

Auch wenn ein Typenschlüssel kein unterschiedliches Verhalten in Abhängigkeit von seinen Werten verursacht, kann es ein Verhalten geben, das besser in die Klasse für den Typenschlüssel passt. Achten Sie also auf den Nutzen, den der ein- oder zweimalige Einsatz von *Methode verschieben (139)* haben kann.

8.13.2 Vorgehen

- Erstellen Sie eine neue Klasse für den Typenschlüssel.

  ⇛ *Die Klasse benötigt ein Feld, das dem Typenschlüssel entspricht, und eine get-Methode für diesen Wert. Sie sollte statische Variablen für die zulässigen Instanzen der Klasse haben und eine statische Methode, die auf dem ursprünglichen Code basiert und die passende Instanz zu einem Argument liefert.*

- Ändern Sie die Implementierung der Ausgangsklasse so, dass die neue Klasse verwendet wird.

  ⇛ *Erhalten Sie die auf den alten Typenschlüsseln basierende Schnittstelle, aber sorgen Sie dafür, dass die statischen Felder für die Typenschlüssel aus der neuen Klasse erzeugt werden. Lassen Sie die anderen auf den Typenschlüsseln basierenden Methoden die Schlüsselzahlen aus der neuen Klasse holen.*

- Wandeln Sie um und testen Sie.

  ⇛ *An dieser Stelle kann die neue Klasse die Prüfung der Schlüssel zur Laufzeit übernehmen.*

- Erstellen Sie für jede Methode der Ausgangsklasse, die den Typenschlüssel verwendet, eine neue Methode, die statt dessen die neue Klasse verwendet.

  ⇛ *Methoden, die den Typenschlüssel als Argument erhalten, benötigen neue Methoden, die eine Instanz der neuen Klasse als Argument erhalten. Methoden, die einen Typenschlüssel zurückliefern, benötigen eine neue Methode, die den Typenschlüssel zurückliefert. Es ist oft vernünftig, Methode umbenennen (279) auf die alte Zugriffsmethode anzuwenden, bevor eine neue erstellt wird, um das Programm verständlicher zu machen, wenn es einen alten Typenschlüssel verwendet.*

- Ändern Sie einen Client der Ausgangsklasse nach dem anderen so, dass er die neue Schnittstelle nutzt.
- Wandeln Sie nach der Änderung jedes Clients um und testen Sie.

  ⇛ *Es kann sein, dass Sie verschiedene Methoden ändern müssen, bevor Sie eine hinreichende Konsistenz erreicht haben, um umwandeln und testen zu können.*

- Entfernen Sie die alte Schnittstelle, die die Typenschlüssel verwendet, und entfernen Sie die statischen Deklarationen der Typenschlüssel.
- Wandeln Sie um und testen Sie.

8.13.3 Beispiel

Eine Person hat eine Blutgruppe, die durch einen Typenschlüssel (`_bloodGroup`) modelliert wird:

```
class Person {

  public static final int O = 0;
  public static final int A = 1;
  public static final int B = 2;
  public static final int AB = 3;

  private int _bloodGroup;

  public Person (int bloodGroup) {
      _bloodGroup = bloodGroup;
  }

  public void setBloodGroup(int arg) {
      _bloodGroup = arg;
  }
```

```
  public int getBloodGroup() {
      return _bloodGroup;
  }
}
```

Ich beginne mit einer neuen Klasse `BloodGroup` mit Instanzen, die jeweils den Wert des Typenschlüssels enthalten:

```
class BloodGroup {
  public static final BloodGroup O = new BloodGroup(0);
  public static final BloodGroup A = new BloodGroup(1);
  public static final BloodGroup B = new BloodGroup(2);
  public static final BloodGroup AB = new BloodGroup(3);
  private static final BloodGroup[] _values = {O, A, B, AB};

  private final int _code;

  private BloodGroup (int code ) {
      _code = code;
  }

  public int getCode() {
      return _code;
  }

  public static BloodGroup code(int arg) {
      return _values[arg];
  }

}
```

Ich ersetze dann den Code in `Person` durch Code, der die neue Klasse verwendet:

```
class Person {

  public static final int O = BloodGroup.O.getCode();
  public static final int A = BloodGroup.A.getCode();
  public static final int B = BloodGroup.B.getCode();
  public static final int AB = BloodGroup.AB.getCode();

  private BloodGroup _bloodGroup;

  public Person (int bloodGroup) {
      _bloodGroup = BloodGroup.code(bloodGroup);
  }
```

```
    public int getBloodGroup() {
        return _bloodGroup.getCode();
    }

    public void setBloodGroup(int arg) {
        _bloodGroup = BloodGroup.code (arg);
    }
}
```

An dieser Stelle bin ich so weit, dass die Prüfung der Klasse `BloodGroup` zur Laufzeit erfolgt. Um von dieser Änderung tatsächlich etwas zu haben, ändere ich die Clients von Person so, dass sie Objekte der Klasse `BloodGroup` statt `integer` verwenden.

Zum Beginn wende ich *Methode umbenennen (279)* auf die get-Methode für die Blutgruppe einer Person an:

```
class Person...
  public int getBloodGroupCode() {
     return _bloodGroup.getCode();
  }
```

Ich ergänze dann eine neue get-Methode, die die neue Klasse verwendet:

```
  public BloodGroup getBloodGroup() {
      return _bloodGroup;
  }
```

Ich erstelle auch einen Konstruktor und eine set-Methode, die diese Klasse verwenden:

```
  public Person (BloodGroup bloodGroup ) {
      _bloodGroup = bloodGroup;
  }

  public void setBloodGroup(BloodGroup arg) {
      _bloodGroup = arg;
}
```

Nun beginne ich an Clients der Klasse `Person` zu arbeiten. Die Kunst besteht darin, an jeweils nur einem Client zu arbeiten, damit man in kleinen Schritten vorgehen kann. Jeder Client kann verschiedene Änderungen erfordern und das macht es schwierig. Jede Referenz auf die statischen Variablen muss entfernt werden. So wird

```
      Person thePerson = new Person(Person.A)
```

zu:

```
Person thePerson = new Person(BloodGroup.A);
```

Referenzen der get-Methode müssen nun die neue Methode verwenden. Also wird

```
thePerson.getBloodGroupCode()
```

zu:

```
thePerson.getBloodGroup().getCode()
```

Das Gleiche gilt für die set-Methoden; so wird

```
thePerson.setBloodGroup(Person.AB)
```

zu:

```
thePerson.setBloodGroup(BloodGroup.AB)
```

Ist dies für alle Clients von Person erledigt, so kann ich die get-Methode, den Konstruktor, die statischen Deklarationen und die set-Methoden, die integer verwenden, entfernen:

```
class Person ...
  public static final int O = BloodGroup.O.getCode();
  public static final int A = BloodGroup.A.getCode();
  public static final int B = BloodGroup.B.getCode();
  public static final int AB = BloodGroup.AB.getCode();
  public Person (int bloodGroup) {
      _bloodGroup = BloodGroup.code(bloodGroup);
  }
  public int getBloodGroup() {
      return _bloodGroup.getCode();
  }
  public void setBloodGroup(int arg) {
      _bloodGroup = BloodGroup.code (arg);
  }
```

Ich kann nun auch die Methoden in BloodGroup als privat deklarieren, die den Typenschlüssel verwenden.

```
class BloodGroup...
  private int getCode() {
      return _code;
```

```
}

private static BloodGroup code(int arg) {
    return _values[arg];
}
```

8.14 Typenschlüssel durch Unterklassen ersetzen

Sie haben einen unveränderbaren Typenschlüssel, der das Verhalten einer Klasse beeinflusst.

Ersetzen Sie den Typenschlüssel durch Unterklassen.

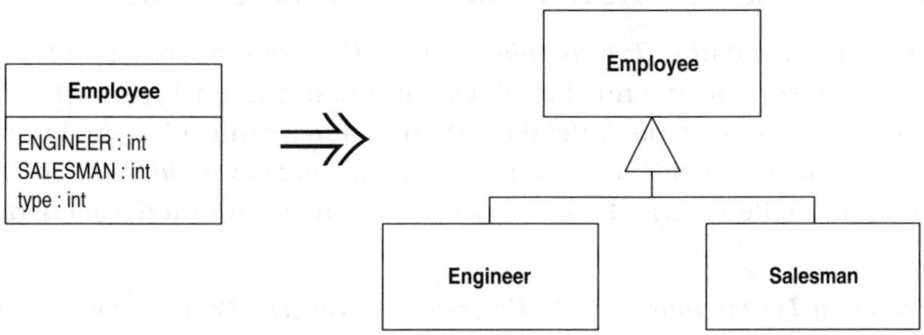

8.14.1 Motivation

Wenn Sie einen Typenschlüssel haben, der das Verhalten nicht beeinflusst, so können Sie *Typenschlüssel durch Klasse ersetzen (221)* anwenden. Beeinflusst der Typenschlüssel aber das Verhalten, so ist das Beste, was Sie tun können, diese Verhaltensvarianten durch Polymorphismus zu behandeln.

Diese Situation zeigt sich meist durch die Verzweigungen auf Grund von Bedingungen. Dies können `switch`-Befehle oder `if-then-else`-Befehle sein. In jedem Fall prüfen sie den Wert des Typenschlüssels und führen dann in Abhängigkeit von diesem Wert verschiedenen Code aus. Solche Bedingungen müssen durch *Bedingung durch Polymorphismus ersetzen (259)* refaktorisiert werden. Damit diese Refaktorisierung funktioniert, muss der Typenschlüssel durch eine Vererbungsstruktur ersetzt werden, die das polymorphe Verhalten beherbergen wird. Eine solche Vererbungsstruktur hat eine Oberklasse und Unterklassen für jeden Typenschlüssel.

Der einfachste Weg, diese Struktur zu erstellen, ist *Typenschlüssel durch Unterklassen ersetzen.* Sie nehmen die Klasse mit dem Typenschlüssel und erstellen eine Unterklasse für jeden Typenschlüssel. Es gibt aber Fälle, in denen Sie dies nicht tun können. In dem einen Fall ändert sich der Typenschlüssel eines Objekts, nachdem es erstellt wurde. Im anderen wurden bereits Unterklassen der Klasse mit dem Typenschlüssel gebildet. In beiden Fällen müssen Sie *Typenschlüssel durch Zustand/Strategie ersetzen (231)* anwenden.

Typenschlüssel durch Unterklassen ersetzen liefert vor allem ein Gerüst, das die Verwendung von *Bedingten Ausdruck durch Polymorphismus ersetzen (259)* ermöglicht. Der Auslöser, *Typenschlüssel durch Unterklassen zu ersetzen (227)* anzuwenden, ist die Anwesenheit bedingter Befehle. Gibt es keine bedingten Befehle, ist *Typenschlüssel durch Klasse ersetzen (221)* die weniger kritische Änderung.

Ein anderer Grund dafür, *Typenschlüssel durch Unterklassen ersetzen (227)* anzuwenden, sind Elemente, die nur für Objekte mit bestimmten Typenschlüsseln relevant sind. Nachdem Sie diese Refaktorisierung durchgeführt haben, können Sie *Methode nach unten verschieben (331)* und *Feld nach unten verschieben (339)* einsetzen, um klarzustellen, dass diese Elemente nur in bestimmten Fällen relevant sind.

Der Vorteil von *Typenschlüssel durch Unterklassen ersetzen (227)* ist, dass so das Wissen über Verhaltensvarianten von den Clients in die Klasse wandert. Wenn ich neue Varianten hinzufüge, muss ich nur eine weitere Unterklasse hinzufügen. Ohne Polymorphismus müsste ich alle Bedingungen suchen und diese ändern. Diese Refaktorisierung ist also besonders nützlich, wenn sich die Varianten laufend ändern.

8.14.2 Vorgehen

- Kapseln Sie den Typenschlüssel als eigenes Feld (*Eigenes Feld kapseln (171)*).

  ⇛ *Wenn der Typenschlüssel dem Konstruktor übergeben wird, müssen Sie Konstruktor durch Fabrikmethode ersetzen (313) verwenden.*

- Erstellen Sie für jeden Wert des Typenschlüssels eine Unterklasse. Überschreiben Sie jeweils die get-Methode für den Typenschlüssel, um den relevanten Wert zu liefern.

  ⇛ *Dieser Wert wird direkt angegeben (z.B.* `return 1`*). Das sieht schlimm aus, ist aber nur eine temporäre Maßnahme, bis alle* `switch`*-Befehle entfernt worden sind.*

- Wandeln Sie nach jeder Ersetzung eines Typenschlüsselwerts durch eine Unterklasse um und testen Sie.
- Entfernen Sie das Typenschlüsselfeld aus der Oberklasse. Deklarieren Sie die Zugriffsmethoden für den Typenschlüssel als abstrakt.
- Wandeln Sie um und testen Sie.

8.14.3 Beispiel

Ich verwende das langweilige und unrealistische Beispiel von Gehaltszahlungen an Mitarbeiter (`Employee`):

```
class Employee...
  private int _type;
  static final int ENGINEER = 0;
  static final int SALESMAN = 1;
  static final int MANAGER = 2;

  Employee (int type) {
      _type = type;
  }
```

Der erste Schritt besteht darin, *Eigenes Feld kapseln (171)* auf den Typenschlüssel `_type` anzuwenden.

```
  int getType() {
      return _type;
  }
```

Da der Konstruktor von `Employee` den Typenschlüssel als Parameter verwendet, muss ich ihn durch eine Fabrikmethode ersetzen:

```
  Employee create(int type) {
      return new Employee(type);
  }

  private Employee (int type) {
      _type = type;
  }
```

Nun kann ich mit `Engineer` als einer Unterklasse beginnen.

```
class Engineer extends Employee {

  int getType() {
```

```
        return Employee.ENGINEER;
    }

}
```

Ich muss auch die Fabrikmethode anpassen, um das entsprechende Objekt zu liefern:

```
class Employee
    static Employee create(int type) {
        if (type == ENGINEER) return new Engineer();
        else return new Employee(type);
    }
```

So mache ich Stück für Stück weiter, bis alle Typenschlüssel durch Unterklassen ersetzt sind. An dieser Stelle kann ich mich des Feldes `_type` in der Klasse `Employee` entledigen und `getType` zu einer abstrakten Methode machen. Nun sieht die Fabrikmethode so aus:

```
    abstract int getType();

    static Employee create(int type) {
        switch (type) {
            case ENGINEER:
                return new Engineer();
            case SALESMAN:
                return new Salesman();
            case MANAGER:
                return new Manager();
            default:
                throw new IllegalArgumentException("Incorrect type code value");
        }
    }
```

Natürlich ist das ein `switch`-Befehl, den ich lieber vermeiden würde. Aber es ist nur einer und er wird nur bei der Erstellung von Objekten verwendet.

Nachdem Sie die Unterklassen erstellt haben, sollten Sie natürlich *Methode nach unten verschieben (337)* und *Feld nach unten verschieben (339)* auf alle Methoden und Felder anwenden, die nur für eine bestimmte Unterklasse von `Employee` relevant sind.

8.15 Typenschlüssel durch Zustand/Strategie ersetzen

Sie haben einen Typenschlüssel, der das Verhalten einer Klasse beeinflusst, aber Sie können ihn nicht durch Unterklassen ersetzen.

Ersetzen Sie den Typenschlüssel durch ein Zustandsobjekt.

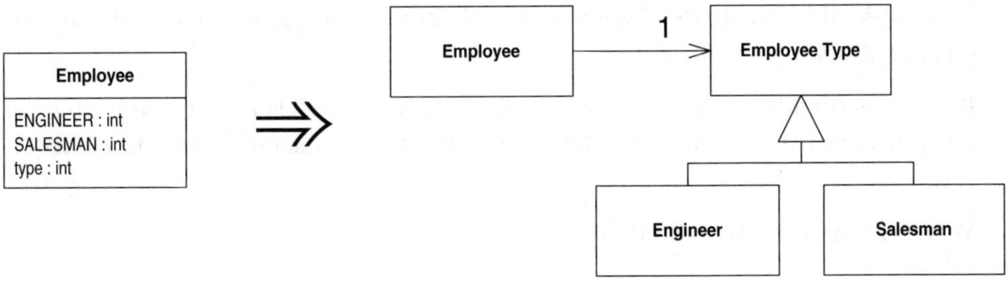

8.15.1 Motivation

Diese Refaktorisierung ähnelt *Typenschlüssel durch Unterklassen ersetzen (227)*, sie kann aber auch eingesetzt werden, wenn sich der Typenschlüssel während des Lebens eines Objekts ändert oder ein anderer Grund die Verwendung von Unterklassen ausschließt. Sie verwendet das Zustands- oder das Strategiemuster [Gang of Four].

Zustand und Strategie sind sehr ähnlich, die Refaktorisierung ist daher die gleiche, welches Muster Sie auch wählen, und es ist wirklich nicht so wichtig. Wählen Sie das Muster, das auf die jeweiligen Verhältnisse am besten passt. Wenn Sie versuchen, einen einzelnen Algorithmus mittels *Bedingten Ausdruck durch Polymorphismus ersetzen (259)* zu vereinfachen, ist Strategie die bessere Wahl. Wenn Sie zustandsspezifische Daten verschieben und sich das Objekt als sich ändernden Zustand vorstellen, so verwenden Sie das Zustandsmuster.

8.15.2 Vorgehen

- Kapseln Sie den Typenschlüssel als eigenes Feld (*Eigenes Feld kapseln (171)*).
- Erstellen Sie eine neue Klasse, und benennen Sie sie nach der Aufgabe des Typenschlüssels. Dies ist das Zustandsobjekt.
- Erstellen Sie Unterklassen des Zustandsobjekts, eine für jeden Typenschlüssel.

  ⇛ *Es ist einfacher, alle Unterklassen auf einmal hinzuzufügen als jede einzeln.*

- Erstellen Sie eine abstrakte Abfrage in dem Zustandsobjekt, um den Typenschlüssel zu liefern. Erstellen Sie eine überschreibende Abfrage in jeder Unterklasse, um den korrekten Typenschlüssel zu liefern.
- Wandeln Sie um.
- Erstellen Sie ein Feld in der alten Klasse für das neue Zustandsobjekt.
- Lassen Sie die Abfrage des Typenschlüssels in der Originalklasse die Abfrage an das Zustandsobjekt delegieren.
- Passen Sie die Methoden zum Setzen des Typenschlüssels in der Originalklasse an, um eine Instanz der jeweiligen Unterklasse des Zustandsobjekts zuzuweisen.
- Wandeln Sie um und testen Sie.

8.15.3 Beispiel

Ich verwende wieder das ermüdende und einfallslose Beispiel der Gehaltszahlung an Mitarbeiter (`Employee`):

```
class Employee {

  private int _type;
  static final int ENGINEER = 0;
  static final int SALESMAN = 1;
  static final int MANAGER = 2;

  Employee (int type) {
      _type = type;
  }
```

Hier folgt ein Beispiel bedingten Verhaltes, das diesen Code nutzt:

```
  int payAmount() {
      switch (_type) {
          case ENGINEER:
             return _monthlySalary;
          case SALESMAN:
             return _monthlySalary + _commission;
          case MANAGER:
             return _monthlySalary + _bonus;
          default:
             throw new RuntimeException("Incorrect Employee");
      }
  }
```

Ich unterstelle, dass dies eine aufregende und besonders fortschrittliche Firma ist, die die Beförderung von Managern zu Ingenieuren (`Engineer`) zulässt. Der Typenschlüssel ist also veränderbar, und ich kann keine Unterklassen verwenden. Mein erster Schritt ist also wie immer, das Typenschlüsselfeld zu kapseln (*Eigenes Feld kapseln (171)*):

```
Employee (int type) {
    setType (type);
}

int getType() {
    return _type;
}

void setType(int arg) {
    _type = arg;
}

int payAmount() {
    switch (getType()) {
        case ENGINEER:
           return _monthlySalary;
        case SALESMAN:
           return _monthlySalary + _commission;
        case MANAGER:
           return _monthlySalary + _bonus;
        default:
           throw new RuntimeException("Incorrect Employee");
    }
}
```

Nun deklariere ich die Zustandsklasse. Ich deklariere sie als abstrakte Klasse und stelle eine abstrakte Methode zur Verfügung, um den Typenschlüssel zu liefern:

```
abstract class EmployeeType {
  abstract int getTypeCode();
}
```

Nun kann ich die Unterklassen erstellen:

```
class Engineer extends EmployeeType {

  int getTypeCode () {
     return Employee.ENGINEER;
```

```
  }
}

class Manager extends EmployeeType {

  int getTypeCode () {
      return Employee.MANAGER;
  }
}

class Salesman extends EmployeeType {

  int getTypeCode () {
      return Employee.SALESMAN;
  }
}
```

Was ich bisher habe, wandle ich nun um, und alles ist so trivial, dass sogar ich es einfach umwandeln kann. Nun verknüpfe ich die Unterklassen tatsächlich mit `Employee`, indem ich die Zugriffsmethoden auf den Typenschlüssel ändere:

```
class Employee...
  private EmployeeType _type;

  int getType() {
      return _type.getTypeCode();
  }

  void setType(int arg) {
      switch (arg) {
          case ENGINEER:
              _type = new Engineer();
              break;
          case SALESMAN:
              _type = new Salesman();
              break;
          case MANAGER:
              _type = new Manager();
              break;
          default:
              throw new IllegalArgumentException("Incorrect Employee Code");
      }
  }
```

Das heißt, ich habe hier nun einen switch-Befehl. Wenn ich mit der Refaktorisierung fertig bin, wird dies der einzige im ganzen Code sein, und er wird nur ausgeführt, wenn sich der Typ ändert. Ich kann auch *Konstruktor durch Fabrikmethode ersetzen (313)* anwenden, um Fabrikmethoden für die verschiedenen Fälle zu schaffen. Ich kann alle anderen switch-Befehle schnell durch *Bedingten Ausdruck durch Polymorphismus ersetzen (259)* eliminieren.

Ich möchte *Typenschlüssel durch Zustand/Strategie ersetzen (231)* beenden, indem ich alles Wissen über Typenschlüssel und Unterklassen in die neue Klasse verschiebe. Zunächst kopiere ich alle Typenschlüsseldefinitionen in die EmployeeType-Klasse, erstelle eine Fabrikmethode für EmployeeType und passe die set-Methode von Employee an:

```
class Employee...
  void setType(int arg) {
      _type = EmployeeType.newType(arg);
  }

class EmployeeType...
  static EmployeeType newType(int code) {
      switch (code) {
          case ENGINEER:
             return new Engineer();
          case SALESMAN:
             return new Salesman();
          case MANAGER:
             return new Manager();
          default:
             throw new IllegalArgumentException("Incorrect Employee Code");
      }
  }
  static final int ENGINEER = 0;
  static final int SALESMAN = 1;
  static final int MANAGER = 2;
```

Dann entferne ich die Typenschlüsseldefinitionen aus der Klasse Employee und ersetze sie durch Referenzen auf EmployeeType:

```
class Employee...
  int payAmount() {
      switch (getType()) {
          case EmployeeType.ENGINEER:
             return _monthlySalary;
          case EmployeeType.SALESMAN:
```

```
               return _monthlySalary + _commission;
            case EmployeeType.MANAGER:
               return _monthlySalary + _bonus;
            default:
               throw new RuntimeException("Incorrect Employee");
        }
    }
```

Ich bin nun in der Lage, *Bedingten Ausdruck durch Polymorphismus ersetzen (259)* auf payAmount anzuwenden.

8.16 Unterklasse durch Feld ersetzen

Sie haben Unterklassen, die sich durch Methoden unterscheiden, die konstante Daten liefern.

Ändern Sie die Methoden in Felder der Oberklasse, und eliminieren Sie die Unterklassen.

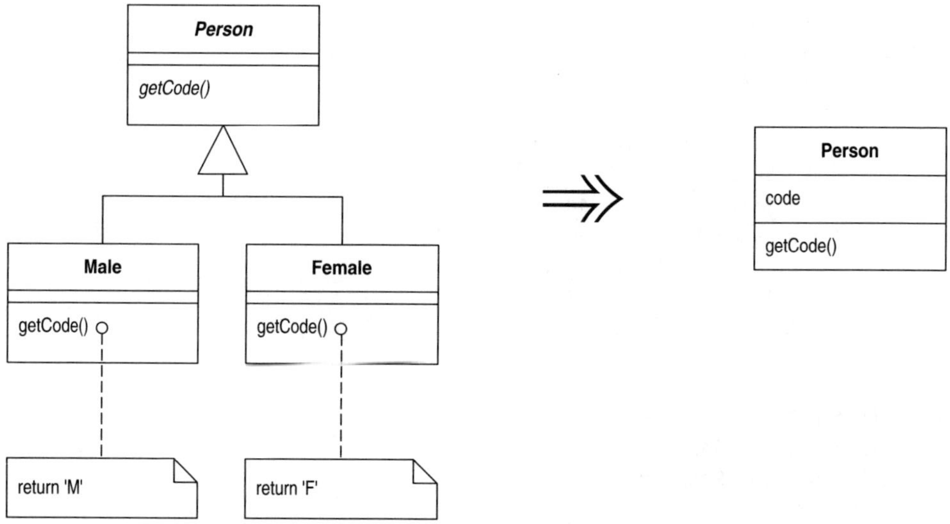

8.16.1 Motivation

Sie erstellen Unterklassen, um Elemente hinzuzufügen oder Verhalten zu verändern. Eine Form abweichenden Verhaltens ist die konstante Methode [Beck]. Eine konstante Methode ist eine Methode, die einen fest codierten Wert liefert. Dies kann bei Unterklassen, die verschiedene Werte bei Zugriffen liefern, sehr nützlich sein. Sie können die Zugriffsmethode in der Oberklasse definieren und mit unterschiedlichen Werten in der Unterklasse implementieren.

Obwohl konstante Methoden nützlich sind, tut eine Unterklasse, die nur aus konstanten Methoden besteht, nicht genug, um ihre Existenz zu rechtfertigen. Sie können solche Unterklassen vollständig entfernen, indem Sie entsprechende Felder in der Oberklasse schaffen. Dadurch entfernen Sie die zusätzliche Komplexität der Unterklassen.

8.16.2 Vorgehen

- Wenden Sie *Konstruktor durch Fabrikmethode ersetzen (313)* auf die Unterklassen an.
- Ersetzen Sie in jedem Code, der die Unterklassen referenziert, die Referenzen durch solche auf die Oberklasse.
- Deklarieren Sie finale Felder in der Oberklasse für jede konstante Methode.
- Erstellen Sie einen geschützten (`protected`) Konstruktor der Oberklasse, um die Felder zu initialisieren.
- Ändern Sie die Konstruktoren der Unterklassen oder fügen Sie neue hinzu, die den neuen Konstruktor der Oberklasse aufrufen.
- Wandeln Sie um und testen Sie.
- Implementieren Sie jede konstante Methode in der Oberklasse, um das Feld zurückzuliefern, und entfernen Sie die Methode aus der Unterklasse.
- Wandeln Sie nach jedem Entfernen um und testen Sie.
- Wenn alle Unterklassenmethoden entfernt sind, verwenden Sie *Methode integrieren (114)*, um den Konstruktor in die Fabrikmethode der Oberklasse zu integrieren.
- Wandlen Sie um und testen Sie.
- Entfernen Sie die Unterklasse.
- Wandeln Sie um und testen Sie.
- Wiederholen Sie das Integrieren des Konstruktors und Eliminieren der Unterklasse, bis alle verschwunden sind.

8.16.3 Beispiel

Ich beginne mit einer Person und geschlechtsspezifischen Unterklassen:

```
abstract class Person {

  abstract boolean isMale();
  abstract char getCode();
...

class Male extends Person {
  boolean isMale() {
      return true;
  }
  char getCode() {
      return 'M';
  }
}

class Female extends Person {
  boolean isMale() {
      return false;
  }
  char getCode() {
      return 'F';
  }
}
```

Hier liegt der einzige Unterschied der beiden Unterklassen in der Art, wie sie die abstrakten Methoden implementieren, die eine fest codierte Konstante zurückliefern. Ich entferne diese faulen Unterklassen.

Zuerst muss ich *Konstruktor durch Fabrikmethode ersetzen (313)* anwenden. In diesem Fall möchte ich eine Fabrikmethode für jede Unterklasse haben:

```
class Person...
  static Person createMale(){
      return new Male();
  }
  static Person createFemale() {
      return new Female();
  }
```

Ich ersetze dann Aufrufe der Form

```
    Person kent = new Male();
```

durch:

```
    Person kent = Person.createMale();
```

Nachdem ich alle diese Aufrufe ersetzt habe, sollte ich keine Referenzen auf die Unterklasse mehr haben. Ich kann dies durch eine Textsuche überprüfen und sicherstellen, dass die Unterklasse zumindest nicht von außerhalb des Pakets verwendet wird, indem ich diese Klassen als privat deklariere.

Nun deklariere ich Felder für jede Konstante in der Oberklasse:

```
class Person...
  private final boolean _isMale;
  private final char _code;
```

Ich ergänze einen geschützten Konstruktor der Oberklasse:

```
class Person...
  protected Person (boolean isMale, char code) {
      _isMale = isMale;
      _code = code;
  }
```

Ich ergänze Konstruktoren, die diesen neuen Konstruktor aufrufen:

```
class Male...
  Male() {
      super (true, 'M');
  }
class Female...
  Female() {
      super (false, 'F');
  }
```

Nachdem ich dies getan habe, kann ich umwandeln und testen. Die Felder sind erzeugt und initialisiert, aber bisher werden sie nicht benutzt. Ich kann nun beginnen, die Felder ins Spiel zu bringen, indem ich Zugriffsmethoden in der Oberklasse definiere und die Methoden der Unterklasse eliminiere:

```
class Person...
  boolean isMale() {
      return _isMale;
  }
```

```
class Male...
  boolean isMale() {
      return true;
  }
```

Ich kann dies jeweils für ein Feld und eine Unterklasse machen oder für alle auf einmal, wenn mir das gefällt.

Nachdem alle Unterklassen leer sind, kann ich `abstract` aus der Klasse `Person` entfernen und *Methode integrieren (114)* verwenden, um den Konstruktor der Unterklasse in die Oberklasse zu integrieren:

```
class Person
  static Person createMale(){
      return new Person(true, 'M');
  }
```

Nach Umwandeln und Testen entferne ich die Klasse `Male` und wiederhole diesen Prozess für die Klasse `Female`.

9 Bedingte Ausdrücke vereinfachen

Die Bedingungslogik hat ihre Tücken, deshalb stelle ich hier einige Refaktorisierungen vor, die Ihnen helfen sie zu vereinfachen. Die Kernrefaktorisierung ist hier *Bedingung zerlegen (242)*, die eine Bedingung in Teile zerlegt. Sie ist wichtig, da sie die Verzweigungslogik von den Details trennt, die ausgeführt werden.

Die anderen Refaktorisierungen in diesem Kapitel betreffen weitere wichtige Fälle. Verwenden Sie *Bedingte Ausdrücke konsolidieren (244)*, wenn Sie verschiedene Tests haben, die alle die gleiche Wirkung haben. Verwenden Sie *Redundante Bedingungsteile konsolidieren (247)*, um alle Redundanzen in Bedingungen zu vermeiden.

Wenn Sie mit Code zu tun haben, der unter der Voraussetzung entwickelt wurde, dass eine Methode immer genau einen Ausgang haben müsse, so finden Sie häufig Steuerungsvariablen, die es ermöglichen, dass die Bedingungen diese Regel einhalten. Ich befolge die Regel, dass jede Methode genau einen Ausgang haben muss, nicht. Deshalb verwende ich *Geschachtelte Bedingungen durch Wächterbedingungen ersetzen (254)*, um Spezialfälle klar herauszuarbeiten, und *Steuerungsvariable entfernen (248)*, um mich dieser störenden Variablen zu entledigen.

Objektorientierte Programme haben oft weniger bedingtes Verhalten als prozedurale Programme, da vieles von dem bedingten Verhalten durch Polymorphismus behandelt wird. Polymorphismus ist besser, weil der Aufrufer nichts über das bedingte Verhalten wissen muss und es deshalb einfacher ist, die Bedingungen zu erweitern. Als Ergebnis haben objektorientierte Programme selten `switch`- bzw. `case`-Befehle. Alle, die welche haben, sind Hauptkandidaten für *Bedingten Ausdruck durch Polymorphismus ersetzen (259)*.

Eine der besonders nützlichen, aber weniger offensichtlichen Anwendungen von Polymorphismus ist *Null-Objekt einführen (264)*, wodurch Prüfungen auf den Nullwert vermieden werden.

9.1 Bedingung zerlegen

Sie haben eine komplizierte Bedingung (`if-then-else`-Befehl).

Extrahieren Sie Methoden aus der Bedingung, dem `then`-Zweig und dem `else`-Zweig.

```
if (date.before (SUMMER_START) || date.after(SUMMER_END))
    charge = quantity * _winterRate + _winterServiceCharge;
else charge = quantity * _summerRate;
```

⇓

```
if (notSummer(date))
    charge = winterCharge(quantity);
else charge = summerCharge (quantity);
```

9.1.1 Motivation

Häufig sind die schwierigsten Teile von Programmen die mit komplexen logischen Verknüpfungen. Wenn Sie Code schreiben, der Bedingungen testet und verschiedene Dinge in Abhängigkeit von verschiedenen Bedingungen tut, so haben Sie schnell eine ziemlich lange Methode. Die Länge der Methode allein ist schon ein Faktor, der sie schwerer zu lesen macht, aber Bedingungen erhöhen diese Schwierigkeit noch. Das Problem liegt meistens in der Tatsache begründet, dass der Code in den Bedingungen und in den Aktionen Ihnen zwar sagt, was passiert, aber leicht verdeckt, warum es passiert.

Wie bei jedem großen Block von Code können Sie auch hier Ihre Absichten klarer zum Ausdruck bringen, indem Sie ihn zerlegen und Teile des Codes durch den Aufruf einer Methode ersetzen, die nach dem Ziel dieses Codeblocks benannt ist. Bei Bedingungen können Sie weitere Vorteile herausholen, wenn Sie dies für den Teil mit den Bedingungen und für jede der Alternativen tun. Auf diese Weise heben Sie die Bedingung deutlich heraus und machen klar, weswegen Sie verzweigen. Sie heben so auch den Grund für die Verzweigung hervor.

9.1.2 Vorgehen

- Extrahieren Sie die Bedingung in eine eigene Methode.
- Extrahieren Sie den `then`-Zweig und den `else`-Zweig jeweils in eigene Methoden.

Finde ich eine geschachtelte Bedingung, so untersuche ich erst, ob ich *Geschachtelte Bedingungen durch Wächterbedingungen ersetzen (254)* anwenden kann. Macht dies keinen Sinn, so zerlege ich jede der Bedingungen.

9.1.3 Beispiel

Angenommen ich habe die Zahlungsbeträge für etwas zu berechnen, dass unterschiedliche Preise im Sommer und im Winter hat:

```
if (date.before (SUMMER_START) || date.after(SUMMER_END))
    charge = quantity * _winterRate + _winterServiceCharge;
else charge = quantity * _summerRate;
```

Ich extrahiere die Bedingung und die beiden Zweige wie folgt:

```
if (notSummer(date))
    charge = winterCharge(quantity);
else charge = summerCharge (quantity);

private boolean notSummer(Date date) {
    return date.before (SUMMER_START) || date.after(SUMMER_END);
}

private double summerCharge(int quantity) {
    return quantity * _summerRate;
}

private double winterCharge(int quantity) {
    return quantity * _winterRate + _winterServiceCharge;
}
```

Hier zeige ich der Klarheit halber das Ergebnis der vollständig durchgeführten Refaktorisierung. In der Praxis führe ich aber jede Extraktion separat durch, wandle nach jeder um und teste.

Viele Programmierer extrahieren in Situationen wie dieser den Bedingungsteil nicht. Die Bedingungen sind oft ziemlich kurz, so dass es scheint, als lohne es sich kaum. Auch wenn die Bedingungen kurz sind, so gibt es oft eine große Lücke zwischen der Absicht des Codes und seinem Rumpf. Selbst in diesem kleinen Fall vermittelt `notSummer(Date)` einen klareren Eindruck von dem, was der Code tut. Im Original muss ich mir den Code ansehen und herausfinden, was er tut. Das ist hier nicht schwierig, aber trotzdem lesen sich die extrahierten Methoden eher wie ein Kommentar.

9.2 Bedingte Ausdrücke konsolidieren

Sie haben eine Folge von Bedingungen mit dem gleichen Ergebnis.

Kombinieren Sie sie in eine einzelne Bedingung und extrahieren Sie sie.

```
double disabilityAmount() {
    if (_seniority < 2) return 0;
    if (_monthsDisabled > 12) return 0;
    if (_isPartTime) return 0;
    // compute the disability amount
```

```
double disabilityAmount() {
    if (isNotEligableForDisability()) return 0;
    // compute the disability amount
```

9.2.1 Motivation

Manchmal sehen Sie eine Folge von Bedingungen, die alle verschieden sind, aber die resultierende Aktion ist immer die gleiche. Wenn Sie so etwas sehen, sollten Sie »und« und »oder« verwenden, um diese in einer einzigen Bedingung mit einem Ergebnis zusammenzufassen.

Den Code der Bedingungen zu konsolidieren ist aus zwei Gründen wichtig. Erstens macht es die Prüfung übersichtlicher, da Sie so zeigen, dass Sie tatsächlich nur eine Prüfung vornehmen, die die anderen durch »oder« verknüpft. Die Folge hat den gleichen Effekt, aber es entsteht der Eindruck, Sie würden eine Folge verschiedener Bedingungen prüfen, die zufällig zusammen durchgeführt werden. Der zweite Grund für diese Refaktorisierung ist, dass Sie sie oft in die Lage versetzt, *Methode extrahieren (106)* einzusetzen. Eine Bedingung zu extrahieren ist eines der nützlichsten Dinge, die Sie tun können, um Ihren Code übersichtlicher zu gestalten. Sie ersetzen eine Aussage darüber, was Sie machen, durch eine darüber, warum Sie etwas machen.

Die Gründe, die dafür sprechen, Bedingungen zu konsolidieren, verweisen bereits auf die Gründe, dies nicht zu tun. Wenn Sie meinen, diese Bedingungen seien wirklich unabhängig voneinander und sollten nicht zu einer konsolidiert werden, führen Sie diese Refaktorisierung nicht durch. Ihr Code vermittelt bereits Ihre Absicht.

9.2.2 Vorgehen

- Prüfen Sie, dass keine der Bedingungen Seiteneffekte hat.

  ⇛ *Wenn es Seiteneffekte gibt, können Sie diese Refaktorisierung nicht einsetzen.*

- Ersetzen Sie die Reihe der Bedingungen mittels logischer Operatoren durch eine einzige Bedingung.
- Wandeln Sie um und testen Sie.
- Erwägen Sie, *Methode extrahieren (106)* auf die Bedingung anzuwenden.

9.2.3 Beispiel: Oder

Der Zustand des Code entspricht den folgenden Zeilen:

```
double disabilityAmount() {
    if (_seniority < 2) return 0;
    if (_monthsDisabled > 12) return 0;
    if (_isPartTime) return 0;
    // compute the disability amount
    ...
```

Hier sehen wir eine Folge von Bedingungsprüfungen, die alle das Gleiche ergeben. Bei sequentiellem Code wie diesem sind die Bedingungen äquivalent zu einer Verknüpfung mit »oder«:

```
double disabilityAmount() {
    if ((_seniority < 2) || (_monthsDisabled > 12) || (_isPartTime)) return
0;
    // compute the disability amount
    ...
```

Nun kann ich mir die Bedingung ansehen und *Methode extrahieren (106)* anwenden, um zu vermitteln, was die Bedingung eigentlich prüft:

```
double disabilityAmount() {
    if (isNotEligibleForDisability()) return 0;
    // compute the disability amount
    ...
}

boolean isNotEligibleForDisability() {
    return ((_seniority < 2) || (_monthsDisabled > 12) || (_isPartTime));
}
```

9.2.4 Beispiel: Und

Das Beispiel zeigte »oder«, aber ich kann dies auch auf »und« anwenden. Hier sieht der Aufbau etwa wie folgt aus:

```
if (onVacation())
    if (lengthOfService() > 10)
        return 1;
return 0.5;
```

Dies wird geändert zu:

```
if (onVacation() && lengthOfService() > 10) return 1;
else return 0.5;
```

Sie können sehr wohl feststellen, dass Sie so eine Kombination bekommen, die einen Ausdruck mit »und«, »oder« und »not« bildet. In solchen Fällen können die Bedingungen schwer verständlich sein, so dass ich versuche, *Methode extrahieren (106)* auf Teile der Bedingung anzuwenden, um sie zu vereinfachen.

Wenn die Routine, die ich mir ansehe, nur eine Bedingung testet und einen Wert zurückgibt, kann ich die Routine mittels des ternären Operators in einen einzelnen `return`-Befehl umbauen. So wird

```
if (onVacation() && lengthOfService() > 10) return 1;
else return 0.5;
```

zu:

```
return (onVacation() && lengthOfService() > 10) ? 1 : 0.5;
```

9.3 Redundante Bedingungsteile konsolidieren

Das gleiche Codefragment kommt in allen Zweigen eines bedingten Ausdrucks vor.

Ziehen Sie es aus dem bedingten Ausdruck heraus.

```
if (isSpecialDeal()) {
    total = price * 0.95;
    send();
}
else {
    total = price * 0.98;
    send();
}
```

⇓

```
if (isSpecialDeal())
    total = price * 0.95;
else
    total = price * 0.98;
send();
```

9.3.1 Motivation

Manchmal stellen Sie fest, dass der gleiche Code in allen Zweigen eines bedingten Ausdrucks ausgeführt wird. In diesem Fall sollten Sie den Code aus dem bedingten Ausdruck herausziehen. Das zeigt klarer, was sich ändert und was unverändert bleibt.

9.3.2 Vorgehen

- Identifizieren Sie den Code, der unabhängig von der Bedingung in gleicher Weise ausgeführt wird.
- Steht der gemeinsame Code am Anfang, verschieben Sie ihn vor den bedingten Ausdruck.
- Steht der gemeinsame Code am Ende, verschieben Sie ihn hinter den bedingten Ausdruck.

- Steht der gemeinsame Code in der Mitte, untersuchen Sie, ob der Code davor oder dahinter irgendetwas ändert. Tut er das, so können Sie den gemeinsamen Code vor oder zurück bis an das Ende verschieben. Dann können Sie ihn wie beschrieben an das Ende oder an den Anfang verschieben.
- Handelt es sich um mehr als einen Befehl, so sollten Sie ihn in eine Methode extrahieren.

9.3.3 Beispiel

Sie finden diese Situation in Code wie dem folgenden:

```
if (isSpecialDeal()) {
    total = price * 0.95;
    send();
}
else {
    total = price * 0.98;
    send();
}
```

Da die Methode `send` in jedem Fall ausgeführt wird, sollte ich sie aus dem bedingten Ausdruck herausziehen:

```
if (isSpecialDeal())
    total = price * 0.95;
else
    total = price * 0.98;
send();
```

Die gleiche Situation kann im Zusammenhang mit Ausnahmen auftreten. Wenn Code nach einem Befehl, der eine Ausnahme auslöst im `try`- und im letzten `catch`-Block auftritt, so kann ich ihn in den letzten `catch`-Block verschieben.

9.4 Steuerungsvariable entfernen

Sie haben eine Variable, die zur Steuerung einer Reihe boolescher Ausdrücke dient.

Verwenden Sie statt dessen `break` oder `return`.

9.4.1 Motivation

In einer Folge bedingter Ausdrücke sehen Sie häufig eine Steuerungsvariable, die benutzt wird, um zu erkennen, wann nicht mehr weiter gesucht werden muss:

```
set done to false
while not done
    if (condition)
        do something
        set done to true
next step of loop
```

Solche Steuerungsvariablen bereiten mehr Probleme, als sie Nutzen bringen. Sie stammen aus Regeln der strukturierten Programmierung, die verlangen, dass Routinen genau einen Eintritts- und einen Austrittspunkt haben. Ich bin mit dem einen Eintrittspunkt (und moderne Sprachen erzwingen dies) einverstanden, aber die Forderung nach nur einem Austrittspunkt führt zu verschlungenen bedingten Ausdrücken mit fürchterlichen Steuerungsvariablen im Code. Deshalb haben Sprachen Befehle wie `break` oder `continue`, um komplexe bedingte Ausdrücke verlassen zu können. Es ist oft erstaunlich, was Sie erreichen können, wenn Sie die Steuerungsvariable los sind. Die wirkliche Aufgabe des bedingten Ausdrucks wird dann viel klarer.

9.4.2 Vorgehen

Der offensichtliche Weg, mit Steuerungsvariablen umzugehen, ist es, die `break`- und `continue`-Befehle in Java zu verwenden.

- Suchen Sie den Wert der Steuerungsvariablen, der Sie aus dem logischen Konstrukt herausführt.
- Ersetzen Sie die Zuweisungen mit dem Wert zum Verlassen des Konstrukts durch einen `break`- oder `continue`-Befehl.
- Wandeln Sie nach jeder Ersetzung um und testen Sie.

Ein anderer Ansatz, den Sie in Sprachen ohne `break` und `continue` verwenden können, ist folgender:

- Extrahieren Sie die Logik in eine Methode.
- Suchen Sie den Wert der Steuerungsvariable, die Sie aus dem logischen Konstrukt herausführt.

- Ersetzen Sie die Zuweisungen mit dem Wert zum Verlassen des Konstrukts durch ein `return`.
- Wandeln Sie nach jeder Ersetzung um und testen Sie.

Selbst in Sprachen mit einem `break`- oder `continue`-Befehl bevorzuge ich in der Regel eine Extraktion und ein `return`. Der `return`-Befehl signalisiert klar, dass kein Code mehr in dieser Methode ausgeführt wird. Wenn Sie solchen Code haben, werden sie dieses Stück oft sowieso extrahieren müssen.

Achten Sie auf Steuerungsvariablen, die auch ein Ergebnis signalisieren. Ist dies der Fall, so brauchen Sie die Variable auch noch nach dem Einfügen des `break`-Befehls[1], oder Sie können den Wert zurückgeben, wenn Sie eine Methode extrahiert haben.

9.4.3 Beispiel: Eine einfache Steuerungsvariable durch `break` ersetzen

Die folgende Funktion prüft, ob eine Liste von Menschen (`people`) einige fest codierte verdächtige Zeitgenossen enthält:

```
void checkSecurity(String[] people) {
    boolean found = false;
    for (int i = 0; i < people.length; i++) {
        if (! found) {
            if (people[i].equals ("Don")){
                sendAlert();
                found = true;
            }
            if (people[i].equals ("John")){
                sendAlert();
                found = true;
            }
        }
    }
}
```

1. Anm. d. Ü.: Die angesprochene Hybridkopplung wird durch diese Refaktorisierung aufgebrochen. Übrig bleibt eine harmlose Datenkopplung.

In diesem Fall erkennt man die Steuerungsvariable leicht. Es ist die Variable `found`. Ich kann jeweils einen `break`-Befehl einfügen:

```
void checkSecurity(String[] people) {
    boolean found = false;
    for (int i = 0; i < people.length; i++) {
        if (! found) {
            if (people[i].equals ("Don")){
                sendAlert();
                break;
            }
            if (people[i].equals ("John")){
                sendAlert();
                found = true;
            }
        }
    }
}
```

bis ich alle habe:

```
void checkSecurity(String[] people) {
    boolean found = false;
    for (int i = 0; i < people.length; i++) {
        if (! found) {
            if (people[i].equals ("Don")){
                sendAlert();
                break;
            }
            if (people[i].equals ("John")){
                sendAlert();
                break;
            }
        }
    }
}
```

Nun kann ich alle Referenzen auf die Steuerungsvariable entfernen:

```
void checkSecurity(String[] people) {
    for (int i = 0; i < people.length; i++) {
        if (people[i].equals ("Don")){
            sendAlert();
            break;
        }
```

```
            if (people[i].equals ("John")){
                sendAlert();
                break;
            }
        }
    }
```

9.4.4 Beispiel: Verwendung von `return` mit einer Steuerungsvariablen als Ergebnis

Der andere Stil dieser Refaktorisierung verwendet `return`. Ich illustriere dies mit einer Variante, in der die Steuerungsvariable auch als Ergebniswert verwendet wird:

```
void checkSecurity(String[] people) {
    String found = "";
    for (int i = 0; i < people.length; i++) {
        if (found.equals("")) {
            if (people[i].equals ("Don")){
                sendAlert();
                found = "Don";
            }
            if (people[i].equals ("John")){
                sendAlert();
                found = "John";
            }
        }
    }
    someLaterCode(found);
}
```

Hier leistet die Variable `found` zwei Dinge: Sie enthält ein Ergebnis und agiert als Steuerungsvariable. Wenn ich so etwas sehe, ziehe ich es vor, den Code, der `found` berechnet, in seine eigene Methode extrahieren:

```
void checkSecurity(String[] people) {
    String found = foundMiscreant(people);
    someLaterCode(found);
}

String foundMiscreant(String[] people){
    String found = "";
    for (int i = 0; i < people.length; i++) {
        if (found.equals("")) {
            if (people[i].equals ("Don")){
```

```
                sendAlert();
                found = "Don";
            }
            if (people[i].equals ("John")){
                sendAlert();
                found = "John";
            }
        }
    }
    return found;
}
```

Nun kann ich die Steuerungsvariable Schritt für Schritt durch ein `return` ersetzen:

```
String foundMiscreant(String[] people){
    String found = "";
    for (int i = 0; i < people.length; i++) {
        if (found.equals("")) {
            if (people[i].equals ("Don")){
                sendAlert();
                return "Don";
            }
            if (people[i].equals ("John")){
                sendAlert();
                found = "John";
            }
        }
    }
    return found;
}
```

Ich tue das so lange, bis ich die Steuerungsvariable entfernt habe:

```
String foundMiscreant(String[] people){
    for (int i = 0; i < people.length; i++) {
        if (people[i].equals ("Don")){
            sendAlert();
            return "Don";
        }
        if (people[i].equals ("John")){
            sendAlert();
            return "John";
        }
    }
    return "";
}
```

Sie können diesen return-Stil auch einsetzen, wenn Sie keinen Wert zurückgeben. Verwenden Sie return einfach ohne das Argument.

Hier bleibt natürlich noch das Problem einer Funktion mit Seiteneffekten. Ich möchte deshalb *Abfrage von Änderung trennen (285)* anwenden. Sie können dieses Beispiel dort weiterverfolgen.

9.5 Geschachtelte Bedingungen durch Wächterbedingungen ersetzen

Eine Methode weist ein bedingtes Verhalten auf, das den normalen Ablauf nicht leicht erkennen lässt.

Verwenden Sie Wächterbedingungen für die Spezialfälle.

```
double getPayAmount() {
  double result;
  if (_isDead) result = deadAmount();
  else {
      if (_isSeparated) result = separatedAmount();
      else {
          if (_isRetired) result = retiredAmount();
          else result = normalPayAmount();
      };
  }
  return result;
};
```

⇓

```
double getPayAmount() {
  if (_isDead) return deadAmount();
  if (_isSeparated) return separatedAmount();
  if (_isRetired) return retiredAmount();
  return normalPayAmount();
};
```

9.5.1 Motivation

Ich stelle oft fest, dass bedingte Ausdrücke in zwei Formen auftreten. Die erste Form ist eine Prüfung, ob alles normal ist. Die zweite Form ist eine Situation, in der die Bedingung entweder normales Verhalten anzeigt oder auf eine ungewöhnliche Bedingung hinweist.

Diese Arten von Bedingungen haben unterschiedliche Absichten, und diese Absichten sollten auch durch den Code vermittelt werden. Ist beides Teil des normalen Verhaltens, so sollten Sie eine Bedingung mit einem `if`- und einem `else`-Zweig verwenden. Prüft die Bedingung auf eine ungewöhnliche Situation, so prüfen Sie die Bedingung und geben `true` zurück, wenn die Bedingung wahr ist. Die Art von Prüfung wird oft Wächterbedingung [Beck] genannt.

Der wesentliche Punkt bei *Geschachtelte Bedingungen durch Wächterbedingungen ersetzen (254)* liegt in der Betonung. Verwenden Sie ein `if-then-else`-Konstrukt, so geben Sie beiden Zweigen das gleiche Gewicht. Dies teilt dem Leser mit, dass beide Zweige gleich wahrscheinlich und gleich wichtig sind. Stattdessen sagt die Wächterbedingung: »Dies ist selten, und wenn es passiert, mach was und steig aus.«

Ich habe festgestellt, dass ich *Geschachtelte Bedingungen durch Wächterbedingungen ersetzen (254)* oft einsetze, wenn ich mit einem Programmierer arbeite, dem beigebracht wurde, nur einen Eintrittspunkt und nur einen Austrittspunkt aus einer Prozedur zu haben. Ein Eintrittspunkt wird von modernen Programmiersprachen erzwungen, und ein Austrittspunkt ist wirklich keine nützliche Regel. Klarheit ist das Schlüsselprinzip: Wenn die Methode mit einem Austrittspunkt klarer ist, verwenden Sie einen; sonst lassen Sie's bleiben.

9.5.2 Vorgehen

- Richten Sie für jede Prüfung eine Wächterbedingung ein.

  ⇛ *Die Wächterbedingung kehrt entweder zurück (`return`) oder löst eine Ausnahme aus.*

- Wandeln Sie nach jeder Prüfung um, die durch eine Wächterbedingung ersetzt wurde, und testen Sie.

  ⇛ *Liefern alle Wächterbedingungen das gleiche Ergebnis, so sollten Sie Bedingte Ausdrücke konsolidieren (244) einsetzen.*

9.5.3 Beispiel

Stellen Sie sich ein Gehaltssystem vor, in dem Sie spezielle Regeln für verstorbene, ausgeschiedene und pensionierte Mitarbeiter haben. Solche Fälle sind unüblich, aber sie kommen vor.

Wenn ich Code wie diesen sehe

```
double getPayAmount() {
    double result;
    if (_isDead) result = deadAmount();
    else {
        if (_isSeparated) result = separatedAmount();
        else {
            if (_isRetired) result = retiredAmount();
            else result = normalPayAmount();
        };
    }
return result;
};
```

dann verdeckt die Prüfung den normalen Ablauf. Er wird viel besser verständlich, wenn man Wächterbedingungen verwendet. Ich kann jeweils eine davon einführen. Ich beginne oben:

```
double getPayAmount() {
  double result;
  if (_isDead) return deadAmount();
  if (_isSeparated) result = separatedAmount();
  else {
      if (_isRetired) result = retiredAmount();
      else result = normalPayAmount();
  };
  return result;
};
```

Ich fahre mit der nächsten fort:

```
double getPayAmount() {
  double result;
  if (_isDead) return deadAmount();
  if (_isSeparated) return separatedAmount();
  if (_isRetired) result = retiredAmount();
      else result = normalPayAmount();
      return result;
};
```

und dann:

```
double getPayAmount() {
  double result;
  if (_isDead) return deadAmount();
  if (_isSeparated) return separatedAmount();
  if (_isRetired) return retiredAmount();
  result = normalPayAmount();
  return result;
};
```

Zu diesem Zeitpunkt ist die temporäre Variable nichts mehr wert, also lösche ich sie:

```
double getPayAmount() {
  if (_isDead) return deadAmount();
  if (_isSeparated) return separatedAmount();
  if (_isRetired) return retiredAmount();
  return normalPayAmount();
};
```

Code mit geschachtelten Bedingungen wird oft von Programmierern geschrieben, die gelernt haben, dass eine Methode nur einen Austrittspunkt haben soll. Ich habe festgestellt, dass diese Regel zu stark vereinfacht. Wenn ich kein weiteres Interesse an einer Methode mehr habe, so teile ich das mit, indem ich sie verlasse. Den Leser dazu zu bringen, sich einen leeren `else`-Block anzusehen, erschwert nur das Verständnis.

9.5.4 Beispiel: Bedingungen umdrehen

Beim Durchsehen des Manuskripts dieses Buchs hat Joshua Kerievsky darauf hingewiesen, dass man *Geschachtelte Bedingungen durch Wächterbedingungen ersetzen (254)* oft durch das Umdrehen der Bedingungen durchführt. Er schickte freundlicherweise gleich ein Beispiel, um mir eine weitere Prüfung meiner Phantasie zu ersparen:

```
public double getAdjustedCapital() {
    double result = 0.0;
    if (_capital > 0.0) {
       if (_intRate > 0.0 && _duration > 0.0) {
         result = (_income / _duration) * ADJ_FACTOR;
       }
    }
    return result;
}
```

Wieder nehme ich jeweils nur eine Ersetzung vor, aber dieses Mal drehe ich die Bedingungen um, wenn ich sie in die Wächterbedingung übernehme:

```
public double getAdjustedCapital() {
    double result = 0.0;
    if (_capital <= 0.0) return result;
    if (_intRate > 0.0 && _duration > 0.0) {
      result = (_income / _duration) * ADJ_FACTOR;
    }
    return result;
}
```

Da die nächste Bedingung etwas komplizierter ist, kehre ich sie in zwei Schritten um. Als Erstes füge ich ein »not« ein:

```
public double getAdjustedCapital() {
    double result = 0.0;
    if (_capital <= 0.0) return result;
    if (!(_intRate > 0.0 && _duration > 0.0)) return result;
    result = (_income / _duration) * ADJ_FACTOR;
    return result;
}
```

In einer solchen Bedingung »not"s stehen zu lassen, widerstrebt mir zutiefst, also vereinfache ich sie wie folgt:

```
public double getAdjustedCapital() {
    double result = 0.0;
    if (_capital <= 0.0) return result;
    if (_intRate <= 0.0 || _duration <= 0.0) return result;
    result = (_income / _duration) * ADJ_FACTOR;
    return result;
}
```

In diesen Situationen bevorzuge ich einen expliziten Wert als Ergebnis der Wächterbedingungen. Auf diese Weise können Sie leicht das Ergebnis des Fehlschlagens der Wächterbedingung erkennen. (Ich würde hier auch erwägen, *Magische Zahl durch symbolische Konstante ersetzen (208)* einzusetzen.)

```
public double getAdjustedCapital() {
    double result = 0.0;
    if (_capital <= 0.0) return 0.0;
    if (_intRate <= 0.0 || _duration <= 0.0) return 0.0;
    result = (_income / _duration) * ADJ_FACTOR;
    return result;
}
```

Damit kann ich nun auch die temporäre Variable entfernen:

```
public double getAdjustedCapital() {
    if (_capital <= 0.0) return 0.0;
    if (_intRate <= 0.0 || _duration <= 0.0) return 0.0;
    return (_income / _duration) * ADJ_FACTOR;
}
```

9.6 Bedingten Ausdruck durch Polymorphismus ersetzen

Sie haben eine Bedingung, die unterschiedliches Verhalten auswählt, je nachdem, welchen Typ ein Objekt hat.

Verschieben Sie jeden Zweig in eine überschreibende Methode einer Unterklasse. Deklarieren Sie die Originalmethode als abstrakt.

```
double getSpeed() {
    switch (_type) {
        case EUROPEAN:
            return getBaseSpeed();
        case AFRICAN:
            return getBaseSpeed() - getLoadFactor() * _numberOfCoconuts;
        case NORWEGIAN_BLUE:
            return (_isNailed) ? 0 : getBaseSpeed(_voltage);
    }
    throw new RuntimeException ("Should be unreachable");
}
```

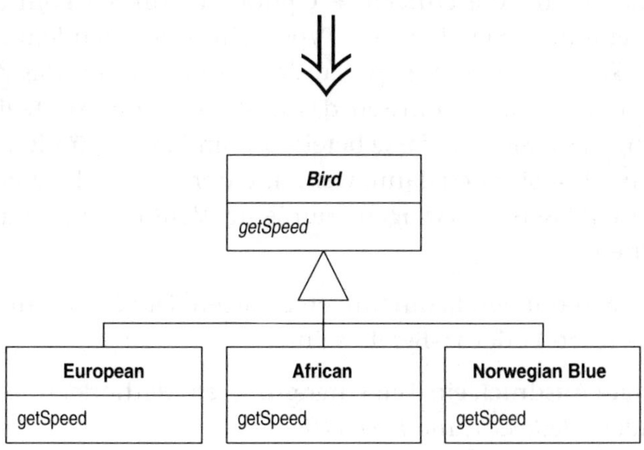

9.6.1 Motivation

Eines der am tollsten klingenden Wörter im Objektjargon ist *Polymorphismus*. Das Wesentliche am Polymorphismus ist, dass Sie es mit seiner Hilfe vermeiden können, explizite Bedingungen zu schreiben, wenn Sie Objekte haben, deren Verhalten in Abhängigkeit von ihrem Typ variiert.

Als ein Ergebnis werden Sie sehen, dass `switch`-Befehle mit Typenschlüsseln oder `if-then-else`-Befehle mit Typenstrings in objektorientierten Programmen viel weniger gebräuchlich sind.

Der Polymorphismus bietet Ihnen viele Vorteile. Den größten Gewinn erzielen Sie, wenn der gleiche Satz von Bedingungen an vielen Stellen im Programm vorkommt. Wollen Sie einen neuen Typ ergänzen, so müssen Sie alle diese Bedingungen suchen und ändern. Aber wenn Sie Unterklassen haben, erstellen Sie nur eine neue Unterklasse mit den entsprechenden Methoden. Clients der Klasse müssen nichts von der Unterklasse wissen, was die Abhängigkeiten in Ihrem System verringert und es einfacher zu ändern macht.

9.6.2 Vorgehen

Bevor Sie beginnen können, mit *Bedingung durch Polymorphismus ersetzen (259)* zu arbeiten, müssen Sie die notwendige Vererbungsstruktur haben. Vielleicht haben Sie diese Struktur aus früheren Refaktorisierungen. Wenn Sie diese Struktur nicht haben, müssen Sie sie erstellen.

Um die Vererbungsstruktur zu erstellen, haben Sie zwei Optionen: *Typenschlüssel durch Unterklassen ersetzen (227)* und *Typenschlüssel durch Zustand/Strategie ersetzen (231)*. Unterklassen sind die einfachste Option. Wenn Sie können, sollten Sie diese nutzen. Verändern Sie aber den Typenschlüssel, nachdem das Objekt erzeugt wurde, so können Sie nicht spezialisieren und müssen das Zustands- oder Strategiemuster einsetzen. Sie müssen das Zustands- oder Strategiemuster auch dann anwenden, wenn Sie die Klasse bereits aus anderen Gründen spezialisieren. Denken Sie daran, dass Sie auch dann, wenn mehrere `switch`-Befehle aufgrund des gleichen Typenschlüssels verzweigen, nur eine Vererbungsstruktur für diesen Schlüssel brauchen.

Nun können Sie sich mit den Bedingungen befassen. Der Code, auf den Sie zielen, kann ein `switch`- (`case`-) oder `if`-Befehl sein.

- Ist der bedingte Ausdruck ein Teil einer größeren Methode, so zerlegen Sie ihn und verwenden *Methode extrahieren (106)*.

- Falls notwendig, verwenden Sie *Methode verschieben (139)*, um den bedingten Ausdruck an die Spitze der Vererbungsstruktur zu bringen.
- Greifen Sie eine der Unterklassen heraus. Erstellen Sie eine Unterklasse, die die Methode mit dem bedingten Ausdruck überschreibt. Kopieren Sie diesen Zweig des bedingten Ausdrucks in die Unterklasse, und justieren Sie ihn so, dass er hierhin passt.

  ⇛ *Es kann sein, dass Sie hierzu einige private Elemente der Oberklasse als geschützt deklarieren müssen.*
- Wandeln Sie um und testen Sie.
- Entfernen Sie den kopierten Zweig aus dem bedingten Ausdruck.
- Wandeln Sie um und testen Sie.
- Wiederholen Sie dies für alle Zweige des bedingten Ausdrucks, bis alle Zweige in Unterklassen verwandelt sind.
- Deklarieren Sie die Methode der Oberklasse als abstrakt.

9.6.3 Beispiel

Ich verwende das langweilige und stark vereinfachte Beispiel der Gehaltszahlung. Ich verwende die Klassen nach der Anwendung von *Typenschlüssel durch Zustand/Strategie ersetzen (231)*, so dass die Objekte aussehen wie in Abbildung 9-1. (In dem Beispiel in Kapitel 8 sehen Sie, wie wir dorthin gekommen sind.)

```
class Employee...
  int payAmount() {
      switch (getType()) {
          case EmployeeType.ENGINEER:
             return _monthlySalary;
          case EmployeeType.SALESMAN:
             return _monthlySalary + _commission;
          case EmployeeType.MANAGER:
             return _monthlySalary + _bonus;
          default:
             throw new RuntimeException("Incorrect Employee");
      }
  }
```

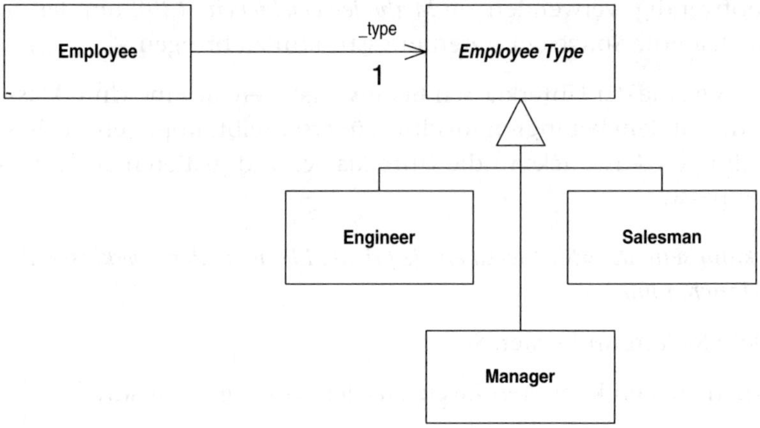

Abbildung 9-1 Die Vererbungsstruktur

```
  int getType() {
      return _type.getTypeCode();
  }
  private EmployeeType _type;

abstract class EmployeeType...
  abstract int getTypeCode();

class Engineer extends EmployeeType...
  int getTypeCode() {
      return Employee.ENGINEER;
  }

//... and other subclasses
```

Der `switch`-Befehl ist schon handlich extrahiert, so dass in dieser Richtung nichts zu tun ist. Ich muss ihn in die Klasse `EmployeeType` verschieben, da dies die Klasse ist, die spezialisiert wird.

```
class EmployeeType...
  int payAmount(Employee emp) {
      switch (getTypeCode()) {
          case ENGINEER:
             return emp.getMonthlySalary();
          case SALESMAN:
             return emp.getMonthlySalary() + emp.getCommission();
          case MANAGER:
```

```
                return emp.getMonthlySalary() + emp.getBonus();
            default:
                throw new RuntimeException("Incorrect Employee");
        }
    }
```

Da ich die Daten von Employee benötige, muss ich ein Employee-Objekt als Parameter übergeben. Einige dieser Daten können vielleicht in das EmployeeType-Objekt verschoben werden, aber das ist ein Thema für eine andere Refaktorisierung.

Wenn sich dies umwandeln lässt, lasse ich die payAmount-Methode in Employee an die neue Klasse delegieren:

```
class Employee...
  int payAmount() {
      return _type.payAmount(this);
  }
```

Nun kann ich mich der Arbeit an den case-Klauseln zuwenden. Das geschieht so ähnlich, wie kleine Jungen Insekten töten – ein Bein nach dem anderen ausreißen. Als erstes kopiere ich den ENGINEER-Zweig des switch-Befehls in die Klasse Engineer.

```
class Engineer...
  int payAmount(Employee emp) {
      return emp.getMonthlySalary();
  }
```

Diese neue Methode überschreibt für Ingenieur-Objekte den gesamten switch-Befehl. Da ich paranoid bin, baue ich manchmal eine Falle in den switch-Befehl ein:

```
class EmployeeType...
  int payAmount(Employee emp) {
      switch (getTypeCode()) {
          case ENGINEER:
             throw new RuntimeException ("Should be being overridden");
          case SALESMAN:
             return emp.getMonthlySalary() + emp.getCommission();
          case MANAGER:
             return emp.getMonthlySalary() + emp.getBonus();
          default:
             throw new RuntimeException("Incorrect Employee");
      }
  }
```

Dies geht so weiter, bis alle Zweige entfernt sind:

```
class Salesman...
  int payAmount(Employee emp) {
      return emp.getMonthlySalary() + emp.getCommission();
  }

class Manager...
  int payAmount(Employee emp) {
      return emp.getMonthlySalary() + emp.getBonus();
  }
```

Nun kann ich die Methode in der Oberklasse als abstrakt deklarieren:

```
class EmployeeType...
   abstract int payAmount(Employee emp);
```

9.7 Null-Objekt einführen

Sie haben wiederholte Prüfungen auf einen Null-Wert.

Ersetzen Sie den Null-Wert durch ein Null-Objekt.

```
  if (customer == null) plan = BillingPlan.basic();
      else plan = customer.getPlan();
```

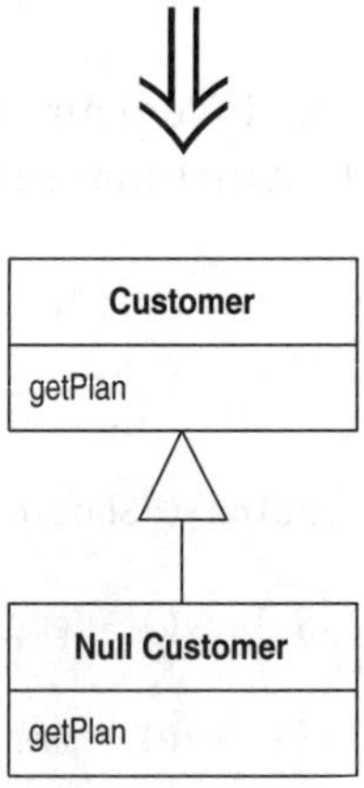

9.7.1 Motivation

Das Wesentliche am Polymorphismus ist, dass Sie einfach nur das Verhalten aufrufen, anstatt ein Objekt nach seinem Typ fragen zu müssen, um dann das geeignete Verhalten aufrufen zu können. Das Objekt tut das Richtige, je nach Typ. Einer der weniger intuitiven Fälle, in denen Sie dies nutzen können, liegt vor, wenn Sie einen Null-Wert in einem Feld haben. Ich lasse Ron Jeffries die Geschichte erzählen:

---

von Ron Jeffries

Wir begannen das Null-Objekt-Muster zu verwenden, als Rich Garzaniti herausfand, dass eine Menge Code in unserem System nur prüfte, ob ein Objekt vorhanden war, bevor er eine Nachricht an das Objekt sandte. Wir können ein Objekt nach seiner Person fragen und das Resultat fragen, ob es null ist. Ist das Objekt vorhanden, so können wir es nach seinem Gehalt fragen. Wir taten dies an vielen Stellen, und der daraus resultierende redundante Code wurde zusehends störender.

Deshalb implementierten wir ein »Fehlende Person«-Objekt, das ein Gehalt von null zurücklieferte (wir nennen unsere Null-Objekte »fehlende Objekte«). Bald kannte »fehlende Person« eine Fülle von Methoden, nicht nur ein Gehalt. Inzwischen haben wir mehr als 80 Null-Objekt-Klassen.

Am häufigsten verwenden wir Null-Objekte bei der Anzeige von Informationen. Wenn wir beispielsweise eine Person anzeigen, so kann das Objekt vielleicht 20 Instanzvariablen haben oder nicht haben. Wenn diese null sein könnten, so wäre das Drucken einer Person sehr komplex. Stattdessen schließen wir diverse Null-Objekte an, die alle wissen, wie sie sich sinnvoll darstellen. So wurden wir eine Menge prozeduralen Code los.

Unser besonders cleverer Einsatz des Null-Objekts betrifft die fehlende Gemstone-Session. Wir verwenden in unserem Produktionssystem die Gemstone-Datenbank, aber wir entwickeln ohne sie und übertragen den neuen Code ungefähr einmal pro Woche in die Gemstone-Umgebung. Es gibt diverse Punkte im Code, an denen wir uns in eine Gemstone-Session einloggen müssen. Wenn wir ohne Gemstone arbeiten, fügen wir einfach eine fehlende Gemstone-Session ein. Die sieht genauso aus wie eine richtige, aber sie ermöglicht uns zu entwickeln und zu testen, ohne dass die Datenbank tatsächlich da ist.

Eine andere nützliche Anwendung des Null-Objekts ist die fehlende Tonne. Eine Tonne ist eine Collection von Gehaltsbestandteilen, die oft aufaddiert oder aus anderen Gründen durchlaufen werden. Wenn eine bestimmte Tonne nicht existiert, antworten wir mit einer fehlenden Tonne, die sich genauso verhält wie eine leere Tonne. Durch diesen Ansatz konnten wir die Erzeugung von ca. zehn leeren Tonnen für jeden unserer Tausenden Angestellten vermeiden.

Eine interessante Eigenschaft von Null-Objekten ist, dass sie fast nie Probleme bereiten. Da ein Null-Objekt auf alle Nachrichten wie ein normales Objekt reagiert, verhält sich das System im Allgemeinen normal. Dies macht es manchmal schwierig, ein Problem zu entdecken und zu beheben, denn nichts geht jemals schief. Natürlichen entdecken Sie das Null-Objekt an einigen Stellen, wo es nicht sein sollte, wenn Sie die Objekte untersuchen.

Denken Sie daran, dass Null-Objekte immer konstant sind: Nichts an ihnen ändert sich jemals. Dementsprechend implementieren wir sie nach dem Singleton-Muster [Gang of Four]. Wann immer Sie nach einer fehlenden Person fragen, bekommen Sie immer die einzige Instanz dieser Klasse.

Weitere Details über das Null-Objekt Muster finden Sie in [Woolf].

9.7.2 Vorgehen

- Erstellen Sie eine Unterklasse der Ausgangsklasse, die als Null-Version der Klasse dient. Erstellen Sie eine Methode `isNull` in der Ausgangsklasse und in der Null-Klasse. Für die Ausgangklasse sollte sie »false« liefern, für die Null-Klasse »true«.

  ⇛ *Sie werden feststellen, dass es nützlich ist, explizit eine Schnittstelle `Nullable` für die `isNull`-Methode zu erstellen.*

  ⇛ *Als Alternative können Sie eine testende Schnittstelle verwenden, um auf null zu prüfen.*

- Wandeln Sie um.
- Suchen Sie alle Stellen, an denen null zurückgegeben wird, wenn nach einem Objekt der Ausgangsklasse gefragt wird. Lassen Sie statt dessen ein Null-Objekt zurückliefern.
- Suchen Sie alle Stellen, an denen eine Variable vom Typ der Ausgangsklasse mit null verglichen wird, und ersetzen Sie den Vergleich durch den Aufruf von `isNull`.

  ⇛ *Es kann sein, dass Sie diese Ersetzung jeweils für eine Sourcecode-Datei und deren Clients auf einmal vornehmen können und zwischen der Arbeit an zwei Dateien umwandeln und testen können.*

⇒ *Einige Zusicherungen (`Assert`), die auf null an Stellen prüfen, wo null nicht mehr auftreten sollte, können nützlich sein.*

- Wandeln Sie um und testen Sie.
- Suchen Sie Fälle, in denen Clients eine Methode aufrufen, wenn das Objekt nicht null ist, und ein alternatives Verhalten verwenden, wenn das Objekt null ist.
- Für diese Fälle überschreiben Sie die Methode in der Null-Klasse mit dem alternativen Verhalten.
- Entfernen Sie die Prüfung der Bedingung für die Clients, die das überschriebene Verhalten verwenden, wandeln Sie um und testen Sie.

9.7.3 Beispiel

Ein Versorgungsunternehmen weiß etwas über seine Installationen (`Site`): die Häuser und Wohnungen, die seine Dienste in Anspruch nehmen. Eine Installation hat immer einen Kunden (`Customer`).

```
class Site...
  Customer getCustomer() {
      return _customer;
  }
  Customer _customer;
```

Es gibt verschiedene Elemente in der Klasse `Customer` und ich betrachte drei davon:

```
class Customer...
  public String getName() {...}
  public BillingPlan getPlan() {...}
  public PaymentHistory getHistory() {...}
```

Die Zahlungshistorie, `PaymentHistory`, hat ihre eigenen Elemente:

```
public class PaymentHistory...
  int getWeeksDelinquentInLastYear()
```

Die get-Methoden, die ich hier zeige, ermöglichen es Clients, an diese Daten heranzukommen. Manchmal habe ich aber keinen Kunden für eine Installation. Jemand ist ausgezogen, und ich weiß jetzt noch nicht, wer eingezogen ist. Deshalb müssen wir sicherstellen, das der ganze Code, der mit Kunden zu tun hat, mit Nullen umgehen kann. Hier sind einige Beispielfragmente:

```
      Customer customer = site.getCustomer();
      BillingPlan plan;
      if (customer == null) plan = BillingPlan.basic();
      else plan = customer.getPlan();
...
      String customerName;
      if (customer == null) customerName = "occupant";
      else customerName = customer.getName();
...
      int weeksDelinquent;
      if (customer == null) weeksDelinquent = 0;
      else weeksDelinquent =
customer.getHistory().getWeeksDelinquentInLastYear();
```

In diesen Situationen kann ich viele Clients von `Site` und `Customer` haben, die alle auf null prüfen müssen und die alle das Gleiche tun, wenn sie auf einen Null-Wert treffen. Das hört sich an, als wenn es Zeit für das Null-Objekt wäre.

Im ersten Schritt wird eine Null-Kundenklasse erstellt und die Klasse `Customer` durch eine Abfrage für den Test auf null ergänzt:

```
class NullCustomer extends Customer {
  public boolean isNull() {
      return true;
  }
}
class Customer...
  public boolean isNull() {
      return false;
  }

  protected Customer() {} //needed by the NullCustomer
```

Wenn Sie nicht in der Lage sind, die Klasse `Customer` zu verändern, können Sie eine testende Schnittstelle verwenden (siehe Seite 271).

Wenn Sie möchten, können Sie die Verwendung eines Null-Objekts mit Hilfe einer Schnittstelle anzeigen:

```
interface Nullable {
  boolean isNull();
}

class Customer implements Nullable
```

Ich möchte eine Fabrikmethode ergänzen, um Null-Kunden zu erzeugen. So müssen Clients nichts über die Null-Klasse wissen:

```
class Customer...
  static Customer newNull() {
      return new NullCustomer();
  }
```

Nun kommt der schwierige Teil dieser Refaktorisierung. Ich muss nun überall dieses neue Null-Objekt zurückgeben, wenn ich eine Null erwarte, und muss alle Prüfungen der Form `foo == null` durch Prüfungen der Form `foo.isNull` ersetzen. Ich habe festgestellt, dass es praktisch ist, alle Stellen zu suchen, an denen ich nach einem Kunden frage, und sie so zu modifizieren, dass sie `NullCustomer` statt `null` liefern.

```
class Site...
  Customer getCustomer() {
      return (_customer == null) ?
      Customer.newNull():
      _customer;
  }
```

Ich muss auch alle Verwendungen dieses Wertes ändern, so dass sie `isNull()`statt `== null` verwenden.

```
      Customer customer = site.getCustomer();
      BillingPlan plan;
      if (customer.isNull()) plan = BillingPlan.basic();
      else plan = customer.getPlan();
...
      String customerName;
      if (customer.isNull()) customerName = "occupant";
      else customerName = customer.getName();
...
      int weeksDelinquent;
      if (customer.isNull()) weeksDelinquent = 0;
      else weeksDelinquent =
customer.getHistory().getWeeksDelinquentInLastYear();
```

Dies ist zweifellos der schwierigste Teil dieser Refaktorisierung. Für jeden Ursprung einer Null, die ich ersetze, muss ich alle Stellen suchen, an denen auf `null` geprüft wird, und diese ersetzen. Wird das Objekt oft herumgereicht, so kann das schwer zu verfolgen sein. Ich muss jede Variable vom Typ `Customer` suchen und herausfinden, wo sie überall benutzt wird. Es ist schwer, diesen Prozess in kleinere

Schritte zu zerlegen. Manchmal finde ich eine Variable, die nur an wenigen Stellen verwendet wird, und brauche die Variable nur an diesen zu ersetzen. Meistens muss ich aber weit verteilte Änderungen vornehmen. Diese Änderungen sind nicht allzu schwer zurückzunehmen, denn ich kann die Aufrufe von `isNull()` ohne große Schwierigkeiten finden, aber es ist immer noch ein mühseliger Schritt.

Wenn ich diesen Schritt erledigt, umgewandelt und getestet habe, kann ich mich freuen. Nun beginnt der Spaß. So wie die Dinge jetzt stehen, gewinne ich noch nichts durch die Verwendung von `isNull` anstelle von `== null`. Der Vorteil tritt erst ein, wenn ich Verhalten in den Null-Kunden verschiebe und bedingte Ausdrücke entferne. Von diesen Schritten kann ich jeweils einen machen. Ich beginne mit dem Namen. Zur Zeit habe ich Code wie diesen:

```
String customerName;
if (customer.isNull()) customerName = "occupant";
else customerName = customer.getName();
```

Ich füge eine geeignet benannte Methode in die Klasse `NullCustomer` ein:

```
class NullCustomer...
  public String getName(){
      return "occupant";
  }
```

Nun kann ich die Bedingungen verschwinden lassen:

```
String customerName = customer.getName();
```

Ich kann das mit jeder Methode machen, in der es eine sinnvolle allgemeine Antwort auf dic Abfrage gibt. Ich kann auch für ändernde Methoden geeignete Aktionen machen. So kann Client-Code wie

```
if (! customer.isNull())
    customer.setPlan(BillingPlan.special());
```

ersetzt werden durch:

```
customer.setPlan(BillingPlan.special());

class NullCustomer...
  public void setPlan (BillingPlan arg) {}
```

Denken Sie daran, dass das Verschieben von Verhalten nur dann sinnvoll ist, wenn die meisten Clients die gleiche Reaktion wollen. Beachten Sie, dass ich *die meisten* sage, nicht *alle*. Jeder Client, der eine andere als die Standardantwort benötigt, kann weiterhin mit `isNull` prüfen. Sie profitieren, wenn viele Clients das Gleiche machen; diese können sich dann auf das voreingestellte Null-Verhalten stützen.

Das Beispiel enthält einen etwas anderen Fall – Client-Code, der das Ergebnis des Aufrufs einer Methode der Klasse `Customer` verwendet:

```
      if (customer.isNull()) weeksDelinquent = 0;
      else weeksDelinquent =
customer.getHistory().getWeeksDelinquentInLastYear();
```

Ich kann dies behandeln, indem ich eine `NullPaymentHistory` erstelle:

```
class NullPaymentHistory extends PaymentHistory...
  int getWeeksDelinquentInLastYear() {
      return 0;
  }
```

Ich modifiziere den Null-Kunden so, dass er die `NullPaymentHistory` zurückliefert:

```
class NullCustomer...
  public PaymentHistory getHistory() {
      return PaymentHistory.newNull();
  }
```

Wieder kann ich den bedingten Code entfernen:

```
  int weeksDelinquent = customer.getHistory().getWeeksDelinquentInLastYear();
```

Sie werden feststellen, das Null-Objekte oft andere Null-Objekte zurückliefern.

9.7.4 Beispiel: Eine testende Schnittstelle

Eine testende Schnittstelle ist eine Alternative zur Definition der `isNull`-Methode. Bei diesem Ansatz erstelle ich eine `Null`-Schnittstelle ohne Methoden.

```
interface Null {}
```

Ich implementiere dann `Null` in meinen Null-Objekten:

```
class NullCustomer extends Customer implements Null...
```

Ich prüfe dann auf null mittels des `instanceOf`-Operators:

```
aCustomer instanceof Null
```

Üblicherweise laufe ich schreiend vor dem `instanceOf`-Operator weg, aber in diesen Fall ist es in Ordnung, ihn zu verwenden. Es hat den besonderen Vorteil, dass ich die Klasse `Customer` nicht ändern muss. Dies ermöglicht es mir, das Null-Objekt auch zu verwenden, wenn ich keinen Zugriff auf den Sourcecode der Klasse `Customer` habe.

9.7.5 Andere Sonderfälle

Wenn Sie diese Refaktorisierung durchführen, können Sie verschiedene Arten von null haben. Oft ist es ein Unterschied, ob es keinen Kunden gibt (in ein neues Gebäude ist noch niemand eingezogen) oder ob der Kunde unbekannt ist (wir meinen, es wohnt jemand dort, aber wir wissen nicht, wer es ist). In diesem Fall können Sie verschiedene Klassen mit unterschiedlichen Arten von Null-Objekten erstellen. Manche Null-Objekte können tatsächlich Daten haben, wie etwa Verbrauchssätze für den unbekannten Kunden, so dass wir diese dem Kunden in Rechnung stellen können, wenn wir herausgefunden haben, wer er ist.

Im Wesentlichen handelt es sich hier ein größeres Muster, Spezialfall genannt. Eine Spezialfall-Klasse ist eine besondere Instanz einer Klasse mit einem speziellen Verhalten. So würden `UnknownCustomer` und `NoCustomer` beides Spezialfälle von `Customer` sein. Sie finden Spezialfälle oft bei Zahlen. Fließkommazahlen haben in Java Spezialfälle für positiv und negativ unendlich und für keine Zahl (Not a Number, NaN). Der Nutzen dieser Spezialfälle liegt darin, dass sie den Umgang mit Fehlern erleichtern. Fließkommaoperationen lösen keine Ausnahmen aus. Eine Operation mit einer NaN liefert wieder eine NaN, so wie Zugriffsmethoden auf Null-Objekten meist andere Null-Objekte liefern.

9.8 Zusicherung einführen

Ein Codeabschnitt macht Annahmen über den Zustand des Programms.

Drücken Sie die Annahme explizit durch eine Zusicherung aus.

```
double getExpenseLimit() {
    // should have either expense limit or a primary project
    return (_expenseLimit != NULL_EXPENSE) ?
        _expenseLimit:
        _primaryProject.getMemberExpenseLimit();
}
```

⇓

```
double getExpenseLimit() {
    Assert.isTrue (_expenseLimit != NULL_EXPENSE || _primaryProject !=
null);
    return (_expenseLimit != NULL_EXPENSE) ?
        _expenseLimit:
        _primaryProject.getMemberExpenseLimit();
}
```

9.8.1 Motivation

Oft funktionieren Codeteile nur dann korrekt, wenn bestimmte Voraussetzungen erfüllt sind. Das kann so einfach sein, wie die Berechnung einer Quadratwurzel, die nur funktioniert, wenn sie einen positiven Eingabewert erhält. Bei einem Objekt können Sie annehmen, dass zumindest eine Gruppe von Feldern Werte enthält.

Derartige Annahmen werden oft nicht formuliert, und Sie können sie nur entdecken, wenn Sie den jeweiligen Algorithmus untersuchen. Es ist eine bessere Technik, diese Annahmen explizit in einer Zusicherung (assertion) festzuhalten.

Eine Zusicherung ist ein bedingter Ausdruck, von dem angenommen wird, dass er immer wahr ist. Das Fehlschlagen einer Zusicherung weist auf einen Programmierfehler hin. Daher sollten Zusicherungen im Fehlerfall immer eine nicht überwachte Ausnahme auslösen. Zusicherungen sollten nie von anderen Teilen des Systems verwendet werden. Tatsächlich werden Zusicherungen üblicherweise aus Produktionssystemen entfernt. Es ist deshalb wichtig, extra darauf hinzuweisen, dass etwas eine Zusicherung ist.

Zusicherungen agieren als Mittel der Kommunikation und der Fehlersuche. Als Kommunikationsmittel helfen sie dem Leser zu verstehen, welche Annahmen der Code macht. Bei der Fehlersuche können Zusicherungen helfen, Fehler näher an ihrem Entstehungsort zu entdecken. Ich habe bemerkt, dass die Hilfe bei der Fehlersuche weniger wichtig ist, wenn ich selbst testenden Code schreibe, aber ich schätze weiterhin die Unterstützung von Zusicherungen als Kommunikationsmittel.

9.8.2 Vorgehen

Da Zusicherungen ein laufendes System nicht beeinflussen sollten, erhält das Hinzufügen einer Zusicherung immer das Verhalten.

- Wenn Sie erkennen, dass eine Annahme gemacht wird, fügen Sie eine Zusicherung ein, die dies formuliert.

  ⇛ *Entwickeln Sie eine Klasse Zusicherung, die Sie für Verhalten von Zusicherungen verwenden.*

Vermeiden Sie es, Zusicherungen zu oft zu verwenden. Verwenden Sie Zusicherungen nicht, um alles zu prüfen, von dem Sie denken, es sei für dieses Codestück wahr. Verwenden Sie Zusicherungen nur, um Dinge zu überprüfen, die wahr sein *müssen*. Die übermäßige Verwendung von Zusicherungen kann zu redundanter Logik führen, die mühselig zu warten ist. Logik, die eine Zusicherung überdeckt, ist gut, denn sie zwingt Sie, den Abschnitt Ihres Codes nochmals zu durchdenken. Wenn der Code aber auch ohne die Zusicherung funktioniert, ist diese eher verwirrend als hilfreich und kann zukünftige Änderungen behindern.

Fragen Sie sich immer, ob der Code auch dann funktioniert, wenn die Zusicherung fehlschlägt. Wenn der Code funktioniert, können Sie die Zusicherung entfernen.

Achten Sie auf redundanten Code in Zusicherungen. Redundanter Code riecht in Zusicherungen genauso wie irgendwo anders. Verwenden Sie *Methode extrahieren (106)* freizügig, um solche Redundanzen loszuwerden.

9.8.3 Beispiel

Hier folgt ein einfaches Märchen über Spesenlimits. Mitarbeiter können ein individuelles Spesenlimit haben. Sind sie einem bestimmten Projekt primär zugeordnet, können sie das Spesenlimit dieses Projekts nutzen. Sie müssen kein individuelles Spesenlimit oder primäres Projekt haben, aber sie müssen das eine oder das andere haben. Diese Voraussetzung wird in dem folgenden Code, der Spesenlimits verwendet, als gegeben unterstellt:

```
class Employee...
  private static final double NULL_EXPENSE = -1.0;
  private double _expenseLimit = NULL_EXPENSE;
  private Project _primaryProject;

  double getExpenseLimit() {
      return (_expenseLimit != NULL_EXPENSE) ?
          _expenseLimit:
          _primaryProject.getMemberExpenseLimit();
  }

  boolean withinLimit (double expenseAmount) {
      return (expenseAmount <= getExpenseLimit());
  }
```

Dieser Code enthält die implizite Annahme, dass ein Mitarbeiter entweder ein Projekt oder ein individuelles Spesenlimit hat. Eine solche Zusicherung sollte klar im Code zum Audruck gebracht werden:

```
  double getExpenseLimit() {
      Assert.isTrue (_expenseLimit != NULL_EXPENSE || _primaryProject != null);
      return (_expenseLimit != NULL_EXPENSE) ?
          _expenseLimit:
          _primaryProject.getMemberExpenseLimit();
  }
```

Diese Zusicherung beeinflusst in keiner Weise das Verhalten des Programms. Ist die Bedingung nicht erfüllt, so bekomme ich eine Laufzeit-Ausnahme: entweder eine Nullzeiger-Ausnahme in `withinLimit` oder eine Laufzeit-Ausnahme in `Assert.isTrue`. Unter manchen Umständen hilft die Zusicherung einen Fehler zu finden, da sie näher an dem Punkt liegt, wo die Dinge schief gegangen sind. In den meisten Fällen hilft die Zusicherung aber zu vermitteln, wie der Code arbeitet und was er als Voraussetzungen unterstellt.

Ich stelle oft fest, dass ich *Methode extrahieren (106)* auf den bedingten Ausdruck innerhalb einer Zusicherung anwende. Ich kann sie dann entweder an verschiedenen Stellen einsetzen und redundanten Code eliminieren oder sie einfach einsetzen, um die Absicht der Bedingung klar herauszuarbeiten.

Eine der Komplikationen mit Zusicherungen in Java ist, dass es keinen einfachen Mechanismus gibt, um sie einzubauen. Zusicherungen sollten leicht wieder entfernt werden können, damit sie keine Auswirkungen auf die Produktion haben. Eine Utility-Klasse wie `Assert` zu haben, hilft sicherlich. Leider wird aber jeder Ausdruck in den Zusicherungsparametern in jedem Fall ausgeführt. Die einzige Möglichkeit, dies zu unterbinden, ist Code wie dieser:

```
double getExpenseLimit() {
    Assert.isTrue (Assert.ON &&
        (_expenseLimit != NULL_EXPENSE || _primaryProject != null));
   return (_expenseLimit != NULL_EXPENSE) ?
       _expenseLimit:
       _primaryProject.getMemberExpenseLimit();
}
```

oder:

```
double getExpenseLimit() {
    if (Assert.ON)
        Assert.isTrue (_expenseLimit != NULL_EXPENSE || _primaryProject !=
null);
    return (_expenseLimit != NULL_EXPENSE) ?
        _expenseLimit:
        _primaryProject.getMemberExpenseLimit();
}
```

Wenn `Assert.On` konstant ist, sollte der Compiler den toten Code entdecken und ihn eliminieren, wenn die Bedingung nie erfüllt ist. Diese Klausel hinzuzufügen ist aber mühselig, so dass viele Programmierer dies unterlassen, die einfachere Anwendung von `Assert` vorziehen und dann einen Filter verwenden, der alle Zeilen mit Zusicherungen beim Übernehmen in die Produktion entfernt (mittels Perl oder Ähnlichem).

Die Klasse `Assert` sollte verschiedene Methoden haben, die sinnvoll benannt sind. Zusätzlich zu `isTrue` können Sie `equals` und `shouldneverReachHere` haben.

10 Methodenaufrufe vereinfachen

Bei Objekten dreht sich alles um die Schnittstelle. Schnittstellen zu schaffen, die leicht zu verstehen und zu benutzen sind, ist eine Schlüsselqualifikation, um gute objektorientierte Software zu entwickeln. Dieses Kapitel beschreibt Refaktorisierungen, die Schnittstellen vereinfachen.

Oft ist die einfachste und wichtigste Sache, die Sie tun können, den Namen einer Methode zu ändern. Namensgebung ist ein entscheidendes Mittel der Kommunikation. Wenn Sie verstanden haben, was ein Programm macht, sollten Sie sich nicht scheuen, *Methode umbenenen (279)* einzusetzen, um dieses Wissen weiterzugeben. Sie können (und sollten) auch Variablen und Klassen umbenennen. Insgesamt sind diese Umbenennungen ziemlich einfache Textersetzungen, so dass ich keine besonderen Refaktorisierungen für sie aufgenommen habe.

Parameter spielen eine wichtige Rolle in Schnittstellen. *Parameter ergänzen (281)* und *Parameter entfernen (283)* sind gängige Refaktorisierungen. Programmierer, für die Objekte noch neu sind, verwenden oft lange Parameterlisten, wie sie für andere Entwicklungsumgebungen typisch sind. Objekte ermöglichen es Ihnen, Parameterlisten kurz zu halten, und verschiedene, komplexere Refaktorisierungen ermöglichen es Ihnen, sie weiter zu verkürzen. Wenn Sie mehrere Felder eines Objekts übergeben, setzen Sie *Ganzes Objekt übergeben (295)* ein, um alle diese Werte auf ein einziges Objekt zu reduzieren. Existiert dieses Objekt nicht, so können Sie mit *Parameterobjekt einführen (303)* eins erstellen. Wenn Sie die Daten von einem Objekt bekommen können, zu dem die Methode bereits Zugang hat, können Sie Parameter mittels *Parameter durch Methode ersetzen (299)* eliminieren. Wenn Sie Parameter haben, die benutzt werden, um bedingtes Verhalten zu steuern, so können Sie *Parameter durch explizite Methode ersetzen (292)* verwenden. Sie können verschiedene ähnliche Methoden kombinieren, indem Sie mittels *Methode parametrisieren (289)* einen weiteren Parameter einfügen.

Doug Lea wies mich auf Gefahren von Refaktorisierungen hin, die Parameterlisten verkürzen. Bei der nebenläufigen Programmierung werden oft lange Parameterlisten verwendet. Dies passiert typischerweise so, dass unveränderbare Parameter übergeben werden können, wie es eingebaute Variablen oder Wert-Objekte oft sind. Meistens können Sie lange Parameterlisten durch unveränderbare Objekte ersetzen, aber ansonsten müssen Sie bei dieser Gruppe von Refaktorisierungen vorsichtig sein.

Eine der nützlichsten Konventionen, die ich seit vielen Jahren eingesetzt habe, ist es, klar zwischen Methoden, die den Zustand ändern (Änderungen), und solchen, die den Zustand abfragen (Abfragen), zu unterscheiden. Ich weiß nicht, wie viele Male ich in Schwierigkeiten geraten bin oder andere in Schwierigkeiten kommen sah, wenn dies vermischt wird. Immer, wenn ich diese Aspekte kombiniert sehe, verwende ich *Abfrage von Änderung trennen (285)*, um sie zu entkoppeln.

Gute Schnittstellen zeigen nur, was sie müssen und nicht mehr. Sie können eine Schnittstelle durch das Verbergen einiger Dinge verbessern. Natürlich sollten alle Daten verborgen sein (ich hoffe, ich brauche Ihnen das nicht zu erzählen), aber auch alle Methoden, die verborgen werden können, sollten Sie auch verbergen. Beim Refaktorisieren müssen Sie oft für eine Weile Dinge sichtbar machen und sie später mittels *Methode verbergen (312)* und *set-Methode entfernen (308)* wieder verbergen.

Konstruktoren sind ein besonders störendes Element von Java und C++, denn sie zwingen Sie, die Klasse eines Objekts zu kennen, das sie erzeugen. Oft muss man das gar nicht wissen. Die Notwendigkeit, dies zu wissen, besteht nicht mehr, wenn Sie *Konstruktor durch Fabrikmethode ersetzen (313)* anwenden.

Die Typkonvertierung (casting) ist ein anderer Fluch im Leben des Java-Programmierers. Versuchen Sie so gut wie möglich zu vermeiden, dass die Anwender einer Klasse einen Downcast machen, wenn Sie ihn woanders unterbringen können, indem Sie *Downcast kapseln (317)* verwenden.

Java hat wie viele moderne Programmiersprachen einen Mechanismus zur Behandlung von Ausnahmen, um die Fehlerbehandlung zu erleichtern. Programmierer, die das nicht gewohnt sind, verwenden oft Fehlercodes, um anzuzeigen, dass es ein Problem gibt. Sie können *Fehlercode durch Ausnahme ersetzen (319)* verwenden, um die neuen Möglichkeiten der Ausnahmebehandlung zu nutzen. Manchmal sind Ausnahmen aber auch nicht die richtige Antwort; Sie sollten es zuerst mit *Ausnahme durch Bedingung ersetzen (325)* versuchen.

10.1 Methode umbenennen

Der Name einer Methode lässt ihre Aufgabe nicht erkennen.

Ändern Sie den Namen der Methode.

10.1.1 Motivation

Ein wichtiger Teil des Programmierstils, den ich empfehle, sind kleine Methoden, um komplexe Prozesse zu faktorisieren. Wenn das schlecht gemacht wird, kann es ein ganz schöner Tanz werden, herauszufinden, was die vielen kleinen Methoden machen. Um diesen Tanz zu vermeiden, müssen Sie vor allem auf die Benennung der Methoden Acht geben. Methoden sollten so benannt werden, dass ihre Intention klar erkennbar ist. Ein guter Weg dorthin ist es, sich zu überlegen, wie der Kommentar für die Methode lauten könnte, und daraus den Namen der Methode abzuleiten.

Wie das Leben so spielt, werden Sie die Namen nicht gleich beim ersten Versuch richtig wählen. In dieser Situation könnten Sie versucht sein, ihn so zu lassen – schließlich ist es nur ein Name. Das ist das Werk des bösen Dämonen *Obfuskatus* [1]; hören Sie nicht auf ihn. Sehen Sie eine schlecht benannte Methode, so müssen Sie sie umbenennen. Denken Sie daran, dass der Code zuerst für den Menschen und erst in zweiter Linie für den Rechner da ist. Menschen brauchen gute Namen. Merken Sie es sich, wenn Sie eine Ewigkeit versucht haben, etwas zu tun, das einfacher gewesen wäre, wenn einige Methoden besser benannt worden wären. Gute Namen zu finden ist eine Fähigkeit, die Erfahrung erfordert; diese Fähigkeit zu verbessern ist der Schlüssel dazu, ein wirklich fähiger Programmierer zu werden. Das Gleiche gilt für andere Aspekte der Signatur. Wenn eine Umordnung der Parameter die Sache klarer macht, tun Sie es (siehe *Parameter ergänzen (281)* und *Parameter entfernen (283)*).

1. Anm. d. Ü.: Dämon der Dunkelheit, des Vergessens usw.

10.1.2 Vorgehen

- Prüfen Sie, ob eine Methode mit dieser Signatur in einer Ober- oder Unterklasse implementiert wird. Falls ja, führen Sie diese Schritte für jede Implementierung durch.
- Deklarieren Sie eine neue Methode mit dem neuen Namen. Kopieren Sie den Rumpf des Codes in die neue Methode und nehmen Sie etwaige, notwendige Anpassungen vor.
- Wandeln Sie um.
- Rufen Sie im Rumpf der alten Methode die neue Methode auf.

  ⇛ *Wenn Sie nur wenige Referenzen der Methode haben, können Sie diesen Schritt auslassen.*
- Wandeln Sie um und testen Sie.
- Suchen Sie alle Referenzen der alten Methode, und lassen Sie sie die neue Methode verwenden. Wandeln Sie nach jeder Änderung um und testen Sie.
- Entfernen Sie die alte Methode.

  ⇛ *Wenn die alte Methode Teil der Schnittstelle ist und Sie sie nicht entfernen können, lassen Sie sie dort und markieren sie als veraltet.*
- Wandeln Sie um und testen Sie.

10.1.3 Beispiel

Ich habe eine get-Methode für die Telefonnummer einer Person:

```
public String getTelephoneNumber() {
    return ("(" + _officeAreaCode + ") " + _officeNumber);
}
```

Ich möchte die Methode in `getOfficeTelephoneNumber` umbenennen. Ich beginne damit, eine neue Methode zu erstellen und den Rumpf hinüberzukopieren. Die alte Methode ändert sich nun in einen Aufruf der neuen:

```
class Person...
   public String getTelephoneNumber(){
      return getOfficeTelephoneNumber();
   }
```

```
public String getOfficeTelephoneNumber() {
   return ("(" + _officeAreaCode + ") " + _officeNumber);
}
```

Nun suche ich alle Clients der alten Methode und stelle sie auf den Aufruf der neuen um. Wenn ich alle umgestellt habe, kann ich die alte Methode entfernen.

Die Prozedur ist die Gleiche, wenn ich einen Parameter hinzufüge oder entferne.

Wenn es nicht viele Aufrufe der Methode gibt, ändere ich die Aufrufe, ohne die alte Methode als delegierende Methode zu verwenden. Wenn meine Tests ins Wanken kommen, mache ich alles rückgängig und führe die Änderungen Schritt für Schritt durch.

10.2 Parameter ergänzen

Eine Methode benötigt mehr Informationen von ihrem Aufrufer.

Ergänzen Sie einen Parameter für ein Objekt, das diese Informationen liefern kann.

10.2.1 Motivation

Parameter ergänzen ist eine sehr gebräuchliche Refaktorisierung, die Sie sicher bereits durchgeführt haben. Die Motivation ist einfach. Sie müssen eine Methode ändern, und diese Änderung erfordert Informationen, die vorher nicht übergeben wurden, also ergänzen Sie einen Parameter.

Tatsächlich spricht das meiste, was ich hier zu sagen habe, dagegen, diese Refaktorisierung durchzuführen. Oft haben Sie andere Alternativen, als einen Parameter zu ergänzen. Wenn sie zur Verfügung stehen, sind diese Alternativen besser, denn sie führen zu keiner Verlängerung der Parameterliste. Lange Parameterlisten riechen, weil sie schwer zu behalten sind und oft Datenhaufen enthalten.

Sehen Sie sich die vorhandenen Parameter an. Kann Ihnen eines dieser Objekte die Informationen liefern, die Sie benötigen? Wenn nicht, ist es sinnvoll, den Objekten eine Methode zu geben, mit der sie diese Informationen beschaffen können? Wofür benötigen Sie die Information? Sollte dieses Verhalten sich in einem anderen Objekt befinden, das die Informationen hat? Betrachten Sie die vorhandenen Parameter im Zusammenhang mit dem neuen Parameter. Vielleicht sollten Sie *Parameterobjekt einführen (303)* in Erwägung ziehen.

Ich sage nicht, dass Sie niemals Parameter hinzufügen sollten; ich mache das häufig, aber Sie müssen auch die Alternativen im Auge behalten.

10.2.2 Vorgehen

Das Vorgehen bei *Parameter ergänzen (281)* ist dem bei *Methode umbenennen (279)* sehr ähnlich.

- Prüfen Sie, ob eine Methode mit dieser Signatur von einer Ober- oder Unterklasse implementiert wird. Wenn ja, führen Sie diese Schritte für jede Implementierung durch.
- Deklarieren Sie eine Methode mit dem zusätzlichen Parameter. Kopieren Sie den Rumpf der alten Methode in die neue hinüber.

  Wenn Sie mehrere Parameter hinzufügen müssen, so ist es einfacher, alle auf einmal hinzuzufügen.
- Wandeln Sie um.
- Rufen Sie im Rumpf der alten Methode die neue Methode auf.

  Wenn Sie nur wenige Referenzen haben, können Sie diesen Schritt überspringen.

  Sie können irgendeinen Wert für den neuen Parameter übergeben, aber üblicherweise verwenden Sie null für Objekte und offensichtlich unsinnige Werte für eingebaute Datentypen. Oft ist es eine gute Idee, etwas anderes als 0 für Zahlen zu nehmen, so dass man diese Fälle leicht erkennen kann.
- Wandeln Sie um und testen Sie.
- Suchen Sie alle Referenzen der alten Methode und lassen Sie sie die neue verwenden. Wandeln Sie nach jeder Änderung um und testen Sie.
- Entfernen Sie die alte Methode.

  Wenn die alte Methode Teil der Schnittstelle ist und Sie sie nicht entfernen können, lassen Sie sie dort und markieren sie als veraltet.
- Wandeln Sie um und testen Sie.

10.3 Parameter entfernen

Ein Parameter wird im Rumpf einer Methode nicht mehr verwendet.

Entfernen Sie ihn.

10.3.1 Motivation

Programmierer fügen oft Parameter hinzu, scheuen sich aber, sie zu entfernen. Schließlich macht ein überflüssiger Parameter keine Probleme, und vielleicht können Sie ihn später noch brauchen.

Hier spricht wieder der Dämon Obfuskatus; treiben Sie ihn aus Ihrer Seele aus! Ein Parameter zeigt, dass Informationen benötigt werden; unterschiedliche Werte machen einen Unterschied. Ihr Aufrufer muss sich darum kümmern, welche Werte er übergibt. Indem Sie den Parameter nicht entfernen, machen Sie jedem, der die Methode verwendet, zusätzliche Arbeit. Das ist kein guter Tausch, besonders weil *Parameter entfernen* eine einfache Refaktorisierung ist.

Auf polymorphe Methoden müssen Sie hier besonders achten. In einem solchen Fall können Sie sehr wohl feststellen, dass andere Implementierungen den Parameter benötigen. In diesem Fall sollten Sie den Parameter nicht entfernen. Sie können sich entscheiden, eine zusätzliche Methode zu schaffen, die in diesen Fällen benutzt werden kann, aber Sie müssen untersuchen, wie Ihre Clients die Methode verwenden, um festzustellen, ob sich das lohnt. Vielleicht wissen einige Clients bereits, dass Sie es mit einer bestimmten Unterklasse zu tun haben und haben zusätzliche Arbeit, den Parameter zu füllen. Andere kennen die Klassenhierarchie und wissen daher, dass Sie Null übergeben können. In diesen Fällen fügen Sie eine zusätzliche Methode ohne den Parameter ein. Wenn sie nicht wissen müssen, welche Klasse die Methode hat, so sollten die Clients in wohltuender Unwissenheit belassen werden.

10.3.2 Vorgehen

Das Vorgehen bei *Parameter entfernen (283)* ähnelt sehr dem bei *Methode umbenennen (279)* und *Parameter ergänzen (281)*.

- Prüfen Sie, ob eine Methode mit dieser Signatur von einer Ober- oder Unterklasse implementiert wird. Prüfen Sie, ob die Ober- oder die Unterklasse den Parameter benötigt. Wenn ja, führen Sie diese Refaktorisierung nicht durch.
- Deklarieren Sie eine Methode mit dem zusätzlichen Parameter. Kopieren Sie den Rumpf der alten Methode in die neue hinüber.

  ⇛ *Wenn Sie mehrere Parameter entfernen müssen, so ist es einfacher, alle auf einmal zu entfernen.*
- Wandeln Sie um.
- Rufen Sie im Rumpf der alten Methode die neue Methode auf.

  ⇛ *Wenn Sie nur wenige Referenzen haben, können Sie diesen Schritt überspringen.*
- Wandeln Sie um und testen Sie.
- Suchen Sie alle Referenzen der alten Methode, und lassen Sie sie die neue verwenden. Wandeln Sie nach jeder Änderung um und testen Sie.
- Entfernen Sie die alte Methode.

  ⇛ *Wenn die alte Methode Teil der Schnittstelle ist und Sie sie nicht entfernen können, lassen Sie sie dort und markieren sie als veraltet.*
- Wandeln Sie um und testen Sie.

Da ich mit dem Ergänzen und Entfernen von Parametern ergänzen und entfernen recht gut vertraut bin, erledige ich oft einen ganzen Schwung in einem Durchgang.

10.4 Abfrage von Veränderung trennen

Sie haben eine Methode, die einen Wert zurückliefert, aber auch den Zustand des Objekts ändert.

Erstellen Sie zwei Methoden, eine für die Abfrage und eine für die Änderung.

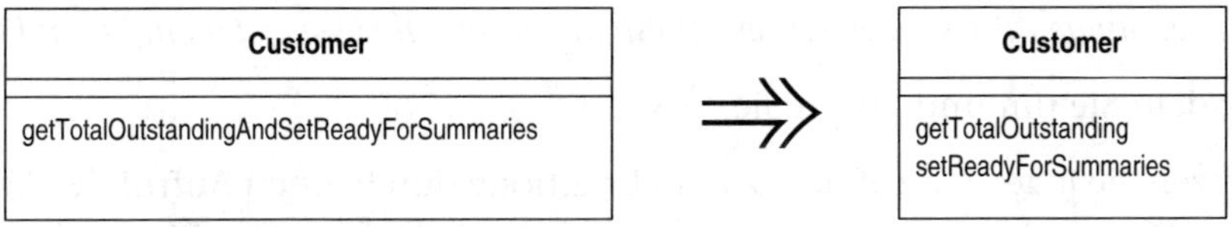

10.4.1 Motivation

Eine Funktion, die Ihnen einen Wert liefert und keine erkennbaren Seiteneffekte hat, ist eine sehr nützliche Sache. Sie können diese Funktion so oft aufrufen, wie Sie wollen. Sie können den Aufruf an andere Stellen der Methode verschieben. Kurz gesagt, Sie haben sehr viel weniger, worüber Sie sich Sorgen machen müssen.

Der Unterschied zwischen Methoden mit Seiteneffekten und solchen ohne sollte klar zu erkennen sein. Eine gute Regel ist, dass eine Methode, die einen Wert zurückliefert, keine erkennbaren Seiteneffekte haben sollte. Einige Programmierer behandeln dies als eine unbedingt einzuhaltende Regel [Meyer]. Ich halte mich nicht hundertprozentig daran (wie bei allen Dingen), aber ich versuche meistens, dieser Regel zu folgen, und bin gut damit gefahren.

Begegnet Ihnen eine Methode, die einen Wert zurückliefert, aber auch Seiteneffekte hat, so sollten Sie versuchen, die Abfrage von der Änderung zu trennen.

Beachten Sie die Formulierung *erkennbare* Seiteneffekte. Eine gebräuchliche Form der Optimierung besteht darin, das Ergebnis einer Abfrage in einem Feld zwischenzuspeichern, damit wiederholte Aufrufe schneller sind. Obwohl dies den Zustand des Objekts mit dem Puffer ändert, ist die Änderung nicht erkennbar. Jede Folge von Abfragen wird die gleichen Ergebnisse für jede Abfrage liefern [Meyer].

10.4.2 Vorgehen

- Erstellen Sie eine Abfrage, die den gleichen Wert zurückliefert, wie die Originalmethode.

  ⇛ *Suchen Sie in der Originalmethode, was sie zurückliefert. Wenn der Rückgabewert eine temporäre Variable ist, suchen Sie deren Zuweisung.*

- Modifizieren Sie die Originalmethode so, dass sie das Ergebnis eines Aufrufs der Abfrage zurückliefert.

  ⇛ *Jede Rückgabe der Originalmethode sollte* `return newQuery()` *lauten, statt irgendetwas anderes zu liefern.*

  ⇛ *Wenn die Methode eine temporäre Variable mit einer einzigen Zuweisung verwendete, um den Rückgabewert festzuhalten, so sollten Sie sie jetzt entfernen können.*

- Wandeln Sie um und testen Sie.
- Ersetzen Sie jeden Aufruf der Originalmethode durch einen Aufruf der Abfrage. Fügen Sie vor der Zeile mit der Abfrage einen Aufruf der Originalmethode ein. Wandeln Sie nach jeder Änderung eines Aufrufs um und testen Sie.
- Deklarieren Sie den Rückgabewert der Originalmethode als `void`, und entfernen Sie die `return`-Ausdrücke.

10.4.3 Beispiel

Hier ist eine Funktion, die mir für ein Sicherheitssystem den Namen eines Missetäters (Miscreant) liefert und einen Alarm auslöst. Die Regel lautet, dass nur ein Alarm ausgelöst wird, auch wenn es sich um mehr als einen Missetäter handelt:

```
String foundMiscreant(String[] people){
    for (int i = 0; i < people.length; i++) {
        if (people[i].equals ("Don")){
           sendAlert();
           return "Don";
        }
        if (people[i].equals ("John")){
           sendAlert();
           return "John";
        }
    }
    return "";
}
```

Sie wird aufgerufen von:

```
void checkSecurity(String[] people) {
    String found = foundMiscreant(people);
    someLaterCode(found);
}
```

Um die Abfrage von der Änderung zu trennen, muss ich als Erstes eine geeignete Abfrage erstellen, die den gleichen Wert liefert wie die Änderung, dies aber ohne Seiteneffekte tut.

```
String foundPerson(String[] people){
    for (int i = 0; i < people.length; i++) {
        if (people[i].equals ("Don")){
            return "Don";
        }
        if (people[i].equals ("John")){
            return "John";
        }
    }
    return "";
}
```

Dann ersetze ich jeden `return`-Befehl in der Originalmethode, immer nur einen auf einmal, durch Aufrufe der neuen Abfrage. Ich teste nach jeder Ersetzung. Wenn ich fertig bin, sieht die Originalmethode wie folgt aus:

```
String foundMiscreant(String[] people){
    for (int i = 0; i < people.length; i++) {
        if (people[i].equals ("Don")){
            sendAlert();
            return foundPerson(people);

        }
        if (people[i].equals ("John")){
            sendAlert();
            return foundPerson(people);

        }
    }
    return foundPerson(people);
}
```

Nun ändere ich die aufrufende Methode so ab, dass sie zwei Aufrufe enthält: erst einen für die Änderung und dann einen für die Abfrage:

```
void checkSecurity(String[] people) {
    foundMiscreant(people);
    String found = foundPerson(people);
    someLaterCode(found);
}
```

Nachdem ich das für alle Aufrufe getan habe, kann ich die Änderung anpassen und den Rückgabewert als `void` deklarieren:

```
void foundMiscreant (String[] people){
    for (int i = 0; i < people.length; i++) {
        if (people[i].equals ("Don")){
            sendAlert();
            return;
        }
        if (people[i].equals ("John")){
            sendAlert();
            return;
        }
    }
}
```

Nun ist es besser, den Namen des Originals zu ändern:

```
void sendAlert (String[] people){
    for (int i = 0; i < people.length; i++) {
        if (people[i].equals ("Don")){
            sendAlert();
            return;
        }
        if (people[i].equals ("John")){
            sendAlert();
            return;
        }
    }
}
```

Natürlich haben wir in diesem Fall eine Menge Coderedundanz, da die Änderung den Rumpf der Abfrage verwendet, um ihre Arbeit zu erledigen. Ich kann nun aber *Algorithmus ersetzen (136)* auf die Änderung anwenden, um daraus einen Vorteil zu ziehen:

```
void sendAlert(String[] people){
    if (! foundPerson(people).equals(""))
        sendAlert();
}
```

10.4.4 Nebenläufigkeitsfragen

Wenn Sie in einem nebenläufigen System mit mehreren Threads arbeiten, so wissen Sie, dass es ein wichtiges Idiom ist, Test- und set-Methoden als eine einzige Aktion auszuführen. Widerspricht dies *Abfrage von Änderung trennen (285)*? Ich habe das Thema mit Doug Lea diskutiert, und daraus hat sich ergeben, dass sie sich nicht widersprechen, Sie aber einige zusätzliche Dinge tun müssen. Es ist weiterhin nützlich, getrennte Methoden für Abfragen und Änderungen zu haben. Sie müssen aber auch eine dritte Methode behalten, die beides macht. Die Abfrage- und-Änderungsmethode ruft die getrennten Abfrage- und Änderungsmethoden auf und ist synchronisiert. Sind die Abfrage und die Änderungsmethode nicht synchronisert, so können Sie ihre Sichtbarkeit auf Paket- oder Klassenebene einschränken. Auf diese Weise haben Sie eine sichere synchronisierte Methode in zwei einfach zu verstehende Methoden zerlegt. Die elementaren Methoden stehen nun für andere Verwendungen zu Verfügung.

10.5 Methode parametrisieren

Mehrere Methoden machen ähnliche Dinge, aber mit verschiedenen Werten im Rumpf der Methode.

Erstellen Sie eine Methode, die für die verschiedenen Werte Parameter verwendet.

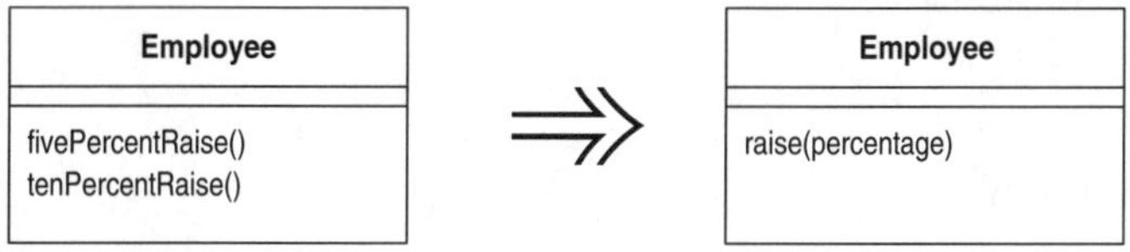

10.5.1 Motivation

Es kommt vor, dass Sie eine Reihe von Methoden sehen, die ähnliche Dinge tun, aber sich in einigen wenigen Werten unterscheiden. In diesem Fall können Sie die Verhältnisse vereinfachen, indem Sie die verschiedenen Methoden durch eine einzige Methode ersetzen, die die Unterschiede über Parameter berücksichtigt. Eine solche Änderung entfernt redundanten Code und erhöht die Flexibilität, denn nun können Sie andere Variationen durch zusätzliche Parameter berücksichtigen.

10.5.2 Vorgehen

- Erstellen Sie eine parametrisierte Methode, die anstelle jeder der wiederholten Methoden eingesetzt werden kann.
- Wandeln Sie um.
- Ersetzen Sie eine alte Methode durch einen Aufruf der neuen Methode.
- Wandeln Sie um und testen Sie.
- Wiederholen Sie dies für jede Methode; testen Sie nach jeder Methode.

Es kann sein, dass Sie dies nicht für die ganze Methode, sondern nur für Fragmente der Methode machen können. In diesem Fall extrahieren Sie dieses Fragment in eine Methode und parametrisieren diese Methode.

10.5.3 Beispiel

Im einfachsten Fall handelt es sich um Methoden, wie in den folgenden Zeilen:

```
class Employee {
  void tenPercentRaise () {
      salary *= 1.1;
}

  void fivePercentRaise () {
      salary *= 1.05;
}
```

Diese können durch

```
  void raise (double factor) {
      salary *= (1 + factor);
  }
```

ersetzt werden.

Das ist natürlich so einfach, dass jeder es erkennt.

Weniger offensichtlich ist folgender Fall:

```
  protected Dollars baseCharge() {
      double result = Math.min(lastUsage(),100) * 0.03;
      if (lastUsage() > 100) {
          result += (Math.min (lastUsage(),200) - 100) * 0.05;
      };
      if (lastUsage() > 200) {
```

```
        result += (lastUsage() - 200) * 0.07;
    };
    return new Dollars (result);
}
```

Hier kann die Methode durch

```
protected Dollars baseCharge() {
    double result = usageInRange(0, 100) * 0.03;
    result += usageInRange (100,200) * 0.05;
    result += usageInRange (200, Integer.MAX_VALUE) * 0.07;
    return new Dollars (result);
}

protected int usageInRange(int start, int end) {
    if (lastUsage() > start) return Math.min(lastUsage(),end) - start;
    else return 0;
}
```

ersetzt werden.

Die Kunst besteht darin, den Code zu entdecken, der deshalb redundant ist, weil er sich nur durch wenige Werte von anderem unterscheidet.

10.6 Parameter durch explizite Methoden ersetzen

Sie haben eine Methode, die in Abhängigkeit von einem Parameter vom Aufzählungstyp unterschiedlichen Code ausführt.

Erstellen Sie eine separate Methode für jeden Wert des Parameters.

```
void setValue (String name, int value) {
    if (name.equals("height"))
        _height = value;
    if (name.equals("width"))
        _width = value;
    Assert.shouldNeverReachHere();
}
```

⇓

```
void setHeight(int arg) {
    _height = arg;
}
void setWidth (int arg) {
    _width = arg;
}
```

10.6.1 Motivation

Parameter durch explizite Methoden ersetzen ist das Gegenteil von *Methode parametrisieren (289)*. Ersteres setzen Sie üblicherweise ein, wenn Sie verschiedene diskrete Werte eines Parameters haben, die Werte in einer Bedingung prüfen und verschiedene Dinge tun. Der Aufrufer entscheidet, was er tun will, indem er den Parameter setzt. Sie können ihm also genauso gut verschiedene Methoden zur Verfügung stellen und den bedingten Ausdruck vermeiden. Sie vermeiden nicht nur den bedingten Ausdruck, sondern Sie gewinnen Prüfungen zur Umwandlungszeit. Außerdem wird die Schnittstelle verständlicher. Mit dem Parameter muss ein Programmierer, der die Methode benötigt, nicht nur die Methoden der Klasse kennen, sondern auch einen gültigen Wert des Parameters ermitteln. Letzterer ist oft schlecht dokumentiert.

Die größere Klarheit der Schnittstelle kann nützlich sein, selbst wenn die Prüfung zur Laufzeit keinen Vorteil bringt. `Switch.beOn()` ist viel klarer als `Switch.setState(true)`, selbst wenn beide nur ein internes boolesches Feld setzen.

Sie sollten *Parameter durch explizite Methoden ersetzen (292)* nicht anwenden, wenn es wahrscheinlich ist, dass sich die Parameter häufig ändern. Wenn dies passiert und Sie nur ein Feld auf den Wert setzen, der im Parameter übergeben wird, verwenden Sie einfach eine set-Methode. Wenn Sie bedingtes Verhalten benötigen, brauchen Sie *Bedingten Ausdruck durch Polymorphismus ersetzen (259).*

10.6.2 Vorgehen

- Erstellen Sie eine explizite Methode für jeden Wert des Parameters.
- Rufen Sie für jeden Zweig des bedingten Ausdrucks die entsprechende neue Methode auf.
- Wandeln Sie um und testen Sie nach der Änderung jedes Zweiges.
- Ersetzen Sie jeden Aufruf der Ausgangsmethode durch einen Aufruf der entsprechenden neuen Methode.
- Wandeln Sie um und testen Sie.
- Entfernen Sie die Ausgangsmethode, wenn alle Aufrufer geändert sind.

10.6.3 Beispiel

Ich möchte eine Unterklasse von `Employee` auf der Basis eines übergebenen Parameters erstellen, wie er oft als Ergebnis von *Konstruktor durch Fabrikmethode ersetzen (313)* vorkommt:

```
static final int ENGINEER = 0;
static final int SALESMAN = 1;
static final int MANAGER = 2;

static Employee create(int type) {
    switch (type) {
        case ENGINEER:
           return new Engineer();
        case SALESMAN:
           return new Salesman();
        case MANAGER:
           return new Manager();
        default:
           throw new IllegalArgumentException("Incorrect type code value");
    }
}
```

Da dies eine Fabrikmethode ist, kann ich *Bedingten Ausdruck durch Polymorphismus ersetzen (259)* nicht verwenden, denn ich habe das Objekt noch nicht erzeugt. Ich er259warte nicht viel mehr neue Unterklassen, so dass eine explizite Schnittstelle sinnvoll ist. Zuerst erstelle ich die neuen Methoden:

```
static Employee createEngineer() {
    return new Engineer();
}
static Employee createSalesman() {
    return new Salesman();
}
static Employee createManager() {
    return new Manager();
}
```

Fall für Fall ersetze ich die `case`-Klauseln in dem `switch`-Befehl durch Aufrufe der expliziten Methoden:

```
static Employee create(int type) {
    switch (type) {
        case ENGINEER:
            return Employee.createEngineer();
        case SALESMAN:
            return new Salesman();
        case MANAGER:
            return new Manager();
        default:
            throw new IllegalArgumentException("Incorrect type code value");
    }
}
```

Ich wandle um und teste nach der Änderung jedes Zweigs, bis ich sie alle ersetzt habe:

```
static Employee create(int type) {
    switch (type) {
        case ENGINEER:
            return Employee.createEngineer();
        case SALESMAN:
            return Employee.createSalesman();
        case MANAGER:
            return Employee.createManager();
        default:
            throw new IllegalArgumentException("Incorrect type code value");
    }
}
```

Ich wende mich nun den Clients der alten `create`-Methode zu. Ich ändere Code wie

```
Employee kent = Employee.create(ENGINEER);
```

in:

```
Employee kent = Employee.createEngineer();
```

Nachdem ich das für alle Aufrufer von `create` getan habe, kann ich die `create`-Methode entfernen. Eventuell kann ich so auch die Konstanten loswerden.

10.7 Ganzes Objekt übergeben

Sie bekommen verschiedene Werte von einem Objekt und übergeben diese Werte als Parameter in einem Methodenaufruf.

Übergeben Sie statt dessen das ganze Objekt.

```
int low = daysTempRange().getLow();
int high = daysTempRange().getHigh();
withinPlan = plan.withinRange(low, high);
```

⇓

```
withinPlan = plan.withinRange(daysTempRange());
```

10.7.1 Motivation

Diese Situation tritt auf, wenn ein Objekt verschiedene Felder eines Objekts in einem Methodenaufruf übergibt. Ein Problem entsteht, wenn das aufgerufene Objekt später neue Datenwerte benötigt. Sie müssen dann alle Aufrufe dieser Methode finden und ändern. Sie können das vermeiden, wenn Sie das ganze Objekt übergeben, von dem die Daten stammten. Das aufgerufene Objekt kann dann selbst nach allem fragen, was es von dem übergebenen Objekt möchte.

Ganzes Objekt übergeben macht oft nicht nur die Parameterliste robuster gegenüber Änderungen, sondern auch den Code lesbarer. Die Arbeit mit langen Parameterlisten kann schwierig sein, weil sowohl der Aufrufer als auch der Aufgerufene sich erinnern müssen, welche Werte in den Listen vorhanden sind. Lange Parameterlisten fördern auch die Entstehung redundanten Codes, da das aufgerufene Objekt keine Vorteile aus anderen Methoden des ganzen Objekts ziehen kann, um Zwischenergebnisse zu berechnen.

Es gibt aber auch einen Nachteil. Wenn Sie Werte übergeben, so weist das aufgerufene Objekt eine Abhängigkeit von den Werten auf, aber es gibt keine Abhängigkeit von dem Objekt, aus dem die Werte stammen. Übergeben Sie das ganze Objekt, so verursacht das eine Abhängigkeit zwischen dem erforderlichen und dem aufgerufenen Objekt. Wenn das ihre Abhängigkeitsstruktur verschlechtert, sollten Sie *Ganzes Objekt übergeben (295)* nicht verwenden.

Ich habe ein weiteres Argument dafür gehört, *Ganzes Objekt übergeben (295)* nicht zu verwenden. Wenn ein aufgerufenes Objekt nur einen Wert des übergebenen Objekts benötigt, so sei es besser, den Wert zu übergeben als das ganze Objekt. Ich bin anderer Ansicht. Ein Wert oder ein Objekt laufen auf das Gleiche heraus, wenn Sie sie als Parameter übergeben, zumindest was die Klarheit angeht. Die treibende Kraft ist die Abhängigkeitsfrage.

Wenn die aufgerufene Methode viele Werte von dem anderen Objekt benötigt, ist das ein Zeichen dafür, dass die Methode bei dem Objekt definiert werden sollte, von dem die Werte stammen. Wenn Sie *Ganzes Objekt übergeben (295)* in Erwägung ziehen, so sollten Sie auch an *Methode verschieben (139)* als Alternative denken.

Es kann sein, dass Sie das ganze Objekt noch nicht definiert haben. In diesem Fall brauchen Sie *Parameterobjekt einführen (303)*.

Häufig kommt es vor, dass das aufrufende Objekt verschiedene seiner *eigenen* Datenwerte als Parameter übergibt. In diesem Fall können Sie statt dessen `this` übergeben, wenn Sie die entsprechenden get-Methoden haben und die Abhängigkeiten Sie nicht stören.

10.7.2 Vorgehen

- Erstellen Sie einen neuen Parameter für das ganze Objekt, aus dem die Daten stammen.
- Wandeln Sie um und testen Sie.
- Entscheiden Sie, welche Parameter, den Sie von dem Objekt erhalten können.
- Nehmen Sie einen Parameter, und ersetzen Sie im Rumpf der Methode die Referenzen auf ihn durch den Aufruf einer geeigneten Methode des ganzen Objekts, das als Parameter übergeben wurde.

- Löschen Sie den Parameter.
- Wandeln Sie um und testen Sie.
- Wiederholen Sie dies für jeden Parameter, der von dem ganzen Objekt stammen kann.
- Entfernen Sie den Code aus der alten Methode, der die gelöschten Parameter holt.

  ⇛ *Wenn der Code diese irgendwo anders verwendet, geht dies natürlich nicht.*

- Wandeln Sie um und testen Sie.

10.7.3 Beispiel

Ich betrachte ein Raum-Objekt (`Room`), das Höchst- und Tiefsttemperaturen während des Tages festhält. Es muss dieses Intervall mit dem Intervall in einem vordefinierten Heizplan (`HeatingPlan`) vergleichen:

```
class Room...
  boolean withinPlan(HeatingPlan plan) {
      int low = daysTempRange().getLow();
      int high = daysTempRange().getHigh();
      return plan.withinRange(low, high);
  }

class HeatingPlan...
  boolean withinRange (int low, int high) {
      return (low >= _range.getLow() && high <= _range.getHigh());
  }
  private TempRange _range;
```

Anstatt die Intervallinformation zu entpacken, wenn ich sie übergebe, übergebe ich das ganze Intervallobjekt. In diesem einfachen Fall mache ich das in einem Schritt. Wenn mehr Parameter beteiligt sind, kann ich es in kleineren Schritten machen. Als Erstes füge ich das ganze Objekt zur Parameterliste hinzu:

```
class HeatingPlan...
  boolean withinRange (TempRange roomRange, int low, int high) {
      return (low >= _range.getLow() && high <= _range.getHigh());
  }

class Room...
  boolean withinPlan(HeatingPlan plan) {
      int low = daysTempRange().getLow();
```

```
        int high = daysTempRange().getHigh();
        return plan.withinRange(daysTempRange(), low, high);
  }
```

Dann verwende ich eine Methode auf dem ganzen Objekt statt einen der Parameter:

```
class HeatingPlan...
  boolean withinRange (TempRange roomRange, int high) {
        return (roomRange.getLow() >= _range.getLow()
               && high <= _range.getHigh());
  }

class Room...
  boolean withinPlan(HeatingPlan plan) {
        int low = daysTempRange().getLow();
        int high = daysTempRange().getHigh();
        return plan.withinRange(daysTempRange(), high);
  }
```

Ich fahre fort, bis ich alles Notwendige geändert habe:

```
class HeatingPlan...
  boolean withinRange (TempRange roomRange) {
        return (roomRange.getLow() >= _range.getLow()
               && roomRange.getHigh() <= _range.getHigh());
  }
class Room...
  boolean withinPlan(HeatingPlan plan) {
        int low = daysTempRange().getLow();
        int high = daysTempRange().getHigh();
        return plan.withinRange(daysTempRange());
  }
```

Nun brauche ich auch die temporären Variablen nicht mehr:

```
class Room...
  boolean withinPlan(HeatingPlan plan) {
        int low = daysTempRange().getLow();
        int high = daysTempRange().getHigh();
        return plan.withinRange(daysTempRange());
  }
```

Die Verwendung des ganzen Objekts lässt Sie schnell erkennen, dass es nützlich ist, Verhalten in das ganze Objekt zu verschieben, weil Sie dann einfacher mit ihm arbeiten können.

```
class HeatingPlan...
  boolean withinRange (TempRange roomRange) {
      return (_range.includes(roomRange));
  }
class TempRange...
  boolean includes (TempRange arg) {
      return arg.getLow() >= this.getLow() && arg.getHigh() <= this.getHigh();
  }
```

10.8 Parameter durch Methode ersetzen

Ein Objekt ruft eine Methode auf und übergibt das Ergebnis als Parameter an eine andere Methode. Der Empfänger kann diese Methode auch aufrufen.

Entfernen Sie den Parameter, und lassen Sie den Empfänger die Methode aufrufen.

```
int basePrice = _quantity * _itemPrice;
discountLevel = getDiscountLevel();
double finalPrice = discountedPrice (basePrice, discountLevel);
```

⇓

```
int basePrice = _quantity * _itemPrice;
double finalPrice = discountedPrice (basePrice);
```

10.8.1 Motivation

Wenn eine Methode einen Wert, den sie als Parameter erhält, auch auf andere Weise bekommen kann, so sollte sie dies auch tun. Lange Parameterlisten sind schwierig zu verstehen, und wir sollten uns bemühen, sie so stark wie möglich zu verkürzen.

Eine Möglichkeit, Parameterlisten zu verkürzen, besteht darin zu untersuchen, ob die empfangende Methode die gleiche Berechnung vornehmen kann. Wenn ein Objekt eine seiner Methoden aufruft und die Berechnung für den Parameter keinen der Parameter der aufrufenden Methode verwendet, so sollten Sie in der Lage sein, den Parameter zu entfernen, indem Sie die Berechnung in eine eigene Methode verwandeln. Dies gilt auch, wenn Sie eine Methode eines anderen Objekts aufrufen, das eine Referenz auf das aufrufende Objekt hat.

Sie können den Parameter nicht entfernen, wenn die Berechnung einen Parameter der aufrufenden Methode verwendet, da sich dieser Parameter bei jedem Aufruf ändert (es sei denn, der Parameter kann durch eine Methode ersetzt werden). Sie können den Parameter auch dann nicht entfernen, wenn der Empfänger keine Referenz auf den Sender hat und Sie ihm keine geben wollen.

In manchen Fällen mag ein Parameter für eine zukünftige Parametrisierung der Methode vorgesehen sein. Auch in diesem Fall würde ich ihn loswerden. Kümmern Sie sich um die Parametrisierung, wenn Sie sie brauchen; vielleicht finden Sie dann heraus, dass es sowieso nicht der richtige Parameter war. Ich würde eine Ausnahme von der Regel machen, wenn die Änderung schmerzhafte Konsequenzen für das ganze Programm hätten, wie einen langen Build oder die Änderung einer Menge eingebetteten Codes. Wenn Sie sich darüber Sorgen machen, so prüfen Sie, wie schmerzhaft die Änderung tatsächlich wäre. Sie sollten auch untersuchen, ob Sie die Abhängigkeiten reduzieren können, die die Änderung so schmerzhaft machen. Stabile Schnittstellen sind gut, aber eine schlechte Schnittstelle einzufrieren ist trotzdem ein Problem.

10.8.2 Vorgehen

- Falls es notwendig ist, extrahieren Sie die Berechnung des Parameters in eine Methode.
- Ersetzen Sie die Referenzen des Parameters im Rumpf der Methode durch Referenzen der Methode.
- Wandeln Sie um und testen Sie nach jeder Ersetzung.
- Wenden Sie *Parameter entfernen (283)* auf den Parameter an.

10.8.3 Beispiel

Eine weitere unwahrscheinliche Variante, Aufträge zu rabattieren, ist die folgende:

```
public double getPrice() {
    int basePrice = _quantity * _itemPrice;
    int discountLevel;
    if (_quantity > 100) discountLevel = 2;
    else discountLevel = 1;
    double finalPrice = discountedPrice (basePrice, discountLevel);
    return finalPrice;
}
```

```
private double discountedPrice (int basePrice, int discountLevel) {
    if (discountLevel == 2) return basePrice * 0.1;
    else return basePrice * 0.05;
}
```

Ich beginne mit dem Extrahieren der Berechnung des Rabattsatzes (`discountLevel`):

```
public double getPrice() {
    int basePrice = _quantity * _itemPrice;
    int discountLevel = getDiscountLevel();
    double finalPrice = discountedPrice (basePrice, discountLevel);
    return finalPrice;
}

private int getDiscountLevel() {
    if (_quantity > 100) return 2;
    else return 1;
}
```

Ich ersetze dann Referenzen des Parameters in `discountedPrice`:

```
private double discountedPrice (int basePrice, int discountLevel) {
    if (getDiscountLevel() == 2) return basePrice * 0.1;
    else return basePrice * 0.05;
}
```

Dann kann ich *Parameter entfernen (283)* anwenden:

```
public double getPrice() {
    int basePrice = _quantity * _itemPrice;
    int discountLevel = getDiscountLevel();
    double finalPrice = discountedPrice (basePrice);
    return finalPrice;
}

private double discountedPrice (int basePrice) {
    if (getDiscountLevel() == 2) return basePrice * 0.1;
    else return basePrice * 0.05;
}
```

Ich kann mich nun der temporären Variablen entledigen:

```
public double getPrice() {
    int basePrice = _quantity * _itemPrice;
    double finalPrice = discountedPrice (basePrice);
    return finalPrice;
}
```

Nun ist es an der Zeit, die anderen Parameter und ihre temporären Variablen loszuwerden. Übrig bleibt:

```
public double getPrice() {
    return discountedPrice ();
}

private double discountedPrice () {
    if (getDiscountLevel() == 2) return getBasePrice() * 0.1;
    else return getBasePrice() * 0.05;
}

private double getBasePrice() {
    return _quantity * _itemPrice;
}
```

Nun bin ich in der Lage, *Methode integrieren (114)* auf `discountedPrice` anzuwenden:

```
private double getPrice () {
    if (getDiscountLevel() == 2) return getBasePrice() * 0.1;
    else return getBasePrice() * 0.05;
}
```

10.9 Parameterobjekt einführen

Sie haben eine Gruppe von Parametern, die auf natürliche Weise zusammengehören.

Ersetzen Sie sie durch ein Objekt.

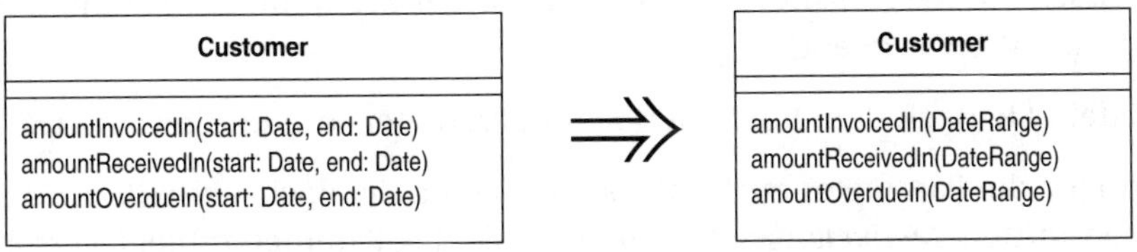

10.9.1 Motivation

Oft sehen Sie, dass eine Gruppe von Parametern gemeinsam übergeben wird. Verschiedene Methoden aus einer oder mehreren Klassen können diese Gruppe verwenden. Eine solche Gruppe von Parametern ist ein Datenhaufen und kann durch ein Objekt ersetzt werden, das alle diese Daten enthält. Es lohnt sich bereits, diese Parameter zu Objekten zu machen, nur um die Daten zusammenzufassen. Diese Refaktorisierung ist nützlich, weil sie die Größe der Parameterliste reduziert und lange Parameterlisten schwer zu verstehen sind. Die definierten Zugriffsmethoden des neuen Objekts machen den Code konsistenter, so dass er leichter zu verstehen und zu ändern ist.

Sie erhalten einen weitergehenden Nutzen, denn sobald Sie die Parameter zusammengefügt haben, werden Sie schnell erkennen, dass Sie Verhalten in die neue Klasse verschieben können. Oft nehmen die Rümpfe dieser Methoden die gleiche Verarbeitung der Parameterwerte vor. Indem Sie dieses Verhalten in das neue Objekt verschieben, können Sie eine Menge redundanten Codes entfernen.

10.9.2 Vorgehen

- Erstellen Sie eine Klasse, die die Gruppe der Parameter repräsentiert, die sie ersetzt. Machen Sie diese Klasse unveränderbar.
- Wandeln Sie um.
- Wenden Sie *Parameter ergänzen (281)* auf den neuen Datenhaufen an.

⇛ *Wenn Sie viele Clients haben, können Sie die alte Signatur erhalten und lassen von dort aus die neue Methode aufrufen. Wenden Sie die Refaktorisierung zunächst auf die alte Methode an. Sie können dann die Clients einen nach dem anderen umstellen und die alte Methode entfernen, wenn Sie damit fertig sind.*

- Entfernen Sie jeden Parameter des Datenhaufens aus der Signatur der Methode. Lassen Sie die Aufrufer und den Rumpf der Methode das Parameterobjekt für diesen Wert verwenden.
- Wandeln Sie nach dem Entfernen jedes Parameters um und testen Sie.
- Wenn Sie die Parameter entfernt haben, halten Sie nach Verhalten Ausschau, das Sie mittels *Methode verschieben (139)* in das Parameterobjekt verschieben kann.

⇛ *Das kann die ganze Methode oder ein Teil von ihr sein. Handelt es sich um einen Teil der Methode, so verwenden Sie zunächst Methode extrahieren (106) und verschieben anschließend die neue Methode.*

10.9.3 Beispiel

Ich beginne mit einem Konto (`Account`) und seinen Bewegungen (`Entry`). Die Bewegungen enthalten nur Daten.

```
class Entry...
  Entry (double value, Date chargeDate) {
      _value = value;
      _chargeDate = chargeDate;
  }
  Date getDate(){
      return _chargeDate;
  }
  double getValue(){
      return _value;
  }
  private Date _chargeDate;
  private double _value;
```

Ich konzentriere mich auf das Konto, das eine Collection von `Entry`-Objekten enthält und eine Methode hat, um die Entwicklung des Kontos zwischen zwei Daten zu bestimmen:

```
class Account...
  double getFlowBetween (Date start, Date end) {
      double result = 0;
      Enumeration e = _entries.elements();
      while (e.hasMoreElements()) {
          Entry each = (Entry) e.nextElement();
          if (each.getDate().equals(start) ||
              each.getDate().equals(end) ||
              (each.getDate().after(start) && each.getDate().before(end)))
          {
              result += each.getValue();
          }
      }
      return result;
  }

  private Vector _entries = new Vector();
//client code...
  double flow = anAccount.getFlowBetween(startDate, endDate);
```

Ich weiß nicht, wie oft ich ein Paar von Werten gesehen habe, die für ein Intervall standen, wie ein Anfangs- und ein Enddatum oder numerische Ober- und Untergrenzen. Ich kann verstehen, wie so etwas entsteht, weil ich es selbst immer so gemacht hatte. Aber seit ich das Bereichsmuster sah [Fowler, AP], versuche ich immer statt dessen Bereiche zu verwenden. Mein erster Schritt besteht darin, einen einfachen Datenbehälter für den Zeitraum zu deklarieren (`DateRange`):

```
class DateRange {
  DateRange (Date start, Date end) {
      _start = start;
      _end = end;
  }
  Date getStart() {
      return _start;
  }
  Date getEnd() {
      return _end;
  }
  private final Date _start;
  private final Date _end;
}
```

Ich habe diese Klasse DateRange unveränderbar gemacht; d.h. alle Werte für DateRange sind final und werden im Konstruktor gesetzt, also gibt es keine Methoden, sie zu modifizieren. Dies ist eine kluge Entscheidung, um zukünftige Aliasing-Fehler zu vermeiden. Java verwendet für Parameter die Übergabe von Werten; die Klasse unveränderbar zu machen imitiert also die Art, wie Java mit Parametern umgeht, und ist damit die richtige Annahme für diese Refaktorisierung.

Als nächstes ergänze ich einen DateRange-Parameter zur Parameterliste der getFlowBetween-Methode:

```
class Account...
  double getFlowBetween (Date start, Date end, DateRange range) {
      double result = 0;
      Enumeration e = _entries.elements();
      while (e.hasMoreElements()) {
         Entry each = (Entry) e.nextElement();
         if (each.getDate().equals(start) ||
            each.getDate().equals(end) ||
            (each.getDate().after(start) && each.getDate().before(end)))
          {
              result += each.getValue();
          }
      }
      return result;
  }

//client code...
  double flow = anAccount.getFlowBetween(startDate, endDate, null);
```

An dieser Stelle muss ich nur umwandeln, denn ich habe bisher kein Verhalten verändert.

Im nächsten Schritt entferne ich einen der Parameter und verwende statt dessen das neue Objekt. Dazu lösche ich den Parameter start und lasse die Methode und ihre Aufrufer statt dessen das neue Objekt verwenden:

```
class Account...
  double getFlowBetween (Date end, DateRange range) {
      double result = 0;
      Enumeration e = _entries.elements();
      while (e.hasMoreElements()) {
          Entry each = (Entry) e.nextElement();
          if (each.getDate().equals(range.getStart()) ||
             each.getDate().equals(end) ||
             (each.getDate().after(range.getStart()) &&
```

```
            each.getDate().before(end)))
        {
            result += each.getValue();
        }
    }
    return result;
}

//client code...
  double flow = anAccount.getFlowBetween(endDate, new DateRange (startDate,
null));
```

Dann entferne ich das Enddatum (end) :

```
class Account...
  double getFlowBetween (DateRange range) {
      double result = 0;
      Enumeration e = _entries.elements();
      while (e.hasMoreElements()) {
          Entry each = (Entry) e.nextElement();
          if (each.getDate().equals(range.getStart()) ||
              each.getDate().equals(range.getEnd()) ||
              (each.getDate().after(range.getStart()) &&
              each.getDate().before(range.getEnd())))
          {
              result += each.getValue();
          }
      }
      return result;
  }

//client code...
  double flow = anAccount.getFlowBetween(new DateRange (startDate, endDate));
```

Ich habe das Parameterobjekt eingefügt; ich kann aber noch mehr Nutzen aus dieser Refaktorisierung ziehen, indem ich Verhalten aus anderen Methoden in das neue Objekt verschiebe. In diesem Fall kann ich den Code aus der Bedingung nehmen und *Methode extrahieren (106)* und *Methode verschieben (139)* anwenden, um Folgendes zu erreichen:

```
class Account...
  double getFlowBetween (DateRange range) {
      double result = 0;
      Enumeration e = _entries.elements();
      while (e.hasMoreElements()) {
```

```
            Entry each = (Entry) e.nextElement();
            if (range.includes(each.getDate())) {
               result += each.getValue();
            }
        }
        return result;
    }

class DateRange...
    boolean includes (Date arg) {
        return (arg.equals(_start) ||
               arg.equals(_end) ||
               (arg.after(_start) && arg.before(_end)));
    }
```

Meistens mache ich solche einfachen Extraktionen und Verschiebungen in einem Schritt. Wenn ich auf einen Fehler stoße, kann ich immer noch zurückgehen und zwei kleinere Schritte machen.

10.10 set-Methode entfernen

Ein Feld sollte zum Zeitpunkt der Objekterzeugung gesetzt und nicht mehr verändert werden.

Entfernen Sie alle set-Methoden für das Feld.

10.10.1 Motivation

Eine set-Methode für ein Feld zeigt, dass dieses Feld sich ändern kann. Wenn Sie nicht wollen, dass ein Feld sich ändert, nachdem das Objekt erzeugt wurde, dann stellen Sie keine set-Methode für dieses Feld zur Verfügung (und deklarieren es als `final`). So ist Ihre Absicht klar erkennbar, und oft entfernen Sie so selbst die Möglichkeit, dass sich das Feld ändert.

Diese Situation entsteht leicht, wenn Programmierer den indirekten Variablenzugriff blind einsetzen [Beck]. Solche Programmierer verwenden dann set-Methoden sogar im Konstruktor. Ich vermute, es gibt ein Argument bezüglich der Konsistenz hierfür, aber das ist nichts im Vergleich zu der Verwirrung, die diese set-Methode später stiften kann.

10.10.2 Vorgehen

- Prüfen Sie, ob die set-Methode nur im Konstruktor oder in einer Methode, die nur vom Konstruktor aufgerufen wird, verwendet wird.
- Lassen Sie den Konstruktor direkt auf die Variablen zugreifen.

  ⇛ *Sie können dies nicht tun, wenn Sie eine Unterklasse haben, die die privaten Felder einer Oberklasse setzt. In diesem Fall sollten Sie versuchen, eine geschützte Oberklassenmethode (idealerweise einen Konstruktor) diese Werte setzen zu lassen. Was auch immer Sie tun, benennen Sie die Oberklassenmethode so, dass sie nicht mit einer set-Methode verwechselt werden kann.*

- Wandeln Sie um und testen Sie.
- Entfernen Sie die set-Methode.
- Wenn das Feld nicht `final` ist, deklarieren Sie es so.
- Wandeln Sie um.

10.10.3 Beispiel

Hier folgt ein einfaches Beispiel:

```
class Account {

  private String _id;

      Account (String id) {
      setId(id);
  }

  void setId (String arg) {
      _id = arg;
  }
```

kann durch

```
class Account {

  private final String _id;

      Account (String id) {
      _id = id;
  }
```

ersetzt werden.

Das Problem tritt in verschiedenen Variationen auf. Die erste ist der Fall, in dem Sie Berechnungen mit dem Argument durchführen:

```
class Account {

  private String _id;

  Account (String id) {
      setId(id);
  }

  void setId (String arg) {
      _id = "ZZ" + arg;
  }
```

Ist die Änderung einfach (wie hier) und gibt es nur einen Konstruktor, so kann ich die Änderung im Konstruktor durchführen. Handelt es sich um eine komplexe Änderung oder muss ich sie von verschiedenen Methoden aus aufrufen, so muss ich eine Methode zur Verfügung stellen. In diesem Fall brauche ich einen Namen für die Methode, der meine Absichten klar macht:

```
class Account {

  private final String _id;

  Account (String id) {
      initializeId(id);
  }

  void initializeId (String arg) {
      _id = "ZZ" + arg;
  }
```

Ärgerlich ist es, wenn Unterklassen private Oberklassenvariablen initialisieren:

```
class InterestAccount extends Account...

  private double _interestRate;

  InterestAccount (String id, double rate) {
      setId(id);
      _interestRate = rate;
  }
```

Das Problem besteht darin, dass ich auf `_id` nicht direkt zugreifen kann. Die beste Lösung ist es, einen Oberklassenkonstruktor zu verwenden:

```
class InterestAccount...

  InterestAccount (String id, double rate) {
      super(id);
      _interestRate = rate;
  }
```

Ist das nicht möglich, so ist eine gut benannte Methode die nächstbeste Lösung:

```
class InterestAccount...

  InterestAccount (String id, double rate) {
      initializeId(id);
      _interestRate = rate;
  }
```

Ein weiterer zu betrachtender Fall liegt vor, wenn die Werte einer Collection gesetzt werden:

```
class Person {
  Vector getCourses() {
      return _courses;
  }
  void setCourses(Vector arg) {
      _courses = arg;
  }
  private Vector _courses;
```

Hier möchte ich die set-Methode durch add- und remove-Methoden ersetzen. Ich erkläre dies in *Collection kapseln (211)*.

10.11 Methode verbergen

Eine Methode wird von keiner anderen Klasse verwendet.

Deklarieren Sie die Methode als privat.

10.11.1 Motivation

Das Refaktorisieren veranlasst Sie häufig, Ihre Entscheidungen über die Sichtbarkeit von Operationen zu ändern. Es ist leicht, Fälle zu erkennen, in denen Sie eine Methode sichtbarer machen müssen: Eine andere Klassen benötigt sie, und daher müssen Sie dies tun. Es ist etwas schwieriger zu sagen, wann eine Methode zu weitgehend sichtbar ist. Idealerweise sollte ein Werkzeug alle Methoden überprüfen, um festzustellen, ob sie verborgen werden können. Tut es das nicht, so sollten Sie dies selbst in regelmäßigen Abständen prüfen.

Ein besonders häufiger Fall ist das Verbergen von get- und set-Methoden, während Sie eine reichhaltigere Schnittstelle entwickeln, die mehr Verhalten bietet. Dies kommt am häufigsten vor, wenn Sie mit einer Klasse beginnen, die nicht viel mehr ist als ein gekapselter Datenhalter. Während Sie mehr Verhalten in der Klasse entwickeln, stellen Sie fest, dass die get- und set-Methoden nicht länger öffentlich sein müssen, so dass sie verborgen werden können. Wenn Sie eine get- oder set-Methode privat deklarieren und einen direkten Variablenzugriff verwenden, so können Sie die Methode entfernen.

10.11.2 Vorgehen

- Prüfen Sie regelmäßig, ob eine Methode besser geschützt werden kann.

  ⇛ *Verwenden Sie lint[1]-artige Werkzeuge, prüfen Sie genau so oft manuell, und prüfen Sie, wenn Sie einen Aufruf einer Methode in einer anderen Klasse entfernen.*

  ⇛ *Achten Sie besonders auf Fälle wie set-Methoden.*

- Deklarieren Sie jede Methode so privat wie möglich[2].

1. Anm. d. Ü.: lint ist ein Programm zum Überprüfen von C und C++ Programmen.
2. Anm. d. Ü.: geschützt oder privat.

- Wandlen Sie um, nachdem Sie eine Gruppe von Methoden verborgen haben.

  ⇒ *Der Compiler prüft dies natürlich, und deshalb brauchen Sie nicht nach jeder Änderung umzuwandeln. Schlägt eine Änderung fehl, so ist diese leicht zu entdecken.*

10.12 Konstruktor durch Fabrikmethode ersetzen

Sie wollen bei der Erzeugung eines Objekts mehr als nur eine einfache Konstruktion vornehmen.

Ersetzen Sie den Konstruktor durch eine Fabrikmethode.

```
Employee (int type) {
    _type = type;
}
```

⇓

```
static Employee create(int type) {
    return new Employee(type);
}
```

10.12.1 Motivation

Sie werden *Konstruktor durch Fabrikmethode ersetzen* am ehesten dann verwenden, wenn Sie einen Typenschlüssel durch Unterklassen ersetzen. Sie haben ein Objekt, das bisher mit einem Typenschlüssel erzeugt wurde, nun aber Unterklassen benötigt. Die genaue Unterklasse hängt vom Typenschlüssel ab. Ein Konstruktor kann aber nur ein Objekt seiner Klasse liefern. Deshalb müssen Sie den Konstruktor durch eine Fabrikmethode ersetzen [Gang of Four].

Sie können Fabrikmethoden auch in anderen Situationen einsetzen, in denen Konstruktoren zu beschränkt sind. Fabrikmethoden sind wesentlich für *Wert durch Referenz ersetzen (179)*. Sie können auch dazu dienen, verschiedene Arten der Objekterzeugung auszudrücken, die über die Anzahl und den Typ der Parameter hinausgehen.

10.12.2 Vorgehen

- Erstellen Sie eine Fabrikmethode. Rufen Sie in ihrem Rumpf den Konstruktor auf.
- Ersetzen Sie alle Aufrufe des Konstruktors durch Aufrufe der Fabrikmethode.
- Wandeln Sie nach jeder Ersetzung um und testen Sie.
- Deklarieren Sie den Konstruktor als privat.
- Wandeln Sie um.

10.12.3 Beispiel

Ein schnelles, aber ermüdendes und überstrapaziertes Beispiel liefert ein Mitarbeitergehaltssystem. Ich habe folgende Klasse `Employee` (Mitarbeiter):

```
class Employee {

  private int _type;
  static final int ENGINEER = 0;
  static final int SALESMAN = 1;
  static final int MANAGER = 2;

  Employee (int type) {
      _type = type;
  }
```

Ich möchte Unterklassen von `Employee` für die verschiedenen Typenschlüssel bilden. Also muss ich eine Fabrikmethode erstellen:

```
  static Employee create(int type) {
      return new Employee(type);
  }
```

Dann lasse ich alle Clients des Konstruktors die neue Methode verwenden und deklariere den Konstruktor als privat:

```
client code...
   Employee eng = Employee.create(Employee.ENGINEER);

class Employee...
   private Employee (int type) {
      _type = type;
   }
```

10.12.4 Beispiel: Unterklasse mit einem String erzeugen

Bis jetzt habe ich nicht viel gewonnen; der größte Vorteil besteht darin, dass ich den Empfänger des Erzeugungsaufrufs von der Klasse des erzeugten Objekts getrennt habe. Wenn ich später *Typenschlüssel durch Unterklassen ersetzen (227)* anwende, um die Schlüssel durch Unterklassen von `Employee` zu ersetzen, kann ich diese Klassen vor den Clients verbergen, indem ich die Fabrikmethode verwende:

```
static Employee create(int type) {
    switch (type) {
        case ENGINEER:
           return new Engineer();
        case SALESMAN:
           return new Salesman();
        case MANAGER:
           return new Manager();
        default:
           throw new IllegalArgumentException("Incorrect type code value");
    }
}
```

Das Traurige dabei ist, dass ich nun einen `switch`-Befehl habe. Sollte ich eine neue Unterklasse hinzufügen, so muss ich daran denken, diesen `switch`-Befehl zu aktualisieren, und ich neige zur Vergesslichkeit.

Eine gute Möglichkeit, dies zu vermeiden, besteht darin `Class.forName` zu verwenden. Als Erstes muss der Typ des Parameters geändert werden, im Wesentlichen eine Variante von *Methode umbenennen (279)*. Ich erstelle eine neue Methode, die einen String als Argument erhält:

```
static Employee create (String name) {
    try {
        return (Employee) Class.forName(name).newInstance();
    } catch (Exception e) {
        throw new IllegalArgumentException ("Unable to instantiate" + name);
    }
}
```

Nun kann ich die Methode `create` mit dem ganzzahligen Parameter die neue Methode verwenden lassen:

```
class Employee {
  static Employee create(int type) {
      switch (type) {
          case ENGINEER:
```

```
            return create("Engineer");
         case SALESMAN:
            return create("Salesman");
         case MANAGER:
            return create("Manager");
         default:
            throw new IllegalArgumentException("Incorrect type code value");
      }
   }
```

Ich kann dann in den Aufrufern von `create` Befehle wie:

```
Employee.create(ENGINEER)
```

durch

```
Employee.create("Engineer")
```

ersetzen. Wenn ich damit fertig bin, kann ich die Version der Methode mit dem ganzzahligen Parameter entfernen.

Das Schöne an diesem Ansatz ist, dass er es mir erspart, die `create`-Methode zu ändern, wenn ich eine neue Unterklasse von `Employee` einfüge. Diesem Ansatz fehlt aber die Sicherheit der Typenprüfung zur Umwandlungszeit: Ein Schreibfehler führt zu einem Laufzeitfehler. Wenn das ein wichtiger Punkt ist, verwende ich eine explizite Methode (siehe unten), aber dann muss ich jedes Mal, wenn ich eine Unterklasse hinzufüge, auch eine neue Methode schreiben. Sie müssen hier Flexibilität gegen Typsicherheit abwägen. Treffe ich die falsche Entscheidung, so kann ich glücklicherweise entweder *Methode parametrisieren (289)* oder *Parameter durch explizite Methode ersetzen (292)* verwenden, um die Entscheidung zu korrigieren.

Ein anderer Grund, mit `Class.ForName` vorsichtig umzugehen, besteht darin, dass so die Namen von Unterklassen den Clients bekannt werden. Das ist nicht so schlimm, weil Sie andere Strings verwenden und anderes Verhalten in der Fabrikmethode ausführen können. Es ist ein guter Grund, *Methode integrieren (114)* nicht anzuwenden, um die Fabrikmethode zu entfernen.

10.12.5 Unterklasse mit expliziten Methoden erzeugen

Ich kann einen anderen Ansatz verwenden, um Unterklassen hinter expliziten Methoden zu verbergen. Dies ist nützlich, wenn ich nur wenige Unterklassen habe, die sich nicht ändern. So könnte ich eine abstrakte Klasse `Person` mit Unterklassen `Male` und `Female` haben. Ich beginne damit, in der Oberklasse eine Fabrikmethode für jede Unterklasse zu definieren:

```
class Person...
  static Person createMale(){
      return new Male();
  }
  static Person createFemale() {
      return new Female();
  }
```

Nun kann ich Aufrufe der Art

```
Person kent = new Male();
```

durch

```
Person kent = Person.createMale();
```

ersetzen. Damit weiß die Oberklasse weiter von ihren Unterklassen. Wenn ich das vermeiden möchte, brauche ich ein komplexeres Schema, wie das des Product Traders [Bäumer und Riehle]. Meistens ist diese Komplexität aber nicht erforderlich, und dieser Ansatz funktioniert gut.

10.13 Downcast kapseln

Eine Methode liefert ein Objekt, auf das die Clients einen Downcast anwenden.

Verschieben Sie den Downcast in die Methode.

```
Object lastReading() {
    return readings.lastElement();
}
```

⇓

```
Reading lastReading() {
    return (Reading) readings.lastElement();
}
```

10.13.1 Motivation

Downcasts sind das Unangenehmste, was Sie in streng typisierten objektorientierten Sprachen tun müssen. Sie sind unangenehm, weil sie unnötig erscheinen; Sie sagen dem Compiler etwas, was er eigentlich selbst herausfinden können sollte.

Aber weil es oft ziemlich kompliziert ist, dies herauszufinden, müssen Sie es oft selbst machen. Dies ist in Java besonders verbreitet, da Sie wegen des Fehlens von Templates jedes Mal einen Downcast machen müssen, wenn Sie ein Objekt aus einer Collection entnehmen.

Downcasts mögen ein notwendiges Übel sein, aber Sie sollten sie so wenig wie möglich verwenden. Wenn Sie einen Wert aus einer Methode zurückgeben und wissen, dass der Typ spezieller ist, als die Signatur zeigt, so bürden Sie Ihren Clients unnötige Arbeit auf. Statt sie zum Downcast zu zwingen, sollten Sie sie immer mit dem speziellsten Typ versorgen, den Sie liefern können.

Häufig finden Sie diese Situation bei Methoden, die einen Iterator oder eine Collection zurückliefern. Untersuchen Sie statt dessen, wofür die Clients den Iterator verwenden und bieten Sie ihnen dafür eine Methode.

10.13.2 Vorgehen

- Suchen Sie nach Fällen, in denen Sie auf das Ergebnis eines Methodenaufrufs einen Downcast anwenden müssen.

  Diese Fällen treten häufig bei Methoden auf, die einen Iterator oder eine Collection zurückliefern.

- Verschieben Sie den Downcast in die Methode.

  Verwenden Sie *Collection kapseln (211)* für Methoden, die Collections liefern.

10.13.3 Beispiel

Ich habe eine Methode namens `lastReading`, die das letzte Element eines Vektors von `Reading`-Objekten liefert:

```
Object lastReading() {
    return readings.lastElement();
}
```

Ich sollte dies durch

```
Reading lastReading() {
    return (Reading) readings.lastElement();
}
```

ersetzen. Einen guten Einstieg hierfür habe ich bei Collection-Klassen. Nehmen wir an, diese Collection von `Reading`-Objekten befindet sich in einer Klasse `Site` und der Code sieht so aus:

```
Reading lastReading = (Reading) theSite.readings().lastElement()
```

Ich kann den Downcast vermeiden und verheimlichen, welche Collection verwendet wird:

```
Reading lastReading = theSite.lastReading();

class Site...
  Reading lastReading() {
      return (Reading) readings().lastElement();
}
```

Die Methode so zu ändern, dass sie eine Unterklasse liefert, ändert ihre Signatur, lässt aber bestehenden Code unberührt, da der Compiler weiß, dass er eine Unterklasse an Stelle der Oberklasse einsetzen kann. Natürlich müssen Sie darauf achten, dass die Unterklasse keinen Vertrag der Oberklasse bricht.

10.14 Fehlercode durch Ausnahme ersetzen

Eine Methode liefert einen speziellen Wert, um einen Fehler zu melden.

Lösen Sie statt dessen eine Ausnahme aus.

```
int withdraw(int amount) {
    if (amount > _balance)
        return -1;
    else {
        _balance -= amount;
         return 0;
    }
}
```

⇓

```
void withdraw(int amount) throws BalanceException {
    if (amount > _balance) throw new BalanceException();
    _balance -= amount;
}
```

10.14.1 Motivation

In Computern geht, wie im richtigen Leben, ab und zu etwas schief. Wenn etwas schief geht, müssen Sie sich darum kümmern. Im einfachsten Fall können Sie das Programm mit einem Fehler beenden. Dies ist das Softwaregegenstück dazu, Selbstmord zu begehen, weil Sie einen Flug verpasst haben. (Wenn ich das tun würde, wäre ich nicht mehr am Leben, selbst wenn ich eine Katze wäre.) Obwohl dies etwas humorvoll dahergesagt ist, hat die Software-Selbstmordoption ihren Sinn. Wenn die Kosten eines Programmabbruchs niedrig sind und der Anwender tolerant ist, so ist es in Ordnung, das Programm einfach abzubrechen. Wichtigere Programme erfordern aber gewichtigere Maßnahmen.

Das Problem besteht darin, dass der Teil des Programms, der einen Fehler entdeckt, nicht immer der ist, der herausfinden kann, was nun zu tun ist. Wenn eine solche Routine einen Fehler findet, muss sie es den Aufrufer wissen lassen, und der Aufrufer kann den Fehler in der Aufrufhierarchie weiterreichen. In vielen Sprachen wird eine spezielle Ausgabe verwendet, um einen Fehler zu melden. Unix- und C-basierte Systeme verwenden traditionellerweise einen Returncode, um Erfolg oder Misserfolg einer Routine zu melden.

Java hat eine bessere Möglichkeit: Ausnahmen. Ausnahmen sind besser, weil sie die normale Verarbeitung klar von der Fehlerbehandlung trennen. Das macht Programme leichter verständlich, und ich hoffe, Sie glauben mir inzwischen, dass Verständlichkeit das Beste ist, was Sie erreichen können, wenn Sie schon nicht vollkommen sein können.

10.14.2 Vorgehen

- Entscheiden Sie, ob die Ausnahme überwacht werden soll oder nicht.

  ⇛ *Wenn der Aufrufer dafür verantwortlich ist, die Bedingung vor dem Aufruf zu prüfen, überwachen Sie die Ausnahme nicht.*

  ⇛ *Wenn die Ausnahme überwacht wird, erstellen Sie eine neue oder verwenden eine existierende.*

- Suchen Sie alle Aufrufer, und lassen Sie sie die Ausnahme verwenden.

  ⇛ *Wenn die Ausnahme nicht überwacht wird, lassen Sie die Aufrufer die Prüfung vornehmen. Wandeln Sie nach jeder Änderung um und testen Sie.*

  ⇛ *Wird die Ausnahme abgefangen, lassen Sie die Aufrufer die Methode in einem `try`-Block aufrufen.*

- Ändern Sie die Signatur der Methode entsprechend der neuen Verwendung.

Wenn Sie viele Aufrufer haben, kann diese Änderung zu umfangreich sein. Sie können sie mit den folgenden Schritten allmählich durchführen:

- Entscheiden Sie, ob die Ausnahme abgefangen werden soll oder nicht.
- Erstellen Sie eine neue Methode, die die Ausnahme verwendet.
- Lassen Sie die alte Methode die neue aufrufen.
- Wandeln Sie um und testen Sie.
- Lassen Sie die Aufrufer der alten Methode die neue benutzen. Wandeln Sie nach jeder Änderung um und testen Sie.
- Löschen Sie die alte Methode.

10.14.3 Beispiel

Ist es nicht sonderbar, dass Lehrbücher immer unterstellen, Sie könnten nicht mehr als Ihr Guthaben von Ihrem Konto abheben, obwohl Sie dies im wirklichen Leben oft können?

```
class Account...
  int withdraw(int amount) {
      if (amount > _balance)
          return -1;
      else {
         _balance -= amount;
          return 0;
      }
  }

  private int _balance;
```

Um diesen Code so zu ändern, dass er eine Ausnahme verwendet, muss ich zunächst entscheiden, ob ich eine überwachte Ausnahme verwenden will oder nicht. Die Entscheidung hängt davon ab, ob es in der Verantwortung des Clients liegt, das Guthaben zu prüfen, oder ob dies in der Verantwortung der Routine liegt. Liegt es in der Verantwortung des Clients, das Guthaben zu prüfen, so ist es ein Programmierfehler, `withdraw` mit einem Betrag (`amount`) aufzurufen, der größer ist als das Guthaben (`_balance`). Da es ein Programmierfehler ist – das heißt ein vom Programmierer verursachter Fehler – sollte ich eine nicht überwachte Ausnahme verwenden. Liegt das Prüfen des Guthabens in der Verantwortung der `withdraw`-Routine, so muss ich die Ausnahme in der Schnittstelle deklarieren. So zeige ich dem Aufrufer, welche Ausnahme zu erwarten ist und veranlasse ihn, sie angemessen zu behandeln.

10.14.4 Beispiel: Nicht überwachte Ausnahme

Lassen Sie uns zunächst den nicht überwachten Fall behandeln. Hier erwarte ich, dass der Aufrufer die Prüfung vornimmt. In diesem Fall sollte niemand den Returncode verwenden, da es sich um einen Programmierfehler handelt, dies zu tun. Wenn ich Code sehe wie:

```
if (account.withdraw(amount) == -1)
   handleOverdrawn();
else doTheUsualThing();
```

muss ich diesen durch Code wie

```
if (!account.canWithdraw(amount))
   handleOverdrawn();
else {
   account.withdraw(amount);
   doTheUsualThing();
}
```

ersetzen. Nach jeder Änderung kann ich umwandeln und testen.

Nun muss ich den Returncode entfernen und im Fehlerfall eine Ausnahme auslösen. Da dieses Verhalten (nach Definition) eine Ausnahme ist, sollte ich eine Wächterbedingung für das Prüfen der Bedingung verwenden:

```
  void withdraw(int amount) {
      if (amount > _balance)
         throw new IllegalArgumentException ("Amount too large");
         _balance -= amount;
  }
```

Das es sich um einen Programmierfehler handelt, sollte ich dies noch deutlicher herausstreichen, indem ich eine Zusicherung verwende:

```
class Account...
  void withdraw(int amount) {
      Assert.isTrue ("amount too large", amount > _balance);
      _balance -= amount;
  }

class Assert...
  static void isTrue (String comment, boolean test) {
      if (! test) {
         throw new RuntimeException ("Assertion failed: " + comment);
  }
}
```

10.14.5 Beispiel: Überwachte Ausnahme

Ich behandle den Fall der überwachten Ausnahme etwas anders. Als Erstes erstelle (oder verwende) ich die geeignete neue Ausnahme:

```
class BalanceException extends Exception {}
```

Dann lasse ich die Aufrufer diese verwenden:

```
      try {
         account.withdraw(amount);
         doTheUsualThing();
      } catch (BalanceException e) {
         handleOverdrawn();
      }
```

Nun lasse ich auch die Methode `withdraw` die neue Ausnahme verwenden:

```
  void withdraw(int amount) throws BalanceException {
      if (amount > _balance) throw new BalanceException();
      _balance -= amount;
  }
```

Das Störende an dieser Prozedur ist, dass ich alle Aufrufer und die aufgerufene Routine in einem Durchgang ändern muss. Andernfalls gibt es einen Klaps vom Compiler. Gibt es viele Aufrufer, so ist dieser Schritt eine zu große Änderung ohne den Schritt des Umwandelns und Testens.

In solchen Fällen kann ich eine temporäre Übergangsmethode verwenden. Ich beginne mit dem gleichen Fall wie vorher:

```
      if (account.withdraw(amount) == -1)
         handleOverdrawn();
      else doTheUsualThing();

class Account ...
  int withdraw(int amount) {
      if (amount > _balance)
         return -1;
      else {
         _balance -= amount;
         return 0;
      }
  }
```

Im ersten Schritt erstelle ich eine neue `withdraw`-Methode, die die Ausnahme verwendet:

```
void newWithdraw(int amount) throws BalanceException {
    if (amount > _balance) throw new BalanceException();
        _balance -= amount;
}
```

Als Nächstes lasse ich die aktuelle `withdraw`-Methode die neue Methode verwenden:

```
int withdraw(int amount) {
    try {
        newWithdraw(amount);
        return 0;
    } catch (BalanceException e) {
        return -1;
    }
}
```

Nachdem das erledigt ist, kann ich umwandeln und testen. Nun kann ich alle Aufrufe der alten Methode durch Aufrufe der neuen ersetzen:

```
    try {
        account.newWithdraw(amount);
        doTheUsualThing();
    } catch (BalanceException e) {
        handleOverdrawn();
    }
```

Mit der fertigen alten und der neuen Methode kann ich nach jeder Änderung umwandeln und testen. Wenn ich fertig bin, kann ich die alte Methode löschen und *Methode umbenennen (279)* anwenden, um der neuen Methode den Namen der alten zu geben.

10.15 Ausnahme durch Bedingung ersetzen

Sie lösen eine Ausnahme unter einer Bedingung aus, die der Aufrufer zuvor geprüft haben sollte.

Lassen Sie den Aufrufer erst den Test durchführen.

```
double getValueForPeriod (int periodNumber) {
    try {
        return _values[periodNumber];
    } catch (ArrayIndexOutOfBoundsException e) {
        return 0;
    }
}
```

⇓

```
double getValueForPeriod (int periodNumber) {
    if (periodNumber >= _values.length) return 0;
    return _values[periodNumber];
}
```

10.15.1 Motivation

Ausnahmen stellen einen wichtigen Fortschritt in den Programmiersprachen dar. Sie ermöglichen es uns, durch *Fehlercode durch Ausnahme ersetzen (319)* komplexe Codes zu vermeiden. Wie viele Vergnügungen können aber auch Ausnahmen im Übermaß eingesetzt werden, und dann sind sie nicht mehr erfreulich. (Sogar ich kann zu viel von Aventinus[1] bekommen [Jackson].) Ausnahmen sollten für Ausnahmen verwendet werden – Verhalten, das einen unerwarteten Fehler darstellt. Sie sollten nicht als Ersatz für Bedingungen dienen. Wenn Sie sinnvollerweise erwarten können, dass der Aufrufer die Bedingung vor dem Aufruf prüft, so sollten Sie einen Test zur Verfügung stellen, und der Aufrufer sollte ihn verwenden.

1. Anm. d. Ü.: Ein Weizenstarkbier mit 18% Stammwürze und 8% Alkoholgehalt.

10.15.2 Vorgehen

- Erstellen Sie als Erstes einen `if-then-else`-Block, und kopieren Sie den Code aus dem `catch`-Block in den geeigneten Zweig des `if`-Befehls.
- Fügen Sie in den `catch`-Block eine Zusicherung ein, die Sie benachrichtigt, wenn der `catch`-Block ausgeführt wird.
- Wandeln Sie um und testen Sie.
- Entfernen Sie den `catch`-Block und den `try`-Block, falls es keine weiteren `catch`-Blöcke gibt.
- Wandeln Sie um und testen Sie.

10.15.3 Beispiel

In diesem Beispiel verwende ich ein Objekt, das Ressourcen verwaltet, die aufwendig zu erstellen sind, aber wiederverwendet werden können. Ein gutes Beispiel hierfür sind Datenbankverbindungen. Ein solches Objekt hat zwei Pools von Ressourcen: einen, der verfügbar ist, und einen, der benutzt wird. Wenn ein Client eine Ressource benötigt, gibt der Pool sie aus und schiebt sie aus dem verfügbaren Pool in den benutzten. Wenn ein Client eine Ressource freigibt, gibt das Objekt sie wieder zurück. Wenn ein Client eine Ressource anfordert und keine frei ist, erzeugt das Objekt eine neue.

Die Methode zum Ausgeben der Ressourcen könnte so aussehen:

```
class ResourcePool...
  Resource getResource() {
      Resource result;
      try {
          result = (Resource) _available.pop();
          _allocated.push(result);
          return result;
      } catch (EmptyStackException e) {
          result = new Resource();
          _allocated.push(result);
          return result;
      }
  }
  Stack _available;
  Stack _allocated;
```

In diesem Fall ist es nicht außergewöhnlich, wenn die Ressourcen nicht ausreichen, also sollte ich keine Ausnahmen verwenden.

Um die Ausnahme zu entfernen, stelle ich als Erstes einen `if-then-else`-Block voran und verschiebe das leere Verhalten dort hin:

```
Resource getResource() {
    Resource result;
    if (_available.isEmpty()) {
        result = new Resource();
        _allocated.push(result);
         return result;
    }
    else {
        try {
            result = (Resource) _available.pop();
            _allocated.push(result);
            return result;
        } catch (EmptyStackException e) {
            result = new Resource();
            _allocated.push(result);
            return result;
        }
    }
}
```

So sollte diese Ausnahme nie auftreten. Ich kann eine Zusicherung einfügen, um das zu prüfen:

```
Resource getResource() {
    Resource result;
    if (_available.isEmpty()) {
        result = new Resource();
        _allocated.push(result);
        return result;
    }
    else {
        try {
            result = (Resource) _available.pop();
            _allocated.push(result);
            return result;
        } catch (EmptyStackException e) {
            Assert.shouldNeverReachHere("available was empty on pop");
            result = new Resource();
            _allocated.push(result);
```

```
                return result;
            }
        }
    }
class Assert...
    static void shouldNeverReachHere(String message) {
        throw new RuntimeException (message);
    }
```

Nun kann ich umwandeln und testen. Wenn alles gut geht, kann ich den `try`-Block vollständig entfernen.

```
    Resource getResource() {
        Resource result;
        if (_available.isEmpty()) {
            result = new Resource();
            _allocated.push(result);
            return result;
        }
        else {
            result = (Resource) _available.pop();
            _allocated.push(result);
            return result;
        }
    }
```

Anschließend stelle ich meistens fest, dass ich die Bedingungen vereinfachen kann. Hier kann ich *Redundante Bedingungsteile konsolidieren (247)* anwenden:

```
    Resource getResource() {
        Resource result;
        if (_available.isEmpty())
            result = new Resource();
        else
            result = (Resource) _available.pop();
        _allocated.push(result);
        return result;
    }
```

11 Der Umgang mit der Generalisierung

Die Generalisierung produziert ihren eigenen Satz von Refaktorisierungen, von denen die meisten mit dem Verschieben von Methoden in der Vererbungshierarchie zu tun haben. *Feld nach oben verschieben (330)* und *Methode nach oben verschieben (331)* befördern Funktionen die Hierarchie hinauf; *Feld nach unten verschieben (339)* und *Methode nach unten verschieben (337)* befördern sie nach unten. Konstruktoren sind etwas schwieriger die Hierarchie hinaufzuschieben, deshalb beschäftigt sich *Konstruktorrumpf nach oben verschieben (334)* mit diesem Thema. Anstatt einen Konstruktor nach oben zu verschieben, ist es oft sinnvoll, *Konstruktor durch Fabrikmethode ersetzen (313)* zu verwenden.

Wenn Sie verschiedene Methoden mit ähnlicher Struktur, aber variierenden Details haben, können Sie *Template-Methode bilden (355)*, um die Unterschiede von den Gemeinsamkeiten zu trennen.

Sie können nicht nur Methoden in der Hierarchie verschieben, sondern auch die Hierarchie durch die Bildung neuer Klassen verändern. *Unterklasse extrahieren (340)*, *Oberklasse extrahieren (346)* und *Schnittstelle extrahieren (351)* machen all dies, indem sie an verschiedenen Punkten ansetzen, um neue Elemente zu bilden. *Schnittstelle extrahieren (351)* ist besonders dann wichtig, wenn Sie einen kleinen Teil der Funktionalität für das Typsystem herausgreifen wollen. Stellen Sie fest, dass Sie unnötige Klassen in Ihrer Hierarchie haben, so können Sie *Hierarchie abflachen (354)* einsetzen, um sie zu entfernen.

Manchmal stellen Sie fest, dass Vererbung nicht der beste Weg ist, eine Situation zu behandeln, und müssen statt dessen die Delegation verwenden. *Vererbung durch Delegation ersetzen (363)* hilft Ihnen bei dieser Änderung. Manchmal ist es im Leben aber anders und Sie müssen *Delegation durch Vererbung ersetzen (363)*.

11.1 Feld nach oben verschieben

Zwei Unterklassen haben das gleiche Feld.

Verschieben Sie das Feld in die Oberklasse.

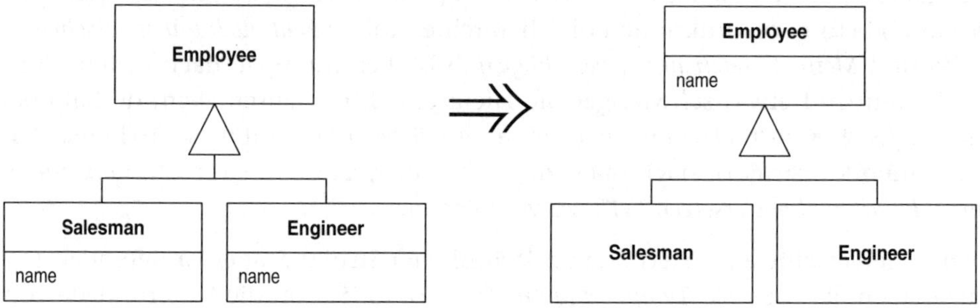

11.1.1 Motivation

Wenn Unterklassen unabhängig voneinander entwickelt werden oder durch Refaktorisieren kombiniert werden, so finden Sie häufig redundante Elemente. Insbesondere können bestimmte Felder redundant sein. Solche Felder haben manchmal ähnliche Namen, aber keineswegs immer. Der einzige Weg, um dies herauszufinden, besteht darin, die Felder zu untersuchen und festzustellen, wie sie von anderen Methoden verwendet werden. Wenn sie auf ähnliche Weise verwendet werden, können Sie sie generalisieren.

Dies reduziert die Redundanz auf zweierlei Weise. Es entfernt die redundanten Datendeklarationen und ermöglicht es Ihnen, das Verhalten, das dieses Feld betrifft, von den Unterklassen in die Oberklassen zu verschieben.

11.1.2 Vorgehen

- Untersuchen Sie alle in Frage kommenden Felder, um sicherzustellen, dass sie gleichartig verwendet werden.
- Wenn die Felder nicht alle denselben Namen haben, benennen Sie die Felder um, so dass alle den Namen haben, den Sie für das Feld in der Oberklasse verwenden wollen.
- Wandeln Sie um und testen Sie.
- Erstellen Sie ein neues Feld in der Oberklasse.

⇛ *Wenn die Felder privat sind, müssen Sie das Feld in der Oberklasse als geschützt deklarieren, so dass die Unterklassen darauf zugreifen können.*

- Löschen Sie die Felder in den Unterklassen.
- Wandeln Sie um und testen Sie.
- Erwägen Sie, *Eigenes Feld kapseln (171)* auf das neue Feld anzuwenden.

11.2 Methode nach oben verschieben

Sie haben Methoden mit identischen Ergebnissen in verschiedenen Unterklassen.

Verschieben Sie sie in die Oberklasse.

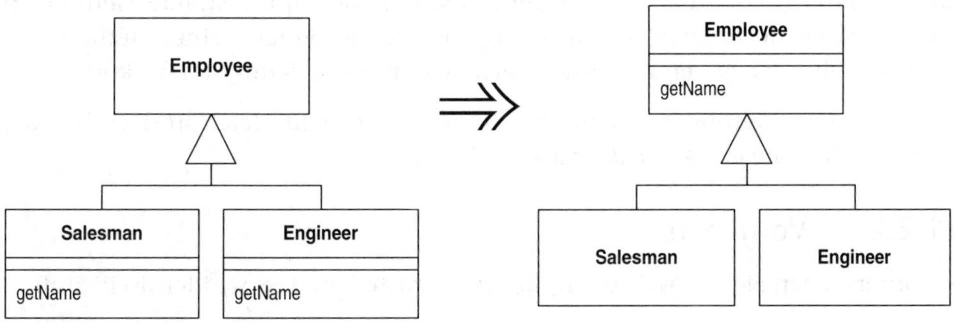

11.2.1 Motivation

Es ist wichtig, redundantes Verhalten zu eliminieren. Obwohl zwei redundante Methoden, so wie sie sind, gut funktionieren mögen, sind sie nichts anderes als eine Brutstätte für zukünftige Fehler. Bei jeder Redundanz riskieren Sie, dass eine Änderung an der einen Stelle an der anderen nicht gemacht wird. Meist ist es schwierig, den redundanten Code zu finden.

Der einfachste Fall von *Methode nach oben verschieben* liegt vor, wenn die Methoden den gleichen Rumpf haben, woraus man schließen kann, dass mit Kopieren und Einfügen gearbeitet wurde. Natürlich ist es nicht immer so offensichtlich wie hier. Sie können die Refaktorisierung natürlich einfach machen und sehen, ob Ihre Tests Fehler finden, aber das setzt ein hohes Vertrauen in die Qualität Ihrer Tests voraus. Ich finde es meistens nützlicher, nach Unterschieden Ausschau zu halten; oft zeigen sie Verhalten, das ich vergessen hatte zu testen.

Häufig kommt *Methode nach oben verschieben* nach anderen Schritten zum Einsatz. Sie erkennen, dass zwei Methoden in verschiedenen Klassen so parametrisiert werden können, dass sie im Wesentlichen die gleiche Methode werden. In diesem Fall ist es am einfachsten, jede Methode getrennt zu parametrisieren und sie dann zu generalisieren. Wenn Sie sich sicher genug fühlen, können Sie das auch in einem Schritt tun.

Ein Spezialfall, in dem *Methode nach oben verschieben* benötigt wird, tritt auf, wenn Sie eine Methode in einer Unterklasse haben, die eine Methode der Oberklasse überschreibt, aber trotzdem etwas ganz anderes macht.

Das störendste Element von *Methode nach oben verschieben* ist, dass der Rumpf der Methode Elemente verwenden kann, die in der Unterklasse vorkommen, aber nicht in der Oberklasse. Handelt es sich bei dem Element um eine Methode, so können Sie entweder die Methode generalisieren oder eine abstrakte Methode in der Oberklasse deklarieren. Es kann sein, dass Sie die Signatur einer Methode ändern oder eine delegierende Methode erstellen müssen, damit dies funktioniert.

Wenn Sie zwei Methoden haben, die ähnlich, aber nicht gleich sind, so können Sie vielleicht *Template-Methode bilden (355)* einsetzen.

11.2.2 Vorgehen

- Untersuchen Sie die Methoden, um sicherzustellen, dass sie identisch sind.

  ⇛ *Wenn es so scheint, dass die Methoden das Gleiche leisten, aber nicht identisch sind, wenden Sie Algorithmus ersetzen (136) auf eine an, um sie identisch zu machen.*

- Wenn die Methoden verschiedene Signaturen haben, ändern Sie die Signaturen in die der Methode, die Sie in der Oberklasse verwenden wollen.

- Erstellen Sie eine neue Methode in der Oberklasse, kopieren Sie den Rumpf einer der Methoden in diese Methode, passen Sie sie an und wandeln Sie um.

  ⇛ *Wenn Sie in einer streng typisierten Sprache arbeiten, und die Methode eine andere aufruft, die in beiden Unterklassen, nicht aber in der Oberklasse vorkommt, deklarieren Sie eine abstrakte Methode in der Oberklasse.*

  ⇛ *Falls die Methode ein Feld der Unterklasse verwendet, so verwenden Sie Feld nach oben verschieben (330) oder Eigenes Feld kapseln (171) und deklarieren und verwenden eine abstrakte set-Methode.*

- Löschen Sie die Methode in einer der Unterklassen.

- Wandeln Sie um und testen Sie.
- Fahren Sie fort, die Methode in den Unterklassen zu entfernen und zu testen, bis nur die Methode in der Oberklasse übrig bleibt.
- Untersuchen Sie die Aufrufer, ob sie einen geforderten Typ in den Typ der Oberklasse ändern können.

11.2.3 Beispiel

Wir betrachten eine Klasse `Customer` (Kunde) mit zwei Unterklassen: `Regular Customer` und `Preferred Customer`.

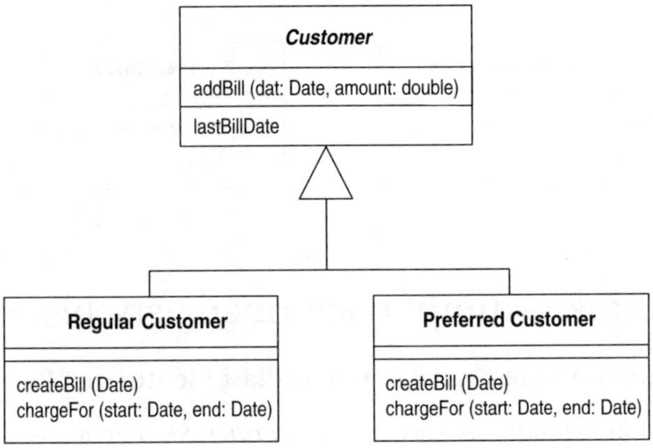

Die Methode `createBill` ist für beide Klassen identisch:

```
void createBill (date Date) {
    double chargeFor = charge (lastBillDate, date);
    addBill (date, charge);
}
```

Ich kann die Methode nicht einfach in die Oberklasse verschieben, da `chargeFor` in jeder Unterklasse anders ist. Als Erstes deklariere ich sie in der Oberklasse als abstrakt:

```
class Customer...
  abstract double chargeFor(date start, date end)
```

Nun kann ich createBill aus einer der Unterklassen kopieren. Danach wandle ich um und entferne anschließend createBill aus einer der Unterklassen, wandle um und teste. Dann entferne ich sie aus der anderen, wandle um und teste:

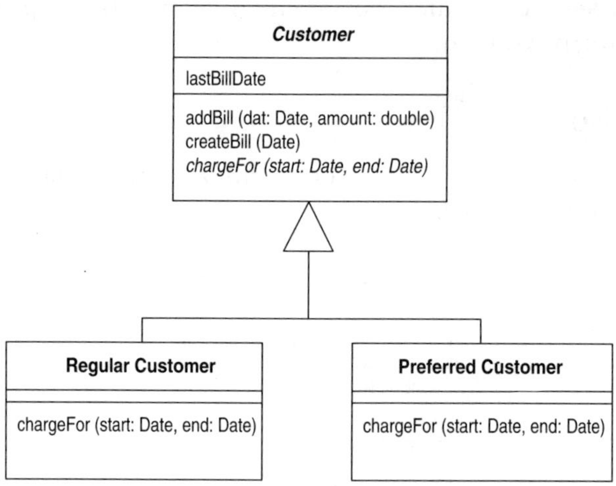

11.3 Konstruktorrumpf nach oben verschieben

Sie haben Konstruktoren in Unterklassen mit fast identischen Rümpfen.

Erstellen Sie einen Konstruktor in der Oberklasse; rufen Sie diesen aus den Methoden der Unterklasse auf.

```
class Manager extends Employee...
  public Manager (String name, String id, int grade) {
      _name = name;
      _id = id;
      _grade = grade;
  }
```

⇓

```
  public Manager (String name, String id, int grade) {
      super (name, id);
      _grade = grade;
  }
```

11.3.1 Motivation

Konstruktoren sind knifflig. Sie sind nicht ganz normale Methoden, also sind Ihre Möglichkeiten, mit ihnen etwas zu machen, stärker eingeschränkt, als wenn Sie normale Methoden verwenden.

Wenn Sie in Unterklassen Methoden mit gemeinsamem Verhalten sehen, so sollte Ihr erster Gedanke sein, gemeinsames Verhalten in eine Methode zu extrahieren und diese in die Oberklasse zu verschieben. Bei einem Konstruktor ist das gemeinsame Verhalten aber meistens die Konstruktion. In diesem Fall brauchen Sie einen Konstruktor in der Oberklasse, der von den Unterklassen aufgerufen wird. In vielen Fällen ist das der ganze Rumpf des Konstruktors. Sie können *Methode nach oben verschieben (331)* hier nicht anwenden, weil Konstruktoren nicht vererbt werden können (ärgert Sie das nicht auch?).

Wenn diese Refaktorisierung zu komplex wird, können Sie statt dessen *Konstruktor durch Fabrikmethode ersetzen (313)* in Erwägung ziehen.

11.3.2 Vorgehen

- Definieren Sie einen Konstruktor in der Oberklasse.
- Verschieben Sie den gemeinsamen Code vom Anfang des Konstruktors der Unterklasse in den Konstruktor der Oberklasse.

  ⇛ *Dies kann der gesamte Code sein.*

  ⇛ *Versuchen Sie, gemeinsamen Code an den Anfang des Konstruktors zu verschieben.*

- Rufen Sie den Konstruktor der Oberklasse als ersten Schritt im Konstruktor der Unterklasse auf.

  Gibt es nur gemeinsamen Code, so ist dies nur eine Zeile im Konstruktor der Unterklasse.

- Wandeln Sie um und testen Sie.

  ⇛ *Gibt es später gemeinsamen Code, verwenden Sie Methode extrahieren (106), um gemeinsamen Code herauszufaktorisieren, und verwenden Sie Methode nach oben verschieben (331), um ihn nach oben zu verschieben.*

11.3.3 Beispiel

Hier sind ein `Manager` und ein `Employee`:

```
class Employee...
  protected String _name;
  protected String _id;

class Manager extends Employee...
  public Manager (String name, String id, int grade) {
      _name = name;
      _id = id;
      _grade = grade;
  }

   private int _grade;
```

Die Felder von `Employee` sollten im Konstruktor von `Employee` gesetzt werden. Ich definiere einen Konstruktor und deklariere ihn als geschützt, um Unterklassen zu signalisieren, dass sie ihn verwenden können:

```
class Employee
  protected Employee (String name, String id) {
      _name = name;
      _id = id;
  }
```

Dann rufe ich ihn aus der Unterklasse heraus auf:

```
  public Manager (String name, String id, int grade) {
      super (name, id);
      _grade = grade;
  }
```

Etwas anders sieht es aus, wenn die Gemeinsamkeiten im Code später auftreten. Angenommen, ich habe es mit dem folgenden Code zu tun:

```
class Employee...
  boolean isPriviliged() {..}
  void assignCar() {..}

class Manager...
  public Manager (String name, String id, int grade) {
      super (name, id);
      _grade = grade;
      if (isPriviliged()) assignCar(); //every subclass does this
```

```
  }
  boolean isPriviliged() {
      return _grade > 4;
  }
```

Ich kann dann die Methode `assignCar` nicht in den Konstruktor der Oberklasse verschieben, denn sie kann erst ausgeführt werden, wenn `_grade` dem Feld zugewiesen wurde. Ich brauche also *Methode extrahieren (106)* und *Methode nach oben verschieben (331).*

```
class Employee...
  void initialize() {
      if (isPriviliged()) assignCar();
  }

class Manager...
  public Manager (String name, String id, int grade) {
      super (name, id);
      _grade = grade;
       initialize();
  }
```

11.4 Methode nach unten verschieben

Ein Verhalten in einer Oberklasse ist nur für einige ihrer Unterklassen relevant.

Verschieben Sie es in diese Unterklassen.

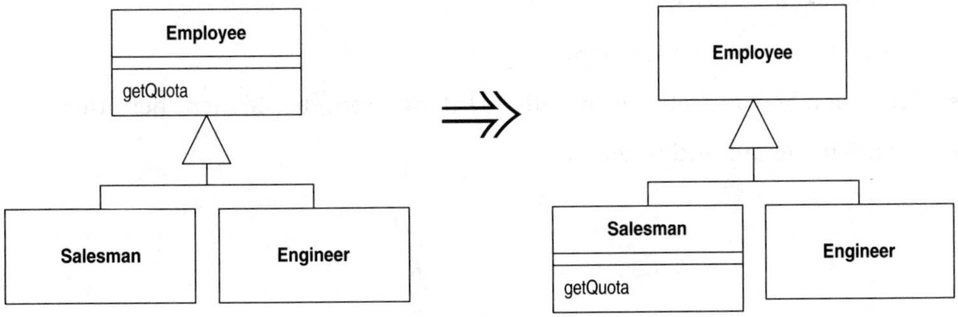

11.4.1 Motivation

Methode nach unten verschieben ist das Gegenteil von *Methode nach oben verschieben (331)*. Ich verwende diese Refaktorisierung, wenn ich Verhalten von einer Oberklasse in eine bestimme Unterklasse verschieben muss, meistens, weil es nur dort Sinn macht. Dies müssen Sie häufig machen, wenn Sie *Unterklasse extrahieren (340)* anwenden.

11.4.2 Vorgehen

- Deklarieren Sie die Methode in allen Unterklassen, und kopieren Sie den Rumpf in jede Unterklasse.

  ⇛ *Es kann sein, dass Sie Felder als geschützt deklarieren müssen, damit die Methoden auf sie zugreifen können. Üblicherweise machen Sie dies in der Absicht, diese Felder später nach unten zu verschieben. Andernfalls nutzen Sie die Zugriffsmethode der Oberklasse. Ist die Zugriffsmethode nicht öffentlich, so müssen Sie sie als geschützt deklarieren.*

- Entfernen Sie die Methode aus der Oberklasse.

  ⇛ *Es kann sein, dass Sie Aufrufer so ändern müssen, dass diese die Unterklasse in Variablen- und Parameterdeklarationen verwenden.*

  ⇛ *Wenn es sinnvoll ist, auf die Methode durch eine Variable vom Typ der Oberklasse zuzugreifen, Sie die Methode aber aus keiner der Unterklassen entfernen wollen und die Oberklasse abstrakt ist, so können Sie die Methode in der Oberklasse als abstrakt deklarieren.*

- Wandeln Sie um und testen Sie.
- Entfernen Sie die Methode aus allen Unterklassen, die sie nicht benötigen.
- Wandeln Sie um und testen Sie.

11.5 Feld nach unten verschieben

Ein Feld wird nur von einigen Unterklassen verwendet.

Verschieben Sie dieses Feld in diese Unterklassen.

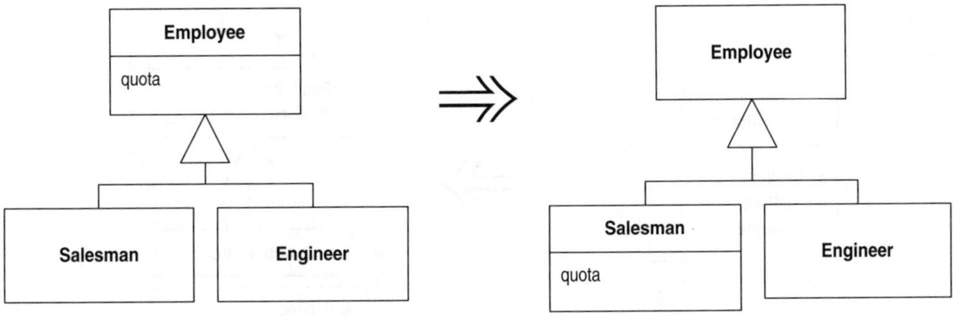

11.5.1 Motivation

Feld nach unten verschieben ist das Gegenteil von *Feld nach oben verschieben (330)*. Verwenden Sie diese Refaktorisierung, wenn Sie ein Feld nicht in der Oberklasse, sondern nur in einer Unterklasse benötigen.

11.5.2 Vorgehen

- Deklarieren Sie das Feld in allen Unterklassen.
- Entfernen Sie das Feld aus der Oberklasse.
- Wandeln Sie um und testen Sie.
- Entfernen Sie das Feld aus allen Unterklassen, die es nicht benötigen.
- Wandeln Sie um und testen Sie.

11.6 Unterklasse extrahieren

Eine Klasse hat Elemente, die nur von einigen Instanzen genutzt werden.

Erstellen Sie eine Unterklasse mit dieser Teilmenge von Elementen.

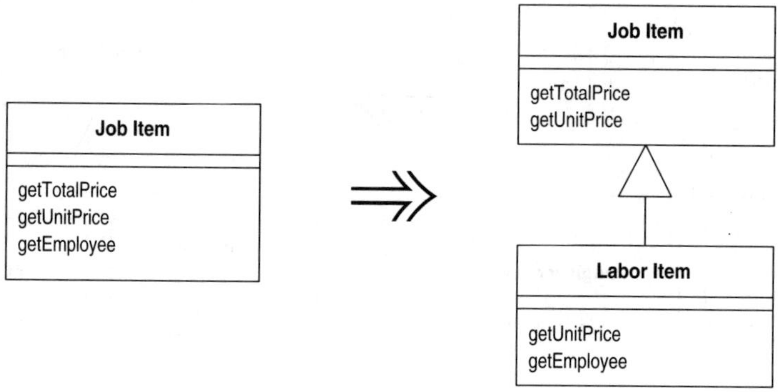

11.6.1 Motivation

Der Hauptauslöser für *Unterklasse extrahieren* ist die Erkenntnis, dass eine Klasse Verhalten besitzt, das von einigen Instanzen verwendet wird und von anderen nicht. Manchmal ist dies an einem Typenschlüssel zu erkennen; in einem solchen Fall können Sie *Typenschlüssel durch Unterklassen ersetzen (227)* oder *Typenschlüssel durch Zustand/Strategie ersetzen (231)* anwenden. Aber es bedarf keines Typenschlüssels, um die Verwendung einer Unterklasse nahezulegen.

Die Hauptalternative zu *Unterklasse extrahieren* ist *Klasse extrahieren (221)*. Dies ist eine Wahl zwischen Delegation und Vererbung. *Unterklasse extrahieren (340)* ist meistens einfacher durchzuführen, hat aber Grenzen. Sie können das klassenbasierte Verhalten eines Objekts nicht mehr ändern, nachdem Sie das Objekt erzeugt haben. Sie können das klassenbasierte Verhalten mit *Klasse extrahieren (148)* einfach durch Einbinden verschiedener Komponenten ändern. Auch können Sie Unterklassen nur verwenden, um einen variablen Aspekt darzustellen. Wollen Sie die Klasse auf verschiedene Weise variieren, so müssen Sie für alle Variationen bis auf eine die Delegation verwenden.

11.6.2 Vorgehen

- Definieren Sie eine neue Unterklasse der Ausgangsklasse.
- Definieren Sie Konstruktoren für die neue Unterklasse.

In einfachen Fällen kopieren Sie die Argumente der Oberklasse und rufen den Konstruktor der Oberklasse mittels `super` auf.

> ⇛ *Wenn Sie die Verwendung von Unterklassen vor den Clients verbergen wollen, so können Sie Konstruktor durch Fabrikmethode ersetzen (313) anwenden.*

- Suchen Sie alle Aufrufe von Konstruktoren der Oberklasse. Wenn diese die Unterklasse benötigen, ersetzen Sie sie durch einen Aufruf des neuen Konstruktors.

> ⇛ *Wenn der Konstruktor der Unterklasse andere Argumente benötigt, verwenden Sie Methode umbenennen (279), um ihn zu ändern. Wenn einige der Parameter des Konstruktors der Oberklasse nicht mehr benötigt werden, so wenden Sie Methode umbenennen (279) auch auf diesen an.*

> ⇛ *Wenn die Oberklasse nicht mehr direkt instanziiert werden kann, deklarieren Sie sie als abstrakt.*

- Verwenden Sie *Methode nach unten verschieben (337)* und *Feld nach unten verschieben (339)*, um diese Elemente nach und nach in die Unterklasse zu verschieben.

> ⇛ *Anders als bei Klasse extrahieren (148) ist es hier meistens einfacher, erst die Methoden und dann die Daten zu verschieben.*

> ⇛ *Wenn eine öffentliche Methode nach unten verschoben wird, kann es sein, dass Sie Variablen eines Aufrufers oder einen Parametertyp ändern müssen, um die neue Methode aufzurufen. Der Compiler wird diese Fälle entdecken.*

- Suchen Sie nach Feldern, die Informationen enthalten, die man nun der Vererbungshierarchie entnehmen kann (meist boolesche Felder oder Typenschlüssel). Eliminieren Sie sie durch *Eigenes Feld kapseln (171)*, und ersetzen Sie die get-Methoden durch polymorphe konstante Methoden. Alle Clients dieser Felder sollten mittels *Bedingten Ausdruck durch Polymorphismus ersetzen (259)* refaktorisiert werden.

> ⇛ *Für Methoden außerhalb der Klassen, die eine Zugriffsmethode verwenden, sollten Sie den Einsatz von Methode verschieben (139) erwägen, um die Methode in die Klasse zu verschieben; anschließend verwenden Sie dann Bedingten Ausdruck durch Polymorphismus ersetzen (259).*

- Wandeln Sie nach jedem Verschieben nach unten um und testen Sie.

11.6.3 Beispiel

Ich beginne mit einer Klasse `JobItem`, die die Preise für Arbeiten in einer Werkstatt bestimmt:

```
class JobItem ...
  public JobItem (int unitPrice, int quantity, boolean isLabor,
                  Employee employee) {
      _unitPrice = unitPrice;
      _quantity = quantity;
      _isLabor = isLabor;
      _employee = employee;
  }
  public int getTotalPrice() {
      return getUnitPrice() * _quantity;
  }
  public int getUnitPrice(){
      return (_isLabor) ?
          _employee.getRate():
          _unitPrice;
  }
  public int getQuantity(){
      return _quantity;
  }
  public Employee getEmployee() {
      return _employee;
  }
  private int _unitPrice;
  private int _quantity;
  private Employee _employee;
  private boolean _isLabor;

class Employee...
  public Employee (int rate) {
      _rate = rate;
  }
  public int getRate() {
      return _rate;
  }
  private int _rate;
```

Ich extrahiere eine Unterklasse `LaborItem` aus dieser Klasse, da ein Teil des Verhaltens und der Daten nur in diesem Fall benötigt werden. Ich beginne mit der neuen Klasse:

```
class LaborItem extends JobItem {}
```

Das Erste, was ich brauche, ist ein Konstruktor für die Klasse LaborItem, da JobItem keinen Konstruktor ohne Argumente hat. Hierzu kopiere ich die Signatur des Konstruktors der Oberklasse:

```
  public LaborItem (int unitPrice, int quantity, boolean isLabor,
                    Employee employee) {
      super (unitPrice, quantity, isLabor, employee);
  }
```

Das reicht aus, um die neue Klasse umwandeln zu können. Der Konstruktor ist aber noch unhandlich; einige Argumente werden von LaborItem benötigt, andere nicht. Aber damit beschäftige ich mich später.

Der nächste Schritt besteht darin, nach Aufrufern des Konstruktors von JobItem zu suchen und nach Fällen Ausschau zu halten, in denen statt dessen der Konstruktor von LaborItem aufgerufen wird.

So wird ein Befehl wie

```
      JobItem j1 = new JobItem (0, 5, true, kent);
```

zu:

```
      JobItem j1 = new LaborItem (0, 5, true, kent);
```

Bis jetzt habe ich den Typ der Variablen nicht geändert; ich habe nur den Typ des Konstruktors geändert. Das mache ich deshalb so, weil ich den neuen Typ nur dort verwenden will, wo es sein muss. Bis jetzt habe ich noch keine spezielle Schnittstelle für die Unterklasse, so dass ich noch keine Varianten deklarieren möchte.

Es ist jetzt an der Zeit, die Parameterlisten der Konstruktoren aufzuräumen. Ich verwende für jeden *Methode umbenennen (279)*. Ich beginne mit der Oberklasse. Ich erstelle einen neuen Konstruktor und deklariere den alten als geschützt (denn die Unterklasse benötigt ihn weiterhin):

```
class JobItem...
  protected JobItem (int unitPrice, int quantity, boolean isLabor, Employee
employee) {
      _unitPrice = unitPrice;
      _quantity = quantity;
      _isLabor = isLabor;
      _employee = employee;
```

```
  }
  public JobItem (int unitPrice, int quantity) {
      this (unitPrice, quantity, false, null)
  }
```

Aufrufe von außerhalb nutzen nun den neuen Konstruktor:

```
      JobItem j2 = new JobItem (10, 15);
```

Nachdem ich umgewandelt und getestet habe, wende ich *Methode umbenennen (279)* auf den Konstruktor der Unterklasse an:

```
class LaborItem
  public LaborItem (int quantity, Employee employee) {
      super (0, quantity, true, employee);
  }
```

Im Augenblick verwende ich noch den geschützten Konstruktor der Oberklasse.

Nun kann ich damit beginnen, Elemente in die Klasse `JobItem` zu verschieben. Ich beginne mit den Methoden. Als Erstes wende ich *Methode nach unten verschieben (337)* auf `getEmployee` an:

```
class LaborItem...
   public Employee getEmployee() {
      return _employee;
   }
class JobItem...
   protected Employee _employee;
```

Da das Feld `_employee` später nach unten verschoben wird, deklariere ich es vorerst als geschützt.

Nachdem das Feld `_employee` geschützt ist, kann ich die Konstruktoren bereinigen, so dass `_employee` nur noch in der Unterklasse gesetzt wird, in die es verschoben werden soll:

```
class JobItem...
  protected JobItem (int unitPrice, int quantity, boolean isLabor) {
      _unitPrice = unitPrice;
      _quantity = quantity;
      _isLabor = isLabor;
  }

class LaborItem ...
  public LaborItem (int quantity, Employee employee) {
```

```
        super (0, quantity, true);
        _employee = employee;
    }
```

Das Feld `_isLabor` wird benutzt, um Information darzustellen, die nun in der Hierarchie enthalten sind. Ich kann dieses Feld also entfernen. Am besten ist es, wenn ich zunächst *Eigenes Feld kapseln (171)* anwende und dann die Zugriffsmethoden eine polymorphe konstante Methode verwenden lasse. Eine polymorphe konstante Methode ist eine Methode, bei der jede Implementierung einen (anderen) festen Wert liefert:

```
class JobItem...
  protected boolean isLabor() {
      return false;
  }

class LaborItem...
  protected boolean isLabor() {
      return true;
  }
```

Dann kann ich auf das `_isLabor`-Feld verzichten.

Nun kann ich nach Nutzern der `isLabor`-Methode suchen. Diese sollten mittels *Bedingten Ausdruck durch Polymorphismus ersetzen (259)* refaktorisiert werden. Ich nehme die Methode:

```
class JobItem...
  public int getUnitPrice(){
      return (isLabor()) ?
      _employee.getRate():
      _unitPrice;
  }
```

und ersetze sie durch:

```
class JobItem...
  public int getUnitPrice(){
      return _unitPrice;
  }

class LaborItem...
  public int getUnitPrice(){
      return  _employee.getRate();
  }
```

Nachdem eine Gruppe von Methoden, die einige Datenelemente verwenden, nach unten verschoben worden ist, kann ich *Feld nach unten verschieben (339)* auf die Datenelemente anwenden. Wenn ich dies nicht anwenden kann, so ist das ein Zeichen dafür, dass ich noch weiter an den Methoden arbeiten muss, entweder mit *Methode nach unten verschieben (337)* oder *Bedingten Ausdruck durch Polymorphismus ersetzen (259)*.

Da `_unitPrice` nur von `JobItems` verwendet wird, die keine `LaborItems` sind, kann ich *Unterklasse extrahieren (340)* nochmals auf `JobItem` anwenden und eine Klasse `PartItem` extrahieren. Nachdem ich das getan habe, ist die Klasse `JobItem` abstrakt.

11.7 Oberklasse extrahieren

Sie haben zwei Klassen mit ähnlichen Elementen.

Erstellen Sie eine Oberklasse, und verschieben Sie die gemeinsamen Elemente in die Oberklasse.

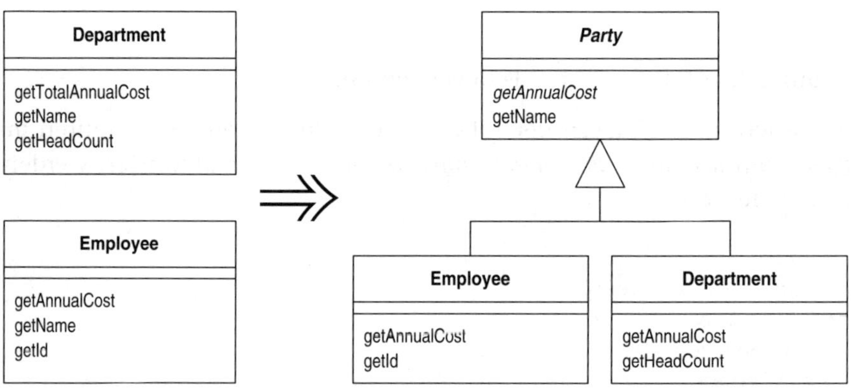

11.7.1 Motivation

Redundanter Code ist grundsätzlich schlecht. Wird etwas an verschiedenen Stellen formuliert und muss es später geändert werden, so müssen Sie an unnötig vielen Stellen ändern.

Auch Klassen, die ähnliche Dinge in der gleichen oder auch auf unterschiedliche Weise tun, sind eine Art redundanten Codes. Objekte bieten einen eingebauten Mechanismus, um diese Situation mittels Vererbung zu vereinfachen. Oft erkennen Sie diese Gemeinsamkeiten aber erst, wenn Sie einige Klassen erstellt haben, und dann müssen Sie die Vererbungsstruktur nachträglich erstellen.

Eine Alternative ist *Klasse extrahieren (148)*. Sie haben im Wesentlichen die Wahl zwischen Vererbung und Delegation. Vererbung ist die einfachere Wahl, wenn die Klassen sowohl die Schnittstelle als auch das Verhalten gemeinsam haben. Treffen Sie die falsche Entscheidung, so können Sie diese mittels *Vererbung durch Delegation ersetzen (363)* später korrigieren.

11.7.2 Vorgehen

- Erstellen Sie eine leere abstrakte Oberklasse; machen Sie die Ausgangsklassen zu Unterklassen der neuen Klasse.
- Verwenden Sie *Feld nach oben verschieben (330)*, *Methode nach oben verschieben (331)* und *Konstruktorrumpf nach oben verschieben (334)*, um Element für Element die gemeinsamen Elemente in die Oberklasse zu verschieben.

  ⇛ *Meistens ist es einfacher, die Felder zuerst zu verschieben.*

  ⇛ *Haben Sie Methoden in den Unterklassen, die die gleiche Aufgabe, aber eine unterschiedliche Signatur haben, so wenden Sie Methode umbenennen (279) an, um ihnen den gleichen Namen zu geben, und wenden dann Methode nach oben verschieben (331) an.*

  ⇛ *Haben Sie Methoden mit der gleichen Signatur, aber unterschiedlichen Rümpfen, so deklarieren Sie die gemeinsame Signatur als abstrakte Methode in der Oberklasse.*

  ⇛ *Haben Sie Methoden mit verschiedenen Rümpfen, die das Gleiche tun, so können Sie versuchen, Algorithmus ersetzen (136) anzuwenden, um den Rumpf der einen Methode in die andere zu kopieren. Wenn das funktioniert, können Sie anschließend Methode nach oben verschieben (331) anwenden.*

- Wandeln Sie nach jedem Verschieben um und testen Sie.
- Untersuchen Sie die in den Unterklassen verbliebenen Methoden. Suchen Sie nach gemeinsamen Teilen; gibt es solche, können Sie sie mittels *Methode extrahieren (106)* mit anschließendem *Methode nach oben verschieben (331)* in die Oberklasse verschieben. Ist der Gesamtablauf ähnlich, so können Sie vielleicht *Template-Methode bilden (355)* anwenden.
- Nachdem Sie alle gemeinsamen Elemente nach oben verschoben haben, prüfen Sie alle Clients der Unterklassen. Wenn sie nur die gemeinsame Schnittstelle nutzen, lassen Sie sie den Typ der Oberklasse verwenden.

11.7.3 Beispiel

In diesem Fall habe ich eine Klasse Employee (Mitarbeiter) und eine Klasse Department (Abteilung):

```
class Employee...
  public Employee (String name, String id, int annualCost) {
      _name = name;
      _id = id;
      _annualCost = annualCost;
  }
  public int getAnnualCost() {
      return _annualCost;
  }
  public String getId(){
      return _id;
  }
  public String getName() {
      return _name;
  }
  private String _name;
  private int _annualCost;
  private String _id;

public class Department...
  public Department (String name) {
      _name = name;
  }
  public int getTotalAnnualCost(){
      Enumeration e = getStaff();
      int result = 0;
      while (e.hasMoreElements()) {
          Employee each = (Employee) e.nextElement();
          result += each.getAnnualCost();
      }
      return result;
  }
  public int getHeadCount() {
      return _staff.size();
  }
  public Enumeration getStaff() {
      return _staff.elements();
  }
  public void addStaff(Employee arg) {
      _staff.addElement(arg);
```

```
  }
  public String getName() {
      return _name;
  }
  private String _name;
  private Vector _staff = new Vector();
```

Es gibt hier einige Bereiche mit Gemeinsamkeiten. Sowohl die Klasse `Employee` als auch die Klasse `Department` haben ein Feld `_name`. Beide haben jährliche Kosten (`getAnnualCost` bzw. `getTotalAnnualCost`), auch wenn sich die Berechnungen etwas unterscheiden. Ich extrahiere eine Oberklasse für diese Elemente. Der erste Schritt besteht darin, eine Oberklasse zu erstellen und die beiden Klassen zu Unterklassen dieser Oberklasse zu machen:

```
abstract class Party {}
class Employee extends Party...
class Department extends Party...
```

Nun beginne ich die Elemente in die Oberklasse zu verschieben. Es ist meistens einfacher, zuerst *Feld nach oben verschieben (330)* anzuwenden:

```
class Party...
  protected String _name;
```

Dann kann ich *Methode nach oben verschieben (331)* auf die get-Methode anwenden:

```
class Party {

  public String getName() {
      return _name;
  }
```

Ich möchte das Feld als privat deklarieren. Dazu muss ich *Konstruktorrumpf nach oben verschieben (334)* anwenden, um den Namen zuzuweisen:

```
class Party...
  protected Party (String name) {
      _name = name;
  }
  private String _name;

class Employee...
  public Employee (String name, String id, int annualCost) {
      super (name);
```

```
        _id = id;
        _annualCost = annualCost;
  }

class Department...
  public Department (String name) {
        super (name);
  }
```

Die Methoden `Department.getTotalAnnualCost` und `Employee.getAnnualCost` haben den gleichen Zweck, sie sollten also auch den gleichen Namen haben. Zuerst wende ich *Methode umbenennen (279)* an, um ihnen den gleichen Namen zu geben:

```
class Department extends Party {
   public int getAnnualCost(){
      Enumeration e = getStaff();
      int result = 0;
      while (e.hasMoreElements()) {
         Employee each = (Employee) e.nextElement();
         result += each.getAnnualCost();
      }
      return result;
   }
```

Die Rümpfe unterscheiden sich weiterhin, also kann ich *Methode nach oben verschieben (331)* noch nicht anwenden; ich kann aber schon eine abstrakte Methode in der Oberklasse deklarieren:

```
  abstract public int getAnnualCost()
```

Nachdem ich diese auf der Hand liegenden Änderungen vorgenommen habe, untersuche ich die Clients der beiden Klassen, um festzustellen, ob ich irgendwelche bereits die neue Oberklasse verwenden können. Ein Client dieser Klassen ist die Klasse `Department` selbst, die eine Collection von `Employee`-Objekten enthält. Die `getAnnualCost`-Methode verwendet nur die `getAnnualCost`-Methode, die nun in der Klasse `Party` deklariert ist:

```
class Department...
  public int getAnnualCost(){
        Enumeration e = getStaff();
        int result = 0;
        while (e.hasMoreElements()) {
            Party each = (Party) e.nextElement();
```

```
            result += each.getAnnualCost();
        }
        return result;
    }
```

Dieses Verhalten eröffnet eine neue Möglichkeit. Ich kann Department und Employee als Kompositum [Gang of Four] behandeln. Das würde es ermöglichen, ein Department als Teil eines anderen Departments zu behandeln. Dies wäre eine neue Funktionalität, also genaugenommen keine Refaktorisierung. Wenn ein Kompositum gewünscht wird, könnte ich dies erreichen, indem ich den Namen des Felds _staff der neuen Situation anpasse. Dazu würde auch eine Änderung des Namens von addStaff gehören und die Änderung des Parameters in Party. Die letzte Änderung würde die Methode headCount rekursiv gestalten. Ich könnte dies tun, indem ich eine headCount-Methode in Employee erstelle, die einfach 1 liefert, und *Algorithmus ersetzen (136)* auf die Methode headCount von Department anwende, um die Summe der headCount-Methoden aller Komponenten zu berechnen.

11.8 Schnittstelle extrahieren

Verschiedene Clients verwenden die gleiche Teilmenge der Schnittstelle einer Klasse, oder zwei Klassen haben einen Teil ihrer Schnittstelle gemeinsam.

Extrahieren Sie die Teilmenge in eine Schnittstelle.

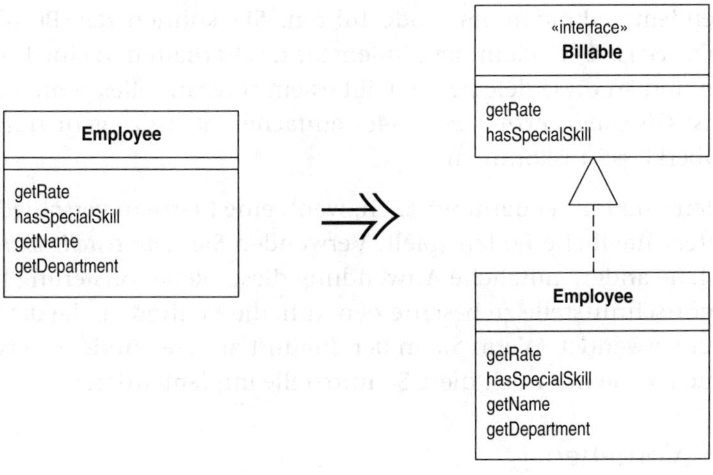

11.8.1 Motivation

Klassen verwenden einander auf verschiedene Weise. Eine Klasse zu verwenden bedeutet oft, den ganzen Verantwortungsbereich einer Klasse zu nutzen. In einem anderen Fall verwendet eine Gruppe von Clients nur eine Teilmenge der Verantwortlichkeiten einer Klasse. Ein weiterer Fall liegt vor, wenn eine Klasse mit jeder anderen Klassen arbeiten muss, die bestimmte Aufrufe versteht.

Im zweiten der beiden Fälle ist es oft nützlich, die Teilmenge der Verantwortlichkeiten zu einem selbstständigen Element mit einer genau definierten Verwendung im System zu machen. So ist es leichter zu erkennen, wie sich die Verantwortlichkeiten verteilen. Wenn neue Klassen benötigt werden, um die Teilmenge zu unterstützen, so ist es einfacher zu erkennen, was in die Teilmenge passt.

In vielen objektorientierten Sprachen wird diese Fähigkeit durch Mehrfachvererbung unterstützt. Sie können eine Klasse für jedes Verhaltenssegment erstellen und sie in einer Implementierung kombinieren. Java unterstützt die Einfachvererbung, ermöglicht es Ihnen aber, diese Art von Anforderung mittels Schnittstellen (`interface`) zu implementieren. Schnittstellen haben großen Einfluss darauf, wie Programmierer Java-Programme entwerfen. Sogar Smalltalk-Programmierer meinen, dass Schnittstellen einen Fortschritt darstellen!

Es gibt einige Ähnlichkeit zwischen *Oberklasse extrahieren (346)* und *Schnittstelle extrahieren. Schnittstelle extrahieren* kann nur gemeinsame Schnittstellen herausfaktorisieren, keinen gemeinsamen Code. *Schnittstelle extrahieren* kann auch zu übel riechendem redundantem Code führen. Sie können das Problem durch *Klasse extrahieren (148)* eindämmen, indem Sie das Verhalten in eine Komponente verschieben und an diese delegieren. Gibt es ein substantielles gemeinsames Verhalten, so ist *Oberklasse extrahieren (346)* einfacher, aber das geht nur, wenn Sie mit einer Oberklasse auskommen.

Schnittstellen sind immer dann nützlich, wenn eine Klasse in verschiedenen Situationen unterschiedliche Rollen spielt. Verwenden Sie *Schnittstelle extrahieren* für jede Rolle. Eine andere nützliche Anwendung dieser Refaktorisierung besteht darin, die Importschnittstelle zu beschreiben, d.h. die Methoden, die die Klasse von ihrem Server verwendet. Wenn Sie in der Zukunft andere ähnliche Server benötigen, so brauchen Sie nur noch diese Schnittstelle implementieren.

11.8.2 Vorgehen

- Erstellen Sie eine leere Schnittstelle.
- Deklarieren Sie die gemeinsamen Operationen in der Schnittstelle.

- Deklarieren Sie, dass die relevanten Klassen die Schnittstelle implementieren.
- Lassen Sie die Typdeklarationen der Clients die Schnittstelle verwenden.

11.8.3 Beispiel

Eine Klasse `TimeSheet` erzeugt Abrechnungen für Mitarbeiter (`Employee`). Um dies zu tun, muss `TimeSheet` den Tagessatz für Mitarbeiter kennen und wissen, ob der Mitarbeiter über spezielle Fähigkeiten (`hasSpecialSkills`) verfügt:

```
double charge(Employee emp, int days) {
    int base =  emp.getRate() * days;
    if (emp.hasSpecialSkill())
        return base * 1.05;
    else return base;
}
```

Die Klasse `Employee` hat viele andere Aspekte als den zu berechnenden Tagessatz und die Informationen über spezielle Fähigkeiten, aber dies sind die einzigen Teile, die diese Anwendung benötigt. Ich kann die Tatsache, dass ich nur diese Teilmenge benötige, dadurch hervorheben, dass ich hierfür eine Schnittstelle definiere:

```
interface Billable {
   public int getRate();
   public boolean hasSpecialSkill();
}
```

Ich kann dann `Employee` als eine Klasse deklarieren, die diese Schnittstelle implementiert:

```
class Employee implements Billable ...
```

Damit kann ich nun die Deklaration der Methode `charge` ändern, um zu zeigen, dass sie nur diesen Teil des Verhaltens von `Employee` verwendet:

```
double charge(Billable emp, int days) {
    int base =  emp.getRate() * days;
    if (emp.hasSpecialSkill())
        return base * 1.05;
    else return base;
}
```

Zu diesem Zeitpunkt besteht der Vorteil nur in einem bescheidenen Gewinn an Dokumentierbarkeit. Ein solcher wäre für eine Methode kaum nützlich, aber wenn verschiedene Klassen die Schnittstelle `Billable` von `Employee` nutzen, wäre es schon nützlich. Der große Gewinn tritt ein, wenn ich auch Computer abrechnen will. Um sie abrechenbar zu machen, muss ich nur die Schnittstelle `Billable` für sie implementieren, und dann kann ich auch Computer über `Timesheet` abrechnen.

11.9 Hierarchie abflachen

Eine Oberklasse und eine Unterklasse unterscheiden sich nicht wesentlich.

Führen Sie sie zusammen.

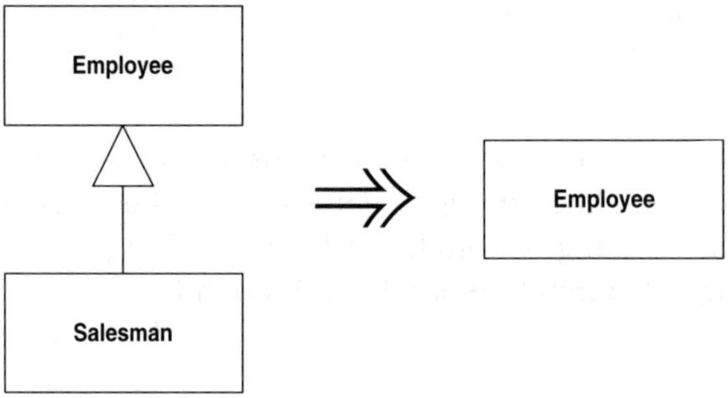

11.9.1 Motivation

Wenn Sie eine Weile mit einer Klassenhierarchie gearbeitet haben, kann sie leicht zu verworren werden, um noch nützlich zu sein. Das Refaktorisieren der Hierarchie umfasst oft das Verschieben von Feldern und Methoden die Hierarchie herauf und hinunter. Nachdem Sie dies getan haben, können Sie sehr wohl feststellen, dass Sie eine Unterklasse haben, die keinen zusätzlichen Nutzen bringt, so dass Sie die Klassen zusammenführen müssen.

11.9.2 Vorgehen

- Entscheiden Sie, welche Klasse entfernt werden soll: die Oberklasse oder die Unterklasse.
- Verwenden Sie *Feld nach oben verschieben (330)* und *Methode nach oben verschieben (331)* oder *Methode nach unten verschieben (337)* und *Feld nach unten verschieben (339)*, um das ganze Verhalten und die Daten der Klasse, die entfernt werden soll, in die andere Klasse zu verschieben.

- Wandeln Sie nach jedem Verschieben um und testen Sie.
- Ändern Sie die Referenzen auf die Klasse, die entfernt werden soll, auf die verbleibende Klasse. Dies betrifft Deklarationen, Typen von Parametern und Konstruktoren.
- Entfernen Sie die leere Klasse.
- Wandeln Sie um und testen Sie.

11.10 Template-Methode bilden

Sie haben zwei Methoden in Unterklassen, die ähnliche Schritte in der gleichen Reihenfolge ausführen, sich aber in einigen Schritten unterscheiden.

Extrahieren Sie die verschiedenen Schritte in Methoden mit der gleichen Signatur, so dass die Originalmethoden identisch werden. Dann können Sie sie nach oben verschieben.

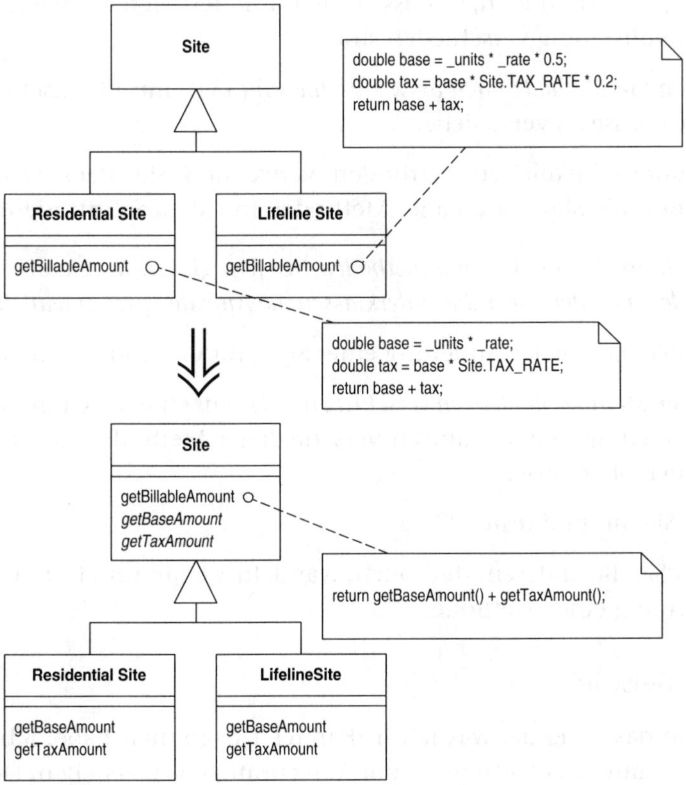

11.10.1 Motivation

Vererbung ist ein mächtiges Werkzeug, um redundantes Verhalten zu eliminieren. Immer wenn wir zwei ähnliche Methoden in Unterklassen haben, wollen wir sie in einer Unterklasse zusammenbringen. Aber was ist, wenn sie nicht gleich sind? Was sollen wir dann machen? Wir müssen trotzdem die Redundanzen eliminieren, aber die wesentlichen Unterschiede erhalten.

Es kommt häufig vor, dass zwei Methoden im Wesentlichen ähnliche Schritte in der gleichen Reihenfolge durchführen, aber die Schritte nicht identisch sind. In diesem Fall können wir die Folge der Schritte in die Oberklasse verschieben und es dem Polymorphismus überlassen, dafür zu sorgen, dass die unterschiedlichen Schritte die Dinge verschieden ausführen. Eine solche Methode heißt Template-Methode [Gang of Four].

11.10.2 Vorgehen

- Zerlegen Sie die Methoden, so dass alle extrahierten Methoden entweder identisch oder vollständig verschieden sind.
- Verwenden Sie *Methode nach oben verschieben (331)*, um identische Methoden in die Oberklasse zu verschieben.
- Für die unterschiedlichen Methoden verwenden Sie *Methode umbenennen (279)*, so dass die Signaturen aller Methoden in jedem Schritt identisch sind.

  ⇛ *Dadurch werden die Originalmethoden insofern gleich, als sie alle die gleichen Methoden aufrufen, aber die Unterklassen die Aufrufe unterschiedlich behandeln.*
- Wandeln Sie nach jeder Änderung einer Signatur um und testen Sie.
- Wenden Sie *Methode nach oben verschieben (331)* auf eine der Originalmethoden an. Definieren Sie die Signaturen verschiedener Methoden als abstrakte Methode in der Oberklasse.
- Wandeln Sie um und testen Sie.
- Entfernen Sie die anderen Methoden, wandeln Sie um und testen Sie nach jeder Entfernung einer Methode.

11.10.3 Beispiel

Ich führe nun das zu Ende, was ich in Kapitel 1 begonnen habe. Ich hatte eine Klasse `Customer` mit zwei Methoden, um Abrechnungen zu erstellen. Die Methode `statement` erstellt eine Abrechnung im Text-Format:

```
public String statement() {
    Enumeration rentals = _rentals.elements();
    String result = "Rental Record for " + getName() + "\n";
    while (rentals.hasMoreElements()) {
        Rental each = (Rental) rentals.nextElement();

        //show figures for this rental
        result += "\t" + each.getMovie().getTitle()+ "\t" +
            String.valueOf(each.getCharge()) + "\n";
    }

    //add footer lines
    result += "Amount owed is " + String.valueOf(getTotalCharge()) + "\n";
    result += "You earned " + String.valueOf(getTotalFrequentRenterPoints())
+
    " frequent renter points";
    return result;
}
```

`htmlStatement` **erstellt dagegen die Abrechnung in HTML:**

```
public String htmlStatement() {
    Enumeration rentals = _rentals.elements();
    String result = "<H1>Rentals for <EM>" + getName() + "</EM></H1><P>\n";
    while (rentals.hasMoreElements()) {
        Rental each = (Rental) rentals.nextElement();
        //show figures for each rental
        result += each.getMovie().getTitle()+ ": " +
           String.valueOf(each.getCharge()) + "<BR>\n";
    }
    //add footer lines
    result +=  "<P>You owe <EM>" + String.valueOf(getTotalCharge())
            + "</EM><P>\n";
    result += "On this rental you earned <EM>" +
       String.valueOf(getTotalFrequentRenterPoints()) +
       "</EM> frequent renter points<P>";
    return result;
}
```

Bevor ich *Template-Methode bilden (355)* anwenden kann, muss ich die Dinge so arrangieren, dass die beiden Methoden zu Klassen mit einer gemeinsamen Oberklasse gehören. Ich erreiche dies, indem ich ein Methodenobjekt [Beck] verwende, um eine getrennte Strategie-Hierarchie für das Drucken von Rechnungen (`Statement`) zu entwickeln (siehe Abbildung 11-1).

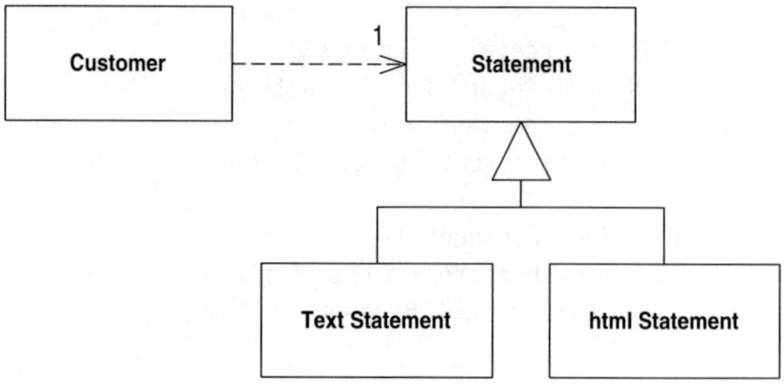

Abbildung 11-1 Strategie für Befehle (`Statements`*) verwenden*

```
class Statement {}
class TextStatement extends Statement {}
class HtmlStatement extends Statement {}
```

Nun kann ich *Methode verschieben (139)* anwenden, um die beiden `statement`-Methoden in die Unterklassen zu verschieben:

```
class Customer...
  public String statement() {
      return new TextStatement().value(this);
  }
  public String htmlStatement() {
      return new HtmlStatement().value(this);
  }

class TextStatement {
  public String value(Customer aCustomer) {
       Enumeration rentals = aCustomer.getRentals();
       String result = "Rental Record for " + aCustomer.getName() + "\n";
       while (rentals.hasMoreElements()) {
           Rental each = (Rental) rentals.nextElement();

           //show figures for this rental
           result += "\t" + each.getMovie().getTitle()+ "\t" +
               String.valueOf(each.getCharge()) + "\n";
       }
       //add footer lines
       result += "Amount owed is " +
          String.valueOf(aCustomer.getTotalCharge()) + "\n";
       result += "You earned " +
          String.valueOf(aCustomer.getTotalFrequentRenterPoints()) +
```

```
        " frequent renter points";
      return result;
    }

class HtmlStatement {
  public String value(Customer aCustomer) {
      Enumeration rentals = aCustomer.getRentals();
      String result = "<H1>Rentals for <EM>" + aCustomer.getName() + "</EM></
            H1><P>\n";
      while (rentals.hasMoreElements()) {
          Rental each = (Rental) rentals.nextElement();
          //show figures for each rental
          result += each.getMovie().getTitle()+ ": " +
                    String.valueOf(each.getCharge()) + "<BR>\n";
      }
      //add footer lines
      result +=  "<P>You owe <EM>" +
            String.valueOf(aCustomer.getTotalCharge()) + "</EM><P>\n";
      result += "On this rental you earned <EM>"
            String.valueOf(aCustomer.getTotalFrequentRenterPoints()) +
            "</EM> frequent renter points<P>";
       return result;
  }
```

Während ich die `statement`-Methoden verschob, habe ich sie umbenannt, damit sie besser zur Strategie passen. Ich gab ihnen den gleichen Namen, da der Unterschied der beiden nun nur in der Klasse und nicht in der Methode besteht. (Für die Leser, die dieses Beispiel ausprobieren wollen, müsste ich auch noch eine `getRentals`-Methode in der Klasse `Customer` ergänzen und `getTotalCharge` und `getTotalFrequentRenterPoints` zugänglicher machen.)

Mit zwei ähnlichen Methoden in Unterklassen kann ich nun mit *Template-Klasse bilden (355)* beginnen. Der entscheidende Punkt bei dieser Refaktorisierung besteht darin, den variierenden Code von dem ähnlichen durch *Methode extrahieren (106)* zu trennen, indem die Teile, die sich unterscheiden, extrahiert werden. Jedesmal, wenn ich extrahiere, erstelle ich Methoden mit der gleichen Signatur, aber unterschiedlichen Rümpfen.

Das erste Beispiel ist das Drucken der Kopfzeile (`headerString`). Beide Methoden verwenden die Klasse `Customer`, um Informationen zu bekommen, aber der Ergebnisstring wird unterschiedlich aufbereitet. Ich extrahiere das Formatieren des Strings in separate Methoden mit der gleichen Signatur:

```
class TextStatement...
  String headerString(Customer aCustomer) {
      return "Rental Record for " + aCustomer.getName() + "\n";
  }
  public String value(Customer aCustomer) {
       Enumeration rentals = aCustomer.getRentals();
       String result = headerString(aCustomer);
       while (rentals.hasMoreElements()) {
           Rental each = (Rental) rentals.nextElement();

           //show figures for this rental
           result += "\t" + each.getMovie().getTitle()+ "\t" +
               String.valueOf(each.getCharge()) + "\n";
       }

       //add footer lines
       result +=  "Amount owed is " +
              String.valueOf(aCustomer.getTotalCharge()) + "\n";
       result += "You earned " +
              String.valueOf(aCustomer.getTotalFrequentRenterPoints()) +
            " frequent renter points";
       return result;
  }

class HtmlStatement...
  String headerString(Customer aCustomer) {
       return "<H1>Rentals for <EM>" + aCustomer.getName() + "</EM></H1><P>\n";
  }
  public String value(Customer aCustomer) {
       Enumeration rentals = aCustomer.getRentals();
       String result = headerString(aCustomer);
       while (rentals.hasMoreElements()) {
           Rental each = (Rental) rentals.nextElement();
           //show figures for each rental
           result += each.getMovie().getTitle()+ ": " +
                        String.valueOf(each.getCharge()) + "<BR>\n";
       }
       //add footer lines
       result +=  "<P>You owe <EM>" +
              String.valueOf(aCustomer.getTotalCharge()) + "</EM><P>\n";
       result += "On this rental you earned <EM>" +
           String.valueOf(aCustomer.getTotalFrequentRenterPoints()) +
           "</EM> frequent renter points<P>";
       return result;
  }
```

Ich wandle nun um, teste und fahre mit den anderen Elementen fort. Ich mache jeweils nur einen Schritt. Hier ist das Ergebnis:

```
class TextStatement …
  public String value(Customer aCustomer) {
      Enumeration rentals = aCustomer.getRentals();
      String result = headerString(aCustomer);
      while (rentals.hasMoreElements()) {
          Rental each = (Rental) rentals.nextElement();
          result += eachRentalString(each);
      }
      result += footerString(aCustomer);
      return result;
  }

  String eachRentalString (Rental aRental) {

        return "\t" + aRental.getMovie().getTitle()+ "\t" +
            String.valueOf(aRental.getCharge()) + "\n";
  }

  String footerString (Customer aCustomer) {
        return
        "Amount owed is " + String.valueOf(aCustomer.getTotalCharge()) +"\n" +
           "You earned " +
  String.valueOf(aCustomer.getTotalFrequentRenterPoints()) +
           " frequent renter points";
  }

class HtmlStatement…
  public String value(Customer aCustomer) {
        Enumeration rentals = aCustomer.getRentals();
        String result = headerString(aCustomer);
        while (rentals.hasMoreElements()) {
            Rental each = (Rental) rentals.nextElement();
            result += eachRentalString(each);
        }
        result += footerString(aCustomer);
        return result;
  }

  String eachRentalString (Rental aRental) {
        return aRental.getMovie().getTitle()+ ": " +
        String.valueOf(aRental.getCharge()) + "<BR>\n";
  }
```

```
 String footerString (Customer aCustomer) {
     return "<P>You owe <EM>" + String.valueOf(aCustomer.getTotalCharge()) +
        "</EM><P>\n" + "On this rental you earned <EM>" +
        String.valueOf(aCustomer.getTotalFrequentRenterPoints()) +
           "</EM> frequent renter points<P>";
}
```

Nachdem diese Änderungen erfolgt sind, sehen sich die Methoden bemerkenswert ähnlich. So kann ich *Methode nach oben verschieben (331)* auf eine von ihnen anwenden und greife dafür zufällig die Textversion heraus. Wenn ich nach oben verschiebe, muss ich die Methoden der Unterklasse als abstrakt deklarieren:

```
class Statement...
  public String value(Customer aCustomer) {
        Enumeration rentals = aCustomer.getRentals();
        String result = headerString(aCustomer);
        while (rentals.hasMoreElements()) {
            Rental each = (Rental) rentals.nextElement();
            result += eachRentalString(each);
        }
        result +=  footerString(aCustomer);
        return result;
   }

  abstract String headerString(Customer aCustomer);
  abstract String eachRentalString (Rental aRental);
  abstract String footerString (Customer aCustomer);
```

Ich entferne die Methode `value` aus der Klasse `TextStatement`, wandle um und teste. Wenn das funktioniert, entferne ich die Methode `value` aus der Klasse `HtmlStatement`, wandle um und teste wieder. Das Ergebnis zeigt Abbildung 11-2.

Nach dieser Refaktorisierung ist es einfach, neue Arten von Abrechnungen (`statement`) hinzuzufügen. Alles, was Sie tun müssen, ist eine Unterklasse von `Statement` zu erstellen, in der die drei abstrakten Methoden überschrieben werden.

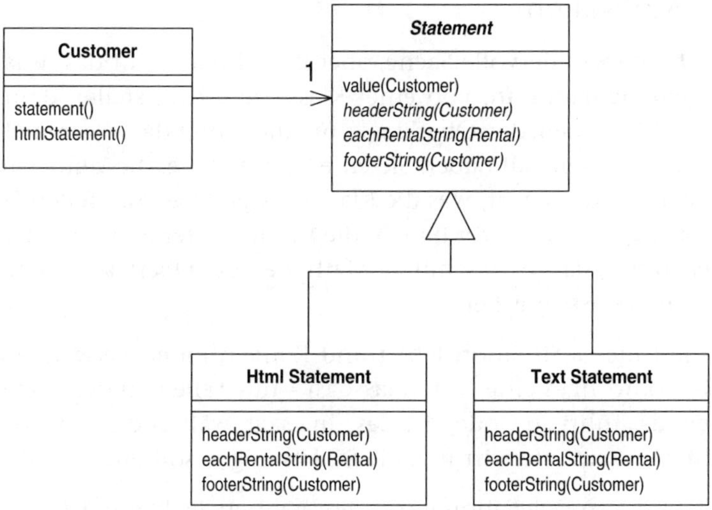

Abbildung 11-2 Die Klassen nach Einführung der Template-Methode

11.11 Vererbung durch Delegation ersetzen

Eine Unterklasse verwendet nur einen Teil der Schnittstelle der Oberklasse oder benötigt nicht alle geerbten Daten.

Erstellen Sie ein Feld für die Oberklasse, passen Sie die Methoden an, um an die Oberklasse zu delegieren, und entfernen Sie die Spezialisierung.

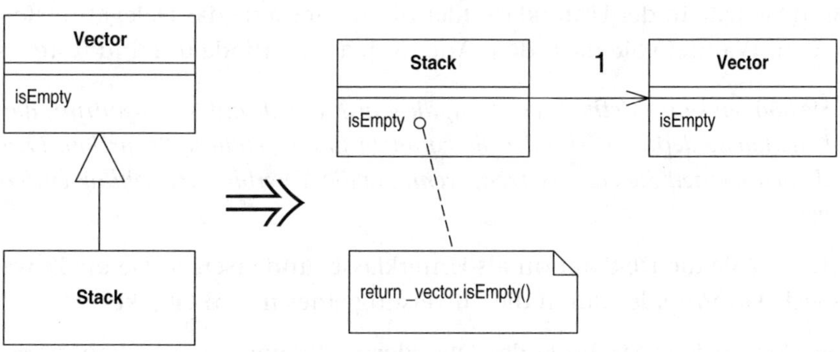

11.11.1 Motivation

Vererbung ist eine wundervolle Sache, aber manchmal nicht das, was Sie möchten. Oft fangen Sie damit an, von einer Klasse zu erben, stellen dann aber fest, dass viele der Methoden der Oberklasse für die Unterklasse gar nicht wirklich sinnvoll sind. In diesem Fall haben Sie eine Schnittstelle, die keine wirklichkeitsgetreue Darstellung dessen ist, was die Klasse leistet. Oder Sie stellen fest, dass Sie eine große Ladung Daten geerbt haben, die für die Unterklasse nicht sinnvoll ist. Oder Sie stellen fest, dass es geschützte Methoden der Oberklasse gibt, die keinen Sinn für die Unterklasse ergeben.

Sie können mit dieser Situation leben und Konventionen verwenden, die besagen, dass Sie – obwohl es eine Unterklasse ist – nur Teile von deren Funktion verwenden. Aber das führt zu Code, der das eine sagt, während Sie etwas ganz anderes beabsichtigen – eine Verwirrung, die Sie beseitigen sollten.

Wenn Sie statt dessen Delegation einsetzen, können Sie klar machen, dass Sie die delegierte Klasse nur teilweise nutzen. Sie entscheiden, welche Aspekte der Schnittstelle Sie nutzen und welche Sie ignorieren. Dies kostet Sie nur zusätzliche delegierende Methoden, die zwar langweilig zu schreiben, aber zu einfach sind, als dass sie schief gehen könnten.

11.11.2 Vorgehen

- Erstellen Sie ein Feld in den Unterklassen, das auf eine Instanz der Oberklasse verweist. Initialisieren Sie es mit `this`.
- Lassen Sie jede in der Unterklasse definierte Methode das Delegationsfeld verwenden. Wandeln Sie nach dem Ändern jeder Methode um und testen Sie.

  ⇛ *Sie können keine Methode ersetzen, die eine Methode auf* `super` *aufruft, die in der Unterklasse definiert ist, oder Sie kommen in eine endlose Rekursion. Diese Methoden können Sie erst ersetzen, wenn Sie die Vererbungsbeziehung entfernt haben.*

- Entfernen Sie die Deklaration als Unterklasse, und ersetzen Sie die Zuweisung des Delegationsfeldes durch die Zuweisung eines neuen Objekts.
- Fügen Sie für jede Methode der Oberklasse, die von einem Client verwendet wird, eine einfache delegierende Methode ein.
- Wandeln Sie um und testen Sie.

11.11.3 Beispiel

Eines der klassischen Beispiele für eine unangemessene Vererbung ist es, einen Stack als Unterklasse eines Vektors zu deklarieren. Java 1.1 macht dies in den Utilities (böse Jungs!), aber in diesem Fall verwende ich eine vereinfachte Form eines Stacks:

```
class MyStack extends Vector {

  public void push(Object element) {
      insertElementAt(element,0);
  }

  public Object pop() {
      Object result = firstElement();
      removeElementAt(0);
      return result;
  }
}
```

Untersuche ich die Clients dieser Klasse, so erkenne ich, dass Clients nur vier Dinge mit `Stack` machen: `push`, `pop`, `size` und `isEmpty`. Die beiden letzteren sind von `Vector` geerbt.

Ich beginne die Delegation, indem ich ein Feld für den `Vector` erstelle, an den delegiert wird. Ich verbinde dieses Feld mit `this`, damit ich Delegation und Vererbung mischen kann, solange ich die Refaktorisierung durchführe.

```
  private Vector _vector = this;
```

Nun ersetzte ich die Methoden, um sie die Delegation verwenden zu lassen. Ich beginne mit `push`:

```
  public void push(Object element) {
      _vector.insertElementAt(element,0);
  }
```

Ich kann hier umwandeln und testen, und alles funktioniert weiter. Nun zu `pop`:

```
  public Object pop() {
      Object result = _vector.firstElement();
      _vector.removeElementAt(0);
       return result;
  }
```

Nachdem ich die Arbeit an diesen Methoden abgeschlossen habe, muss ich die Beziehung zur Oberklasse abbrechen.

```
class MyStack extends Vector

   private Vector _vector = new Vector();
```

Dann füge ich einfache Methoden ein, die an die Methoden der Oberklasse delegieren, die von Clients benötigt werden:

```
  public int size() {
      return _vector.size();
  }

  public boolean isEmpty() {
      return _vector.isEmpty();
  }
```

Nun kann ich umwandeln und testen Sie. Habe ich eine der delegierenden Methoden vergessen, so wird mich der Compiler darauf hinweisen.

11.12 Delegation durch Vererbung ersetzen

Sie verwenden die Delegation und benötigen oft viele einfache Delegationen für die gesamte Schnittstelle.

Machen Sie die delegierende Klasse zu einer Unterklasse der delegierten Klasse.

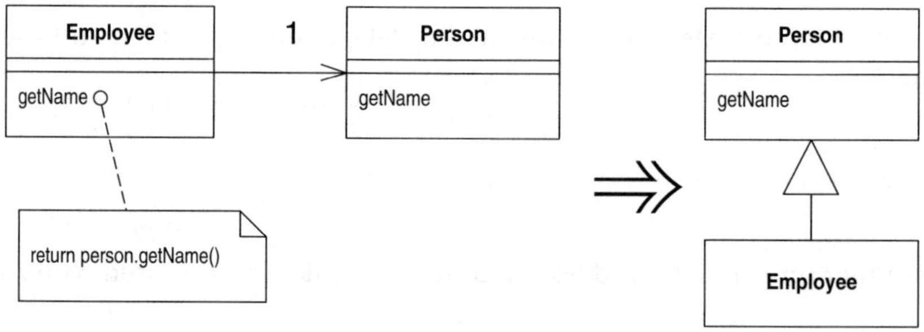

11.12.1 Motivation

Dies ist die Kehrseite von *Vererbung durch Delegation ersetzen (363)*. Wenn Sie feststellen, dass Sie alle Methoden der delegierten Klassen nutzen, und es leid sind, alle diese einfachen delegierenden Methoden zu schreiben, so können Sie ziemlich leicht wieder auf Vererbung umstellen.

Es sind hier aber einige Vorbehalte zu beachten. Wenn Sie nicht alle Methoden der Klasse verwenden, an die Sie delegieren, sollten Sie *Delegation durch Vererbung ersetzen* nicht anwenden, denn eine Unterklasse sollte immer der Schnittstelle der Oberklasse folgen. Wenn die delegierenden Methoden zu mühsam werden, haben Sie andere Optionen. Sie können die Clients die delegierte Klasse direkt aufrufen lassen, indem Sie *Vermittler entfernen (158)* anwenden. Sie können *Oberklasse extrahieren (346)* verwenden, um die gemeinsame Schnittstelle abzutrennen, und dann von dieser neuen Klasse erben. In ähnlicher Weise können Sie *Schnittstelle extrahieren (351)* anwenden.

Eine andere Situation, auf die Sie achten müssen, liegt vor, wenn die delegierte Klasse von mehr als einem Objekt genutzt wird und verändert werden kann. In diesem Fall können Sie die Delegation nicht durch Vererbung ersetzen, da Sie sich dann nicht mehr die Daten teilen. Die gemeinsame Nutzung von Daten ist eine Verantwortlichkeit, die nicht in eine Vererbungsstruktur zurücktransferiert werden kann. Wenn das Objekt unveränderbar ist, so ist das gemeinsame Nutzen von Daten kein Problem, da Sie einfach kopieren können, ohne dass dies jemand erkennen kann.

11.12.2 Vorgehen

- Machen Sie die delegierende Klasse zu einer Unterklasse der delegierten Klasse.
- Wandeln Sie um.

  ⇛ *Es kann hier zu einigen Namenskonflikten kommen; Methoden können den gleichen Namen haben, sich aber in Rückgabetyp, Ausnahmen oder Sichtbarkeit unterscheiden. Verwenden Sie Methode umbenennen (279), um dies zu beheben.*

- Setzen Sie das Delegationsfeld auf das Objekt selbst (`this`).
- Entfernen Sie die einfachen delegierenden Methoden.
- Wandeln Sie um und testen Sie.
- Ersetzen Sie alle Delegationen durch direkte Aufrufe des Objekts.
- Entfernen Sie das Delegationsfeld.

11.12.3 Beispiel

Eine einfache Klasse Employee delegiert an eine einfache Klasse Person:

```
class Employee {
  Person _person = new Person();

  public String getName() {
      return _person.getName();
  }
  public void setName(String arg) {
      _person.setName(arg);
  }
  public String toString () {
      return "Emp: " + _person.getLastName();
  }
}

class Person {
  String _name;

  public String getName() {
      return _name;
  }
  public void setName(String arg) {
      _name = arg;
  }
  public String getLastName() {
      return _name.substring(_name.lastIndexOf(' ')+1);
  }
}
```

Der erste Schritt besteht darin, einfach die Unterklasse zu deklarieren:

```
class Employee extends Person
```

Das Umwandeln weist mich an dieser Stelle auf alle Namenskonflikte hin. Diese treten auf, wenn gleichnamige Methoden unterschiedliche Rückgabetypen haben oder verschiedene Ausnahmen auslösen. Alle diese Probleme müssen mittels *Methode umbenennen (279)* behoben werden. Dieses einfache Beispiel ist frei von solchen Komplikationen.

Im nächsten Schritt wird dafür gesorgt, dass das Delegationsfeld auf das Objekt selbst verweist. Ich muss alle einfachen delegierenden Methoden, wie getName und setName, entfernen. Wenn ich eine von ihnen übrig lasse, bekomme ich einen Stack-Überlauf wegen endloser Rekursion. In diesem Fall heißt das, dass ich `getName` und `setName` aus `Employee` entfernen muss.

Wenn die Klasse funktioniert, kann ich die Methoden ändern, die delegierende Methoden zu verwenden. Ich lasse sie diese direkt aufrufen:

```
public String toString () {
    return "Emp: " + getLastName();
}
```

Nachdem ich mich aller Methoden entledigt habe, die delegierende Methoden verwenden, kann ich auch das Feld `_person` entfernen.

12 Große Refaktorisierungen

von Kent Beck und Martin Fowler

Die vorigen Kapitel präsentieren die individuellen »Züge« beim Refaktorisieren. Was fehlt, ist der Blick auf das ganze »Spiel«. Sie refaktorisieren mit einem bestimmten Ziel, nicht nur um einen Entwicklungsfortschritt zu vermeiden (zumindest haben Sie meistens ein Ziel beim Refaktorisieren). Wie sieht also das ganze Spiel aus?

12.1 Der Sinn des Spiels

Sie werden bei den folgenden Schritten sicher bemerken, dass diese längst nicht so sorgfältig ausformuliert sind, wie die vorangegangenen Refaktorisierungen. Das liegt daran, dass sich die Situation bei den großen Refaktorisierungen grundlegend ändert. Wir können nicht genau sagen, was zu tun ist, weil wir nicht genau wissen, was Sie sehen werden, wenn Sie sie durchführen. Wenn Sie einer Methode einen Parameter hinzufügen, so ist das Vorgehen klar, weil die Verhältnisse einfach sind. Wenn Sie eine Vererbungsstruktur zu entwirren versuchen, so ist jedes Problem anders.

Außerdem müssen Sie erkennen, dass diese Refaktorisierungen Zeit erfordern. Alle Refaktorisierungen in den Kapiteln 6 bis 11 können in wenigen Minuten oder höchstens einer Stunde durchgeführt werden. Wir haben an einigen großen Refaktorisierungen über Monate und Jahre in laufenden Systemen gearbeitet. Wenn es um ein System geht, das in der Produktion läuft und zu dem Sie Funktionalität hinzufügen müssen, so werden Sie Manager nur schwer davon überzeugen können, dass sie den Fortschritt für einige Monate anhalten sollen, damit Sie aufräumen können. Statt dessen müssen Sie es wie Hänsel und Gretel machen und an den Ecken knabbern, ein bisschen heute, ein bisschen morgen.

Während Sie dies tun, sollten Sie sich davon leiten lassen, dass Sie eigentlich etwas anderes erreichen wollen. Führen Sie die Refaktorisierungen nach Bedarf durch, um Funktionen zu ergänzen und Fehler zu beheben. Sie müssen eine dieser großen Refaktorisierungen nicht sofort zu Ende führen, wenn Sie sie begonnen haben. Machen Sie so viel wie notwendig, um Ihre eigentliche Aufgabe zu erledigen. Sie können immer noch morgen weitermachen.

Diese Philosophie spiegeln unsere Beispiele wieder. Ihnen auch nur eine dieser großen Refaktorisierungen in diesem Kapitel genau vorzuführen, würde leicht hundert Seiten erfordern. Wir wissen das, weil Martin Fowler es versucht hat. Deshalb haben wir die Beispiele zu einigen skizzenhaften Diagrammen komprimiert.

Da sie so lange dauern können, haben die großen Refaktorisierungen auch nicht den unmittelbaren Nutzen der Refaktorisierungen in den anderen Kapiteln. Sie müssen schon darauf vertrauen, dass Sie so jeden Tag die Welt für Ihre Programme etwas sicherer machen.

Die großen Refaktorisierungen setzen ein hohes Maß an Übereinstimmung im ganzen Programmierteam voraus, das bei den kleineren Refaktorisierungen nicht erforderlich ist. Die großen Refaktorisierungen geben die Richtung für viele, viele Änderungen vor. Das ganze Team muss berücksichtigen, dass eine der großen Refaktorisierungen »läuft«, und seine Schritte darauf abstimmen. Sie wollen sicher nicht in die Situation der beiden Männer kommen, deren Auto auf der Spitze eines Hügels liegen bleibt. Sie steigen aus, um zu schieben, jeder auf einer Seite. Nach einer halben Stunde ergebnislosen Schiebens sagt der vorne: »Ich hätte nie gedacht, dass es so schwer ist, einen Wagen bergab zu schieben.« Worauf der andere antwortet: »Was meinst Du mit ‚bergab'"?

12.2 Warum große Refaktorisierungen so wichtig sind

Warum sind die großen Refaktorisierungen wichtig genug, um sie in diesem Buch zu behandeln, wenn ihnen doch so viele Merkmale fehlen, die die kleinen Refaktorisierungen so nützlich machen (Vorhersagbarkeit, sichtbarer Fortschritt, unmittelbarer Erfolg)? Ohne sie würden Sie Gefahr laufen, Zeit und Anstrengungen zu investieren, um refaktorisieren zu lernen, und es dann zu tun, ohne alle erreichbaren Vorteile daraus zu ziehen. Das würde ein schlechtes Licht auf uns werfen, und das wollten wir vermeiden.

Schließlich refaktorisieren Sie nicht aus Spaß. Sie refaktorisieren, weil Sie sich davon versprechen, in Ihre Programme einer Weise weiterentwickeln zu können, die ohne Refaktorisieren unmöglich wäre.

Sich ansammelnde halb verstandene Entwurfsentscheidungen ersticken ein Programm, wie Laichkraut Kanäle zuwuchert. Mittels Refaktorisieren können Sie sicherstellen, dass das Programm immer Ihre volle Vorstellung davon widerspiegelt, wie es entworfen sein sollte. So schnell wie die Ranken des Laichkrauts breiten sich die Auswirkungen unvollständig verstandener Entwurfsentscheidungen über das ganze Programm aus. Dann reichen ein, zwei oder auch zehn Einzelmaßnahmen nicht, um das Problem auszumerzen.

12.3 Vier große Refaktorisierungen

In diesem Kapitel beschreiben wir vier Beispiele großer Refaktorisierungen. Dies sind Beispiele für diese Art von Fällen, und auf gar keinen Fall ein Versuch, das ganze Gebiet darzustellen. Forschung und Praxis der Refaktorisierungen hat sich bisher vor allem auf die kleineren Refaktorisierungen konzentriert. Die Darstellung der großen Refaktorisierungen ist völlig neu und stammt vor allem von Kent Beck, der mehr Erfahrung als jeder andere hat, dies in großem Stil zu machen.

Vererbungsstruktur entzerren (374) behandelt eine verworrene Vererbungshierarchie, die verschiedene Variationen in verwirrender Weise zu kombinieren scheint. *Prozedurale Entwürfe in Objekte überführen (380)* hilft das klassische Problem zu lösen, was mit prozeduralem Code zu tun ist. Viele Programmierer verwenden objektorientierte Programmiersprachen ohne Objekte wirklich zu kennen. Diese Refaktorisierung werden Sie deshalb häufig einsetzen müssen. Wenn Sie es mit Code zu tun haben, der mit den klassischen beiden Ebenen Benutzerschnittstelle und Datenbank geschrieben wurde, so müssen Sie *Anwendung von der Präsentation trennen (382)* einsetzen, um die Anwendungslogik vom Code der Benutzerschnittstelle zu trennen. Erfahrene objektorientierte Entwickler haben gelernt, dass diese Trennung lebenswichtig für ein langlebiges und florierendes System ist. *Hierarchie extrahieren (387)* vereinfacht eine übermäßig komplexe Klasse, indem sie in eine Gruppe von Unterklassen zerlegt wird.

12.4 Vererbungsstrukturen entzerren

Sie haben eine Vererbungshierarchie, die zwei Aufgaben auf einmal erledigt.

Erstellen Sie zwei Vererbungshierarchien, und verwenden Sie Delegation, um die eine von der anderen aus aufzurufen.

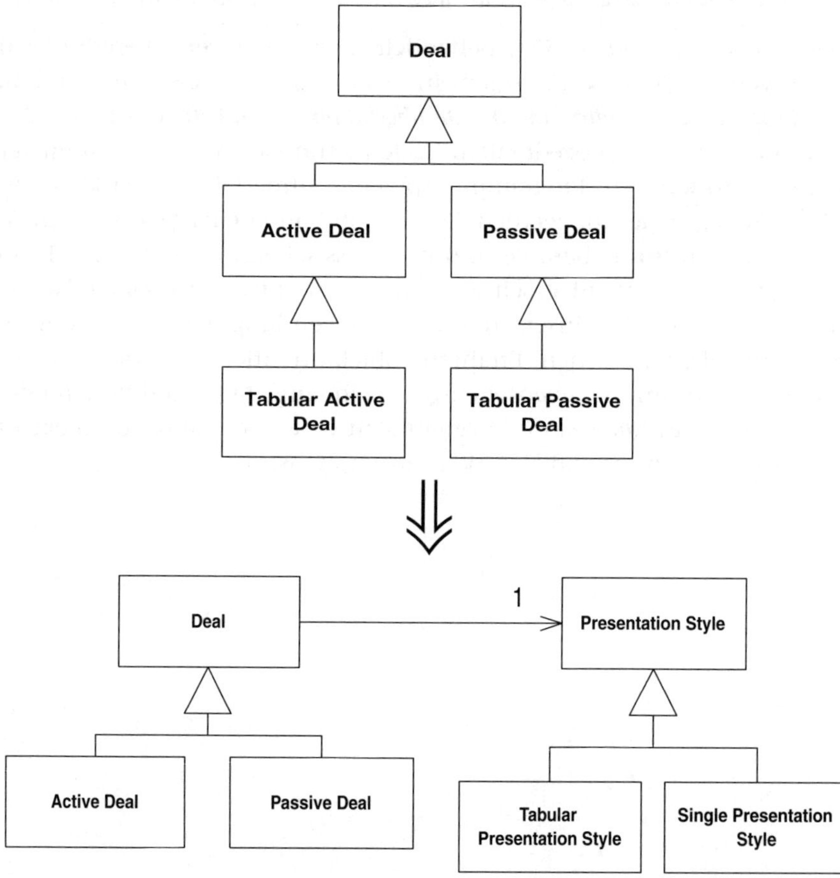

12.4.1 Motivation

Vererbung ist toll. Sie hilft Ihnen, dramatisch »komprimierten« Code in Unterklassen zu schreiben. Eine einzelne Methode kann eine Bedeutung annehmen, die weit über ihre Größe hinausgeht, je nachdem, wo sie sich in der Hierarchie befindet.

Es ist kaum überraschend, dass ein so mächtiger Mechanismus wie Vererbung auch leicht falsch verwendet werden kann. Und so etwas kann sich auch leicht bei Ihnen einschleichen. Eines Tages fügen Sie eine kleine Unterklasse ein, um etwas zu erledigen. Am nächsten Tag fügen Sie einige weitere Unterklassen ein, um die gleiche Aufgabe an anderen Stellen in der Hierarchie zu erledigen. Eine Woche (oder einen Monat oder ein Jahr) später schwimmen Sie in Spaghetti. Ohne Paddel.[1]

Verworrene Vererbung ist ein Problem, weil sie zu Coderedundanz führt, dem Fluch des Programmierers. Sie erschwert Änderungen, weil die Strategien, um eine Art von Problem zu lösen, weit verstreut sind. Sie können nicht einfach sagen: »Diese Hierarchie berechnet Ergebnisse.« Sie müssen sagen: »Nun gut, sie berechnet Ergebnisse, und es gibt Unterklassen für die Tabellenversionen, und jede von diesen hat wieder Unterklassen für jede Länderversion.«

Sie können eine einzelne Vererbungshierarchie, die zwei Aufgaben erledigen soll, leicht erkennen. Wenn jede Klasse auf einer bestimmten Ebene Unterklassen hat, die mit dem gleichen Adjektiv beginnen, so erledigen Sie wahrscheinlich zwei Aufgaben in dieser Hierarchie.

12.4.2 Vorgehen

- Identifizieren Sie die beiden Aufgaben, die in der Hierarchie erledigt werden. Erstellen Sie ein zweidimensionales Raster (oder drei- oder vierdimensional, wenn Ihre Hierarchie wirklich schlimm ist und Sie gutes Millimeterpapier haben), und beschriften Sie die Achsen mit den verschiedenen Aufgaben. Wir nehmen an, dass mehr als zwei Dimensionen eine wiederholte Anwendung dieser Refaktorisierung erfordern (natürlich immer jeweils eine).
- Entscheiden Sie, welche Aufgabe die wichtigere ist und in der bestehenden Hierarchie bleiben soll und welche in eine andere Hierarchie verschoben werden soll.

1. Anm. d. Ü.: Fragen Sie Martin Fowler, wie Sie sich das vorzustellen haben.

- Wenden Sie *Klasse extrahieren (148)* auf die gemeinsame Oberklasse an, um eine Klasse für die zweitrangige Aufgabe zu erstellen, und ergänzen Sie ein Feld für ein Objekt dieser Klasse.
- Erstellen Sie Unterklassen der extrahierten Klasse für jede Unterklasse in der Originalhierarchie. Initialisieren Sie das im vorhergehenden Schritt angelegte Feld mit einem Objekt dieser Unterklasse.
- Wenden Sie *Methode verschieben (139)* auf jede der Unterklassen an, um das entsprechende Verhalten in die entsprechende Unterklasse der extrahierten Klasse zu verschieben.
- Wenn die Unterklasse keinen Code mehr hat, eliminieren Sie sie.
- Fahren Sie fort, bis alle Unterklassen entfernt sind. Untersuchen Sie die neue Hierarchie auf mögliche weitere Refaktorisierungen wie *Methode nach oben verschieben (331)* oder *Feld nach oben verschieben (330)*.

12.4.3 Beispiele

Lassen Sie uns das Beispiel einer verworrenen Hierarchie betrachten (siehe Abbildung 12-1).

Diese Hierarchie entstand, weil `Deal` (Geschäft) zunächst nur zur Darstellung eines einzelnen Geschäfts verwendet wurde. Dann hatte jemand die glänzende Idee, eine Tabelle von Geschäften anzuzeigen. Einige Experimente mit der Klasse `Active Deal` (Aktivgeschäfte) zeigen, dass Sie tatsächlich mit wenig Arbeit eine Tabelle anzeigen können. Sie wollen auch eine Tabelle für `Passive Deals` (Passivgeschäfte)? Kein Problem, noch eine kleine Unterklasse, und los geht's.

Zwei Monate später ist der Code für die Tabellen kompliziert geworden, aber es gibt keinen Platz, an dem man ihn einfach unterbringen kann. Wie immer drängt die Zeit. Eine neue Art von Geschäft einzufügen ist nun schwierig, weil die Geschäftslogik mit der Präsentationslogik verquickt ist.

Dem Rezept folgend besteht der erste Schritt darin, die Aufgaben zu identifizieren, die in der Hierarchie erledigt werden. Eine Aufgabe ist es, die Unterschiede der einzelnen Arten von Geschäften festzuhalten. Eine andere Aufgabe sind die verschiedenen Arten der Darstellung. Unser Raster sieht also so aus:

Deal	**Active Deal**	**Passive Deal**
Tabular Deal		

Im nächsten Schritt ist zu entscheiden, welche Aufgabe die wichtigere ist. Die Eigenschaften des Geschäftsobjekts sind viel wichtiger als der Präsentationsstil, also belassen wir die Klasse `Deal` in der Ursprungshierarchie und extrahieren den Präsentationsstil in seine eigene Hierarchie. Aus praktischen Erwägungen heraus sollten wir vielleicht die Aufgabe zurücklassen, zu der mehr Code gehört, so dass wir weniger Code zu verschieben haben.

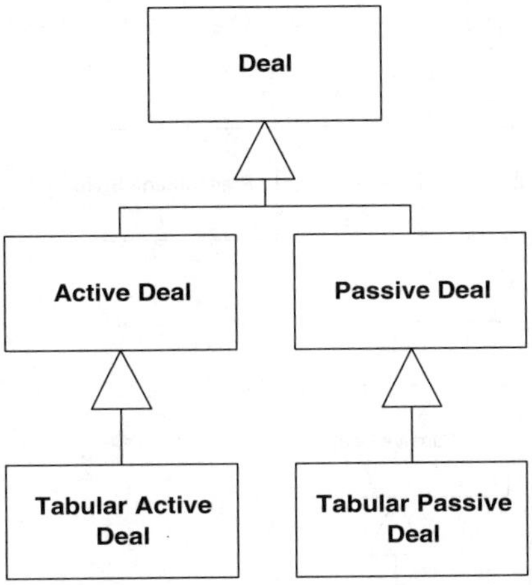

Abbildung 12-1 Eine verworrene Hierarchie

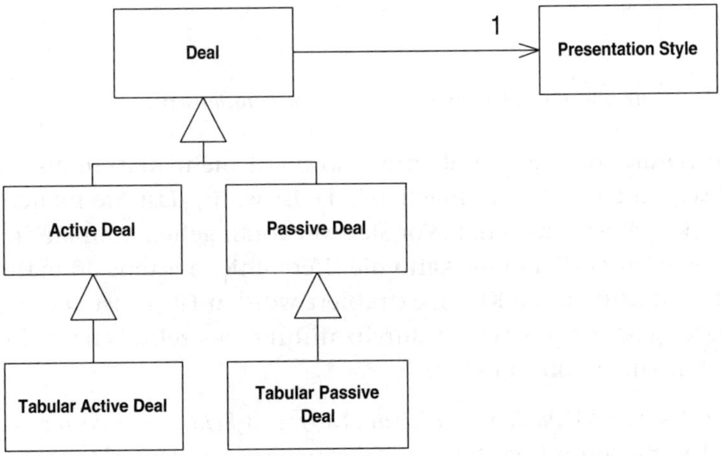

Abbildung 12-2 Hinzufügen eines Präsentationsstils

Im nächsten Schritt sollen wir eine *Klasse extrahieren (148)*, um eine Klasse `Presentation Style` (Präsentationsstil) zu erstellen (siehe Abbildung 12-2).

Im nächsten Schritt erstellen wir eine Unterklasse der extrahierten Klasse für jede der Unterklassen in der Originalhierarchie (siehe Abbildung 12-3) und initialisieren das Feld mit der entsprechenden Unterklasse:

```
ActiveDeal constructor
  ...presentation= new SingleActivePresentationStyle();...
```

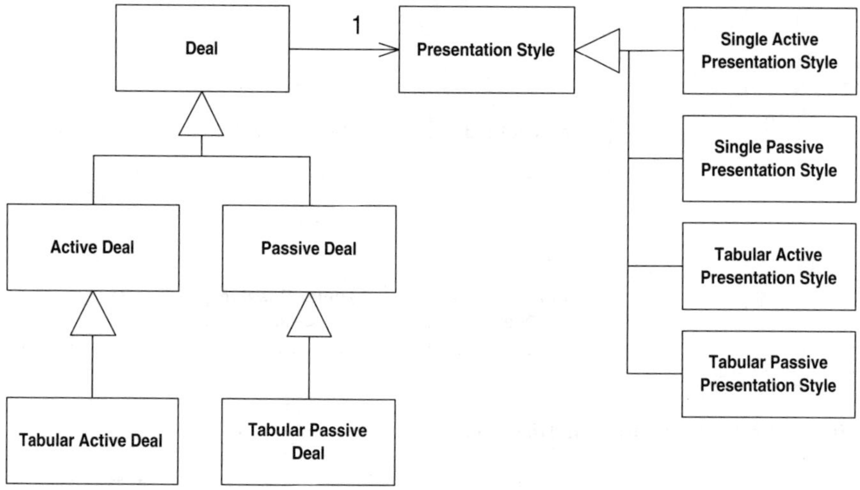

Abbildung 12-3 Hinzufügen von Unterklassen eines Präsentationsstils

Sie können natürlich sagen, »Haben wir so nicht mehr Klassen als vorher? Wie soll das unser Leben einfacher machen?« Es ist wahr, dass Sie manchmal einen Schritt zurück machen müssen, bevor Sie zwei voran gehen können. In Fällen wie dem der verworrenen Hierarchie kann die Hierarchie meistens dramatisch vereinfacht werden, nachdem die Klasse extrahiert worden ist. Es ist aber sicherer, die Refaktorisierung Schritt für Schritt durchzuführen, als zehn Schritte bis zum vereinfachten Entwurf zu überspringen.

Nun verwenden wir *Methode verschieben (139)* und *Feld verschieben (144)*, um Methoden und Variablen mit Präsentationsbezug von den Unterklassen von `Deal` in die Unterklassen von `Presentation Style` zu verschieben. Wir können das an diesem Beispiel nicht gut simulieren, also appellieren wir an Ihre Phantasie, sich das vorzustellen. Sind wir damit fertig, so sollte es aber in den Klassen `Tabular Active Deal` und `Tabular Passive Deal` keinen Code mehr geben, so dass wir sie entfernen können (siehe Abbildung 12-4).

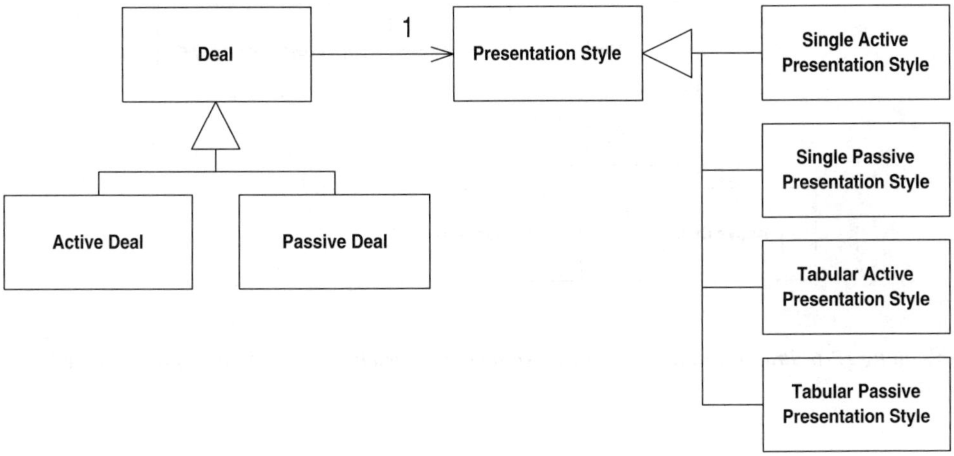

Abbildung 12-4 Nach Entfernung von Unterklassen von `Deal`

Nun, wo wir die beiden Hierarchien getrennt haben, können wir jede separat vereinfachen. Immer wenn wir diese Refaktorisierung vorgenommen haben, waren wir in der Lage, die extrahierte Klasse dramatisch zu vereinfachen und oft die Originalklasse weiter zu vereinfachen. Der nächste Schritt entfernt die Unterscheidung in `Active` und `Passive` in den Präsentationsstilen (siehe Abbildung 12-5).

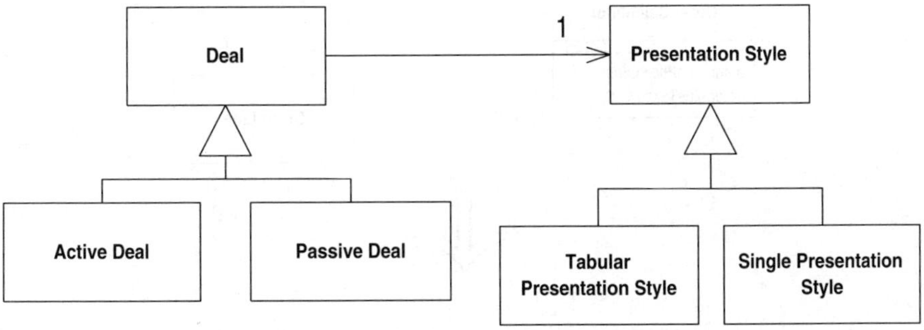

Abbildung 12-5 Die nun getrennten Hierarchien

Auch die Unterscheidung von Einzel- und tabellarischer Darstellung kann in einigen wenigen Variablen festgehalten werden. Sie brauchen gar keine Unterklassen (siehe Abbildung 12-6).

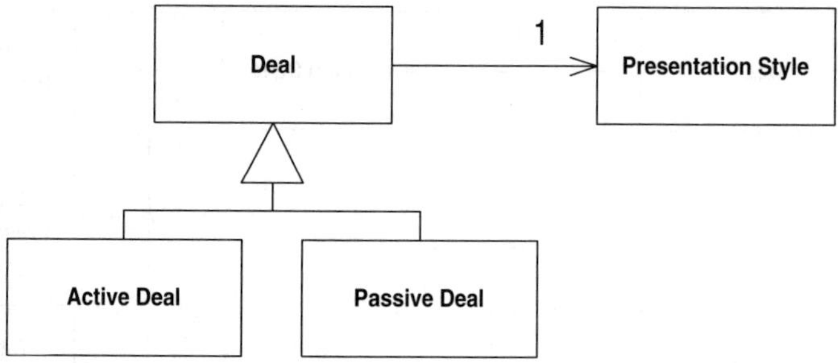

Abbildung 12-6 Präsentationsunterschiede können mit verschiedenen Variablen abgehandelt werden.

12.5 Prozedurale Entwürfe in Objekte überführen

Sie haben Code, der in prozeduralem Stil geschrieben ist.

Machen Sie aus den Datensätzen Objekte, zerlegen Sie das Verhalten, und verschieben Sie das Verhalten in die Objekte.

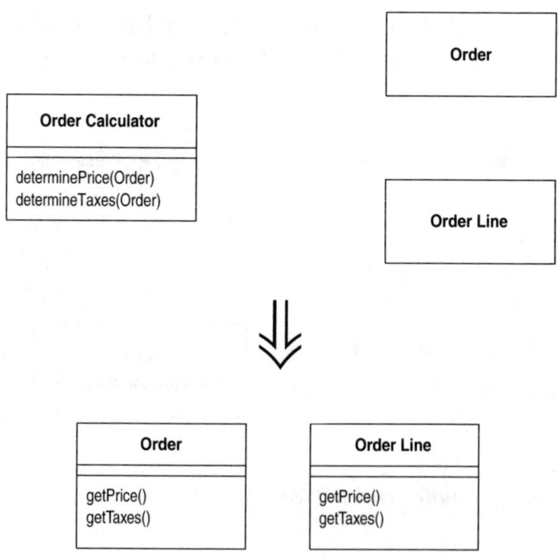

12.5.1 Motivation

Einer unserer Kunden begann einmal ein Projekt mit zwei absoluten Prinzipien, die die Entwickler zu befolgen hatten: 1. Sie müssen Java verwenden, 2. Sie dürfen keine Objekte verwenden.

Wir mögen darüber lachen. Aber obwohl Java eine objektorientierte Sprache ist, gehört doch mehr dazu, Objekte zu verwenden, als einen Konstruktor aufzurufen. Objekte verwenden zu lernen erfordert eine gewisse Zeit. Oft stehen Sie vor dem Problem, dass Sie prozeduralen Code haben, der stärker objektorientiert werden muss. Typisch sind lange prozedurale Methoden auf Klassen mit wenig Daten und einfache Datenobjekte mit wenig mehr als Zugriffsmethoden. Wenn Sie ein rein prozedurales Programm konvertieren, so haben Sie vielleicht nicht mal das, aber es ist ein guter Ausgangspunkt.

Wir sagen nicht, dass Sie nie Objekte mit Verhalten und wenigen oder keinen Daten haben dürfen. Wir verwenden oft kleine Strategieobjekte, wenn wir Verhalten variieren müssen. Aber solche prozeduralen Objekte sind meistens klein und werden benutzt, wenn wir einen hohen Bedarf an Flexibilität haben.

12.5.2 Vorgehen

- Machen Sie aus jeder Satzart eine einfache Datenklasse mit Zugriffsmethoden.

  ⇛ *Haben Sie eine relationale Datenbank, so machen Sie aus jeder Tabelle eine einfache Datenklasse.*

- Nehmen Sie den ganzen prozeduralen Code, und bringen Sie ihn in einer Klasse unter.

  ⇛ *Sie können die Klasse entweder als Singleton realisieren (für die einfache Neuinitialisierung) oder alle Methoden als statisch deklarieren.*

- Nehmen Sie sich jede lange Methode vor und wenden Sie *Methode extrahieren (106)* und die verwandten Refaktorisierungen an, um sie zu zerlegen. Während Sie die Prozeduren zerlegen, verwenden Sie *Methode verschieben (139)*, um jede Prozedur in die geeignete einfache Datenklasse zu verschieben.
- Fahren Sie fort, bis Sie das ganze Verhalten aus der Originalklasse entfernt haben. War die Originalklasse eine rein prozedurale Klasse, so sollten Sie sie entfernen.

12.5.3 Beispiel

Das Beispiel aus Kapitel 1 ist ein gutes Beispiel für die Notwendigkeit, *Prozedurale Entwürfe in Objekte überführen* einzusetzen, insbesondere im ersten Schritt, in dem die Methode `statement` zerlegt und verteilt wird. Wenn Sie damit fertig sind, können Sie an den nun intelligenten Datenobjekten mit anderen Refaktorisierungen arbeiten.

12.6 Anwendung von der Präsentation trennen

Sie haben GUI-Klassen, die Anwendungslogik enthalten.

Trennen Sie die Anwendungslogik in separate Klassen ab.

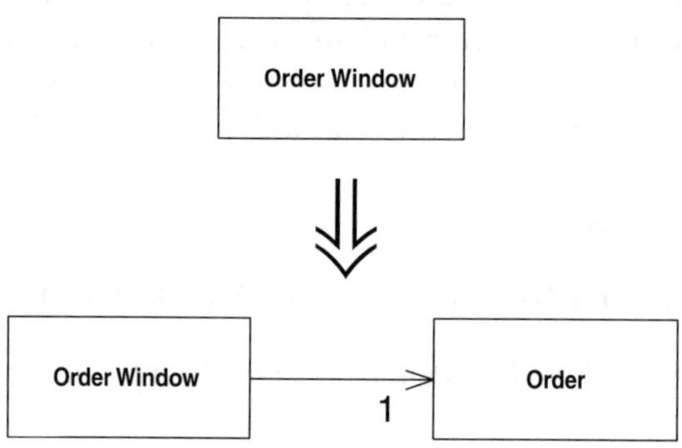

12.6.1 Motivation

Jedes Mal, wenn Fachleute über Objekte reden, hören Sie etwas von Model-View-Controller (MVC, Beobachtermuster). Diese Idee steckt hinter dem Verhältnis von grafischer Benutzerschnittstelle (GUI) und den Anwendungsobjekten in Smalltalk-80.

Der wertvolle Kern von MVC ist die Trennung von Benutzerschnittstellencode (der Sicht (view), heute oft als Präsentation bezeichnet) und der Anwendungslogik (dem Modell (model)). Die Präsentationsklassen enthalten nur die Logik, die notwendig ist, um mit der Benutzerschnittstelle umzugehen. Anwendungsobjekte enthalten keinen visuellen Code, aber alle Geschäftslogik. Dies trennt zwei komplizierte Programmteile in Stücke, die leicht zu ändern sind. Es ermöglicht mehrere Präsentationen derselben Geschäftslogik. Wer Erfahrung im Arbeiten mit Objekten hat, verwendet diese Trennung instinktiv, und sie hat ihren Wert bewiesen.

Aber so legen die meisten Entwickler, die mit GUIs arbeiten, ihr Design nicht an. Die meisten Umgebungen mit Client-Server-GUIs verwenden ein Zweischichtendesign: Die Daten liegen in der Datenbank und die Logik in den Präsentationsklassen. Die Umgebung erzwingt oft diesen Stil und macht es Ihnen schwer, die Logik an anderer Stelle unterzubringen.

Java ist eine richtige objektorientierte Umgebung. Sie können daher nicht visuelle Anwendungsobjekte erstellen, die Anwendungslogik enthalten. Häufig begegnen Sie aber Code, der in diesem Zweischichtenstil geschrieben ist.

12.6.2 Vorgehen

- Erstellen Sie eine Anwendungsklasse für jedes Fenster.
- Haben Sie eine Tabelle im Fenster, so erstellen Sie eine Klasse für jede Zeile in der Tabelle. Verwenden Sie eine Collection in der Anwendungsklasse des Fensters für die Anwendungsobjekte in den Zeilen.
- Untersuchen Sie die Daten im Fenster. Sind sie nur für Aufgaben der Benutzerschnittstelle da, lassen Sie sie in dem Fenster. Wenn sie in der Anwendungslogik verwendet werden, aber nicht im Fenster dargestellt werden, so verwenden Sie *Feld verschieben (144)*, um sie in die Anwendungsklasse zu verschieben. Wenn die Daten sowohl in der Benutzerschnittstelle als auch in der Anwendungslogik verwendet werden, so verwenden Sie *Beobachtete Werte duplizieren (190)*, so dass sie an beiden Stellen vorhanden sind und die Synchronisierung garantiert ist.
- Überprüfen Sie die Präsentationsklasse. Verwenden Sie *Methode extrahieren (106)*, um die Logik der Präsentation von der Anwendungslogik zu trennen. Wenn Sie die Anwendungslogik isoliert haben, verwenden Sie *Methode verschieben (139)* um sie in die Anwendungsklasse zu verschieben.
- Wenn Sie damit fertig sind, haben Sie Präsentationsklassen, die die GUI handhaben, und Anwendungsklassen, die alle Anwendungslogik enthalten. Die Anwendungsobjekte werden noch nicht gut faktorisiert sein, aber damit werden sich weitere Refaktorisierungen beschäftigen.

12.6.3 Beispiel

Wir haben hier ein Programm, das es Benutzern ermöglicht, Aufträge einzugeben und die Preise zu ermitteln. Die GUI sieht aus wie in Abbildung 12-7.

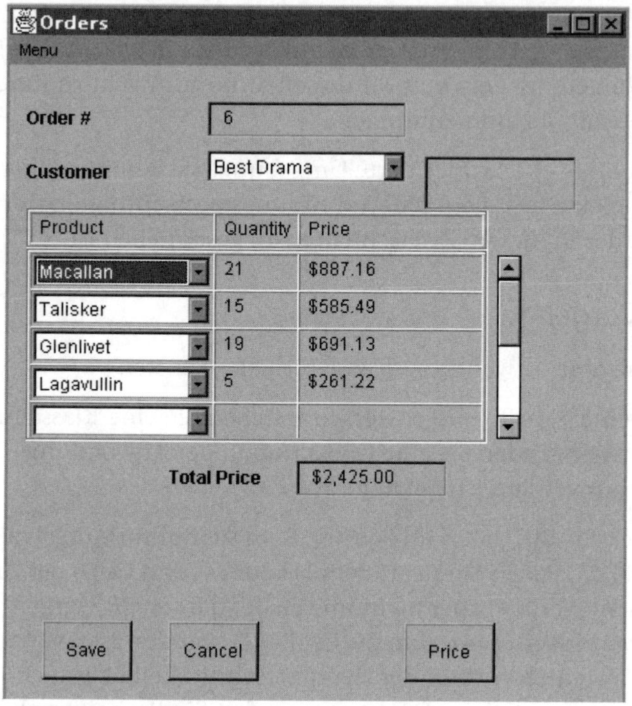

Abbildung 12-7 Die Benutzerschnittstelle für das Ausgangsprogramm

Die Präsentationsklasse interagiert mit einer relationalen Datenbank, die in Abbildung 12-8 dargestellt ist.

Das ganze Verhalten, sowohl das der GUI als auch das Ermitteln der Preise für die Aufträge, befindet sich in einer Klasse `OrderWindow`.

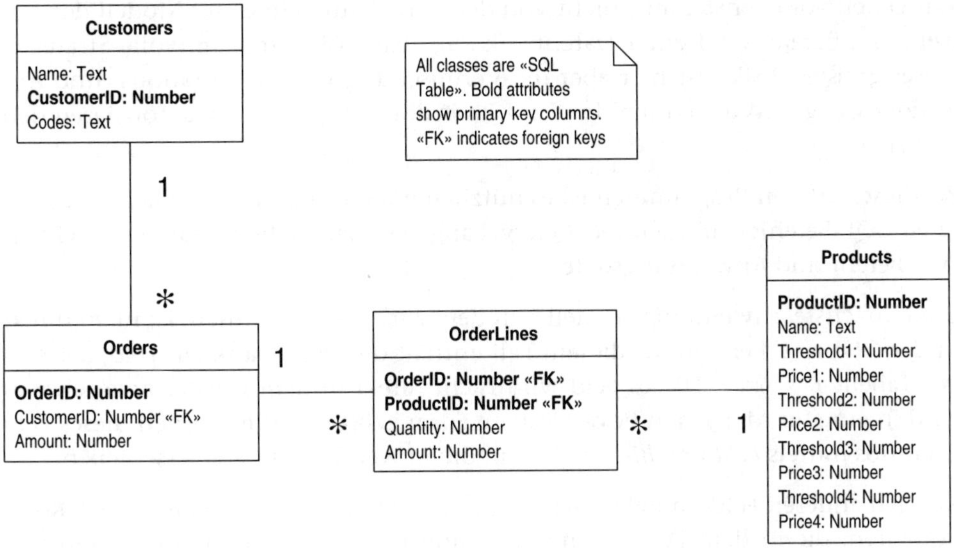

Abbildung 12-8 Die Datenbank für das Auftragsprogramm

Wir beginnen damit, eine geeignete Auftragsklasse `Order` zu erstellen. Wir verbinden sie mit dem `OrderWindow` wie in Abbildung 12-9. Da das Fenster eine Tabelle enthält, um die Auftragszeilen anzuzeigen, erstellen wir auch eine Klasse `OrderLine` für die Zeilen der Tabelle.

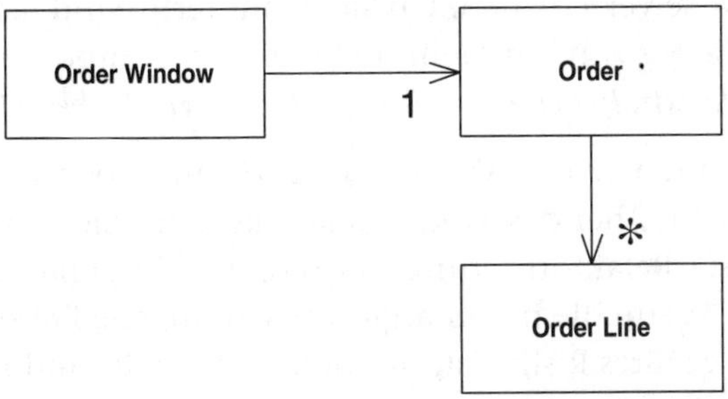

Abbildung 12-9 Auftragsfenster (`Order Window`*)* und Auftrag (`Order`)

Wir gehen vom Fenster aus, nicht von der Datenbank. Ein erstes Modell des Anwendungsbereichs auf einer Datenbank aufzubauen ist eine sinnvolle Strategie. Unser größtes Risiko ist hier aber die Vermischung von Präsentations- und Anwendungslogik. Wir trennen diese auf Basis des Fensters und refaktorisieren den Rest später.

Bei dieser Art von Programmen ist es nützlich in den GUI-Klassen, nach eingebetteten SQL-Befehlen (Structured Query Language) zu suchen. Daten aus einem SQL-Befehl sind Anwendungsdaten.

Das einfachste Anwendungsmodell, mit dem wir arbeiten können, ist nicht direkt in der GUI zu erkennen. In diesem Fall enthält die Datenbank ein Feld `Codes` in der Tabelle `Customer`. Dieses Feld wird nicht direkt in dem Fenster angezeigt; es wird in eine für Menschen besser lesbare Form gebracht. Wir können dieses Feld gefahrlos mittels *Feld verschieben (144)* in die Anwendungsklasse verschieben.

Mit den anderen Feldern haben wir nicht so viel Glück. Sie enthalten AWT-Komponenten, die in dem Fenster angezeigt und in den Anwendungsobjekten verwendet werden. Für diese müssen wir *Beobachtete Werte duplizieren (190)* einsetzen. Dies fügt ein Anwendungsfeld in die Klasse `Order` ein, zu dem es ein entsprechendes AWT-Feld im `OrderWindow` gibt.

Dies ist ein langsamer Prozess, aber am Ende haben wir alle Felder für Anwendungslogik in der Anwendungsklasse. Ein guter Leitfaden für diesen Prozess besteht darin zu versuchen, alle SQL-Befehle in die Anwendungsklasse zu verschieben. Sie können die Datenbanklogik und die Anwendungsdaten gemeinsam in die Anwendungsklasse verschieben. Ob Sie damit fertig sind, können Sie gut feststellen, indem Sie `java.sql` nicht mehr im `OrderWindow` importieren. Dies heißt für Sie, sehr oft *Methode extrahieren (106)* und *Methode verschieben (139)* anzuwenden.

Die so entstandenen Klassen in Abbildung 12-10 sind noch weit davon entfernt, gut faktorisiert zu sein. Aber das Modell reicht aus, um die Anwendungslogik abzutrennen. Bei dieser Refaktorisierung müssen Sie sehr genau darauf achten, wo Ihre Risiken liegen. Wenn die miteinander verschlungene Präsentations- und Anwendungslogik Ihr größtes Risiko ist, trennen Sie sie vollständig, bevor Sie andere Dinge angehen. Sind andere Dinge wichtiger, wie die Preisfindungsstrategien für die Produkte, so ziehen Sie den wichtigsten Teil dieser Logik aus dem Fenster heraus und refaktorisieren darum herum eine geeignete Struktur für das Gebiet mit dem höchsten Risiko. Wahrscheinlich muss der größte Teil der Anwendungslogik aus der Klasse `OrderWindow` entfernt werden. Wenn Sie refaktorisieren können, aber einige Logik im Fenster belassen müssen, so beginnen Sie mit dem Bereich, in dem Ihr Risiko am höchsten ist.

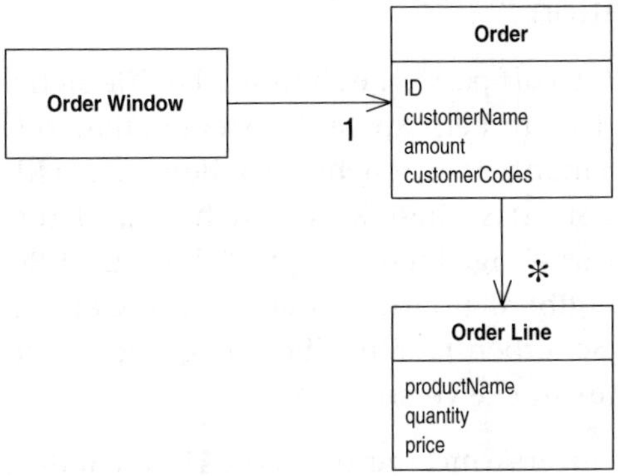

Abbildung 12-10 Verteilung der Daten für die Anwendungsklassen

12.7 Hierarchie extrahieren

Sie haben eine Klasse, die zu viele Aufgaben zumindest teilweise durch bedingte Ausdrücke erledigt.

Erstellen Sie eine Hierarchie von Klassen, in der jede Unterklasse einen Spezialfall repräsentiert.

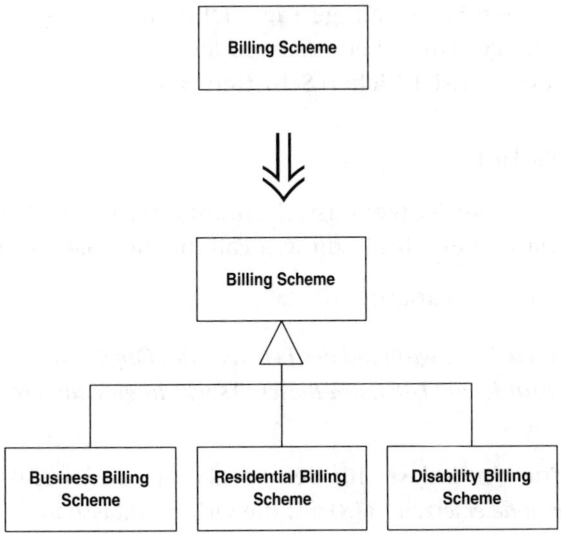

12.7.1 Motivation

Beim evolutionären Entwurf passiert es häufig, dass Sie sich vorstellen, eine Klasse implementiere eine Idee, und erst später feststellen, dass sie tatsächlich zwei, drei oder zehn Ideen implementiert. Zunächst erstellen Sie die Klasse. Einige Tage oder Wochen später sehen Sie, dass diese Klasse auch an anderer Stelle eingesetzt werden kann, wenn Sie nur einige Steuerungsvariablen und Bedingungen einfügen. Einen Monat später ergibt sich eine weitere solche Gelegenheit. Ein Jahr später stehen Sie vor einem Scherbenhaufen: Über die ganze Klasse sind Steuerungsvariablen und bedingte Ausdrücke verstreut.

Wenn Ihnen ein schweizer Armeemesser in die Hände fällt, das so groß geworden ist, dass Sie damit Dosen öffnen, kleine Bäume fällen, einen Laserstrahl auf widerspenstige Präsentationspunkte richten und – so nehme ich an – Dinge schneiden können, so brauchen Sie eine Strategie, um die verschiedenen Stränge auseinander zu nehmen. Diese Strategie funktioniert nur, wenn die Verzweigungslogik während des Lebens eines Objekts statisch bleibt. Wenn nicht, kann es sein, dass Sie *Klasse extrahieren (148)* anwenden müssen, bevor Sie beginnen können, die Fälle voneinander zu trennen.

Seien Sie nicht enttäuscht, wenn Sie feststellen, dass *Hierarchie extrahieren* eine Refaktorisierung ist, die Sie nicht an einem Tag abschließen können. Es kann Tage oder Wochen dauern, ein Design zu entwirren, das sich verheddert hat. Machen Sie einige Schritte, die einfach und offensichtlich sind, dann können Sie eine Pause einlegen. Machen Sie für einige Tage sichtbare produktive Arbeiten. Wenn Sie wieder etwas dazugelernt haben, machen Sie an dieser Stelle mit einigen weiteren einfachen und offensichtlichen Schritten weiter.

12.7.2 Vorgehen

Wir präsentieren hier zwei Vorgehensweisen. Im ersten Fall wissen Sie noch nicht sicher, welche Varianten es gibt. In diesem Fall machen Sie jeweils einen Schritt:

- Identifizieren Sie eine Variante.

  ⇛ *Falls sich die Variante während des Lebens eines Objekts ändern kann, verwenden Sie Klasse extrahieren (148), um diesen Aspekt in eine andere Klasse zu verschieben.*

- Erstellen Sie eine Unterklasse für den Spezialfall, und wenden Sie *Konstruktor durch Fabrikmethode ersetzen (313)* auf die Originalklasse an. Lassen Sie die Fabrikmethode ein Objekt der Unterklasse erzeugen, wo dies sinnvoll ist.

- Kopieren Sie Methoden, die Verzweigungslogik enthalten, Schritt für Schritt in die Unterklasse. Vereinfachen Sie die Methoden dann so weit, wie dies möglich ist, wenn Sie berücksichtigen, dass es sich jetzt um Objekte der Unterklasse handelt und nicht mehr um Objekte der Oberklasse.

  ⇛ *Wenden Sie Methode extrahieren (106) auf die Oberklasse an, wenn es notwendig ist, in Methoden die bedingten Zweige von den unbedingten zu trennen.*

- Fahren Sie fort, Spezialfälle zu isolieren, bis Sie die Oberklasse als abstrakt deklarieren können.

- Löschen Sie die Rümpfe von Methoden in der Oberklasse, die in allen Unterklassen überschrieben werden, und deklarieren Sie diese in der Oberklasse als abstrakt.

Wenn die Varianten von vornherein klar sind, können Sie die folgende Strategie einsetzen:

- Erstellen Sie eine Unterklasse für jede Variante.

- Verwenden Sie *Konstruktor durch Fabrikmethode ersetzen (313)*, um für jede Variante ein Objekt der entsprechenden Unterklasse zu erzeugen.

  ⇛ *Wenn die Varianten durch einen Typenschlüssel gekennzeichnet sind, so wenden Sie Typenschlüssel durch Unterklassen ersetzen (227) an. Wenn sich die Varianten im Laufe des Lebens eines Objekts ändern können, verwenden Sie Typenschlüssel durch Zustand/Strategie ersetzen (231).*

- Nehmen Sie die Methoden mit Verzweigungslogik, und wenden Sie darauf *Bedingten Ausdruck durch Polymorphismus ersetzen (259)* an. Wenn sich nicht die ganze Methode ändert, isolieren Sie den variablen Teil mittels *Methode extrahieren (106)*.

12.7.3 Beispiel

Dieses Beispiel ist ein nicht offensichtlicher Anwendungsfall für diese Refaktorisierung. Sie können den Refaktorisierungen *Typenschlüssel durch Unterklassen ersetzen (227)*, *Typenschlüssel durch Zustand/Strategie ersetzen (231)* und *Bedingten Ausdruck durch Polymorphismus ersetzen (259)* folgen, um zu sehen, wie der offensichtliche Fall funktioniert.

Wir beginnen mit einem Programm, das eine Stromrechnung erstellt. Die Ausgangsobjekte zeigt Abbildung 12-11.

Das Abrechnungsschema enthält unter verschiedenen Umständen viel Verzweigungslogik. Verschiedene Abrechnungssätze werden für Sommer und Winter verwendet, verschiedene Abrechungspläne gelten für Eigenheime, kleine Betriebe und Kunden, die Sozialhilfe (Hilfe zum Lebensunterhalt) beziehen oder an einer Behinderung (`Disability`) leiden. Daraus ergeben sich komplexe Verzweigungen, die die Klasse `Billing Scheme` ziemlich komplex machen.

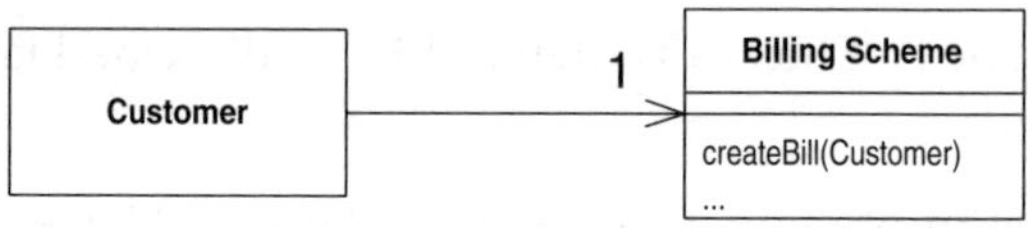

Abbildung 12-11 Kunde (`Customer`) und Abrechnungsschema *(`Billing Scheme`)*

Unser erster Schritt besteht darin, eine Variante herauszugreifen, die sich durch die Verzweigungslogik hindurchzieht. Das kann eine Steuerungsvariable in `Customer`, `Billing Scheme` oder sonstwo sein.

Wir erstellen eine Unterklasse für diese Variante. Um die Unterklasse verwenden zu können, müssen wir sicherstellen, dass sie erzeugt und benutzt wird. Also untersuchen wir den Konstruktor von `Billing Scheme`. Als Erstes wenden wir *Konstruktor durch Fabrikmethode ersetzen (313)* an. Dann untersuchen wir die Fabrikmethode, um zu sehen, welche Teile der Logik von einer Behinderung abhängen. Dann erstellen wir eine Klausel, die ein Objekt der Klasse `Disability Billing Scheme` liefert, wenn dies erforderlich ist.

Wir untersuchen die verschiedenen Methoden von `Billing Scheme` und halten nach denen Ausschau, deren Verzweigungslogik sich bei Vorliegen einer Behinderung ändert. Eine dieser Methoden ist `createBill`, die wir daher in die Unterklasse kopieren. (Siehe Abbildung 12-12)

Wir untersuchen nun die Kopie von `createBill` in der Unterklasse und vereinfachen sie, da wir uns nun im Kontext eines `Disability Billing Scheme` befinden. Wenn im Code beispielsweise

```
if (disabilityScheme()) doSomething;
```

steht , so können wir dies durch

```
doSomething;
```

ersetzen. Wenn die Abrechnungsschemata für Kunden mit Behinderungen und kleine Unternehmen sich ausschließen, können wir den ganzen Code, der von letzterem abhängt, eliminieren.

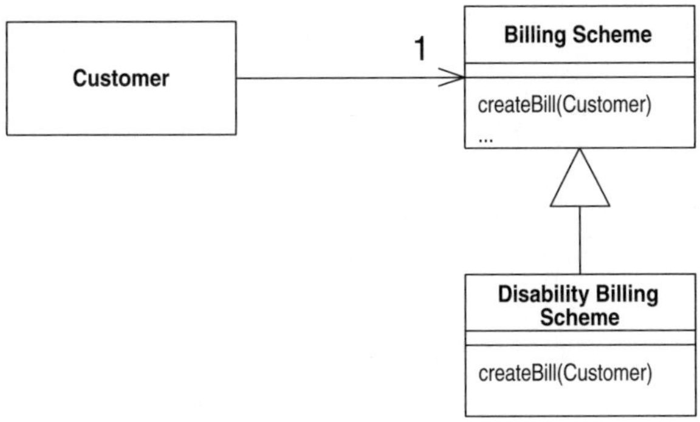

Abbildung 12-12 Hinzufügen einer Klasse für `Disability`

Während wir dies tun, wollen wir sicherstellen, dass der veränderliche Code von unveränderlichem getrennt wird. Wir verwenden hierzu *Methode extrahieren (106)* und *Bedingung zerlegen (242)*. Wir fahren fort, dies für verschiedene Methoden von `Billing Scheme` zu tun, bis wir das Gefühl haben, mit den meisten Bedingungen im Zusammenhang mit Behinderungen etwas Sinnvolles getan zu haben. Dann nehmen wir uns eine andere Variante vor (Hilfe zum Lebensunterhalt) und machen für diese das Gleiche.

Während wir uns mit der zweiten Variante beschäftigen, untersuchen wir aber auch, wie sich die Bedingungen bei Hilfe zum Lebensunterhalt von denen bei Behinderung unterscheiden. Wir wollen die Fälle finden, in denen beide Methoden das gleiche Ziel haben, es aber auf unterschiedliche Weise erreichen. Wir können Unterschiede in der Berechnung von Steuern in diesen beiden Fällen haben. Wir wollen sicherstellen, dass wir in den Unterklassen Methoden mit gleicher Signatur haben. Das kann bedeuten, die Klasse `Disability Billing Scheme` zu ändern, um die Unterklassen besser anordnen zu können. Meistens stellen wir fest, dass sich mit der wachsenden Zahl von Varianten, die wir bearbeiten, das Muster ähnlicher und variierender Methoden stabilisiert, so dass weitere Varianten einfacher zu erledigen sind.

13 Refaktorisieren, Recycling und Realität

von William Opdyke

Martin Fowler und ich trafen uns das erste Mal auf der OOPSLA 92. Einige Monate zuvor hatte ich meine Dissertation über Refaktorisierung objektorientierter Frameworks[1] (Anm. d. Ü.: Hochgestellte Zahlen verweisen in diesem Kapitel auf das Literaturverzeichnis am Ende des Kapitels.) an der Universität von Illinois abgeschlossen. Während ich überlegte, ob ich meine Untersuchungen über das Refaktorisieren fortsetzen sollte, verfolgte ich auch andere Optionen wie etwa medizinische Informatik. Martin Fowler arbeitete zu der Zeit an einer medizinischen Informatikanwendung, was uns beim Frühstück in Vancouver ins Gespräch brachte. Wie er weiter vorn in diesem Buch berichtet, diskutierten wir einige Minuten über meine Untersuchungen über das Refaktorisieren. Er hatte damals mäßiges Interesse an dem Thema, aber wie Sie sehen, ist sein Interesse gewachsen.

Auf den ersten Blick mag es so aussehen, als wenn das Refaktorisieren in akademischen Forschungslabors entstanden wäre. Tatsächlich entstand es in den Schützengräben der Softwareentwicklung, wo objektorientierte Programmierer beim Einsatz von Smalltalk in Situationen gekommen waren, in denen eine bessere Unterstützung für die Entwicklung von Frameworks oder allgemeiner, zur Unterstützung des Änderungsprozesses, benötigt wurde. Dies motivierte Untersuchungen, die bis zu einem Punkt gelangt waren, an dem wir fühlten, dass die Ergebnisse »reif für die Öffentlichkeit« waren – dem Punkt, an dem eine größere Gruppe professioneller Softwareentwickler von den Vorteilen des Refaktorisierens profitieren konnte.

Als Martin Fowler mir die Gelegenheit gab, ein Kapitel für dieses Buch zu schreiben, gingen mir verschiedene Ideen durch den Kopf. Ich könnte die frühen Forschungen über Refaktorisierungen beschreiben; die Zeit, als Ralph Johnson und ich mit ganz unterschiedlichen technischen Hintergründen zusammenkamen, um uns auf Änderungsunterstützung für objektorientierte Software zu konzentrieren. Ich könnte diskutieren, wie man eine automatisierte Unterstützung für das Refaktorisieren bieten kann, ein Bereich meiner Forschungen, der sich sehr vom Schwerpunkt dieses Buches unterscheidet. Ich könnte über einige meiner Erfahrungen berichten, in welcher Beziehung das Refaktorisieren zu den täglichen Anforderungen professioneller Entwickler steht, besonders solcher, die an großen Projekten in der Wirtschaft arbeiten.

Viele der Erkenntnisse, die ich bei meinen Forschungen über das Refaktorisieren gewann, waren in vielen Bereichen nützlich – in der Bewertung von Softwaretechniken und der Formulierung von Produktentwicklungsstrategien, in der Entwicklung von Prototypen und Produkten der Telekommunikationsindustrie, in der Ausbildung und Beratung von Entwicklungsteams.

Ich entschied mich, auf viele dieser Themen kurz einzugehen. Wie der Titel dieses Kapitels zeigt, lassen sich viele der Einsichten über das Refaktorisieren auf allgemeinere Fragen, wie Softwarewiederverwendung (Anm. d. Ü.: Um den Dreiklang des amerikanischen Originals zu erhalten, habe ich in der Überschrift »Recycling« übersetzt.), Produktentwicklung und Plattformauswahl anwenden. Wenn auch einige Teile dieses Kapitels kurz einige der interessanteren theoretischen Aspekte der Refaktorisierung berühren, so liegt der Hauptschwerpunkt auf praktischen Anforderungen der Realität und wie man ihnen begegnet.

Wenn Sie dieses Thema weiter verfolgen wollen, so verweise ich Sie auf die Quellen und Belege weiter hinten in diesem Kapitel.

13.1 Eine Nagelprobe

Ich arbeitete mehrere Jahre bei Bell Labs, bevor ich mich entschied zu promovieren. Die meiste Zeit verbrachte ich in dem Teil der Firma, der elektronische Vermittlungssysteme entwickelte. Solche Produkte haben sehr enge Randbedingungen, sowohl bezüglich der Zuverlässigkeit als auch bezüglich der Geschwindigkeit, mit der sie Telefonanrufe vermitteln. Tausende von Personenjahren wurden in die Entwicklung und Weiterentwicklung solcher Systeme investiert. Die Produkte existieren jahrzehntelang. Die meisten Entwicklungskosten entstehen nicht bei der Entwicklung der ersten Version dieser Systeme, sondern im Laufe der Zeit bei der Änderung und Anpassung des Systems. Möglichkeiten, solche Änderungen einfacher und billiger zu machen, wären ein großer Gewinn für die Firma.

Da Bell Labs meine Promotionsstudien unterstützte, wollte ich ein Feld bearbeiten, das nicht nur technisch interessant war, sondern auch Bezug zu praktischen Anforderungen der Wirtschaft hatte. In den späten achtziger Jahren begann die objektorientierte Technik gerade, die Forschungslabore zu verlassen. Als Ralph Johnson ein Forschungsthema vorschlug, in dem es sowohl um objektorientierte Technik als auch um die Unterstützung des Änderungsprozesses und der Softwareweiterentwicklung ging, griff ich zu.

Mir wurde erzählt, wenn jemand seine Doktorarbeit abgeschlossen habe, würde er dem Thema nicht mehr neutral gegenüberstehen. Einige haben das Thema satt und wechseln schnell zu etwas anderem. Andere bleiben von dem Thema begeistert. Ich gehöre in das letztere Lager.

Als ich nach meinem Abschluss zu Bell Labs zurückkehrte, passierte etwas Seltsames. Die Leute dort waren nicht annähernd so begeistert vom Refaktorisieren wie ich.

Ich kann mich lebhaft an einen Vortrag Anfang 1993 auf einem Technologieforum für Mitarbeiter bei AT&T Bell Labs und NCR (damals beides Teile der gleichen Firma) erinnern. Ich hatte 45 Minuten Zeit, um über das Refaktorisieren zu sprechen. Mein Enthusiasmus für das Thema kam herüber. Aber am Ende des Vortrags gab es nur wenige Fragen. Einer der Teilnehmer kam hinterher zu mir, um mehr zu hören; er begann gerade sein Hauptstudium und suchte ein Forschungsthema. Ich hatte gehofft, dass einige der Mitglieder von Entwicklungsprojekten begierig wären, das Refaktorisieren für ihre Arbeit einzusetzen. Wenn sie dies waren, so zeigten sie es damals zumindest nicht.

Die Leute schienen es einfach nicht richtig verstanden zu haben.

Ralph Johnson lehrte mich eine sehr wichtige Lektion über Forschung: Wenn jemand (ein Gutachter für einen Artikel, ein Teilnehmer eines Vortrags) meint, »ich verstehe das nicht« oder es einfach nicht mitbekommt, so ist es *unser* Fehler. Es ist *unsere* Aufgabe, hart daran zu arbeiten, unsere Ideen zu entwickeln und zu vermitteln.

In den nächsten Jahren hatte ich zahlreiche Gelegenheiten, auf internen Foren bei AT&T Bell Labs, öffentlichen Konferenzen und Workshops Vorträge über das Refaktorisieren zu halten. Als ich mit mehr Entwicklern in der Praxis sprach, begann ich zu verstehen, warum meine früheren Darstellungen nicht klar verstanden wurden. Dies entstand zum Teil dadurch, dass die objektorientierte Technik noch neu war. Diejenigen, die damit arbeiteten, waren kaum über die erste Version eines Systems hinaus und hatten somit die schwierigen Probleme noch nicht erlebt, bei denen das Refaktorisieren helfen kann. Das war das typische Dilemma eines Forschers – der Stand der Forschung war jenseits des Stands der verbreiteten Praxis. Aber es gab einen weiteren beunruhigenden Grund für das Unverständnis. Es gab verschiedene ganz natürliche Gründe, warum Entwickler, selbst wenn sie die Vorteile des Refaktorisierens erkannten, zögerten, *ihre* Programme zu refaktorisieren. Mit diesen Bedenken mussten wir uns zuerst beschäftigen, bevor das Refaktorisieren in größerem Maße von Entwicklern aufgenommen werden würde.

13.2 Warum weigern sich Entwickler, ihre eigenen Programme zu refaktorisieren?

Stellen Sie sich vor, Sie seien ein Softwareentwickler. Wenn Ihr Projekt auf der grünen Wiese beginnt (ohne Überlegungen über Rückwärtskompatibilität) *und* wenn Sie das Problem verstehen, das Ihr System lösen soll, *und* wenn Ihr Geldgeber bereit ist zu bezahlen, bis *Sie* mit den Ergebnissen zufrieden sind, sollten Sie sich sehr glücklich schätzen. Auch wenn ein solches Szenario für den Einsatz objektorientierter Technik optimal sein mag, ist es für die meisten von uns nur ein Traum.

Meistens müssen Sie ein vorhandenes Stück Software erweitern. Sie haben nur ein unvollständiges Verständnis von dem, was Sie tun. Sie stehen unter Zeitdruck, etwas zu produzieren. Was können Sie tun?

Sie können das Programm neu schreiben. Sie können Ihre Entwurfserfahrung einbringen und die Fehler der Vergangenheit beheben, kreativ sein und Spaß haben. Aber wer wird das bezahlen? Wie können Sie sicher sein, dass das neue System alles macht, was auch das alte System tat?

Sie können Teile des existierenden Systems kopieren und ändern, um es zu erweitern. Dies erscheint ratsam und kann sogar als eine Art von Wiederverwendung angesehen werden; Sie müssen nicht einmal alles verstehen, was Sie wiederverwenden. Mit der Zeit pflanzen sich aber Fehler fort, Programme blähen sich auf, der Programmentwurf wird korrumpiert, und die Kosten von Erweiterungen explodieren.

Das Refaktorisieren ist ein Mittelweg zwischen den beiden Extremen. Es ist eine Möglichkeit, Software zu restrukturieren, um Entwurfseinsichten explizit herauszuarbeiten, Frameworks zu entwickeln und wiederverwendbare Komponenten zu extrahieren, Softwarearchitekturen zu bereinigen und zukünftige Änderungen zu erleichtern. Das Refaktorisieren hilft Ihnen, Ihre Investitionen der Vergangenheit zu nutzen, Redundanzen zu verringern und Programme stromlinienförmiger zu machen.

Angenommen, Sie als Entwickler akzeptieren diese Vorteile. Sie sind sich mit Fred Brooks einig, dass der Umgang mit Änderungen eine der »wesentlichen Komplexitäten« in der Entwicklung von Software ist[2]. Sie räumen ein, dass das Refaktorisieren theoretisch die genannten Vorteile bringen kann.

Warum würden Sie selbst dann *Ihre* Programme nicht refaktorisieren? Hier sind vier mögliche Gründe:

1. Vielleicht verstehen Sie noch nicht, wie man refaktorisiert.
2. Wenn die Vorteile langfristig sind, warum jetzt den Aufwand treiben? Vielleicht sind Sie gar nicht mehr in dem Projekt, wenn die Früchte der Arbeit geerntet werden können.
3. Code zu refaktorisieren ist weiterhin Overhead; Sie werden für *neue* Leistungsmerkmale bezahlt.
4. Refaktorisieren kann das laufende Programm kaputtmachen.

Das sind berechtigte Bedenken. Ich habe Sie von Mitarbeitern in Telekommunikations- und Hochtechnologiefirmen gehört. Einige sind technische Bedenken, andere Sorgen des Managements. Man muss sich mit ihnen allen auseinandersetzen, bevor Entwickler erwägen werden, ihre Software zu refaktorisieren. Lassen Sie uns nun alle diese Themen einzeln betrachten.

13.2.1 Wie und wann refaktorisiert man?

Wie können Sie lernen zu refaktorisieren? Welche Werkzeuge und Techniken gibt es? Wie können sie kombiniert werden, um etwas Nützliches zu erreichen? Wann sollten wir sie anwenden? Dieses Buch definiert mehrere Dutzend Refaktorisierungen, die Martin Fowler in seiner Arbeit als nützlich kennen gelernt hat. Es präsentiert Beispiele, wie diese Refaktorisierungen angewandt werden können, um wesentliche Änderungen an Programmen zu unterstützen.

Im *Software Refactory*-Projekt an der Universität von Illinois wählten wir einen minimalistischen Ansatz. Wir definierten einen kleineren Satz von Refaktorisierungen[1,3] und zeigten, wie sie angewandt werden können. Wir gewannen unsere Sammlung von Refaktorisierungen aus unseren eigenen Programmiererfahrungen. Wir werteten die strukturelle Entwicklung verschiedener objektorientierter Frameworks aus, vor allem in C++, sprachen mit Smalltalk-Entwicklern und lasen die Rückblicke verschiedener erfahrener Smalltalk-Entwickler. Die meisten unserer Refaktorisierungen waren so elementar wie das Erstellen oder Entfernen einer Klasse, Variablen oder Funktion; das Ändern der Attribute von Variablen und Funktionen, von Zugriffsrechten (z. B. öffentlich oder geschützt) und Funktionsargumenten, bzw. so elementar, wie das Verschieben von Variablen und Funktionen zwischen Klassen. Ein kleinerer Satz von Refaktorisierungen höherer Ebene wurde für Operationen benutzt, wie das Bilden einer abstrakten Oberklasse, das Vereinfachen einer Klasse durch Unterklassen und das Vereinfachen bedingter Ausdrücke oder das Abspalten von Teilen einer Klasse, um eine neue, wiederverwendbare Komponente zu erstellen (wobei wir oft zwischen Vererbung und Delegation oder Aggregation hin- und herwechselten). Die komplexeren Refaktorisierungen wurden mit Hilfe der elementaren formuliert. Unser Ansatz war durch Gesichtspunkte der Automatisierung und der Sicherheit motiviert, die ich später erläutere.

Welche Refaktorisierungen sollen Sie anwenden, wenn Sie ein vorhandenes Programm haben? Das hängt natürlich von Ihren Zielen ab. Ein häufiger Grund, auf den sich dieses Buch konzentriert, ist der Wunsch, ein Programm so zu restrukturieren, dass es einfacher wird, (in naher Zukunft) neue Elemente einzufügen. Dies diskutiere ich im nächsten Abschnitt. Es gibt aber auch andere Gründe, warum Sie Refaktorisierungen anwenden können.

Erfahrene objektorientierte Entwickler und solche, die in Entwurfsmustern und guten Entwurfstechniken geschult wurden, wissen, dass verschiedene strukturelle Eigenschaften und Charakteristika von Programmen erwiesenermaßen die Erweiterbarkeit und Wiederverwendung unterstützen[4-6]. Objektorientierte Entwurfstechniken, wie Klassenkarten (CRC cards)[7] konzentrieren sich darauf, Klassen und ihre Protokolle zu definieren. Obwohl der Schwerpunkt hier im Entwurf vor der Implementierung liegt, kann man existierende Programme mit diesen Richtlinien vergleichen.

Ein automatisiertes Werkzeug kann Ihnen helfen, strukturelle Schwächen in einem Programm zu identifizieren, wie z. B. Funktionen, die eine extrem große Zahl von Argumenten haben. Dies sind Kandidaten für Refaktorisierungen. Ein automatisiertes Werkzeug kann auch strukturelle Ähnlichkeiten identifizieren, die auf Redundanzen hindeuten können. Wenn z. B. zwei Funktionen nahezu identisch sind (was häufig vorkommt, wenn man kopiert und ändert, um aus einer Funktion ein weitere zu machen), so können solche Ähnlichkeiten entdeckt und Refaktorisierungen vorgeschlagen werden, die den gemeinsamen Code an einer Stelle zusammenfassen. Wenn zwei Variablen in verschiedenen Teilen des Programms denselben Namen haben, so können sie manchmal durch eine einzelne Variable ersetzt werden, die an beiden Stellen geerbt wird. Dies sind nur einige wenige sehr einfache Beispiele. Viele andere, auch komplexere Fälle können mit automatisierten Werkzeugen entdeckt und korrigiert werden. Diese strukturellen Abnormalitäten oder strukturellen Ähnlichkeiten bedeuten nicht immer, dass Sie refaktorisieren müssen, aber oft ist es so.

Ein großer Teil der Arbeit an Entwurfsmustern konzentrierte sich auf guten Programmierstil und nützliche Muster für die Interaktion zwischen verschiedenen Teilen eines Programms, die auf strukturelle Charakteristika und Refaktorisierungen abgebildet werden können. Der Abschnitt über die Anwendbarkeit des Musters Template-Methode[8] bezieht sich z.B. auf unserere Refaktorisierung Abstrakte Oberklasse bilden[9].

Ich habe[1] einige Heuristiken zusammengestellt, die dabei helfen, Kandidaten für Refaktorisierungen in einem C++-Programm zu identifizieren. John Brant und Don Robert[10,11] haben ein Werkzeug entwickelt, das einen umfangreichen Satz von Heuristiken anwendet, um Smalltalk-Programme automatisch zu analysieren. Sie schlagen vor, welche Refaktorisierungen den Programmentwurf verbessern können und wie diese anzuwenden sind.

Ein solches Werkzeug einzusetzen, um Ihr Programm zu analysieren, ähnelt dem Einsatz von lint. Das Werkzeug kann die Bedeutung des Programms nicht verstehen. Nur einige der Vorschläge, die es auf Basis der Strukturanalyse des Programms macht, mögen Änderungen sein, die Sie tatsächlich durchführen wollen. Als Programmierer treffen Sie die Entscheidung. Sie entscheiden, welche Empfehlungen Sie auf Ihr Programm anwenden. Diese Änderungen sollten die Struktur Ihres Programms verbessern und zukünftige Änderungen besser unterstützen.

Bevor Programmierer sich davon überzeugen können, dass sie ihren Code refaktorisieren sollten, müssen sie verstehen, wie und wann man refaktorisiert. Es gibt keinen Ersatz für Erfahrung. Wir nutzten die Einsichten erfahrener objektorientierter Entwickler bei unseren Untersuchungen, um einen Satz nützlicher Refaktorisierungen zu finden, und Einsichten darüber, wo sie angewandt werden sollten. Automatisierte Werkzeuge können die Struktur eines Programms analysieren und Refaktorisierungen vorschlagen, die die Struktur verbessern können. Wie in den meisten Fachgebieten können Werkzeuge und Techniken helfen, *aber nur, wenn Sie diese auch einsetzen*. Wenn Programmierer ihren Code refaktorisieren, wächst ihr Verständnis.

Refaktorisieren von C++-Programmen *von Bill Opdyke*

Als Ralph Johnson und ich 1989 unsere Forschungen über das Refaktorisieren begannen, entwickelte sich die Programmiersprache C++ und wurde unter objektorientierten Entwicklern sehr populär. Die Bedeutung des Refaktorisierens war zunächst in der Smalltalk-Entwicklung erkannt worden. Wir hatten das Gefühl, dass es eine größere Zahl objektorientierter Entwickler interessieren würde, wenn wir die Fähigkeiten des Refaktorisierens an C++-Programmen zeigen würden. C++ hat Sprachelemente, vor allem seine statische Typprüfung, die Teile der Programmanalyse und der Refaktorisierungsaufgaben vereinfachen. Auf der anderen Seite ist

C++ komplex, zum großen Teil wegen seiner Geschichte und Entwicklung aus der Programmiersprache C. Einige zulässige Programmierstile in C++ machen es schwierig zu refaktorisieren und ein Programm weiterzuentwickeln.

Sprachelemente und Programmierstile, die das Refaktorisieren unterstützen

Die statische Typprüfung in C++ macht es relativ einfach möglich, Referenzen auf den Teil des Programms, den Sie refaktorisieren wollen, einzugrenzen. Um einen einfachen, aber häufigen Fall herauszugreifen, nehmen Sie an, Sie wollen eine Methode (member function) einer C++-Klasse umbenennen. Um die Umbenennung korrekt durchzuführen, müssen Sie die Deklaration der Methode und alle Referenzen auf diese Methode ändern. Das Suchen und Ändern der Referenzen kann schwierig sein, wenn das Programm groß ist.

Im Vergleich mit Smalltalk hat C++ Elemente, um Vererbung und Zugriffsrechte zu steuern (`public`, `protected`, `private`), die es einfacher machen festzustellen, wo es Referenzen auf die umzubenennende Methode geben kann. Ist die Methode als `private` deklariert, so können Referenzen auf die Methode nur innerhalb der Klasse selbst erfolgen oder in Klassen, die als `friend` dieser Klasse deklariert sind. Wenn die Methode als `protected` deklariert ist, können Referenzen nur in dieser Klasse vorkommen, in ihren Unterklassen (und deren Abkömmlingen) und in Klassen, die als `friend` dieser Klassen deklariert sind. Wenn die Methode als `public` (dem am wenigsten restriktiven Schutzmodus) deklariert ist, kann sich die Analyse immer noch auf die Klassen beschränken, die hier für »geschützte« Methoden aufgeführt wurden, und auf die Operationen auf Objekten der Klasse, die die Methode enthält, ihre Unterklassen und Abkömmlinge.

In einigen sehr großen Programmen können Methoden mit dem gleichen Namen an verschiedenen Stellen im Programm deklariert worden sein. In manchen Fällen werden zwei oder mehr Methoden besser durch eine einzelne Methode ersetzt; es gibt häufig anwendbare Refaktorisierungen, die diese Änderung vornehmen. Auf der anderen Seite ist es manchmal der Fall, dass eine Methode umbenannt werden sollte und die andere unverändert bleibt. In einem Mehrpersonenprojekt können zwei oder mehr Programmierer den gleichen Namen für völlig unabhängige Methoden verwendet haben. In C++ ist es fast immer einfach festzustellen, welche Referenzen auf die umzubenennende Methode verweisen und welche auf die andere. In Smalltalk ist diese Analyse schwieriger.

Da C++ Unterklassen verwendet, um Untertypen zu implementieren, kann der Gültigkeitsbereich einer Methode meist verallgemeinert oder spezialisiert werden, indem man der Vererbungshierarchie hinauf oder hinunter folgt. Ein Programm zu analysieren und die Refaktorisierungen durchzuführen ist ziemlich einfach.

Verschiedene Prinzipien guten Entwurfs, während der ursprünglichen Entwicklung und während des ganzen Softwareentwicklungsprozesses angewendet, erleichtern den Prozess der Refaktorisierung und machen es leichter, Software weiterzuentwickeln. Felder und die meisten Methoden als privat zu deklarieren ist eine Technik, die es oft erleichtert, die Interna einer Klasse zu refaktorisieren und die Änderungen an anderen Stellen des Programms zu minimieren. Die Generalisierungs- und Spezialisierungshierarchien in Vererbungshierarchien zu modellieren (wie es in C++ üblich ist) macht es einfach, die Gültigkeitsbereiche von Feldern oder Methoden später zu verallgemeinern oder zu spezialisieren, indem man Refaktorisierungen verwendet, die diese entlang der Vererbungshierarchien verschieben.

Elemente von C++-Entwicklungsumgebungen unterstützen ebenfalls Refaktorisierungen. Wenn ein Programmierer beim Refaktorisieren einen Fehler macht, erkennt häufig der C++-Compiler den Fehler. Viele C++-Entwicklungsumgebungen bieten mächtige Möglichkeiten für Verwendungsnachweise und Codeansichten.

Sprachelemente und Programmierstile, die das Refaktorisieren erschweren

Die Kompatibilität von C++ mit C ist, wie die meisten von Ihnen wissen, ein zweischneidiges Schwert. Viele Programme wurden in C geschrieben und viele Programmierer wurden in C ausgebildet, was es (zumindest oberflächlich betrachtet) einfacher macht, nach C++ zu migrieren als zu einer anderen objektorientierten Programmiersprache. Allerdings unterstützt C++ auch viele Programmierstile, die solide Entwurfsprinzipien verletzen.

Programme, die Elemente von C++ verwenden, wie Zeiger, Cast-Operationen und `sizeof(Object)`, sind schwer zu refaktorisieren. Zeiger und Cast-Operationen führen zu Aliasing, wodurch es schwierig wird, alle Referenzen auf ein Objekt zu bestimmen, das Sie refaktorisieren wollen. Jedes dieser Elemente legt die interne Darstellung offen, wodurch Abstraktionsprinzipien verletzt werden.

Zum Beispiel verwendet C++ eine V-Table, um Felder in einem ausführbaren Programm darzustellen. Die vererbten Felder erscheinen zuerst, gefolgt von den lokal definierten Feldern. Eine im Allgemeinen gefahrlose Refaktorisierung besteht darin, eine Variable in eine Oberklasse zu verschieben. Da das Feld nun geerbt wird, anstatt lokal in der Unterklasse definiert zu werden, hat sich die physische Position des Feldes in dem ausführbaren Programm aller Wahrscheinlichkeit nach durch die Refaktorisierung geändert. Wenn alle Feldzugriffe in dem Programm über die Klassenschnittstelle erfolgen, so wird eine Umordnung der physischen Positionen der Felder das Verhalten des Programms nicht ändern.

Wenn das Feld aber über Zeigerberechnungen verwendet wird (der Programmierer hat z.B einen Zeiger auf das Objekt, weiß, dass das Feld im fünften Byte steht, und weist dem fünften Byte über Zeiger einen Wert zu), dann wird das Verschieben des Felds in eine Oberklasse höchstwahrscheinlich das Verhalten des Programms ändern. Hat ein Programmierer eine Bedingung der Art `if(sizeof(Object)==15)` geschrieben und das Programm refaktorisiert, um ein nicht verwendetes Feld zu entfernen, so ändert sich die Größe eines Objekts und eine Bedingung, die vorher wahr lieferte, ergibt nun falsch.

Es mag jemandem absurd erscheinen, Programme zu schreiben, die aufgrund der Größe von Objekten verzweigen oder Zeigerberechnungen verwenden, wenn C++ eine viel bessere Schnittstelle für Felder einer Klasse bietet. Ich will damit sagen, dass diese Elemente (und andere, die von der physischen Struktur eines Objekts abhängen) Bestandteil von C++ sind und dass es Programmierer gibt, die gewohnt sind, sie zu verwenden. Die Migration von C nach C++ allein macht noch keinen objektorientierten Programmierer oder Designer.

C++ ist eine sehr komplizierte Sprache (verglichen mit Smalltalk und in geringerem Maße mit Java). Es ist deshalb sehr viel schwieriger, die Art von Darstellung einer Programmstruktur zu erstellen, die benötigt wird, um automatisch zu prüfen, ob eine Refaktorisierung gefahrlos ist und falls ja, die Refaktorisierung durchzuführen.

Da C++ die meisten Referenzen zur Umwandlungszeit auflöst, erfordert das Refaktorisieren normalerweise das erneute Umwandeln mindestens eines Teils des Programms und das Linken des ausführbaren Programms, bevor man die Auswirkungen testet. Im Unterschied dazu bieten Smalltalk und CLOS (Common Lisp Object System) Umgebungen für die interpretative Ausführung und inkrementelle Umwandlung. Während es in Smalltalk und CLOS ziemlich normal ist, eine Reihe von inkrementellen Refaktorisierungen durchzuführen (und zurückzunehmen), sind die Kosten pro Iteration in C++ (in der Form von neuer Umwandlung und neuem Testen) höher; daher neigen Programmierer dazu, diese kleinen Änderungen weniger gern durchzuführen.

Viele Anwendungen verwenden eine Datenbank. Änderungen der Struktur von Objekten in einem C++-Programm können entsprechende Änderungen am Datenbankschema erfordern. (Viele der Ideen, die ich in meiner Arbeit über das Refaktorisieren anwandte, stammten aus Untersuchungen über die Entwicklung objektorientierter Datenbankschemata.)

Eine andere Einschränkung, die Software-Theoretiker mehr interessieren könnte als Software-Praktiker, ist die Tatsache, dass C++ keine Unterstützung für eine Programmanalyse und -änderung auf der Metaebene enthält. Es gibt kein Analogon zu dem Metaobjektprotokoll in CLOS. Das Metaobjektprotokoll von CLOS unterstützt z.B. eine manchmal nützliche Refaktorisierung, um ausgewählte Objekte einer Klasse zu Objekten einer anderen Klasse zu machen und alle Referenzen auf die alten Objekte automatisch auf die neuen zu ändern. Glücklicherweise waren die Fälle, in denen ich diese Elemente benötigte oder sie mir wünschte, sehr dünn gesät.

Abschlussbemerkungen

Refaktorisierungstechniken können auf C++-Programme angewendet werden, und dies ist in vielen Kontexten bereits geschehen. Von C++-Programmen wird oft erwartet, dass sie über viele Jahre weiterentwickelt werden. Während dieser Entwicklung können die Vorteile des Refaktorisierens am leichtesten wahrgenommen werden. Die Sprache bietet einige Elemente, die Refaktorisierungen erleichtern, während andere ihrer Elemente das Refaktorisieren erschweren, wenn sie eingesetzt wurden. Glücklicherweise ist es allgemein anerkannt, dass die Verwendung von Elementen wie Berechnungen mit Zeigern eine schlechte Idee ist, so dass die meisten guten objektorientierten Programmierer es vermeiden, sie zu verwenden.

Vielen Dank an Ralph Johnson, Mick Murphy, James Roskind und andere dafür, dass sie mich in die Mächtigkeit und Komplexität von C++ in Bezug auf das Refaktorisieren einführten.

13.2.2 Refaktorisieren, um kurzfristige Ziele zu erreichen

Es ist relativ leicht, die mittel- bis langfristigen Vorteile des Refaktorisierens zu beschreiben. Viele Organisationen werden aber von Investoren und anderen zunehmend nach kurzfristigen Leistungsmerkmalen bewertet. Kann das Refaktorisieren kurzfristig einen Unterschied machen?

Das Refaktorisieren wird seit mehr als zehn Jahren erfolgreich von erfahrenen objektorientierten Entwicklern angewandt. Viele dieser Entwickler verdienten sich ihre Sporen in der Smalltalk-Kultur, in der klarer und einfacher Code geschätzt und die Wiederverwendung gefördert wird. In einer solchen Kultur investieren Programmierer Zeit, um zu refaktorisieren, da es das jeweils Richtige ist. Die Sprache Smalltalk und ihre Implementierungen machen das Refaktorisieren in einer Weise möglich, die es in den meisten früheren Sprachen und Software-Entwicklungsumgebungen nicht gab. Viel der frühen Smalltalk-Programmierung erfolgte in Forschungsgruppen wie Xerox, PARC oder kleinen Programmierungsteams in technologisch führenden Firmen und Beratungsunternehmen. Die Wertvorstellungen dieser Gruppen unterschieden sich von denen der kommerziellen Software-Entwicklungsgruppen. Martin Fowler und ich sind uns bewusst, dass das Refaktorisieren nur dann in großem Stil eingesetzt werden wird, wenn mindestens einige seiner Vorteile kurzfristig wirksam werden.

Unsere Forschungsgruppe[3,9,12-15] hat verschiedene Beispiele beschrieben, die zeigen, wie Refaktorisierungen so mit Erweiterungen eines Programms verbunden werden können, dass sowohl kurz- als auch langfristige Vorteile realisiert werden. Eines unserer Beispiele ist Choices, ein Dateisystem-Framework. Ursprünglich implementierte dieses Framework das BSD (Berkeley Software Distribution) Unix-Dateisystemformat. Später wurde es um Unterstützung für UNIX System V, MS-DOS, persistente und verteilte Dateisysteme erweitert. System-V-Dateisysteme haben viele Ähnlichkeiten mit BSD-Unix-Dateisystemen. Der Ansatz der Entwickler bestand darin, zunächst Teile der BSD-Unix-Implementierung zu klonen und diesen Klon dann anzupassen, um System V zu unterstützen. Diese Implementierung funktionierte, es gab aber eine Fülle redundanten Codes. Nachdem die Framework-Entwickler neuen Code hinzugefügt hatten, refaktorisierten sie den Code, indem sie abstrakte Oberklassen erstellten, die das beiden Unix-Dateisystem-Implementierungen gemeinsame Verhalten enthielten. Gemeinsame Felder und Methoden wurden in die Oberklassen verschoben. In Fällen, in denen die entsprechenden Methoden für die beiden Dateisystem-Implementierungen nahezu, aber nicht ganz, identisch waren, wurden neue Methoden in den Unterklassen definiert, um die Unterschiede aufzunehmen. In den Originalmethoden wurden diese Codesegmente durch Aufrufe der neuen Methoden ersetzt. Wenn die Methoden identisch waren, wurden sie in eine gemeinsame Oberklasse verschoben.

Diese Refaktorisierungen boten mehrere kurz- und mittelfristige Vorteile. Kurzfristig mussten Fehler, die in der gemeinsamen Codebasis beim Testen gefunden wurden, nur *an einer Stelle* korrigiert werden. Die Gesamtgröße des Codes war kleiner. Das Verhalten, das für ein bestimmtes Dateisystem spezifisch war, wurde klar von dem Code getrennt, der beiden Dateisystemen gemeinsam war. Das machte es leichter, Verhalten zu finden und zu bereinigen, das spezifisch für ein Dateisystemformat war. Mittelfristig waren die Abstraktionen, die sich beim Refaktorisieren ergaben, oft für die Definition nachfolgender Dateisysteme nützlich. Zugegebenermaßen mag das, was zwei Dateisystemformaten gemeinsam ist, nicht auch noch einem dritten ganz genau entsprechen, aber die vorhandene Basis gemeinsamen Codes ist ein guter Ausgangspunkt. Nachfolgende Refaktorisierungen können herausarbeiten, was wirklich gemeinsam ist. Das Framework-Entwicklungsteam stellte fest, dass es mit der Zeit weniger Aufwand wurde, schrittweise die Unterstützung für ein neues Dateisystemformat hinzuzufügen. Obwohl die neueren Formate komplexer waren, erfolgte die Entwicklung mit weniger erfahrenem Personal.

Ich könnte weitere Beispiele für Kurz- und langfristige Vorteile aus Refaktorisierungen anführen, aber das hat Martin Fowler bereits getan. Lassen Sie mich statt diese Liste zu verlängern, eine Analogie ziehen, die einfach zu verstehen und vielen von uns teuer ist: unsere körperliche Gesundheit.

In vielerlei Hinsicht ist Refaktorisieren wie Sport treiben und sich vernünftig ernähren. Viele von uns wissen, dass sie mehr Sport treiben und sich ausgewogener ernähren sollten. Einige von uns leben in Kulturen, die dieses Verhalten stark fördern. Einige von uns können eine Zeitlang ohne sichtbare Effekte ohne diese gesunden Verhaltensweisen auskommen. Wir können immer Ausreden finden, aber letztendlich betrügen wir uns selbst, wenn wir auf Dauer dieses gesunde Verhalten missachten.

Einige von uns motiviert der kurzfristige Erfolg des Sporttreibens und einer gesunden Ernährung wie größere Energie, höhere Flexibilität, größere Selbstachtung usw. Fast alle von uns wissen, dass diese kurzfristigen Erfolge *sehr* real sind. Andere wiederum sind nicht hinreichend hierfür motiviert, bis sie einen kritischen Punkt erreichen.

Ja, einige Vorbehalte muss man machen; so sollte man einen Experten konsultieren, bevor man sich auf ein Programm einlässt. Im Fall von Sport und Ernährung sollten Sie einen Arzt konsultieren. Im Fall des Refaktorisierens sollten Sie Ressourcen wie dieses Buch und die Artikel, die an anderer Stelle in diesem Kapitel genannt werden, zu Rate ziehen. Personal mit Erfahrungen im Refaktorisieren kann Ihnen gezieltere Unterstützung geben.

Verschiedene Menschen, die ich getroffen habe, sind Vorbilder in Bezug auf Fitness und Refaktorisieren. Ich bewundere ihre Energie und ihre Produktivität. Negativbeispiele zeigen sichtbare Zeichen der Vernachlässigung. Ihre Zukunft und die der Softwaresysteme, die sie produzieren, mag nicht rosig sein.

Das Refaktorisieren kann kurzfristig Vorteile bieten und zu Software führen, die einfacher zu ändern und zu warten ist. Das Refaktorisieren ist eher ein Mittel als ein Ziel. Es ist Teil eines breiteren Kontexts, in dem Programmierer und Programmierteams ihre Software entwickeln[3].

13.2.3 Den Aufwand für Refaktorisieren verringern

»Refaktorisieren ist eine überflüssige Aktivität. Ich werde dafür bezahlt, neue Elemente zu schreiben, mit denen Umsatz gemacht wird.« Meine Antwort ist zusammengefasst folgende:

- Es gibt Werkzeuge und Techniken, um schnell und relativ schmerzlos zu refaktorisieren.
- Einige objektorientierte Entwickler berichten von Erfahrungen, die darauf hinweisen, dass der zusätzliche Aufwand für Refaktorisierungen durch verringerten Aufwand und verkürzte Intervalle in anderen Phasen der Programmentwicklung mehr als kompensiert wird.
- Obwohl das Refaktorisieren auf den ersten Blick mühselig und als Overhead erscheinen mag, so erscheint es schnell als wesentlich, wenn es erst einmal Bestandteil des Software-Entwicklungsprozesses geworden ist.

Das vielleicht ausgereifteste Werkzeug für automatisiertes Refaktorisieren wurde für Smalltalk vom Software Refactory Team der Universität von Illinois entwickelt (siehe Kapitel 14). Es ist frei über ihre Website http://st-www.cs.uiuc.edu verfügbar. Obwohl Refaktorisierungswerkzeuge für andere Sprachen noch nicht verfügbar sind, können viele der Techniken, die in unseren Artikeln und in diesem Buch beschrieben werden, relativ einfach mit einem Texteditor oder besser einem Browser durchgeführt werden. Software-Entwicklungsumgebungen und Browser haben in den letzten Jahren deutliche Fortschritte gemacht. Wir hoffen auf eine wachsende Zahl von Refaktorisierungswerkzeugen in der Zukunft.

Kent Beck und Ward Cunningham, beide erfahrene Smalltalk-Programmierer, haben auf OOPSLA-Konferenzen und bei anderen Gelegenheiten berichtet, dass das Refaktorisieren sie in die Lage versetzt habe, in Bereichen wie Wertpapierhandel Software schnell zu entwickeln. Ich habe ähnliche Berichte von C++- und CLOS-Programmierern gehört. In diesem Buch beschreibt Martin Fowler die Vorteile von Refaktorisierungen in Bezug auf Java-Programme. Wir erwarten mehr Berichte von denen, die dieses Buch lesen und diese Prinzipien anwenden.

Meine Erfahrung zeigt, dass das Refaktorisieren nicht mehr als Overhead erscheint, wenn es Teil der Routine wird. Diese Behauptung ist leicht auszusprechen, aber schwer zu belegen. Mein Rat an die Skeptiker unter Ihnen ist, es einfach auszuprobieren und dann selbst zu entscheiden.

13.2.4 Sicheres Refaktorisieren

Sicherheit ist ein wichtiges Anliegen, besonders für Organisationen, die große Systeme entwickeln und erweitern. In vielen Anwendungen gibt es zwingende finanzielle, legale und ethische Gründe dafür, stetigen, zuverlässigen und fehlerfreien Service zu bieten. Viele Organisationen bieten umfangreiche Schulungen und versuchen disziplinierte Entwicklungsprozesse anzuwenden, um für die Sicherheit ihrer Produkte zu sorgen.

Für viele Programmierer scheint Sicherheit aber ein weniger wichtiges Anliegen zu sein. Es ist mehr als nur ein bisschen ironisch, dass wir Sicherheit zuerst unseren Kindern, Nichten und Neffen predigen, aber in unserer Rolle als Programmierer nach Freiheit schreien, wie eine Mischung aus Westernheld und jungem Autofahrer. Gebt uns Freiheit, gebt uns Ressourcen, und seht, wie wir fliegen. Wollen wir es unserer Organisation wirklich zumuten, auf die Früchte unserer Kreativität zu verzichten, nur weil es um Wiederholbarkeit und Konformität geht?

In diesem Abschnitt diskutiere ich Ansätze zu sicherem Refaktorisieren. Ich konzentriere mich dabei auf einen Ansatz, der verglichen mit dem, was Martin Fowler weiter vorn in diesem Buch beschreibt, etwas strukturierter und strenger ist, aber viele Fehler eliminieren kann, die durch das Refaktorisieren eingeführt werden können.

Sicherheit ist ein schwierig zu definierendes Konzept. Eine intuitive Definition ist, dass eine sichere Refaktorisierung ein Programm nicht kaputtmacht. Da eine Refaktorisierung das Programm restrukturieren soll, ohne das Verhalten des Programms zu ändern, sollte das Programm nach der Refaktorisierung genauso arbeiten wie zuvor.

Wie refaktorisiert man gefahrlos? Es gibt verschiedene Möglichkeiten:

- Vertrauen Sie Ihren Codierfähigkeiten.
- Vertrauen Sie darauf, dass Ihr Compiler die Fehler findet, die Ihnen entgangen sind.
- Vertrauen Sie darauf, dass Ihre Testsuite die Fehler findet, die Ihnen und Ihrem Compiler entgangen sind.
- Vertrauen Sie darauf, dass Codereviews die Fehler finden, die Ihnen, Ihrem Compiler und Ihrer Testsuite entgangen sind.

Martin Fowler konzentriert sich bei seinen Refaktorisierungen auf die ersten drei Optionen. Mittelgroße und große Organisationen ergänzen diese Schritte häufig durch Codereviews.

Compiler, Testsuiten, Codereviews und disziplinierter Programmierstil haben alle ihren Wert, aber sie haben auch die folgenden Grenzen:

- Programmierer sind fehlbar, sogar Sie (ich weiß, dass ich es bin).
- Es gibt subtile und nicht so subtile Fehler, die Compiler nicht erkennen können, besonders mit Vererbung zusammenhängende Fehler bei Gültigkeitsbereichen[1].
- Perry und Kaiser[16] und andere haben gezeigt, dass es entgegen der landläufigen Meinung das Testen nicht vereinfacht, wenn Vererbung als Implementierungstechnik verwendet wird. In der Praxis ist ein umfangreicher Satz von Tests notwendig, um alle Fälle zu überdecken, in denen Operationen, die für Objekte der Klasse aufgerufen wurden, nun für Objekte der Unterklasse aufgerufen werden. Wenn Ihr Designer nicht allwissend ist oder besonders stark auf Details achtet, so ist es sehr wahrscheinlich, dass es Fälle gibt, die Ihre Testsuite nicht abdeckt. Alle möglichen Ausführungspfade in einem Programm zu testen ist kein berechenbares Problem mehr. Mit anderen Worten: Es kann nicht garantiert werden, dass Sie alle Fälle mit Ihrer Testsuite entdecken.
- Codereviewer sind wie Programmierer fehlbar. Außerdem können Reviewer viel zu sehr mit ihrer eigenen Arbeit beschäftigt sein, um sich noch gründlich mit dem Code von jemand anderem auseinanderzusetzen.

Ein anderer Ansatz, den ich in meinen Forschungen verfolgte, besteht darin, ein Refaktorisierungswerkzeug zu definieren und einen Prototyp zu erstellen, um zu sehen, ob eine Refaktorisierung gefahrlos auf ein Programm angewendet werden kann, und das Programm zu refaktorisieren, wenn dies so ist. Das vermeidet viele der Fehler, die durch menschliche Irrtümer eingeschleppt werden.

Hier gebe ich eine abstrakte Beschreibung meines Ansatzes für sicheres Refaktorisieren. Dies könnte der nützlichste Teil dieses Kapitels sein. Für weitere Details verweise ich auf meine Dissertation[1], die anderen Quellen am Ende dieses Kapitels und Kapitel 14. Wenn Ihnen dieser Abschnitt zu technisch ist, springen Sie einfach zu den letzten Absätzen dieses Abschnitts.

Ein Teil meines Refaktorisierungswerkzeugs ist ein Programmanalysator, ein Programm, das die Struktur eines anderen Programms analysiert (in diesem Fall ein C++-Programm, auf das eine Refaktorisierung angewendet werden könnte). Das Werkzeug kann eine Reihe von Fragen beantworten, die die Gültigkeitsbereiche, Typisierung und Semantik (die Bedeutung oder beabsichtigten Operationen eines Programms) betreffen. Fragen des Gültigkeitsbereichs im Zusammenhang mit

Vererbung machen diese Analyse komplexer als in nicht objektorientierten Programmen, aber für C++ machen Spracheigenschaften wie statische Typisierung diese Analyse einfacher als z.B. für Smalltalk.

Betrachten Sie z.B. eine Refaktorisierung, die eine Variable aus einem Programm entfernt. Ein Werkzeug kann feststellen, welche anderen Teile des Programms (wenn überhaupt welche) die Variable verwenden. Gibt es irgendwelche Referenzen, so würde das Entfernen der Variablen zu ungültigen Referenzen führen; es wäre also nicht sicher. Ein Entwickler, der das Programm zum Refaktorisieren einsetzt, würde eine Fehlermeldung erhalten. Der Entwickler kann dann entscheiden, ob die Refaktorisierung eine schlechte Idee ist oder ob er die Teile des Programms ändern möchte, die diese Variable ansprechen, und dann die Refaktorisierung anwenden möchte, um die Variable zu entfernen. Es gibt viele solcher Prüfungen. Manche sind so einfach wie diese und andere sind komplexer.

In meinen Forschungen definierte ich Sicherheit durch Programmeigenschaften (die Bezug zu Dingen wie Gültigkeitsbereich und Typisierung haben), die auch nach einer Refaktorisierung gültig sein müssen. Viele dieser Programmeigenschaften ähneln Integritätsbedingungen, die in Datenbankschemata sichergestellt werden müssen[17]. Jede Refaktorisierung hat eine Reihe notwendiger Vorbedingungen, die erfüllt sein müssen, damit die Programmeigenschaften erhalten bleiben. Nur wenn das Werkzeug feststellt, dass alles sicher ist, würde das Werkzeug die Refaktorisierung durchführen.

Glücklicherweise ist es oft ganz einfach festzustellen, ob eine Refaktorisierung sicher ist, insbesondere für die elementaren Refaktorisierungen, die den Hauptanteil ausmachen. Um sicherzustellen, dass auch die komplexeren Refaktorisierungen höherer Ebene sicher sind, definierten wir sie durch die elementaren Refaktorisierungen. Eine Refaktorisierung, um eine abstrakte Oberklasse zu erstellen, würde z.B. durch Schritte einfacherer Refaktorisierungen definiert werden, wie Methoden und Felder extrahieren und verschieben. Indem man nachweist, dass jeder Schritt sicher ist, wissen wir durch ihre Konstruktion, dass die Refaktorisierung sicher ist.

Es gibt einige (relativ seltene) Fälle, in denen es sicher ist, eine Refaktorisierung auf ein Programm anzuwenden, ein Werkzeug sich dessen aber nicht sicher sein kann. In diesem Fall schlägt das Werkzeug den sicheren Weg ein und lehnt die Refaktorisierung ab. Betrachten wir z.B. noch einmal den Fall, dass wir eine Variable aus einem Programm entfernen wollen, diese aber irgendwo anders im Programm noch benötigt wird. Vielleicht befindet sich die Referenz in einem Codesegment, das niemals ausgeführt wird. Die Referenz kann z.B. in einem Zweig einer Bedingung, wie einem `if-then-else`-Befehl auftauchen, der nie durchlaufen werden kann. Können Sie sicher sein, dass die Bedingung nie erfüllt ist, so können Sie die Bedingung entfernen, einschließlich des Codes, der die Variable oder Methode verwendet, die Sie löschen möchten. Dann können Sie die Variable oder Methode gefahrlos entfernen. Im Allgemeinen wird es nicht möglich sein, sicher zu entscheiden, ob die Bedingung immer falsch sein wird. (Angenommen, Sie haben Code geerbt, der von jemand anderem entwickelt wurde. Würden Sie sich trauen, diesen Code zu löschen?)

Ein Refaktorisierungswerkzeug kann die Art der Referenz anzeigen und den Entwickler warnen. Der Entwickler kann sich entscheiden, den Code einfach so zu belassen. Wenn der Entwickler sich sicher ist, dass der Code niemals ausgeführt wird, so kann er sich entscheiden, den Code zu entfernen und die Refaktorisierung durchzuführen. Das Werkzeug weist auf die Konsequenzen hin, anstatt die Änderungen blind auszuführen.

Das mag sich sehr kompliziert anhören. Es ist toll für eine Dissertation (deren wichtigstes Publikum, das Promotionsgremium, ein gewisses Gewicht theoretischer Themen erwartet), aber ist es auch für praktische Refaktorisierungen anwendbar?

Alle diese Sicherheitsprüfungen können in einem Refaktorisierungswerkzeug implementiert werden. Ein Programmierer, der ein Programm refaktorisieren möchte, kann mit dem Werkzeug den Code überprüfen und wenn dies sicher ist, die Refaktorisierung durchführen lassen. Mein Werkzeug war ein Forschungsprototyp. Don Roberts, John Brant, Ralph Johnson und ich[10] haben ein sehr viel robusteres und reichhaltigeres Werkzeug als Teil unserer Forschungen über Smalltalk-Refaktorisierungen entwickelt (siehe Kapitel 14).

Man kann viele Sicherheitsebenen beim Refaktorisieren anstreben. Einige sind leicht zu erreichen, garantieren aber kein hohes Maß an Sicherheit. Der Einsatz eines Refaktorisierungswerkzeugs bringt viele Vorteile. Es kann Prüfungen machen, die sonst mühselig wären, und im Voraus auf Probleme hinweisen, die dazu führen würden, dass die Refaktorisierung scheitert, wenn sie nicht behoben werden.

Der Einsatz eines Refaktorisierungswerkzeugs vermeidet viele der Fehler, von denen Sie sonst hoffen, dass sie bei Umwandlung, Test oder Codereview entdeckt werden. Trotzdem haben diese Techniken ihren Wert, insbesondere bei der Entwicklung und Erweiterung von Echtzeitsystemen. Häufig werden Programme nicht isoliert ausgeführt; sie sind Teil eines Netzwerks kommunizierender Systeme. Manche Refaktorisierungen bereinigen nicht nur den Code, sondern beschleunigen ein Programm auch. Ein Programm zu beschleunigen kann zu Performance-Engpässen an anderer Stelle führen. Das ist so ähnlich, wie die Effekte, wenn Sie einen neuen Mikroprozessor einbauen, der Teile eines Systems beschleunigt und weitere Maßnahmen erfordert, um das System zu tunen und die Gesamtsystem-Performance zu testen. Umgekehrt können Refaktorisierungen ein System auch verlangsamen, aber im Allgemeinen ist der Einfluss auf die Performance minimal.

Sicherheitsansätze haben das Ziel zu garantieren, dass durch das Refaktorisieren keine *neuen* Fehler in ein Programm hineinkommen. Diese Ansätze entdecken und beheben keine Fehler, die bereits vor dem Refaktorisieren in dem Programm waren. Das Refaktorisieren macht es aber einfacher solche Fehler zu entdecken und zu beheben.

13.3 Eine zweite Nagelprobe

Damit das Refaktorisieren sich durchsetzt, müssen die realen Anliegen von Software-Profis berücksichtigt werden. Vier häufig geäußerte Bedenken sind folgende:

- Vielleicht verstehen Sie noch nicht, wie man refaktorisiert.
- Wenn die Vorteile langfristig sind, warum jetzt den Aufwand treiben? Langfristig sind Sie vielleicht gar nicht mehr in dem Projekt, wenn der Nutzen spürbar wird.
- Code zu refaktorisieren ist weiterhin Overhead; Sie werden für *neue* Leistungsmerkmale bezahlt.
- Refaktorisieren kann das laufende Programm kaputtmachen.

In diesem Kapitel gehe ich kurz auf diese Bedenken ein und gebe Hinweise für die, die sich weiter mit diesen Themen beschäftigen wollen.

Die folgenden Themen sind für einige Projekte wichtig:

- Was ist, wenn der zu refaktorisierende Code mehreren Programmierern gemeinsam gehört? In manchen Fällen sind hierfür viele der traditionellen Änderungsmanagement-Mechanismen von Bedeutung. In anderen Fällen, wenn die Software gut entworfen und refaktorisiert wurde, sind die Teilsysteme hinreichend entkoppelt, so dass viele Refaktorisierungen nur einen kleinen Teil des Codes betreffen.
- Was ist, wenn es mehrere Versionen oder Zweige einer Codebasis gibt? Manchmal ist das Refaktorisieren für alle Versionen von Bedeutung. In diesem Fall müssen alle vorher überprüft werden, ob sie gefahrlos refaktorisiert werden können. In anderen Fällen sind die Refaktorisierungen nur für einige Versio-

nen von Bedeutung, was den Prozess des Prüfens und Refaktorisierens vereinfacht. Für die Verwaltung der Änderungen an mehreren Versionen müssen häufig viele der traditionellen Versionsmanagement-Techniken eingesetzt werden. Das Refaktorisieren kann beim Zusammenführen von Versionen oder Varianten in eine überarbeitete Codebasis helfen, was dann wiederum das Versionsmanagement vereinfacht.

Zusammengefasst ist es eine ganz andere Sache, Software-Profis vom praktischen Wert des Refaktorisierens zu überzeugen als einen Promotionsausschuss davon, dass Forschungen über das Refaktorisieren einen Doktortitel wert sind. Ich brauchte einige Zeit nach meinem Abschluss, um diese Unterschiede völlig zu verstehen.

13.4 Quellen und Belege zum Refaktorisieren

Wenn Sie an dieser Stelle des Buchs angekommen sind, planen Sie, so hoffe ich, Refaktorisierungstechniken in Ihrer Arbeit einzusetzen und andere in Ihrer Organisation ebenfalls dazu zu ermutigen. Wenn Sie immer noch unentschieden sind, so können Sie die Referenzen zu Rate ziehen, die ich angebe, oder sich an Martin Fowler (Fowler@acm.org), an mich oder an andere wenden, die Erfahrungen mit dem Refaktorisieren haben.

Für diejenigen, die sich weiter mit dem Refaktorisieren beschäftigen wollen, folgen hier einige Quellen, die Sie sich vielleicht ansehen wollen. Wie Martin Fowler bereits erwähnte, ist dieses Buch nicht die erste Veröffentlichung über das Refaktorisieren, aber (ich hoffe) es wird ein größeres Publikum mit den Konzepten und Vorteilen des Refaktorisierens bekannt machen. Obwohl meine Dissertation die erste größere Arbeit über das Thema war, sollten die meisten Leser, die sich für die frühen grundlegenden Arbeiten über das Refaktorisieren interessieren, erst zu einigen Artikeln greifen[3,9,12,13]. Das Refaktorisieren war Thema von Tutorien auf der OOPSLA 95 und der OOPSLA 96[14,15]. Für diejenigen, die sich für Entwurfsmuster und das Refaktorisieren interessieren, ist der Artikel »Lifecycle and Refactoring Patterns That Support Evolution and Reuse«[3], den Brian Foote und ich auf der PLoP '94 präsentierten und der im ersten Band der Addison-Wesley-Reihe »Pattern Languages of Program Design« erschien, ein guter Ausgangspunkt. Meine Untersuchungen über das Refaktorisieren bauten vor allem auf Arbeiten von Ralph Johnson und Brian Foote über objektorientierte Frameworks und den Entwurf wiederverwendbarer Klassen auf. Nachfolgende Forschungen über das Refaktorisieren von John Brant, Don Roberts und Ralph Johnson an der Universität von Illinois konzentrierten sich auf die Refaktorisierung von Smalltalk-Programmen[10,11]. Ihre Website http://st-www.cs.uiuc.edu enthält einige ihrer aktuellsten Arbeiten. Das Interesse am Refaktorisieren ist unter objektorientierten Forschern gewachsen. Verschiedene Arbeiten wurden auf der OOPSLA 96 in einer Sitzung mit dem Titel Refaktorisierungen und Wiederverwendung präsentiert[18].

13.5 Konsequenzen für Wiederverwendung und Techniktransfer

Die früher angesprochen realen Bedenken betreffen nicht nur das Refaktorisieren. Sie betreffen im breiterem Maße die Softwareweiterentwicklung und Wiederverwendung.

Die längste Zeit habe ich mich in den letzten Jahren auf Themen konzentriert, die Bezug zu Softwarewiederverwendung, Plattformen, Frameworks, Mustern und der Weiterentwicklung älterer Systeme hatten, häufig im Zusammenhang mit Software, die nicht objektorientiert ist. Neben meiner Arbeit in Projekten bei Lucent und Bell Labs habe ich an Foren mit Mitarbeitern anderer Organisationen teilgenommen, die sich mit ähnlichen Themen auseinandersetzten[19-22].

Die Vorbehalte gegen ein Programm zur Wiederverwendung ähneln denen beim Refaktorisieren.

- Die technischen Mitarbeiter verstehen nicht, was und wie man wiederverwendet.
- Die technischen Mitarbeiter sind nicht motiviert, einen Ansatz zur Wiederverwendung zu verfolgen, wenn dies keine kurzfristigen Vorteile bringt.
- Themen wie Overhead, Lernkurve und Kosten der Entdeckung wiederverwendbaren Codes müssen behandelt werden, bevor ein Ansatz zur Wiederverwendung akzeptiert wird.
- Ein Ansatz zur Wiederverwendung sollte ein laufendes Projekt nicht stören. Es kann starken Druck geben, Bestehendes oder Implementierungen zu benutzen, auch wenn dies Einschränkungen mit sich bringt. Neue Implementierungen müssen mit bestehenden Systemen zusammenarbeiten oder kompatibel sein.

Geoffrey Moore[23] beschrieb den Akzeptanzprozess einer Technik in Form einer Glockenkurve, deren vorderer Teil die Innovatoren und Vorreiter zeigt, der große Haufen in der Mitte die frühe und späte Mehrheit und das andere Ende die Nachzügler. Damit eine Idee oder ein Produkt Erfolg hat, muss es letztendlich von der frühen und späten Mehrheit übernommen werden. Anders gesagt, viele Ideen sind für Innovatoren und Vorreiter attraktiv, scheitern aber letztendlich, weil sie die Grenze zum breiten Einsatz bei der frühen und späten Mehrheit nicht überwinden. Innovatoren und Vorreiter werden von neuen Techniken, Visionen von

Paradigmenwechseln und Durchbrüchen angezogen. Die breite Mehrheit interessiert sich vor allem für Reifegrad, Kosten, Unterstützung und dafür, ob eine neue Idee oder ein neues Produkt bereits erfolgreich von anderen für Aufgaben eingesetzt wurde, die ihren Aufgaben ähneln.

Softwareentwicklungsprofis beeindruckt und überzeugt man ganz anders als Softwaretheoretiker. Softwaretheoretiker sind meistens das, was Moore als Innovatoren bezeichnet. Softwareentwickler und besonders Softwaremanager sind oft Teil der frühen oder späten Mehrheit. Diese Unterschiede muss man berücksichtigen, wenn man diese Gruppen erreichen will. Für die Softwarewiederverwendung wie für das Refaktorisieren muss man Softwareentwicklungsprofis in ihrer eigenen Sprache erreichen.

Bei Lucent/Bell Labs fand ich, dass man für ermutigende Anwendungen von Wiederverwendung und Plattformen eine Vielzahl von Beteiligten erreichen muss. Es erfordert die Formulierung einer Strategie mit Führungskräften, die Organisation von Leitungstreffen von Managern der mittleren Führungsebene, Beratung mit Entwicklungsprojekten und die Publikation der Vorteile dieser Techniken für breite Kreise in Forschung und Entwicklung durch Seminare und Veröffentlichungen. Währenddessen müssen das Personal in den Grundprinzipien ausgebildet, kurzfristige Vorteile vermittelt, Wege zur Verringerung von Overhead gefunden und gezeigt werden, wie diese Techniken gefahrlos eingesetzt werden können. Ich hatte diese Erkenntnisse bei meinen Arbeiten über Refaktorisierungen gewonnen.

Als Ralph Johnson, mein Doktorvater, einen Entwurf dieses Kapitels durchsah, wies er darauf hin, dass diese Prinzipien nicht nur für das Refaktorisieren und die Softwarewiederverwendung gelten; es sind ganz allgemeine Themen des Technologietransfers. Wenn Sie versuchen, andere davon zu überzeugen zu refaktorisieren (oder eine andere Technik oder anderes Verhalten zu verwenden), so stellen Sie sicher, dass Sie sich auf diese Themen konzentrieren und die Menschen in geeigneter Weise ansprechen. Technologietransfer ist schwierig, aber möglich.

13.6 Eine letzte Bemerkung

Vielen Dank, dass Sie sich die Zeit genommen haben, dieses Kapitel zu lesen. Ich habe versucht, viele Bedenken anzusprechen, die Sie vielleicht über das Refaktorisieren haben, und versucht zu zeigen, dass viele Bedenken bezüglich des Refaktorisierens sich viel weiter auf Softwareweiterentwicklung und -wiederverwendung beziehen. Ich hoffe, ich konnte Sie dafür begeistern, diese Ideen in Ihrer eigenen Arbeit einzusetzen. Ich wünsche Ihnen viel Erfolg beim Fortschritt Ihrer Softwareentwicklung.

13.7 Literatur

1. Opdyke, William F.: *Refactoring Object-Oriented Frameworks*. Ph.D. diss., University of Illinois at Urbana-Champaign. Auch erhältlich als Technical Report UIUCDCS-R-92-1759, Department of Computer Scsience, University of Illinois at Urbana-Champaign.
2. Brooks, Fred: *No Silver Bullet: Essence and Accidents of Software Engineering*. In: Information Processing 1986: Proceedings of the IFIP Tenth World Computing Conference. Hrsg. v. H.-L. Kugler. Amsterdam: Elsevier, 1986.
3. Foote, Brian und William F. Opdyke: *Lifecycle and Refactoring Patterns That Support Evolution and Reuse*. In: *Pattern Languages of Program Design*. Hrsg. v. J. Coplien and D. Schmidt. Reading, Mass.: Addison-Wesley, 1995.
4. Johnson, Ralph E. und Brian Foote: *Designing Reusable Classes*. Journal of Object-Oriented Programming 1(1988): 22-35.
5. Rochat, Roxanna: *In Search of Good Smalltalk Programming Style*. Technical report CR-86-19, Tektronix, 1986.
6. Lieberherr, Karl J. und Ian M. Holland: *Assuring Good Style For Object-Oriented Programs*. IEEE Software (September 1989) 38-48.
7. Wirfs-Brock, Rebecca, Brian Wilkerson, und Lauren Wiener: *Designing Object-Oriented Software*. Upper Saddle River, N.J.: Prentice Hall, 1990.
8. Gamma, Erich, Richard Helm, Ralph Johnson und John Vlissides: *Design Patterns: Elements of Reusable Object-Oriented Software*. Reading, Mass.: Addison-Wesley, 1995.
9. Opdyke, William F. und Ralph E. Johnson: *Creating Abstract Superclasses by Refactoring*. In Proceedings of CSC '93: The ACM 1993 Computer Science Conference. 1993.
10. Roberts, Don, John Brant, Ralph Johnson und William Opdyke: *An Automated Refactoring Tool*. In Proceedings of ICAST 96: 12th International Conference on Advanced Science and Technology. 1996.
11. Roberts, Don, John Brant und Ralph E. Johnson: *A Refactoring Tool for Smalltalk*. TAPOS 3(1997) 39-42.
12. Opdyke, William F. und Ralph E. Johnson: »Refactoring: *An Aid in Designing Application Frameworks and Evolving Object-Oriented Systems*. In Proceedings of SOOPPA '90: Symposium on Object-Oriented Programming Emphasizing Practical Applications. 1990.

13. Johnson, Ralph E. und William F. Opdyke: *Refactoring and Aggregation*. In Proceedings of ISOTAS '93: International Symposium on Object Technologies for Advanced Software. 1993.

14. Opdyke, William und Don Roberts. *Refactoring*. Tutorial presented at OOPSLA 95: 10th Annual Conference on Object-Oriented Program Systems, Languages and Applications, Austin, Texas, October 1995.

15. Opdyke, William und Don Roberts: *Refactoring Object-Oriented Software to Support Evolution and Reuse*. Tutorial presented at OOPSLA 96: 11th Annual Conference on Object-Oriented Program Systems, Languages and Applications, San Jose, California, October 1996.

16. Perry, Dewayne E. und Gail E. Kaiser: *Adequate Testing and Object-Oriented Programming*. Journal of Object-Oriented Programming (1990).

17. Banerjee, Jay und Won Kim: *Semantics and Implementation of Schema Evolution in Object-Oriented Databases*. In Proceedings of the ACM SIGMOD Conference, 1987.

18. Proceedings of OOPSLA 96: *Conference on Object-Oriented Programming Systems, Languages and Applications*, San Jose, California, October 1996.

19. Report on WISR '97: *Eighth Annual Workshop on Software Reuse*, Columbus, Ohio, March 1997. ACM Software Engineering Notes. (1997).

20. Beck, Kent, Grady Booch, Jim Coplien, Ralph Johnson und Bill Opdyke: *Beyond the Hype: Do Patterns and Frameworks Reduce Discovery Costs?* Panel session at OOPSLA 97: 12th Annual Conference on Object-Oriented Program Systems, Languages and Applications, Atlanta, Georgia, October 1997.

21. Kane, David, William Opdyke und David Dikel: *Managing Change to Reusable Software*. Paper presented at PLoP 97: 4th Annual Conference on the Pattern Languages of Programs, Monticello, Illinois, September 1997.

22. Davis, Maggie, Martin L. Griss, Luke Hohmann, Ian Hopper, Rebecca Joos und William F. Opdyke: *Software Reuse: Nemesis or Nirvana?* Panel session at OOPSLA 98: 13th Annual Conference on Object-Oriented Program Systems, Languages and Applications, Vancouver, British Columbia, Canada, October 1998.

23. Moore, Geoffrey A.: *Cross the Chasm: Marketing and Selling Technology Products to Mainstream Customers*. New York: HarperBusiness, 1991.

14 Refaktorisierungswerkzeuge

von Don Roberts und John Brant

Eines der größten Hindernisse beim Refaktorisieren von Code war der beklagenswerte Mangel an Werkzeugen, um diese Technik zu unterstützen. Sprachen, in denen das Refaktorisieren Bestandteil der Kultur ist, wie Smalltalk, haben leistungsfähige Umgebungen, die viele der Elemente unterstützen, die zum Refaktorisieren von Code notwendig sind. Aber selbst dort war der Prozess bis vor kurzem nur teilweise unterstützt und die meiste Arbeit wird weiterhin mit der Hand gemacht.

14.1 Refaktorisieren mit einem Werkzeug

Das Refaktorisieren mit einem automatisierten Werkzeug gibt einem ein ganz anderes Gefühl als manuelles Refaktorisieren. Selbst mit dem Sicherheitsnetz einer Testsuite ist das manuelle Refaktorisieren zeitaufwendig. Diese einfache Tatsache hindert viele Programmierer daran, Refaktorisierungen durchzuführen, von denen sie wissen, dass sie sie vornehmen sollten, einfach weil die Refaktorisierungskosten zu hoch sind. Indem man Refaktorisieren so preisgünstig macht wie das Anpassen des Codeformats, können die Aufräumarbeiten ähnlich wie das Bereinigen des Codeformats erfolgen. Diese Art von Aufräumarbeiten können aber einen tiefgehenden Effekt auf die Wartbarkeit, Wiederverwendbarkeit und Verständlichkeit des Codes haben. Kent Beck schreibt:

von Kent Beck

Der Refactoring Browser verändert die Art und Weise, wie Sie über Programmierung denken, vollständig. Alle diese quälenden kleinen »ja, ich sollte diesen Namen ändern, aber ...« – Gedanken verschwinden, da Sie den Namen einfach ändern, weil Sie stets nur einen einzigen Menüpunkt brauchen, um einen Namen zu ändern.

Als ich begann, das Werkzeug zu verwenden, verbrachte ich ungefähr zwei Stunden mit dem Refaktorisieren in meinem alten Tempo. Ich machte eine Refaktorisierung, dann starrte ich die fünf Minuten in die Gegend, die ich benötigt hätte, wenn ich dies mit der Hand gemacht hätte. Dann führte ich eine andere Refaktorisierung durch und starrte wieder in die Gegend. Nach einer Weile fing ich mich und erkannte, dass ich lernen musste, in größeren Refaktorisierungen zu denken und schneller zu denken. Nun verwende ich ungefähr die eine Hälfte der Zeit auf das Refaktorisieren und die andere auf das Schreiben neuen Codes, alles mit der gleichen Geschwindigkeit.

Auf diesem Niveau der Werkzeugunterstützung für das Refaktorisieren wird es immer weniger eine von der Programmierung getrennte Aktivität. Wir sagen sehr selten, »Jetzt programmieren wir« oder »Jetzt refaktorisieren wir.« Viel eher sagen wir, »Extrahiere diesen Teil der Methode, verschiebe ihn in die Oberklasse, und füge einen Aufruf der neuen Methode der Unterklasse ein, an der ich gerade arbeite.« Da ich nach der automatisierten Refaktorisierung nicht testen muss, gehen die Aktivitäten ineinander über, und der Vorgang des Umschaltens zwischen ihnen ist weniger offensichtlich, obwohl er weiterhin stattfindet.

Betrachten Sie *Methode extrahieren (106)*, eine wichtige Refaktorisierung. Sie haben vieles zu überprüfen, wenn Sie dies mit der Hand machen. Mit dem Refactoring Browser markieren Sie einfach den Text, den Sie extrahieren wollen, und suchen den Menüpunkt namens »Methode extrahieren«. Das Werkzeug entscheidet, ob es zulässig ist, den markierten Text zu extrahieren. Es gibt verschiedene Gründe, warum die Auswahl ungültig sein kann. Sie kann nur einen Teil eines Bezeichners (identifier) enthalten oder Zuweisungen zu einer Variablen, ohne alle deren Referenzen zu enthalten. Sie brauchen sich um all diese Fälle nicht zu kümmern, dafür ist das Werkzeug da. Das Werkzeug berechnet dann die Anzahl der Parameter, die an die neue Methode übergeben werden müssen. Es fordert Sie dann auf, einen Namen für die Methode anzugeben und ermöglicht es Ihnen, die Reihenfolge der Parameter im Aufruf der neuen Methode festzulegen. Wenn das erledigt ist, extrahiert das Werkzeug den Code aus der ursprünglichen Methode und ersetzt ihn durch einen Aufruf. Es erstellt dann eine neue Methode in der gleichen Klasse wie die ursprüngliche Methode und mit dem Namen, den der Anwender angegeben hat. Das Ganze dauert ca. 15 Sekunden. Vergleichen Sie das mit der Zeit, die Sie benötigen, um die Schritte in *Methode extrahieren (106)* durchzuführen.

In dem Maße, in dem das Refaktorisieren weniger kostspielig wird, werden auch Entwurfsfehler weniger kostspielig. Da es billiger wird, Entwurfsfehler zu beheben, muss vorab weniger Entwurfsarbeit geleistet werden. Vorabentwürfe sind eine prognostizierende Aktivität, weil die Anforderungen unvollständig sind. Da der Code noch nicht existiert, ist der richtige Weg, ihn zu vereinfachen, nicht klar erkennbar. In der Vergangenheit mussten wir mit jedem Entwurf leben, den wir einmal erstellt hatten, da die Kosten einer Entwurfsänderung zu hoch waren. Mit automatisierten Refaktorisierungswerkzeugen können wir den Entwurf länger in Fluss halten, da Änderungen weniger kostspielig sind. Mit dieser neuen Kostenverteilung können wir auf der Ebene des aktuellen Problems in dem Bewusstsein entwerfen, dass wir den Entwurf kostengünstig erweitern können, um in Zukunft zusätzliche Flexibilität hinzuzufügen. Wir müssen nicht länger alle möglichen Entwicklungen vorhersehen, die das System in der Zukunft nehmen könnte. Wenn wir erkennen, dass eine Entwurfsentscheidung den Code schwierig im

Sinne der üblen Gerüche macht, die in Kapitel 3 beschrieben wurden, können wir den Entwurf schnell ändern, um den Code klar und wartbar zu machen.

Das werkzeugunterstützte Refaktorisieren beeinflusst das Testen. Es muss viel weniger getestet werden, weil viele der Refaktorisierungen automatisch durchgeführt werden. Es wird immer Refaktorisierungen geben, die nicht automatisiert werden können, so dass das Testen nie ganz eliminiert werden kann. Die Erfahrung zeigt, dass Tests genauso oft pro Tag laufen wie in Umgebungen ohne automatisierte Refaktorisierungswerkzeuge, aber viel mehr Refaktorisierungen durchgeführt werden.

Martin Fowler hat bereits darauf hingewiesen, dass Java Werkzeuge benötigt, um ein solches Verhalten von Programmierern zu unterstützen. Wir wollen einige der Eigenschaften herausarbeiten, die ein solches Werkzeug haben muss, um erfolgreich zu sein. Wir haben auch einige technische Eigenschaften aufgenommen, glauben aber, dass die praktischen Kritierien viel wichtiger sind.

14.2 Technische Kriterien für ein Refaktorisierungswerkzeug

Die Hauptaufgabe eines Refaktorisierungswerkzeugs ist es, dem Programmierer zu ermöglichen, Code zu refaktorisieren, ohne erneut testen zu müssen. Testen ist zeitaufwendig, auch wenn es automatisiert ist.Tests zu eliminieren kann den Refaktorisierungsprozess um einen bedeutenden Faktor beschleunigen. In diesem Abschnitt werden einige technische Anforderungen an ein Refaktorisierungswerkzeug kurz diskutiert, die notwendig sind, damit es ein Programm transformieren und dabei das Verhalten des Programms erhalten kann.

14.2.1 Programmdatenbank

Eine der zuerst erkannten Anforderungen war die Fähigkeit, quer durch das ganze Programm nach verschiedenen Programmelementen suchen zu können, z.B. nach einer bestimmten Methode, nach allen Aufrufen, die möglicherweise die fragliche Methode betreffen, oder nach einer bestimmten Variable, alle Methoden zu finden, die sie lesen oder schreiben. In hochgradig integrierten Umgebungen, wie Smalltalk, stehen diese Informationen immer in durchsuchbarer Form zur Verfügung. Dies ist keine Datenbank im traditionellen Sinn, aber es *ist* ein durchsuchbares Reservoir. Der Programmierer kann nach Querverweisen auf jede Art von Programmelement suchen, vor allem wegen der dynamischen Umwandlung des Codes. Sobald eine Änderung an einer Klasse vorgenommen wird, wird die Änderung unmittelbar in Bytecode umgewandelt und die »Datenbank« aktualisiert. In eher statischen Umgebungen wie Java schreibt der Programmierer Code in Textdateien. Um die Datenbank zu aktualisieren, muss ein Programm ausgeführt werden, das die Dateien verarbeitet und die relevanten Informationen extrahiert. Diese Aktualisierung ist ähnlich wie die Umwandlung des Java-Codes. Einige der moderneren Umgebungen, wie VisualAge für Java von IBM, imitieren die dynamische Aktualisierung der Programmdatenbank von Smalltalk.

Ein naiver Ansatz verwendet textbezogene Werkzeuge wie grep, um die Suche durchzuführen. Dieser Ansatz kommt schnell an seine Grenzen, da er nicht zwischen einer Variablen namens *foo* und einer Methode namens *foo* unterscheiden kann. Das Erstellen einer Datenbank erfordert eine semantische Analyse (Parsing), um die Bedeutung jedes Tokens in dem Programm zu ermitteln. Dies muss sowohl auf der Ebene der Klassendefinition getan werden, um die Definitionen der Felder und Methoden zu bestimmen, als auch auf der Methodenebene, um die Referenzen auf Felder und Methoden zu bestimmen.

14.2.2 Ableitungsbäume

Die meisten Refaktorisierungen müssen Teile des Systems unterhalb der Methodenebene manipulieren. Dies sind meistens Referenzen auf Programmelemente, die geändert werden. Wenn ein Feld z.B. umbenannt wird (eine einfache Änderung einer Definition), müssen alle Referenzen auf dieses Feld in Methoden dieser Klasse und ihrer Unterklassen geändert werden. Andere Refaktorisierungen arbeiten vollständig auf der Methodenebene, wie etwa *Methode extrahieren (106)*. Jede Änderung einer Methode muss in der Lage sein, die Struktur der Methode zu manipulieren. Hierzu benötigt man einen Ableitungsbaum. Ein Ableitungsbaum ist eine Datenstruktur, die die interne Struktur der Methode darstellt. Als einfaches Beispiel betrachten wir die folgende Methode:

```
public void hello(){
  System.out.println("Hello World");
}
```

Der zugehörige Ableitungsbaum sieht aus wie in Abbildung 14-1.

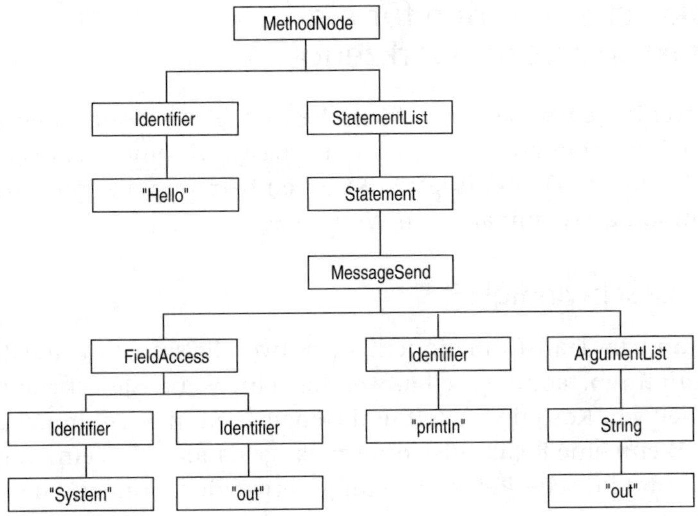

Abbildung 14-1 Ableitungsbaum für »Hello World«

14.2.3 Genauigkeit

Die durch ein Werkzeug implementierten Refaktorisierungen müssen das Verhalten des Programms hinreichend weit erhalten. Totales Erhalten des Verhaltens ist unmöglich zu erreichen. Was ist z.B., wenn eine Refaktorisierung ein Programm einige Millisekunden schneller oder langsamer macht? Meistens betrifft dies das Programm nicht, aber wenn die Anforderungen an das Programm Echtzeitbedingungen enthalten, kann das Programm dadurch fehlerhaft werden.

Auch traditionellere Programme können durch Refaktorisierungen kaputt gemacht werden. Angenommen, Sie haben ein Programm, das einen String erstellt und das Reflektions API von Java nutzt, um die Methode auszuführen, deren Name der String enthält. Ändern Sie nun den Namen der Methode, so wird das Programm, im Unterschied zum Original, eine Ausnahme auslösen.

Für die meisten Programme können Refaktorisierungen hinreichend präzise ausgeführt werden. So lange die Fälle, die eine Refaktorisierung kaputtmachen, identifiziert werden, können Programmierer, die diese Technik anwenden, diese Refaktorisierung vermeiden oder manuell den Teil des Programms bearbeiten, den das Werkzeug nicht bearbeiten kann.

14.3 Praktische Kriterien für ein Refaktorisierungswerkzeug

Werkzeuge werden entwickelt, um Menschen bei einer bestimmten Aufgabe zu unterstützen. Wenn ein Werkzeug nicht dazu passt, wie eine Person arbeitet, wird sie es nicht benutzen. Die wichtigsten Kriterien betreffen die Integration des Refaktorisierungsprozesses mit anderen Werkzeugen.

14.3.1 Geschwindigkeit

Die Analyse und die Transformationen, die notwendig sind, um eine Refaktorisierung durchzuführen, können zeitaufwendig sein, wenn sie sehr anspruchsvoll sind. Die jeweiligen Kosten von Zeit und Genauigkeit müssen immer berücksichtigt werden. Wenn eine Refaktorisierung zu lange dauert, wird ein Programmierer niemals die automatische Refaktorisierung verwenden, sondern sie einfach per Hand durchführen und mit den Konsequenzen leben. Geschwindigkeit sollte immer berücksichtigt werden. Bei der Entwicklung des Refactoring Browsers hatten wir einige Refaktorisierungen, die wir nicht implementierten, einfach weil wir sie nicht gefahrlos innerhalb einer vernünftigen Zeit implementieren konnten. Wir machten aber trotzdem eine gute Arbeit, und die meisten Refaktorisierungen sind extrem schnell und genau. Informatiker neigen dazu, sich auf die ganzen Grenzfälle zu konzentrieren, die ein bestimmter Ansatz nicht handhaben kann. Es ist aber eine Tatsache, dass die meisten Programme keine Grenzfälle darstellen und ein einfacher, schneller Ansatz erstaunlich gut funktioniert.

Ein Ansatz, den man erwägen kann, wenn die Analyse zu langsam ist, besteht darin, den Programmierer um die Informationen zu bitten. Das legt die Verantwortung für die Genauigkeit zurück in die Hände des Porgrammierers, während die Analyse schnell durchgeführt werden kann. Sehr häufig verfügt der Programmierer über die erforderliche Information. Obwohl dieser Ansatz nicht beweisbar sicher ist, weil der Programmierer Fehler machen kann, liegt die Verantwortung für Fehler beim Programmierer. Ironischerweise führt dies dazu, dass Programmierer das Werkzeug eher verwenden, weil sie nicht gezwungen sind, sich auf die Heuristik des Programms zu verlassen, um Informationen zu finden.

14.3.2 Rückgängig machen

Automatisches Refaktorisieren ermöglicht einen explorativen Ansatz des Entwurfs. Sie können Code herumschieben und sich ansehen, wie er mit dem neuen Entwurf aussieht. Da Refaktorisierungen das Verhalten nicht verändern sollen, ist die umgekehrte Refaktorisierung, die das Original rückgängig macht, auch eine

Refaktorisierung und ebenso verhaltenserhaltend. Frühere Versionen des Refactoring Browsers hatten keine Möglichkeit des Rückgängigmachens. Dadurch führte man Refaktorisierungen etwas vorsichtiger durch, weil das Zurücknehmen mancher Refaktorisierungen, wenn auch verhaltenserhaltend, schwierig war. Ziemlich oft mussten wir eine alte Version des Programms suchen und von vorne beginnen. Das war ärgerlich. Mit der Möglichkeit des Rückgängigmachens war eine weitere Fessel abgeworfen. Nun konnten wir ungestraft refaktorisieren, denn wir wissen, dass wir zu jeder vorherigen Version zurückkehren können. Wir können Klassen erstellen, Methoden in sie verschieben und uns den Code ansehen, unsere Meinung ändern und in eine völlig andere Richtung gehen, und das alles sehr schnell.

14.3.3 Integration mit Werkzeugen

Im letzten Jahrzehnt standen integrierte Entwicklungsumgebungen (IDE, integrated development environment) im Zentrum der meisten Entwicklungsprojekte. Die IDE integriert Editor, Compiler, Linker, Debugger und andere notwendige Werkzeuge, um Programme zu entwickeln. Eine frühe Implementierung des Refactoring Browsers für Smalltalk war ein von den Standard-Smalltalk-Entwicklungswerkzeugen getrenntes Werkzeug. Wir stellten fest, dass niemand es benutzte. Wir benutzten es nicht einmal selbst. Sobald wir den Refactoring Browser direkt in den Smalltalk-Browser integriert hatten, benutzten wir ihn häufig. Ihn einfach immer zur Verfügung zu haben machte den ganzen Unterschied aus.

14.3.4 Zusammenfassung

Wir haben mehrere Jahre damit verbracht, den Refactoring Browser zu entwickeln und zu benutzen. Es passiert häufig, dass wir ihn zum Refaktorisieren unseres eigenen Codes einsetzen. Einer der Gründe für seinen Erfolg besteht darin, dass wir Programmierer sind und ständig versucht haben, ihn an die Art, wie wir arbeiten, anzupassen. Wenn uns eine Refaktorisierung begegnete, die wir mit der Hand durchführen mussten, und die wir für allgemein anwendbar hielten, so implementierten und ergänzten wir sie. Wenn etwas nicht präzise genug war, verbesserten wir es.

Wir glauben, dass automatisierte Refaktorisierungswerkzeuge der beste Weg sind, um die Komplexität zu beherrschen, die entsteht, während sich Softwareprojekte entwickeln. Ohne Werkzeuge, die mit dieser Komplexität umgehen können, wird Software aufgebläht, fehlerhaft und zerbrechlich. Da Java viel einfacher ist als die Sprache, von der sie ihre Syntax hat, ist es viel einfacher, Werkzeuge zu entwickeln, um sie zu refaktorisieren. Wir hoffen, dass dies geschehen wird und wir die Sünden von C++ vermeiden können.

15 Schlusswort

von Kent Beck

Nun haben Sie alle Teile des Puzzles. Sie haben die Refaktorisierungen kennen gelernt. Sie haben den Katalog studiert. Sie haben alle Checklisten angewandt. Sie können nun richtig gut testen, so dass Sie sich keine Sorgen machen. Vielleicht denken Sie, Sie wüssten nun, wie man refaktorisiert. So weit sind Sie noch nicht.

Die Liste der Techniken ist nur der Anfang. Sie ist das Tor, das Sie passieren müssen. Ohne die Techniken können Sie den Entwurf laufender Programme nicht ändern. Mit ihnen können Sie das auch nicht, aber Sie können zumindest anfangen.

Warum sind alle diese wundervollen Techniken wirklich nur der Anfang? Weil Sie noch nicht wissen, wann Sie sie anwenden und wann nicht, wann Sie anfangen und wann Sie aufhören, wann Sie weitermachen und wann Sie warten. Es ist der Rhythmus, der das Refaktorisieren ausmacht, nicht die einzelnen Noten.

Wie können Sie wissen, dass Sie es wirklich verstanden haben? Sie wissen es, wenn Sie sich beruhigen. Wenn Sie absolutes Vertrauen haben, dass Sie den Code verbessern können, egal wie vermasselt jemand etwas zurückließ, und zwar soweit verbessern, dass Sie weiter vorankommen.

Meistens wissen Sie aber, dass Sie es verstanden haben, wenn Sie ruhigen Gewissens aufhören können. Aufhören ist der stärkste Zug im Repertoire des Refaktorisierers. Sie sehen ein großes Ziel – eine Menge Unterklassen kann eliminiert werden. Sie bewegen sich mit kleinen, sicheren Schritten auf dieses Ziel zu, jeder Schritt ist durch das Ausführen der Tests abgesichert. Sie kommen dem Ziel nahe. Sie haben nur noch zwei Methoden in jeder der Unterklassen zu vereinigen, und dann können sie verschwinden.

Das ist der Punkt, an dem es passiert. Ihr Tank ist leer. Vielleicht ist es spät und Sie werden müde. Vielleicht haben Sie sich am Anfang geirrt, und Sie können gar nicht alle Unterklassen loswerden. Vielleicht haben Sie doch nicht die Tests, um sich wirklich abzusichern. Sie glauben nicht, dass Sie etwas vermasselt haben, aber Sie sind sich nicht sicher.

Das ist der Punkt, um aufzuhören. Der Code ist bereits viel besser. Integrieren Sie, was Sie erreicht haben, und geben Sie es frei. Wenn das Ergebnis nicht besser ist, lassen Sie es sein. Vergessen Sie es. Schön, dass Sie etwas gelernt haben, schade, dass es nicht funktioniert hat. Was machen wir morgen?

Morgen oder übermorgen oder nächsten Monat oder sogar nächstes Jahr (mein persönlicher Rekord liegt bei neun Jahren zwischen zwei Teilen einer Refaktorisierung) kommt die Erleuchtung. Entweder verstehen Sie, was Sie falsch gemacht haben, oder Sie verstehen, warum Sie Recht hatten. In jedem Fall ist der nächste Schritt klar. Sie machen den Schritt mit der gleichen Zuversicht wie zu Anfang. Vielleicht sind Sie ein bisschen beschämt, wie Sie so dumm sein konnten, dies nicht längst gesehen zu haben. Seien Sie's nicht. Das passiert jedem.

Es ist ein bisschen wie auf einem schmalen Pfad an einem tausend Meter tiefen Abgrund entlangzugehen. So lange es hell ist, können Sie vorsichtig, aber zuversichtlich vorangehen. Sobald die Sonne aber sinkt, halten Sie besser an. Sie legen sich zum Schlafen hin und können sich sicher sein, dass die Sonne morgen wieder aufgeht.

Das mag sich mystisch und vage anhören. In gewissem Sinne ist es das auch, weil es eine neue Art von Beziehung zu Ihrem Programm ist. Wenn Sie wirklich verstehen zu refaktorisieren, so wird der Entwurf Ihres Programms so fließend, plastisch und formbar, wie die einzelnen Zeichen in Ihrer Sourcecodedatei. Sie können den Entwurf auf einmal fühlen. Sie können sehen, wie er gebogen und geändert werden kann – ein bisschen so, und dies ist möglich, ein bisschen so, und das ist möglich.

In einem anderen Sinn ist es aber überhaupt nicht mystisch und vage. Das Refaktorisieren kann man lernen; über die Komponenten haben Sie in diesem Buch gelesen und begonnen sie zu lernen. Sie sammeln diese Fähigkeiten, und verfeinern sie. Dann fangen Sie an Softwareentwicklung, in einem neuen Licht zu sehen.

Ich sagte, das Refaktorisieren können Sie lernen. Wie lernen Sie es?

- **Lernen Sie, sich ein Ziel zu setzen.** Irgendwo stinkt Ihr Code. Bereinigen Sie dies, um das Problem loszuwerden. Dann marschieren Sie in Richtung auf das Ziel. Sie refaktorisieren nicht, um nach Wahrheit und Schönheit zu streben (zumindest ist das nicht alles). Sie versuchen, Ihre Welt leichter verständlich zu machen, die Kontrolle über ein Programm wiederzugewinnen, die Sie zu verlieren drohten.

- **Hören Sie auf, wenn Sie unsicher sind.** Während Sie Ihr Ziel verfolgen, kann es vorkommen, dass Sie sich und anderen nicht exakt beweisen können, dass das, was Sie tun, die Semantik des Programms erhält. Stopp. Wenn der Code schon besser ist, geben Sie Ihren Arbeitsfortschritt frei. Wenn nicht, schmeißen Sie die Änderungen weg.

- **Rückzieher.** Die Disziplin beim Refaktorisieren ist schwer zu lernen und leicht aus den Augen zu verlieren, und sei es nur für einen Moment. Ich verliere die Übersicht häufiger, als ich zugeben mag. Ich mache zwei, drei oder vier Refaktorisierungen auf einmal, ohne die Testfälle auszuführen. Natürlich kann ich darauf verzichten. Ich bin zuversichtlich. Ich habe Erfahrung. Rumms! Ein Test geht schief, und ich weiß nicht, welche meiner Änderungen das Problem verursacht hat.

In diesem Moment sind Sie stark versucht, sich aus diesen Schwierigkeiten »herauszudebuggen«. Schließlich haben Sie die Tests gerade, um sie immer wieder auszuführen. Da kann es doch nicht schwer sein, sie noch mal laufen zu lassen. Stopp. Sie haben die Kontrolle verloren, und Sie haben keine Vorstellung, wie Sie sie wiedergewinnen können, um voranzukommen. Kehren Sie zu Ihrer letzten bekannten, guten Konfiguration zurück. Wiederholen Sie Ihre Änderungen Stück für Stück. Testen Sie nach jeder Änderung.

Das mag Ihnen hier in Ihrem bequemen Sessel als offensichtlich erscheinen. Wenn Sie aber hacken und eine ganz große Vereinfachung nur wenige Zentimeter entfernt geradezu riechen können, ist anzuhalten und zurückzugehen das Schwierigste. Aber überlegen Sie sich das jetzt, während Sie noch klar denken. Wenn Sie eine Stunde refaktorisiert haben, wird es nur zehn Minuten dauern, das zu wiederholen. Sie haben so die Garantie, innerhalb von zehn Minuten wieder auf dem richtigen Weg zu sein. Wenn Sie aber weitermachen, so kann es Ihnen passieren, dass Sie fünf Sekunden oder zwei Stunden nach Fehlern suchen.

Es fällt mir leicht, Ihnen zu erzählen, was Sie nun machen sollen. Es ist aber äußerst schwer, es tatsächlich zu tun. Ich glaube mein persönlicher Rekord darin, diesem Rat nicht zu folgen, liegt bei vier Stunden und drei verschiedenen Versuchen. Ich verlor die Kontrolle, machte einen Rückzieher, ging zunächst langsam voran, verlor wieder und wieder die Kontrolle, vier schmerzhafte Stunden lang. Das macht keinen Spaß. Deshalb benötigen Sie Hilfe.

- **Duett.** Refaktorisieren Sie um Himmels willen mit jemandem zusammen. Es gibt für alle Arten von Entwicklung viele Vorteile, paarweise zu arbeiten. Beim Refaktorisieren gibt es eine Prämie für sorgfältiges und methodisches Arbeiten. Ihr Partner ist dabei, um Sie Schritt für Schritt voran zu bringen und Sie ihn oder sie. Beim Refaktorisieren gibt es eine Prämie, wenn Sie weitreichende Konsequenzen erkennen. Ihr Partner ist da, um Dinge zu sehen, die Sie nicht sehen, und Dinge zu wissen, die Sie nicht wissen. Beim Refaktorisieren gibt es eine Prämie für rechtzeitiges Aufhören. Wenn Ihr Partner nicht mehr versteht, was Sie tun, so ist das ein sicheres Zeichen, dass Sie es auch nicht mehr verstehen. Vor allem gibt es beim Refaktorisieren eine Prämie für ruhiges Zutrauen.

Ihr Partner ist da, um Sie behutsam zu ermutigen, wenn Sie sonst aufhören würden.

Ein anderer Aspekt der Arbeit mit einem Partner ist das Reden. Sie wollen darüber reden, was Sie meinen, was gleich passiert, so dass Sie beide in die gleiche Richtung marschieren. Sie wollen darüber reden, was Sie gerade machen, so dass Sie Schwierigkeiten so früh wie möglich erkennen. Sie wollen darüber reden, was gerade passiert ist, um es das nächste Mal besser zu machen. Das ganze Reden zementiert in Ihrem Kopf ganz exakt, wie die einzelnen Refaktorisierungen in den Rhythmus des Refaktorisierens passen.

Sie werden wahrscheinlich neue Möglichkeiten in Ihrem Code entdecken, selbst wenn Sie seit Jahren mit ihm gearbeitet haben, sobald Sie die Gerüche kennen und die Refaktorisierungen, die sie beseitigen. Vielleicht wollen Sie ja gleich loslegen und jedes Problem in Sichtweite beheben. Lassen Sie es sein. Kein Manager möchte hören, dass sein Team für drei Monate anhalten muss, um den Schlamassel zu beseitigen, den es angerichtet hat. Und er sollte es auch nicht hören. Eine große Refaktorisierung ist ein Rezept für ein Desaster.

So schlimm es jetzt auch aussehen mag, halten Sie sich zurück, und zwingen Sie sich, an einem Problem nur zu knabbern. Wenn Sie in einem Bereich neue Funktionalität einfügen, nehmen Sie sich einige Minuten, um zuvor aufzuräumen. Wenn Sie dazu einige Tests ergänzen müssen, tun Sie das. Sie werden froh darüber sein. Zuerst zu refaktorisieren ist weniger gefährlich, als gleich neuen Code einzufügen. Den Code anzufassen, wird Sie daran erinnern, wie er funktioniert. Sie werden schneller fertig, und Sie haben die Genugtuung zu wissen, dass das nächste Mal, wenn Sie an diese Stelle kommen, der Code besser aussieht als dieses Mal.

Vergessen Sie nie Ihre zwei Rollen. Wenn Sie refaktorisieren, werden Sie unausweichlich Fälle entdecken, in denen der Code nicht richtig arbeitet. Sie sind sich dessen absolut sicher. Widerstehen Sie der Versuchung. Wenn Sie refaktorisieren, ist es Ihr Ziel, den Code ganz genau die gleiche Antwort geben zu lassen wie zu dem Zeitpunkt, als Sie ihn vorgefunden haben. Nicht mehr und nicht weniger. Führen Sie eine Liste der Dinge, die später zu ändern sind – Testfälle, die ergänzt oder geändert werden müssen, hiervon unabhängige Refaktorisierungen, Dokumente, die geschrieben, Diagramme, die gezeichnet werden müssen. (Ich habe dazu immer eine Karteikarte neben meinem Rechner.) So verlieren Sie keinen Gedanken, aber Sie lassen sich nicht von dem abbringen, was Sie gerade tun.

16 Literatur

[Auer]
Auer, Ken: *Reusability through Self-Encapsulation.* In: *Pattern Languages of Program Design 1.* Hrsg. Von J.O. Coplien und D.C. Schmidt. Reading, Mass.u.a.: Addison-Wesley 1995.

Ein Artikel über das Konzept der Selbst-Kapselung.

[Bäumer und Riehle]
Bäumer, Dirk; Riehle, Dirk: *Product Trader.* In: *Pattern Languages of Program Design 3.* Hrsg. Von R. Martin, F. Buschmann und D. Riehle. Reading, Mass.u.a.: Addison-Wesley 1998.

Ein Muster für die flexible Erzeugung von Objekten, ohne dass man wissen muss, zu welcher Klasse sie gehören.

[Beck]
Beck, Kent: *Smalltalk Best Practice Patterns.* Upper Sadle River, N.J.: Prentice Hall, 1997.

Das wesentliche Buch für jeden Smalltalker und ein verdammt gutes Buch für jeden objektorientierten Entwickler. Es gibt Gerüchte über eine Java-Version.

[Beck, hanoi]
Beck, Kent: *Make it Run, Make it Right: Design Through Refactoring.* In: The Smalltalk Report, 6 (1997), S. 19-24.

Die erste Veröffentlichung, die wirklich erfasst, warum der Refactoring-Prozess funktioniert. Die Quelle für viele Ideen in Kapitel 1.

[Beck, XP]
Beck, Kent: *eXtreme Programming eXplained: Embrace Change.* Reading, Mass.u.a.: Addison-Wesley, 1999.

[Fowler, UML]
Fowler, M. mit K. Scott: *UML Distilled: Applying the Standard Object Modeling Language.* Reading, Mass.u.a.: Addison-Wesley, 1997

Ein konzentrierter Führer durch die Unified Modeling Language, die für verschiedene Diagramme in diesem Buch verwendet wird; auch in deutscher Übersetzung erhältlich.

[Fowler, AP]
Fowler, M.: Analysis Patterns: *Reusable Object Models*. Reading, Mass. u. a.: Addison-Wesley, 1997

Ein Buch über Muster in Anwendungsbereichen. Enthält eine Diskussion einer Reihe von Mustern.

[Gang of Four]
Gamma, E., R. Helm, R. Johnson, und J. Vlissides: Design Patterns: *Elements of Reusable Object Oriented Software*. Reading, Mass. u. a.: Addison-Wesley 1995

Vielleicht das wichtigste einzelne Buch über objektorientiertes Design. Sie können heute nicht mehr den Eindruck machen, etwas über Objektorientierung zu wissen, ohne kompetent über Strategie, Singleton und die Verantwortlichkeitskette reden zu können; auch in deutscher Übersetzung erhältlich.

[Jackson, 1993]
Jackson, Michael: *Michael Jackson's Beer Guide*. Mitchell Beazley 1993

Ein nützlicher Führer zu einem Thema, das man gern praktiziert.

[Java Spec]
Gosling, James, Bill Joy und Guy Steele: *The Java Language Specification*. Reading, Mass. u. a.: Addison-Wesley 1996

Die Autorität für alle Java-Fragen, auch wenn eine aktualisierte Auflage wünschenswert wäre.

[JUnit]
Beck, Kent und Erich Gamma: *JUnit Open-Source Testing Framework*. Erhältlich über das Internet von der Homepage das Autors (http://www.MartinFowler.com)

Ein unentbehrliches Werkzeug für die Arbeit mit Java. Ein einfaches Framework, das Ihnen hilft, Komponententests zu schreiben, zu verwalten und auszuführen. Ähnliche Frameworks stehen für Smalltalk und C++ zur Verfügung.

[Lea]
Lea, Doug: *Concurrent Programming in Java: Design Principles and Patterns*. Reading, Mass. u. a.: Addison-Wesley 1997

Der Compiler sollten jeden stoppen, der `Runnable` implementiert, ohne dieses Buch gelesen zu haben.

[McConnell]
McConnell, Steve: *Code Complete: A Practical Handbook of Software Construction*. Redmond, Wash.: Microsoft Press 1993

Ein hervorragender Führer durch Programmierstil und Softwareentwicklung. Vor Java geschrieben gelten fast alle seine Ratschläge immer noch.

[Meyer]
Meyer, Bertrand: *Object Oriented Software Construction.* 2. Aufl. Upper Saddle River, N.J.: Prentice Hall 1997

Ein sehr gutes, allerdings sehr dickes Buch über objektorientiertes Design. Es enthält eine detaillierte Diskussion von »design by contract«.

[Opdyke]
Opdyke, William F.: *Refactoring Object-Oriented Frameworks.* Dissertation, University of Illionois at Urbana-Champaign 1992

Siehe *ftp://st.cs.uiuc.edu/pub/papers/refactoring/opdyke-thesis.ps.Z.* Die erste umfangreichere Arbeit über das Refaktorisieren. Geht es unter einem etwas akademischen und werkzeugorientierten Blickwinkel an (schließlich ist es eine Doktorarbeit), aber eine lesenswerte Quelle für die, die mehr über die Theorie des Refaktorisierens wissen wollen.

[Refactoring Browser]
Brant, John und Don Roberts: Refactoring Browser Tool.
http://st-www.cs.uiuc.edu/~brant/RefactoringBrowser.

Die Zukunft von Softwareentwicklungswerkzeugen.

[Woolf]
Woolf, Bobby: Null Object. In: Pattern Languages of Program Design 3. Hrsg. Von R. Martin, F. Buschmann und D. Riehle. Reading, Mass.u.a.: Addison-Wesley 1998.

Eine Diskussion des Null-ObjektMusters.

17 Liste der Merksätze

Seite 6	Wenn Sie zu einem Programm etwas hinzufügen müssen und die Struktur des Programms erlaubt dies nicht auf einfache Art und Weise, so refaktorisieren Sie zunächst das Programm so, dass Sie die Erweiterung leicht hinzufügen können, und fügen sie anschließend hinzu.
Seite 7	Bevor Sie zu refaktorisieren beginnen, prüfen Sie, ob Sie eine solide Menge von Testfällen haben. Diese Tests müssen selbst überprüfend sein.
Seite 11	Beim Refaktorisieren ändern Sie Programme in kleinen Schritten. Machen Sie einen Fehler, so ist er leicht zu finden.
Seite 13	Jeder Dummkopf kann Code schreiben, den ein Computer versteht. Gute Programmierer schreiben Code, den Menschen verstehen.
Seite 41	Refaktorisierung (Substantiv): Eine Änderung an der internen Struktur einer Software, um sie leichter verständlich zu machen und einfacher zu verändern, ohne ihr beobachtbares Verhalten zu ändern.
Seite 41	Refaktorisieren (Verb): Refaktorisieren (Verb): Eine Software umstrukturieren, ohne ihr beobachtbares Verhalten zu ändern, indem man eine Reihe von Refaktorisierungen anwendet.
Seite 46	Drei Mal und Sie refaktorisieren.
Seite 55	Veröffentlichen Sie keine unausgereiften Schnittstellen. Ändern Sie die Besitzverhältnisse am Code, um das Refaktorisieren zu vereinfachen.
Seite 82	Wenn Sie glauben, einen Kommentar zu benötigen, refaktorisieren Sie den Code, so dass jeder Kommentar überflüssig wird.
Seite 84	Stellen Sie sicher, dass alle Tests vollständig automatisiert werden und dass sie ihre Ergebnisse selbst überprüfen.
Seite 84	Eine Testsuite ist ein leistungsfähiger Fehlerdetektor, der die Zeit für die Fehlersuche dramatisch reduziert.
Seite 89	Führen Sie Ihre Tests oft aus. Verwenden Sie Ihre Tests bei jeder Umwandlung – jeden Test mindestens einmal täglich.
Seite 92	Bekommen Sie einen Fehlerbericht, so schreiben Sie einen Komponententest, der den Fehler erkennt.
Seite 93	Es ist besser, unvollständige Tests zu schreiben und durchzuführen, als vollständige Tests nicht auszuführen.

Seite 95	Denken Sie an die Randbedingungen, unter denen Dinge schief gehen können, und konzentrieren Sie Ihre Tests auf diese.
Seite 96	Vergessen Sie nicht, Ausnahmen zu testen, die ausgelöst werden, wenn etwas schief gegangen ist.
Seite 97	Lassen Sie sich durch die Furcht, nicht alle Fehler zu finden, nicht davon abhalten, die Tests zu schreiben, die die meisten Fehler finden.

Stichwortverzeichnis

Geruch	Refaktorisierungen
Alternative Klassen mit verschiedenen Schnittstellen, S. 80	Methode umbenennen (279) Methode verschieben (139)
Ausgeschlagenes Erbe, S. 81	Vererbung durch Delegation ersetzen (363)
Datenklassen, S. 81	Collection kapseln (211) Feld kapseln (209) Methode verschieben (139)
Datenklumpen, S. 74	Ganzes Objekt übergeben (295) Klasse extrahieren (148) Parameterobjekt einführen (303)
Divergierende Änderungen, S. 72	Klasse extrahieren (148)
Duplizierter Code, S. 68	Klasse extrahieren (148) Methode extrahieren (106) Methode nach oben verschieben (331) Template-Methode bilden (355)
Faule Klasse, S. 77	Hierarchie abflachen (354) Klasse integrieren (153)
Große Klasse, S. 71	Klasse extrahieren (148) Schnittstelle extrahieren (351) Unterklasse extrahieren (340) Wert durch Objekt ersetzen (175)
Kommentare, S. 82	Methode extrahieren (106) Zusicherung einführen (273)
Lange Methode, S. 69	Bedingung zerlegen (242) Methode durch Methodenobjekt ersetzen (132) Methode extrahieren (106) Temporäre Variable durch Abfrage ersetzen (117)
Lange Parameterliste, S. 72	Ganzes Objekt übergeben (295) Parameter durch Methode ersetzen (299) Parameterobjekt einführen (303)
Nachrichtenketten, S. 78	Delegation verbergen (155)
Neid, S. 74	Feld verschieben (144) Methode extrahieren (106) Methode verschieben (139)
Neigung zu elementaren Typen, S. 75	Array durch Objekt ersetzen (186) Klasse extrahieren (106) Parameterobjekt einführen (303) Typenschlüssel durch Klasse ersetzen (221) Typenschlüssel durch Unterklassen ersetzen (227) Typenschlüssel durch Zustand/Strategie ersetzen (231) Wert durch Objekt ersetzen (175)